2707

196/91

Conserver la couverture

LA
GRANDE VIE DE JÉSUS-CHRIST

Nous avons fait examiner avec soin la GRANDE VIE DE NOTRE-SEIGNEUR JÉSUS-CHRIST, *par Ludolphe le Chartreux, traduite et annotée par le Père dom Florent Broquin, religieux de notre Ordre. Sur le rapport favorable qui nous a été fait, nous en autorisons l'impression.*

A la Grande-Chartreuse, le 19 juin 1869.

Fr. Charles-Marie, prieur de Chartreuse.

IMPRIMATUR

Fr. Anselmus Maria

Prior Cartusiæ et Vic. gén. Gratianop.

22ᵉ Xᵇʳⁱˢ 1882

LA GRANDE VIE

DE

JÉSUS-CHRIST

PAR

LUDOLPHE LE CHARTREUX

NOUVELLE TRADUCTION INTÉGRALE

AVEC PRÉFACE ET NOTES

PAR

LE P. Dom FLORENT BROQUIN

Religieux du même Ordre.

TOME PREMIER
GÉNÉRATION ET VIE PRIVÉE

Troisième édition

PARIS
ANCIENNE LIBRAIRIE C. DILLET
LOUIS CARRÉ, LIBRAIRE-ÉDITEUR
15, RUE DE SÈVRES, 15

1891

PRÉFACE

DE LA PRÉSENTE ÉDITION

Parmi les auteurs qui ont écrit la Vie de Jésus-Christ, d'après les quatre Évangélistes et d'après les saints Pères, il en est un qui, depuis près de 600 ans, jouit d'une réputation justement méritée : c'est *Ludolphe, Leutolfe ou Landulphe*, surnommé tantôt *le Saxon*, à cause de son origine, et tantôt *le Chartreux*, à cause de sa profession monastique.

Malgré la grande célébrité de cet écrivain, on ne sait ni en quelle année, ni en quelle ville il naquit; bien qu'il soit originaire de Saxe, il a pu naître dans les diocèses de Cologne ou de Mayence qui faisaient alors partie de cette province, selon la remarque d'un historien (1). Il était très-jeune encore, lorsque vers le commencement du quatorzième siècle, il revêtit l'habit dominicain, dans quelque couvent de son pays. C'est là

(1) Echard. (Scriptores Ordinis Prædicatorum, 1719.)

qu'il fut formé à la pratique des vertus chrétiennes et religieuses, ainsi qu'à l'étude des lettres divines et humaines ; il ne tarda pas à se distinguer par les qualités de l'esprit et du cœur, sous la direction des maîtres habiles que l'institut des Frères-Prêcheurs possédait dans les contrées voisines du Rhin. On y voyait alors fleurir des hommes très-versés dans les matières spirituelles, entr'autres Eckart, Egnolf, Jean de Tambac, Jean Taulère et le bienheureux Henri Suso. Ludolphe qui vivait dans la compagnie de ces illustres mystiques, se sentit appelé à la contemplation des choses célestes, et pour s'y livrer tout entier avec une plus grande facilité, il résolut d'embrasser la vie solitaire.

Après avoir milité vingt-six à trente ans sous la discipline de saint Dominique, il passa sous celle de saint Bruno, et se lia par des vœux nouveaux, non point en la Chartreuse de Cologne, ainsi que l'a dit Ellies Dupin (1), ni en celle de Mayence, comme Labbe l'a supposé (2), mais en celle de Strasbourg, d'après le sentiment de Trithème (3) et des anciens chroniqueurs. Beaucoup prétendent que ce changement d'Ordre s'effectua vers l'an 1330 ; mais il n'arriva pas avant 1340, si nous en croyons D. Léon Le Vasseur qui paraît mieux informé. Car ce religieux, qui fut secrétaire du Rév.

(1) Du Pin. Bibliothèque ecclés.
(2) Labbe. Appendix ad Caveum.
(3) Trithème. De Scriptor. eccles.

Père Général D. le Masson, a rédigé les *Ephemerides Cartusienses*, sur des documents très-précis qu'il avait recueillis des différentes maisons de son Ordre. Le même annaliste nous apprend que, dès l'an 1343, Ludolphe fut élu Prieur, non pas de la Chartreuse de Strasbourg, comme la plupart l'ont affirmé, mais de celle de Coblentz *Confluentiæ*, au diocèse de Trèves. Doux de caractère et non moins remarquable par ses vertus que par ses talents, notre vénéré Père n'avait pas tardé à gagner l'estime et la confiance de ses confrères qui l'avaient mis à leur tête, trois ans seulement après sa nouvelle profession. Au bout de cinq ans, l'an 1348, il se démit de sa charge pour vaquer plus librement à la méditation des vérités éternelles et à la composition d'utiles ouvrages. Ayant obtenu la permission de visiter diverses bibliothèques, il se retira quelque temps à la Chartreuse de Mayence, et revint à celle de Strasbourg. Plusieurs ont cru qu'il était mort à Mayence; mais D. Le Vasseur assure qu'il mourut à Strasbourg, dans une heureuse vieillesse, 13 avril 1378. Chéri de Dieu et des hommes pour la pureté de sa vie et pour l'aménité de sa conversation, il répandit et laissa une telle odeur de sainteté que, dès le siècle suivant, l'historien Bostius, écho de l'opinion publique, célébra ses louanges, avec enthousiasme, comme d'un bienheureux habitant du ciel (1).

(1) Bostius (de Viris illustribus Ord. Cartus).

Cœlicolum et legis custos Ludolphus avitos
Æquavit Patres, patriamque accepit Olympum
Et conservatæ æternum pietatis honorem.

Dans les nombreux documents imprimés ou inédits que nous avons compulsés, voilà tout ce que nous avons trouvé touchant la biographie de Ludolphe. Beaucoup d'écrivains en parlent avec de grands éloges, mais ce qu'ils en rapportent se réduit à quelques lignes, et encore ils se contredisent sur plusieurs points que nous avons signalés; tous du moins s'accordent à proclamer la science profonde et l'éminente piété du Chartreux Saxon. Ce religieux modeste qui, dans son célèbre ouvrage sur la Vie de Jésus-Christ, a prêché l'humilité avec tant de conviction et d'éloquence, a voulu rester inconnu dans la retraite et le silence, uniquement occupé de l'étude et de la prière, loin des honneurs et des dignités que lui méritaient ses rares vertus et ses vastes connaissances. Pendant sa longue carrière, qui n'a pas duré moins de 80 ans, il a mené plus de 60 ans, à l'ombre du cloître et de l'autel, une vie obscure et cachée, qui n'en a pas été moins salutaire ni moins profitable pour lui-même et pour les autres. Sous ce rapport, Ludolphe peut être regardé comme un type parfait de vrai Chartreux. Quoique sa sainteté soit attestée d'un concert unanime, elle ne paraît pas avoir été honorée d'un culte public. On ne doit pas en être surpris, si l'on considère l'esprit traditionnel de l'Ordre érémitique auquel il appartenait.

En effet D. Grég. Paravicini, Chartreux de Pavie, écrivant les Annales de son Ordre, l'an 1774, commence par avouer que: « au lieu de publier les « actions louables et vertueuses de leurs Pères et Con— « frères, les écrivains Chartreux avaient préféré, pour « la plupart, enseigner à vivre d'une manière louable « et vertueuse. Les écrivains étrangers, ajoute le « même historien, conviennent également que les « Chartreux avaient plutôt coutume de taire que de « révéler les choses glorieuses de leur Ordre. » Aussi Benoît XIV dit dans son célèbre traité *de Beatificatione et Canonizatione* : *L'Ordre de saint Bruno possédait jadis et possède encore beaucoup de très-saints personnages, quoique très-peu aient été canonisés* (1). Dans le Bref autorisant le culte décerné au Bienheureux Nicolas Albergati, cardinal Chartreux, qui avait été un de ses glorieux prédécesseurs sur le siége de Bologne, le même Souverain-Pontife déclara, l'an 1744, *que l'Ordre Cartusien s'appliquait moins à procurer les honneurs de la Canonisation que les mérites de la sainteté à un grand nombre de ses membres, comme on l'avait justement observé* (2). Cette observation avait été faite déjà

---

(1) De Beatif. et Canoniz. index. (Ordinem Cartusiensem plures viros sanctitate insignes habuisse et habere, licet paucissimi eorum fuerint Canonizati.)

(2) De Beatif. et Canoniz. lib. 1, c. 13, n. 17, 18. (Ordo Cartusianus non tam sollicitus fuit multos sanctos suos patefacere, quam multos sanctos facere.)

par le jésuite Théophile Raynaud, polygraphe du dix-septième siècle (1).

Autant Ludolphe est peu connu par ses actions, autant il est célèbre par ses écrits. Quoique sa vie ait passé sans éclat, elle n'est pas restée sans fruit, et son existence, bien que paisible, n'a pas été oisive. Comme l'abeille diligente produit dans le secret de sa ruche un miel délicieux, notre laborieux Père a composé dans le calme de sa cellule d'excellents ouvrages. Parmi ceux qui lui sont attribués, le Carme Bostius (2) et le Chartreux Petreius (3) mentionnent des sermons et des traités qui depuis longtemps sont perdus. Ce ne sont peut-être que des extraits de son grand ouvrage, comme les titres qu'on leur prête semblent l'indiquer, entr'autres celui-ci: *De remediis contra tentationes spirituales*.

De plus, nous lisons dans la dissertation de Barbier *sur les traductions de l'Imitation de Jésus-Christ*: « Un « traducteur de ce livre, Jehan de Grave (1544) affirme « avoir entendu des gens savants et particulièrement « exercés en telles vacations, qu'un personnage docte « et dévot de l'Ordre des Chartreux, appelé Ludolphe « de Saxone, était l'auteur de l'*Imitation*. » Or, ajoute un savant critique de nos jours, bien que certainement Ludolphe ne soit point l'auteur de l'*Imitation*, c'est

---

(1) Theop. Reynald. Oper. t. 9 in Brunon. punct, 10, parag. 2, num. 6.
(2) Bostius (de Viris illust. Ord. Cart.).
(3) Petreius (Biblioth. Cartus.).

néanmoins pour lui un grand honneur d'avoir mérité qu'on lui attribuât ce livre immortel. Mais, comme le dit Gence dans la *Biographie universelle*, art. Ludolphe : si *l'Imitation* a été attribuée à Ludolphe, c'est que, en quelques manuscrits, elle a été donnée à un Chartreux, Prieur de Cologne, puis de Strasbourg, au quatorzième siècle, Henri Kalkar, qu'on a confondu avec son contemporain, l'auteur plus connu de la Vie de Jésus-Christ Quelques-uns ont aussi attribué à ce dernier auteur. sans preuve suffisante, une version allemande de *l'Imitation*.

Les titres plus solides sur lesquels repose la grande réputation de Ludolphe, ce sont les ouvrages latins certainement sortis de sa plume qui nous ont été fidèlement transmis. Ainsi, il a rédigé, sous le titre *Enarratio in Psalmos*, un Commentaire dans lequel, sans négliger le sens littéral, il développe surtout le sens spirituel, d'après les explications tirées de saint Jérôme, de saint Augustin, de Cassiodore et de Pierre Lombard. Cette exposition des Psaumes, imprimée dès l'an 1491, a été réimprimée plusieurs fois en divers lieux.

Mais le plus remarquable ouvrage de Ludolphe est intitulé communément *Vita Christi*. C'est tout à la fois une Histoire formée des quatre Évangélistes et un Commentaire extrait des saints Pères, une suite d'instructions et de méditations sur la Vie de notre divin Sauveur. Afin de montrer que l'oraison doit servir d'assaisonne-

ment à l'étude, et l'étude d'aliment à l'oraison, chaque chapitre de ce dernier ouvrage, comme chaque psaume du précédent, se termine par une pieuse prière qui en exprime la quintessence et qui en est comme la fleur. De la sorte, l'esprit et le cœur trouvent également leur nourriture fortifiante et suave dans cette lecture instructive et touchante qui produit en même temps lumière et onction. Aussi le chroniqueur Hermann Schedelius n'a pas hésité à dire : « La Vie de Jésus-Christ est écrite
« avec un art si merveilleux que ce livre paraît céleste,
« il semble être l'effet de l'inspiration plutôt que le
« résultat de l'étude. Son vénérable auteur y montre
« une connaissance approfondie des choses divines et
« humaines, mais surtout une notion aussi complète
« que possible de la Vie de Jésus-Christ. »

Bostius atteste que de son temps, au quinzième siècle, on conservait avec une grande vénération à la Chartreuse de Mayence l'autographe de Ludolphe : *Liber Vitæ Christi*. C'est ce même ouvrage que sainte Thérèse avait lu et qu'elle relisait en castillan, lorsqu'elle entra dans le sublime ravissement dont elle parle au chapitre 38° de sa *Vie*. Saint François de Sales mettait le livre de Ludolphe au même rang qu'un petit nombre d'écrits ascétiques dont il recommandait la lecture à sainte Jeanne-Françoise de Chantal; et la servante de Dieu, fidèle aux avis de son sage directeur, faisait ses plus chères délices de méditer habituellement ce qu'on appe-

lait alors en France *la Grande Vie de Jésus-Christ* (1).
Ce qui prouve en outre combien ce livre a été généralement estimé et recherché dans les pays catholiques, depuis plusieurs siècles, ce sont les nombreuses éditions et les différentes traductions qui en ont été publiées jusqu'à ces derniers temps.

Si l'on en juge par la multitude des manuscrits, qui, au témoignage du dominicain Echard (2), en avaient été conservés au dix-huitième siècle, d'innombrables exemplaires avaient déjà reproduit le texte latin de Ludolphe avant la découverte de la typographie. Aussi, sous ce titre: *Liber de Vita Christi*, il ne tarda pas d'être imprimé, dès l'an 1474, à Strasbourg, avec les petits caractères gothiques de Henri Eggestein, et à Cologne par Nicolas Gotz de Schletzat. Ces deux éditions *princeps*, devenues très-rares, sont regardées comme les plus anciennes de cet ouvrage avec date. Sans parler des éditions qui ne portent point de date, nous en connaissons plusieurs autres incunables du quinzième siècle; celles de Nuremberg, 1478, 1483, 1495; de Strasbourg 1483; de Brescia 1485; de Venise 1498. La Grande-Chartreuse possède un bel exemplaire imprimé, l'an 1485, à Brescia, avec ce titre: *Landulphus*

---

(1) Lettre 56 de saint François de Sales à Mme de Chantal (édit. Béthune). — Vie de Mme de Chantal, par la mère de Chaugy, 2e partie.

(2) Scriptores Ordinis Prædicatorum.

Cartusiensis in meditationes vitæ Christi et super Evangeliis totius anni. Opus divinum. Depuis l'an 1500, les éditions latines de cet ouvrage se sont succédées en grand nombre, de tous côtés, notamment à Venise, où dix au moins ont paru dans le seizième siècle. Dans plusieurs anciennes, comme en celle de Paris, 1525, on trouve, après la *Vie de Jésus-Christ* par Ludolphe, celle de sainte Anne, de saint Joachim, et de la sainte Vierge par Dorlandus, prieur de la Chartreuse de Diest. Enfin pour donner un préambule convenable à sa nouvelle édition des Bollandistes *(Acta sanctorum)*, V. Palmé vient de publier à Paris, 1865 un grand in-folio : *Vita Jesu-Christi ex quatuor Evangeliis et doctoribus orthodoxis concinnata per Ludolphum e Saxonia.*

Afin de populariser le livre de Ludolphe, on n'a pas manqué depuis longtemps de le traduire en diverses langues. Au seizième siècle, François Sansovino en fit une version italienne qu'il dédia au pape saint Pie V. Elle parut d'abord, 1570, à Venise, où elle fut réimprimée avec des corrections, 1589. Près d'un siècle auparavant, les rois catholiques d'Espagne avaient fait composer plusieurs traductions vulgaires de ce précieux ouvrage dont ils avaient voulu doter leurs sujets; aussi fut-il imprimé en catalan, à Valence, 1495; puis en castillan, à Alcala, 1502; et en portugais, à Lisbonne, dès 1495.

Déjà, le même livre avait paru en français, dès la

première enfance de l'art typographique. A la requête du connétable Jean de Bourbon, un religieux Observantin l'avait traduit en cette langue, sous le règne de Charles VIII. Cette version primitive fut publiée d'abord sans date, sans indication de lieu, sans nom d'imprimeur, comme beaucoup d'autres ouvrages de cette époque. Elle fut ensuite éditée à Lyon, l'an 1487, puis l'an 1493 (1). On garde encore avec soin quelques exemplaires de ces éditions lyonnaises, où on lit au frontispice: *Le Grand Vita Christi*, et à la dernière page: *Cy finist le tres-bel et proffitable liure des meditacions sur la vie de Iehsus Crist prins sur les quatre evangelistes. Et compousc par venerable pere Ludolphe religieux de l'ordre des Chartreux, et translate de latin en francois par venerable frere Guillaume Lemenand maistre en theologie de l'ordre de monseigneur sainct Francois.* On lit ensuite sur un premier exemplaire: *Imprime en la cite de Lyon sur Rosne par Maistre Jacques Buyer bachelier en chascun droyt citoyen et Matthieu Hus de la nacion d'Allemaigne imprimeur habitant du dit Lyon. L'an mille quatre cens quatre vingtz et sept et le septiéme iour de iuillet.* On lit sur un autre exemplaire: *Imprime en la cite de Lyon sur Rosne, par Matthieu Hus de la nacion d'Allemaigne imprimeur.... l'an mil quatre cês quatre vîgtz et treize. Et le premier de mars.*

La même version française a été plusieurs fois éditée

___

(1) Brunet (Manuel de librairie, t. 3, art. Ludolphe).

à Paris, au commencement du seizième siècle, avec le même titre et la même souscription que ci-dessus. Seulement, à la fin de certains exemplaires on ajoute : *Imprime à Paris pour Anthoine Verard marchât libraire demourât en la rue sainct Jaques pres petit pont.* Sur d'autres exemplaires on ajoute à la fin : *Imprime à Paris pour Anthoine Verard marchât libraire demourant devant la rue Neufve Nostre Dame.* De ces différents exemplaires les premiers ont été imprimés de 1500 à 1502, et les autres l'ont été postérieurement ; car, dès l'an 1503, Antoine Verard quitta son domicile de la rue Saint-Jacques pour s'établir *devant la rue neufve Nostre Dame*. La bibliothèque impériale à Paris possède deux beaux exemplaires sur vélin de ces éditions parisiennes d'Antoine Verard. Bientôt après, elles furent reproduites en la même ville pour *Barthélemy Verard* ; puis, l'an 1521, pour *Jean Petit* ; vers 1530, pour *les Angeliers* ; vers 1536, pour *Ambroise Girault*. L'an 1580, Jean Langlois, sieur de Fresnoy, avocat au parlement de Paris, retoucha la vieille traduction de Guillaume Lemenand. La bibliothèque de la Vallière possédait un beau manuscrit de cette version ancienne, sur velin, enrichi de miniatures avec les portraits de Ludolphe de Saxe et du duc de Bourbon.

Faute d'une version plus récente, écrite en un style moins suranné, l'excellent livre de Ludolphe avait depuis longtemps cessé d'être populaire en France ; et on regrettait qu'un ouvrage qui pouvait être si utile pour les âmes, fût pour nos compatriotes, comme s'il n'existait pas. Enfin, il y a quelques années, on donna une *Vie de J.-C.* d'après Ludolphe, en deux petits volumes. C'était une traduction très-abrégée de l'original dont elle contenait à peine un quart ; elle en omettait plus de cent chapitres et n'en reproduisait pas un seul intégralement. Ces extraits furent néanmoins assez bien accueillis pour mériter d'être réimprimés l'an 1860, avec une préface remarquable de l'éloquent archiprêtre de Genève, Monsieur Mermillod, que les mains bénies de Pie IX ont ensuite consacré évêque d'Hébron. Mais les suppressions et abréviations considérables qui avaient été effectuées dans cette courte traduction, ne permettaient pas d'y reconnaître suffisamment et sûrement la pensée de l'auteur et l'ensemble de l'ouvrage avec sa physionomie particulière et sa plénitude de doctrine. C'est pourquoi d'autres personnes entreprirent de donner une version intégrale de Ludolphe le Chartreux. Elle parut, 1864-1865, chez C. Dillet, à Paris, sous le nom de D. Marie-Prosper-Augustin, avec cet ancien titre : *La Grande Vie de J.-C.*

Les Pères Chartreux n'avaient pris aucune part à cette première édition qui laissait à désirer ; mais d'après la demande qui leur a été adressée, ils ont consenti à prendre sous leurs auspices la nouvelle publication en langue vulgaire de l'œuvre qu'ils regardaient comme un précieux héritage de leur famille religieuse. Ils ont accepté par conséquent la charge de préparer une seconde édition de la dernière traduction, à la condition d'y introduire toutes les modifications qu'ils jugeraient opportunes. Ainsi, nous ne nous sommes pas contentés de corriger et de retoucher entièrement la version précédente, nous l'avons aussi complétée et annotée en beaucoup de points, surtout dans le premier volume. En effet, plusieurs passages du texte primitif avaient besoin d'être rectifiés, éclaircis et confirmés par les notions aujourd'hui plus exactes, plus précises et plus certaines de la science, de l'exégèse et de l'histoire. En outre, nous avons rétabli dans cette seconde édition beaucoup de choses qui avaient été retranchées dans la première; nous avons d'abord remis le Prologue de l'auteur, qui présente la clef de l'ouvrage, en montrant pourquoi et comment il faut lire et méditer la Vie du Sauveur ; nous avons ensuite reproduit les prières si pieuses qui contiennent la substance la plus spirituelle et comme la moelle de chaque chapitre.

Si nous avions voulu consulter et suivre certains goûts particuliers, nous aurions peut-être éliminé ou changé beaucoup de détails et de réflexions qui semblent à certains esprits modernes des digressions, des longueurs, des répétitions ou des applications forcées. Mais pour ne point sortir de notre rôle de disciples et d'interprètes, nous n'avons point prétendu faire une œuvre nouvelle, ni refaire une œuvre ancienne ; nous avons simplement tâché de reproduire avec une scrupuleuse fidélité, dans toute son intégrité, le travail capital d'un grand modèle et d'un excellent maître. A cet effet, nous lui avons conservé, autant que possible, son cachet d'originalité ; nous lui avons laissé son caractère de simplicité, soit pour les expressions, soit pour les pensées ; nous avons gardé ses divisions de matière, ses formes de style qui conviennent au moyen âge, et à la méthode scolastique. Dans un siècle de restauration comme le nôtre, où l'on s'efforce de relever les monuments anciens, on ne doit pas les dénaturer et les défigurer, sous prétexte de les adapter à nos usages et de les accommoder à nos goûts. D'ailleurs, ce que plusieurs regardent comme des longueurs et des répétitions, est utile à d'autres pour leur faire mieux comprendre et mieux sentir les choses instructives et édifiantes. Ludolphe qui avait été longtemps prédicateur ou professeur, savait par expérience que, c'est en les présentant sous divers aspects et en les rappelant à diverses occasions, qu'on les fait pénétrer dans les esprits et dans les cœurs. D'un autre côté, les explications symboliques et spirituelles qu'il tire souvent des faits, des nombres et des noms, soit de lieux, soit de personnes, pourraient paraître arbitraires et chimériques, si l'on ne considérait pas qu'il essaie de ramener tout à des conséquences pratiques et morales pour la réforme et le perfectionnement de l'homme. En cela, du reste, il ne fait que suivre le genre traditionnel des écrivains mystiques et des saints Docteurs qui s'appliquent continuellement à découvrir, sous l'écorce de la lettre, les significations cachées des divines Écritures, ainsi que les rapports multiples des choses avec Dieu et le ciel, avec l'Église et l'âme.

Quand on reproche à Ludolphe ses digressions prétendues, on méconnaît le but important qu'il s'est proposé. Il a voulu faire, pour la Vie de J.-C., ce que saint Thomas venait de faire, un siècle auparavant pour l'enseignement de la théologie. En effet, le grand ouvrage du Chartreux Saxon est une *Somme évangélique*, où l'on trouve habilement combiné tout ce que l'Écriture et la Tradition nous apprennent touchant les faits et les discours du Sauveur, réunis et disposés selon l'ordre des temps ou des matières. Ainsi, ce n'est pas simplement une relation historique, c'est de plus une exposition doctrinale, où chaque parole du texte sacré est interprétée d'après ses divers sens et commentée par différents Pères. La profonde économie des mystères de l'Incarnation et de la Rédemption, y est envisagée sous tous les points de vue, et avec toutes les lumières de la science. Voilà pourquoi plusieurs chapitres sont des traités complets sur certains points, soit de dogme, soit de morale, notamment sur les vertus et les vices ; on y voit à cette occasion la peinture vive des maux que l'Église souffrait au temps où vivait l'auteur ; ce qui n'est pas assurément sans intérêt ni profit. Tous les détails que renferme la *Grande Vie de J.-C.*, se rapportent successivement à sa *Vie privée*, à sa *Vie publique*, à sa *Vie souffrante* et à sa Vie *glorieuse* ; telles sont les quatre parties distinctes qui composent l'ouvrage entier de Ludolphe.

Dans cette vaste compilation, le religieux auteur fait preuve d'une immense érudition qui suppose de patientes recherches. Il cite des passages de presque tous les livres canoniques soit de l'ancien, soit du nouveau Testament, pour lesquels il donne souvent les explications de la Glose. Il allègue aussi les sentiments d'une soixantaine d'écrivains ecclésiastiques ou de saints Pères grecs et latins, qui appartiennent à tous les siècles précédents comme à toutes les contrées civilisées. De plus, il rapporte les témoignages d'une quinzaine d'écrivains profanes, historiens ou poètes, orateurs ou philosophes, avec celui du juif Josèphe, sans compter ceux d'autres personnages qu'il ne nomme point. Il ne recourt que rarement et avec réserve aux livres apocryphes, pour suppléer à l'absence des documents authentiques ; mais alors, ces quelques détails ne sont présentés que comme de pures opinions ou de simples conjectures, ainsi que l'auteur le déclare d'une manière générale dans le Prologue (1), et spécialement au *chapitre seizième* touchant la Vie de Jésus à Nazareth,

---

(1) In Prolog. (Cùm ergo me narrantem invenies ; ità dixit vel fecit Dominus Jesus, seu alii qui introducuntur ; si id per Scripturam probari non possit, non aliter accipias quam devota meditatio exigit : hoc est, perinde accipe ac si dicerem : meditor quod ita dixerit vel fecerit bonus Jesus ; et sic de similibus.)

depuis sa douzième année jusqu'à sa trentième (1).
Quoique Ludolphe puise ordinairement aux meilleures
sources, quelquefois cependant, comme on le faisait de
son temps, il assigne à de célèbres docteurs des écrits
que la critique moderne leur refuse ; il attribue par
exemple, à saint Jérôme, un sermon *de Assumptione* ; à
saint Augustin le sermon deuxième *de Annuntiatione* ;
à saint Jean Chrysostôme, le Commentaire inachevé sur
saint Matthieu, *Opus imperfectum*, etc. Néanmoins, nous
avons maintenu dans la traduction française toutes les
citations, telles que nous les trouvons dans les éditions
latines, suivant l'appréciation commune au moyen
âge.

Malgré certains défauts qui tiennent surtout aux idées
et aux habitudes de son époque, l'œuvre de notre vénéré
Père n'est pas indigne de ces temps héroïques où le
génie chrétien élevait vers le ciel nos magnifiques ca-
thédrales ; c'est un monument grandiose de science et
de dévotion à la gloire de l'Homme-Dieu. Aujourd'hui
comme autrefois, on s'accorde généralement à répéter
qu'il n'est guère de livre plus propre à faire connaître,
aimer, servir et imiter notre divin Sauveur. Tout ce qui
concerne sa personne et sa doctrine y est traité d'une

---

(1) In cap. 16. (Et cum hac modificatione omnia tibi affirmo, quæ per auctoritatem sacræ Scripturæ non probantur, prout etiam in Prologuo recitatur.)

manière approfondie et affectueuse, solide et pratique, selon les enseignements harmonisés de l'Écriture et de la Tradition. Or, après avoir entendu les historiens inspirés, et les éloquents interprètes de la parole évangélique, qui ne serait convaincu des vérités sublimes, et ne serait touché des exemples admirables dont la Grande Vie de J.-C. est remplie ? Les parents du Seigneur, ceux qui l'ont entouré de leurs soins et de leur affection, n'ont pas été oubliés par le religieux auteur, qui a écrit de si belles et de si touchantes pages sur la Vierge Mère de Dieu et sur son chaste Époux. L'ouvrage de Ludolphe, qui est tout à la fois une Concorde et une Explication des Évangiles, satisfait également l'esprit qu'il éclaire et le cœur qu'il touche. Combien la foi et la piété y trouvent d'enseignements et de suavité, d'érudition et de chaleur, de charme et de profit ! C'est une source abondante de salutaires considérations, une matière féconde de lectures édifiantes, un ensemble complet de directions spirituelles, une mine inépuisable de méditations journalières, un cours suivi d'instructions chrétiennes. En un mot, ce livre renferme comme une manne céleste, accommodée à tous les goûts et à tous les besoins, propre à tous les états et à toutes les conditions. Il est utile aux pécheurs pour les retirer du vice et aux justes pour les affermir dans la vertu, aux fidèles afin de les éclairer sur leurs devoirs et aux ecclésiastiques afin de les diriger dans leurs fonctions, aux séculiers pour les prémunir contre les dangers du monde et aux religieux pour les porter aux exercices de la perfection, aux prédicateurs surtout pour composer des homélies dogmatiques et morales sur tous les évangiles des dimanches et des fêtes.

La Grande Vie de J.-C. est spécialement utile en ces jours mauvais d'indifférence et d'incrédulité, pour ranimer la foi et la piété qui se refroidissent et s'éteignent, défendre la vérité et combattre l'erreur, confondre et réfuter les nouveaux Antechrists, qui ne se contentent plus, comme les hérétiques et sectaires antérieurs, d'attaquer et d'altérer la doctrine ou la loi de J.-C., mais qui vont jusqu'à nier ou contester, soit la divinité de sa personne, soit la réalité de son existence. Trahissant et insultant la Religion et l'Église qui les avaient élevés et formés comme des enfants et des disciples privilégiés, ces sortes de renégats ou d'apostats s'efforcent de travestir les faits les plus constants, de torturer les textes les plus clairs, pour voir et faire voir des fables et des allégories dans les mystères et les miracles que les Écrivains sacrés rapportent si simplement. Mais contre les récits authentiques des Évangélistes et les sublimes enseignements des Apôtres, que peuvent toutes les subtilités des sophistes et les contes des romanciers modernes? Néanmoins, pour acquérir un nom, satisfaire leur vanité ou quelqu'autre passion, ils déploient un appareil imposant de science et de critique, qui aboutit logiquement à un absurde et fatal scepticisme, à la ruine de toute certitude et de toute raison. En réalité, leur science prétendue n'est qu'une présomptueuse ignorance et leur critique impudente n'est qu'une audacieuse folie ; car, selon le triste portrait qu'en ont tracé les apôtres saint Pierre et saint Jude (1), ils blasphèment tout ce qu'ils ne comprennent pas et rejettent tout ce qui les contrarie, comme si leur courte intelligence était la mesure de toute vérité, et leur capricieuse volonté la règle de toute morale. *Ils se sont égarés dans leurs vains systèmes,* dit saint Paul (2), *de sorte que leur cœur insensé a été rempli de ténèbres ; et ils sont ainsi devenus fous, en s'attribuant la qualité de sages,* c'est-à-dire de philosophes, de savants et d'érudits, de littérateurs et même d'académiciens. Cependan par un fastueux étalage de titres ou de dignités, par un spécieux arrangement de phrases ou d'idées, ils sont parvenus à séduire beaucoup d'esprits faibles, légers, pareils à ces insectes volages qui vont se perdre étourdiment dans les tissus fragiles d'une araignée.

Qu'opposerons-nous donc aux paradoxes des libres penseurs et aux libelles des impies systématiques qui essaient de renverser Jésus-Christ des autels où il est adoré depuis plus de dix-huit cents ans? Nous pourrons opposer les suffrages irréfragables et les arguments

---

(1) Petr. I Ep., c. 2. — Jud. Ep.
(2) Rom. c. 1, v. 21, 22. (Evanuerunt in cogitationibus suis, et obscuratum est insipiens cor eorum : dicentes enim se esse sapientes, stulti facti sunt.)

invincibles des personnages religieux qui, dans tous les siècles et dans tous les pays, ont fait le plus d'honneur et rendu le plus de services à l'humanité, en contribuant à son progrès intellectuel et moral, par leurs lumières ou leurs vertus. Nous pouvons surtout opposer les démonstrations éloquentes et les explications profondes de ces génies supérieurs, de ces grands Saints, justement appelés Pères et Docteurs de l'Église, parce qu'ils ont concouru puissamment, après les hommes apostoliques, à la développer et à l'instruire, par leurs leçons et leurs exemples, dans le cours des douze ou treize premiers siècles. Nous opposerons aussi avec avantage le célèbre ouvrage de Ludolphe le Chartreux, dans lequel ces mêmes Pères et Docteurs de l'Église, de concert avec les principaux écrivains des différents siècles et des divers pays, donnent la main aux Apôtres et aux Évangélistes, de manière à former une chaîne continue de témoignages authentiques et irrécusables en faveur de l'Homme-Dieu; car nous pouvons ainsi constater un harmonieux accord de l'Écriture et de la Tradition, par rapport à sa sublime doctrine et à son histoire merveilleuse. Un recueil aussi habilement composé des autorités les plus propres à instruire et à édifier, à consoler et affermir les âmes chrétiennes, ne pouvait reparaître plus opportunément dans toute son intégrité, en langue vulgaire, qu'à cette époque où viennent d'être vomis les plus horribles blasphèmes contre la personne adorable de Jésus-Christ.

Pour réparer, selon notre faible pouvoir, l'immense scandale causé par de sacriléges publications, nous prions la Vierge-Mère de bénir notre travail uniquement consacré à la plus grande gloire de son divin Fils, et nous espérons qu'avec sa maternelle assistance, cette nouvelle traduction aidera un plus grand nombre de personnes à lire et à méditer d'une manière douce et profitable *la Grande Vie de Jésus-Christ*. Si elles y mettent leurs plus chères délices, comme l'énergique fondatrice de l'Ordre de la Visitation et la séraphique réformatrice du Carmel, elles y trouveront un riche trésor et une règle sûre, soit pour l'oraison, soit pour l'action, ou pour la contemplation des mystères et la pratique des vertus. Rien de plus nécessaire, en effet, pour entretenir et perfectionner la vie spirituelle de notre âme, que de lire souvent et de méditer attentivement la Vie temporelle de notre Sauveur qui en est le principe et le modèle ; c'est surtout par cette lecture fréquente et cette méditation assidue que nous apprendrons à mieux connaître, aimer, servir et imiter notre divin Maître, de manière que chacun de nous puisse s'écrier avec saint Paul (1) : *Je vis, ou plutôt ce n'est plus moi qui vis, mais c'est Jésus-Christ qui vit en moi.* Aussi, le même Apôtre ne fait pas difficulté d'affirmer aux fidèles de Colosses, que Jésus-Christ est leur vie, *Christus, vita vestra* (2).

(1) Gal. c. 2, v. 20.
(2) Col. v. c. 3, 3

En effet, la vie du Chrétien ne doit pas être autre que celle de Jésus-Christ, puisque lui-même a dit plusieurs fois d'une manière absolue : *Je suis la Vie* (*Ego sum Vita*) (1). Il est la vie des âmes qu'il délivre des maux du péché et de l'enfer, et qu'il comble des biens de la grâce et de la gloire. Il est aussi la vie des nations qu'il soustrait aux fléaux de la tyrannie et de l'anarchie, et qu'il introduit dans les voies de la justice et de la paix. N'est-ce pas lui qui, par ses enseignements et ses exemples, a communiqué les lumières de la foi et de la civilisation aux peuples plongés jadis dans les ténèbres de la superstition et de la barbarie ? Maintenant encore, c'est lui seul qui peut guérir les mêmes peuples affligés par la double plaie de l'indifférence et de l'incrédulité ; car d'où vient que les sociétés modernes sont si profondément corrompues par les passions et si violemment ébranlées par les erreurs, sinon de ce que Jésus-Christ, le Chef et le Législateur suprême, est ignoré, oublié par un grand nombre, rejeté, outragé par beaucoup d'autres ? Aussi, le moyen le plus efficace de travailler à la restauration ou à l'affermissement de l'édifice social, c'est de faire recevoir et honorer l'Homme-Dieu, comme l'éternel fondement de la morale et de l'équité, le ciment indissoluble de l'obéissance et de la charité, la règle infaillible et la sanction véritable des droits et des devoirs.

Voilà pourquoi la traduction nouvelle et complète de

---

(1) Joan. c. 11, v. 25 ; — c. 14, v. 6.

la Grande Vie de Jésus-Christ, à notre époque et dans notre pays, est d'une importance et d'une opportunité qui n'échappent pas au monde chrétien. Aussi, dès que la première édition commença à paraître, l'an 1864, toute la presse catholique ne manqua point de louer en termes magnifiques le remarquable ouvrage de Ludolphe le Chartreux, comme le meilleur, le plus instructif, le plus intéressant, le plus profond et le plus pieux qui ait encore été publié sur l'Histoire de Notre-Seigneur. L'archevêché de Paris ne tarda pas à l'honorer de ses suffrages par l'approbation suivante :

« Archevêché de Paris, 25 juin 1864.

« Monsieur,

« Vous avez bien voulu envoyer à Monseigneur l'Archevêque le premier volume de *la Grande Vie de Jésus-Christ par Ludolphe le Chartreux.* Permettez-moi de vous en remercier au nom de Sa Grandeur. Je suis heureux de vous dire qu'Elle applaudit à la pensée qui vous a fait entreprendre de publier une nouvelle et complète traduction de cet ouvrage, si plein de doctrine et de piété. Il sera certainement lu avec fruit, et on ne peut faire que des vœux pour qu'il se répande parmi les fidèles.

« Agréez, je vous prie, Monsieur, l'assurance de mes sentiments très-distingués.

« CUTTOLI,
« Secrét. part. de Monseigneur. »

L'éditeur reçut de nombreuses lettres de félicitations. Nous reproduisons entr'autres celle d'un juge compétent en pareille matière, le Révérend Père Félix, le grand orateur de Notre-Dame.

                              « Paris, 22 juillet 1864.

« Cher Monsieur Dillet,

« J'ai tardé trop peut-être à vous remercier de
« l'hommage que vous avez bien voulu me faire de
« votre premier volume de *la Grande Vie de Jésus,*
« *par Ludolphe le Chartreux.* Je voulais, avant de vous
« offrir mes remerciements, connaître un peu par moi-
« même cet excellent ouvrage, pour vous dire au moins
« l'impression que j'en aurais reçue. Cette impression
« est celle que vous avez dû éprouver vous-même et
« qu'éprouveront infailliblement toutes les âmes sen-
« sibles à tout ce qui touche directement à Notre-
« Seigneur Jésus-Christ; c'est une impression d'édifi-
« cation. On sent couler à pleins bords, dans ce pieux
« et intéressant ouvrage, la pure sève du Christianisme;
« et c'est à la lettre un livre plein de Jésus-Christ. De là
« le charme qui s'y attache et le profit qu'on en peut
« retirer. Il est, en effet, doux et profitable tout en-
« semble de voir dans ce beau livre comment pensaient
« et parlaient au moyen âge, de la personne et de la vie
« de Jésus-Christ, les hommes supérieurs de notre
« grand âge chrétien; cela console et dédommage des
« insolences et des scandales de certains livres de ce

« temps. La *Vie de Jésus*, de M. Renan l'académicien,
« est à *la Grande Vie de Jésus* de Ludolphe le Char-
« treux ce que l'erreur est à la vérité, ce que la nuit est
« au jour, ce que la mort est à la vie. Mais pour bien
« juger ce livre, à mon avis, ce n'est pas assez de le
« lire, il faut le goûter, et il ne suffit pas de s'en faire
« un amusement, il faut s'en faire une nourriture.
« C'est par la méditation plus que par la lecture, qu'on
« sent tout ce qu'il y a de suave et en même temps de
« fort dans cet aliment substantiel, offert aux âmes
« chrétiennes par le savant et pieux auteur de *la Grande*
« *Vie de Jésus*.

« Aussi, ai-je voulu en faire l'expérience personnelle
« avant de vous en dire mon avis; et j'ai acquis la con-
« viction que beaucoup d'âmes puiseront dans la médi-
« tation recueillie de cet admirable livre le plus puissant
« ressort de la vie chrétienne, à savoir : la connaissance,
« l'amour et l'imitation de Jésus-Christ. L'heure est
« venue de ramener les générations nouvelles aux vraies
« sources de la piété chrétienne. Sous ce rapport, en pu-
« bliant, sans la diminuer, *la Grande Vie de Jésus-*
« *Christ*, vous nous rendez un important service, et tous
« les vrais Chrétiens vous en seront reconnaissants.

« Agréez, cher Monsieur, etc.

« J. Félix, S. J. »

PROLOGUE DE L'AUTEUR

Selon le témoignage du grand Apôtre (Ep. 1 ad Cor. c. 3 v. 11), *personne ne peut établir d'autre fondement que celui qui a été posé, savoir, le Christ Jésus.* Suivant l'explication de saint Augustin (lib. Soliloq.), Jésus-Christ étant Dieu, se suffit pleinement à lui seul, tandis que l'homme manque de tout par lui-même ; de façon que quiconque abandonne Dieu, le souverain bien, ne peut goûter un bonheur véritable. Si donc vous voulez restaurer votre édifice spirituel que de nombreux défauts menacent d'une ruine totale, ne vous séparez pas du fondement divin ; c'est là que vous trouverez les secours convenables dans toutes vos nécessités.

D'abord que le pécheur, désireux de secouer le fardeau de ses iniquités et de recouvrer la paix du cœur, écoute la voix de Dieu qui invite les coupables à s'approcher de lui pour recevoir leur pardon (Matth. c. 11, v. 28, 29) : *Venez à moi*, dit-il, *vous tous qui êtes fatigués* dans le sentier des vices et qui *êtes accablés* sous le poids des péchés ; *je vous soulagerai*, en guérissant vos blessures et renouvelant vos forces ; *vous trouverez ainsi le repos dont vos âmes ont besoin* pour la vie présente et la vie future. Que le pécheur, comme un pauvre malade, réponde au tendre appel de son charitable

Médecin ; qu'il s'en approche avec un profond sentiment de ses infirmités et de ses misères, pénétré d'une vive contrition, faisant une sincère confession de ses fautes, et prenant la ferme résolution d'éviter le mal et de pratiquer le bien.

Une fois converti et réconcilié avec Jésus-Christ par la pénitence, que le pécheur s'efforce avec le plus grand soin de s'attacher à son Sauveur, et de s'insinuer dans son intimité, en repassant avec toute la dévotion possible la très-sainte Vie du Verbe incarné. Qu'il se garde bien de la parcourir rapidement par une lecture superficielle, mais que chaque jour il en étudie successivement quelque trait ; par cette pieuse méditation il célèbrera chaque jour comme une fête en l'honneur et à la gloire du Christ, son Maître et son Modèle, auquel il prendra plaisir à rapporter ses pensées et ses affections, ses prières et ses louanges, en un mot tous ses actes de la journée. C'est dans cette contemplation quotidienne, comme dans un doux sommeil, qu'il aimera à se reposer du tumulte des choses extérieures et de l'embarras des affaires temporelles. C'est à ce saint exercice, comme à un refuge assuré, qu'il s'empressera de recourir pour combattre les penchants vicieux de la faiblesse humaine, contre lesquels les serviteurs de Dieu doivent lutter sans relâche.

Il faut s'appliquer de préférence à considérer les principaux mystères ou faits mémorables qui ont rapport au divin Rédempteur, comme son Incarnation, sa Naissance, sa Circoncision, son Épiphanie, sa Présentation au temple, sa Passion, sa Résurrection, son Ascension, l'effusion du Saint-Esprit et l'avènement du Souverain Juge ; tels sont les objets spéciaux qui doivent occuper davantage notre esprit et notre cœur, et dont le souvenir habituel doit nous procurer plus de grâce et de consolation. Mais en lisant la Vie de Jésus-Christ, il faut tâcher d'imiter ses vertus ; car sans cette imitation, la lecture nous serait peu profitable. « A quoi sert dit saint Bernard (Serm. 14 in Cantic.) que vous ne cessiez de voir dans les livres le nom sacré du Sauveur, si vous ne cherchez pas à en retracer la sainteté dans votre vie? » — « Si vous voulez trouver Dieu dans vos pieuses lectures, dit également saint Chrysostôme (in Psal. 43), hâtez-vous de vivre d'une manière qui soit digne de lui, et cette louable conduite sera comme un flambeau lumineux qui découvrira aux yeux de votre cœur le droit chemin de la vérité. »

La Vie du Christ doit être souverainement chère au pécheur à cause des nombreux avantages qu'il peut en tirer. 1° Elle procure la rémission des péchés. Après avoir fait justice de ses iniquités par l'humble accusation et par la satisfaction convenable auxquelles il s'est assujetti, le pécheur qui s'efforce de suivre les voies de Dieu, en méditant les exemples du Sauveur, est lavé de plus en plus de toutes ses taches ; car le Dieu qu'il sert, *est un feu dévorant* qui purifie l'âme de toutes ses souillures (Heb. c. 12, v. 29). 2° Cette Vie instructive dissipe les nuages de l'esprit parce que Celui qu'il contemple, est *la lumière qui brille dans les ténèbres* (Joan. c. 1, v. 5); à la faveur de cette clarté resplendissante, l'homme voit la ligne de conduite qu'il doit tenir vis-à-vis de Dieu, de lui-même et de son prochain, par rapport aux choses du ciel et à celles de la terre. 3° Cette Vie touchante obtient le don des larmes aux coupables qui en ont si grand besoin dans cette vallée de misères ; Jésus qui est *la fontaine des jardins et le puits des eaux vives*, a coutume d'accorder ce don précieux aux pécheurs qui se convertissent sincèrement à lui (Cant. c. 4, v. 15). 4° Cette Vie expiatoire offre le moyen de réparer les fautes journalières ; car le Seigneur ne manque pas de relever de leurs chutes tous ceux qui fixent sur lui leurs regards, comme il avait promis autrefois de guérir de leurs blessures tous les enfants d'Israël qui jetteraient les yeux sur le serpent d'airain, figure de Jésus-Christ (Num. c. 21, v. 8. — Joan. c. 3, v. 14). 5° Cette Vie admirable renferme une source exquise de délices spirituelles, pour ceux qui savent l'apprécier, selon la parole du Prophète royal : *Goûtez et voyez combien le Seigneur est doux* (Psal. 33, v. 9). 6° Cette Vie sublime est la seule voie pour connaître la suprême Majesté de Dieu le Père, comme l'atteste le Christ lui-même en disant : *Le Père n'est connu que du Fils et de celui auquel le Fils daigne le révéler* (Matth. c. 11, v. 27). 7° Cette Vie consolante assure l'heureuse issue de notre dangereux pèlerinage. Car, le serviteur fidèle qui, sur cette terre d'exil, reçoit chaque jour le Sauveur dans la demeure de son âme, et qui lui prépare par de pieuses méditations comme un lit orné de fleurs odoriférantes, verra après sa mort le Seigneur l'introduire dans le séjour de la gloire, et consommer pendant l'éternité l'union commencée et recherchée dès ici-bas.

La Vie du Rédempteur est tellement féconde et salutaire qu'elle justifie et renouvelle les pécheurs assidus à la considérer et à l'imiter ; elle les fait entrer avec les Saints dans la cité du ciel et dans la maison de Dieu. Vie aimable et douce à ceux qui se la rendent familière, car *la conversation avec Jésus n'a rien de désagréable, ni sa compagnie rien d'ennuyeux; mais on n'y trouve que du charme et de la joie* (Sap. c. 8, v. 16). Vie suave et délicieuse qui, après avoir été savourée quelque temps par un cœur tendre et pieux, lui rend insipide et fade tout ce qui ne lui en rappelle pas le souvenir. Elle est pour l'âme une nourriture substantielle et fortifiante ; car selon saint Ambroise (Serm. 8, in Psal. 118), celui qui reçoit Jésus-Christ dans son intérieur, est rassasié par la jouissance de plaisirs ineffables et par l'abondance des voluptés spirituelles. Cette Vie est pour le solitaire une consolation permanente, une excellente compagne, une source d'allégresse et de force, *une tour de défense contre les attaques de l'ennemi* et contre les assauts du démon (Ps. 60, v. 4.). Elle est de plus une voie droite et facile pour parvenir à la connaissance du Créateur, en sorte que personne ne peut alléguer d'excuse à cet égard ; si on ne peut s'élever tout d'un coup à la contemplation de la Majesté suprême, on peut du moins y atteindre peu à peu, en méditant la Vie de notre charitable Rédempteur, laquelle est à la portée de tous, des petits et des commençants comme des plus avancés et des plus parfaits : les uns et les autres, selon leur degré de ferveur et de vertu, y trouveront une retraite assurée, où comme de chastes tourterelles, ils pourront déposer et cacher avec soin les fruits d'un amour pur.

Méditons cette Vie incomparable, et quand nous invoquerons les Saints, amis de Dieu, ils nous écouteront favorablement, en vue de Jésus qui est entre eux et nous le sujet d'une commune joie. Ainsi, la bienheureuse Vierge, cette auguste Mère de miséricorde et de grâce, pourra-t-elle vous refuser sa protection et détourner de vous son regard, quelque pécheur que vous soyez, quand elle verra, non-seulement une fois mais fréquemment, chaque jour, reposer dans vos bras et sur votre cœur son divin Fils qu'elle aime par-dessus tout et plus qu'elle-même ? En vous voyant le suivre avec attention, pas à pas, pour lui rendre les pieux devoirs d'un fidèle serviteur, pensez-vous qu'elle puisse vous abandonner ? Non assurément ; ce serait délaisser son propre Fils lui-même que vous portez au dedans de vous. Les Saints considèrent aussi avec une complaisance toute particulière les disciples dévoués avec lesquels le Seigneur daigne habiter ; car ceux qui se conforment à la Vie de Jésus-

Christ, participent à la vie des Saints qui en est une copie plus ou moins parfaite.

La Vie du Sauveur a été principalement reproduite dans celle de sa bienheureuse Mère qui, pendant plusieurs années, lui prodigua les soins empressés comme une très-humble servante. Cette même Vie a été imitée par les Apôtres qui s'attachèrent à leur divin Maître, pour demeurer constamment avec lui comme ses plus intimes familiers. Elle a servi de modèle à tous les citoyens de la Jérusalem céleste qui jouissent de la vue continuelle de l'aimable Rédempteur, qui ne se lassent point d'admirer ses œuvres merveilleuses et s'applaudissent de former sa cour glorieuse durant l'éternité. Méditer la Vie qu'a menée sur la terre le Verbe fait chair, c'est choisir la meilleure part qui consiste à rester assis, comme Marie, aux pieds du Sauveur pour écouter les paroles de salut ; et cette part privilégiée ne sera point ravie à celui qui, avec le secours de la grâce, en fait un digne usage ; car elle est la récompense promise au serviteur prudent et fidèle qui commence à goûter ici-bas ce qu'il possèdera pleinement dans le ciel. O Vie excellente, supérieure par sa sainteté à toutes les autres vies ! nulle langue, ni humaine, ni angélique ne peut suffisamment vous exalter et vous louer ; vous êtes le commencement de la sublime contemplation de la vie bienheureuse dont nous espérons jouir éternellement avec tous les élus dans la céleste patrie. Faut-il regarder comme peu de chose d'être toujours avec Jésus-Christ, c'est-à-dire dans la compagnie de *Celui que les Anges ne peuvent se rassasier de contempler* (1 Petr. c. 1, v. 12.) ? Si vous désirez régner à jamais avec le Christ dans la gloire, commencez dès à présent à le servir dans la lutte et gardez-vous de l'abandonner, puisque servir le Roi des rois c'est régner.

Le cœur rempli de pieux sentiments, venez donc maintenant considérer le Verbe qui descend du trône de son Père dans le sein de Marie ; joignez-vous au céleste Messager de la miraculeuse Incarnation, pour être un nouveau témoin de ce touchant mystère, par un pur regard de foi ; et félicitez la Vierge-Mère qui pour vous est devenue féconde par l'opération de l'Esprit-Saint. Afin d'assister à la Naissance et à la Circoncision du divin Enfant, unissez-vous à saint Joseph, comme si vous remplissiez avec lui les fonctions de père nourricier. Rendez-vous ensuite avec les Mages dans l'étable de Bethléem pour y adorer le Roi nouveau-né. Puis vous aiderez ses parents à le porter et à le présenter au Temple de Jérusalem. Plus tard, dans la société des Apôtres, suivez le bon Pasteur qui opère sur son passage de glorieux prodiges. Au pied de la Croix sur laquelle il va rendre le dernier soupir, compatissez à ses souffrances et, avec saint Jean le disciple bien-aimé, mêlez vos larmes à celles de l'auguste Mère dont l'âme est transpercée d'un glaive de douleur ; cédant à une pieuse curiosité, touchez et palpez chaque plaie de votre bon Sauveur, mourant ainsi pour vos péchés. Partagez la sollicitude de Marie-Madeleine cherchant Jésus ressuscité, et ne vous arrêtez pas jusqu'à ce que vous ayez mérité de le trouver par votre persévérance. Admirez-le s'élevant avec majesté vers les cieux, comme si vous étiez réuni aux disciples sur le mont des Oliviers. Allez prendre place avec les Apôtres dans le Cénacle, et là, livré au recueillement de la prière, oubliez toutes les choses du dehors, afin d'obtenir la force surnaturelle du Saint-Esprit. Si, pendant votre court pèlerinage sur la terre, vous suivez ainsi votre divin Maître avec dévouement et humilité, au sortir de cette vie, il vous amènera avec lui et vous transportera dans les cieux, où il règne assis à la droite de

Dieu le Père; c'est ce qu'il a promis à l'âme pénitente, fidèle à marcher sur ses traces, car il a dit lui-même : *Celui qui veut me servir, qu'il me suive : et là où je suis, mon serviteur y sera également* (Joan. 12, v. 26).

O vous donc, pécheur converti, qui étudiez avec amour la Vie du Sauveur, ne doutez point qu'il ne vous adopte pour son enfant chéri : aussi le Livre des Proverbes lui met à la bouche ces paroles affectueuses : *J'aime ceux qui m'aiment* (c. 8, v. 17). C'est pourquoi saint Bernard dit : « Celui à qui Dieu ne plaît pas, ne peut plaire à Dieu, mais celui à qui Dieu plaît, ne peut déplaire à Dieu. » Toutefois, en quelqu'état que vous vous trouviez, vous devez éviter avec soin la confiance en vos propres mérites; mais vous regardant au contraire comme un pauvre petit mendiant dénué de tout, allez vous présenter ainsi à la porte de la miséricorde divine, pour recevoir l'aumône spirituelle dont vous avez toujours un pressant besoin. N'agissez pas de la sorte par une humilité feinte, comme si vous vouliez dissimuler vos mérites, mais avec une intime conviction que *nul homme vivant ne sera justifié devant Dieu* (Ps. 142, v. 2); car, si le Seigneur voulait entrer en jugement avec nous, nous ne pourrions pas même rendre compte d'une seule de nos pensées. En faisant ainsi, pourvu que vous conserviez la crainte filiale et une affection respectueuse, vous ne serez point taxé de présomption, quelle que soit d'ailleurs la liberté dont vous usiez dans vos rapports avec le bon Maître qui est venu sur la terre pour appeler à lui les pécheurs. De même, dans le monde social on ne regarde pas comme superbe et présomptueux l'indigent qui, sans se croire digne d'aucune faveur, trouve dans sa misère même un motif de s'approcher de plus près des personnes opulentes, afin d'implorer leur charitable assistance; dans de telles conditions, il n'est pas de riche compatissant qui n'accueille avec bonté le pauvre mendiant à sa porte.

Saint Bernard avait pris la Vie de Jésus-Christ pour le sujet le plus ordinaire de ses méditations ; réunissant dans sa pensée les pénibles labeurs de son divin Maître, il en avait composé comme un bouquet de myrrhe qu'il avait placé soigneusement sur son cœur, pour en savourer l'amertume. « Vous aussi, disait-il (Serm. 3, in Cant.), si vous voulez être sage, imitez la sainte prudence de l'Épouse des Cantiques, et mettez sur votre sein un bouquet de myrrhe, sans permettre qu'on vous enlève même pour un instant ce cher objet de votre affection ; gardez fidèlement dans votre mémoire et repassez continuellement dans vos méditations tout ce qu'a supporté pour vous le Sauveur, en sorte que vous puissiez dire à votre tour : *Mon bien-aimé est pour moi comme un faisceau de myrrhe qui restera toujours sur mon cœur* (Cant., c. 1, v. 12). Au commencement de ma conversion, mes chers frères, afin de suppléer aux mérites dont je me sentais dépourvu, je m'empressai de cueillir et de placer sur mon cœur ce bouquet si précieux, formé des angoisses et des douleurs de mon divin Maître. Les besoins et les privations de son enfance, les travaux de ses prédications, les fatigues de ses voyages, les longues veilles qu'il passa dans la prière, les tentations humiliantes qu'il endura pendant son jeûne, les larmes que la compassion lui fit verser, les piéges qu'on lui tendit dans ses entretiens, les dangers auxquels il fut exposé de la part de faux frères, les injures, les crachats, les soufflets, les railleries, les calomnies, les clous de la Passion, en un mot toutes les ignominies et les souffrances dont la carrière mortelle du Rédempteur a été remplie pour le salut du genre humain, furent pour moi comme autant de rameaux précieux de la myrrhe a plus odoriférante; je n'eus garde d'oublier celle dont il fut abreuvé sur la croix et celle avec laquelle il fut embaumé dans sa sépulture ; en acceptant la première, il ressentit l'amertume de mes péchés ; et en recevant la seconde, il consacra la future corruption de mon corps. Tant qu'il me sera donné de vivre, *je proclamerai l'abondance des suavités que l'on goûte dans le souvenir* de ces témoignages prodigieux d'un amour infini (Ps. 144, v. 7). Non, jamais je n'oublierai les grandes miséricordes de mon Dieu, parce que j'y ai trouvé ma justification. »

« La vraie sagesse, continue le même saint docteur, consiste, je le répète, à méditer la Vie et la Passion de Jésus-Christ ; elles constituent pour moi la perfection de la justice, la plénitude de la science ; elles renferment un trésor de mérites, une source de richesses spirituelles ; elles me procurent tantôt le breuvage d'une componction salutaire, et tantôt l'onction des plus douces consolations ; elles me relèvent dans l'adversité et me modèrent dans la prospérité. Au milieu des joies et des tristesses dont la vie présente est parsemée, elles m'offrent une voie royale, où je puis marcher sans crainte à l'abri des dangers qui me menacent de tous côtés. Elles m'inspirent une filiale confiance dans le Souverain Juge, lorsqu'elles me montrent la douceur et l'humilité de Celui qui fait trembler les puissances, et qu'elles me présentent la clémence et l'amabilité de Celui qui est inaccessible aux princes et redoutable aux rois de la terre. C'est là, comme vous le savez, le thème fréquent de mes discours ; c'est aussi l'objet constant de mes pensées, comme Dieu m'en est témoin, et la matière ordinaire de mes écrits, comme chacun peut s'en convaincre. Oui, c'est là présentement ma plus sublime philosophie, *savoir Jésus et Jésus crucifié* (1 Cor., c. 2, v. 2). Vous aussi, mes bien-aimés dans le Seigneur, cueillez pour vous ce bouquet précieux, si digne d'envie. Rappelez-vous que le saint vieillard Siméon le reçut dans ses bras, que l'auguste Vierge Marie le porta dans ses chastes entrailles et le couvrit de ses baisers maternels, que l'Épouse mystique des Cantiques le plaça sur son sein et que l'heureux saint Joseph, comme il n'est pas permis d'en douter, le tint souvent sur ses genoux et sourit à ses caresses. Que tous ces illustres personnages qui eurent le bonheur de voir Jésus en face, soient pour vous autant de modèles que vous puissiez imiter ; car, si vous avez devant les yeux Celui que vous portez dans le cœur, vous supporterez plus facilement les tribulations qui vous assiégent, en considérant celles que Notre-Seigneur a lui-même endurées. » Ainsi s'explique saint Bernard. Mais parce que beaucoup ne pensent jamais aux souffrances du Rédempteur, ils succombent promptement aux fatigues de l'exil ; s'ils voulaient les rappeler à leur mémoire, ils ne se lasseraient pas si vite de pratiquer les bonnes œuvres.

On lit de la généreuse sainte Cécile qu'elle aimait passionnément la Vie de son divin Maître ; car entre autres éloges décernés à ses admirables vertus, on raconte qu'elle portait toujours sur son cœur le saint Évangile ; d'où l'on peut conclure qu'elle en avait extrait et choisi les passages les plus propres à nourrir sa piété, qu'elle les méditait nuit et jour avec une entière pureté de cœur et une fervente application d'esprit. Puis, afin de repasser plus souvent ce qu'elle avait lu, afin d'en goûter mieux la suavité délectable, elle avait été sagement inspirée de placer toujours sur son sein le texte même évangélique. Imitez cette dévotion spéciale de la prudente vierge ; car, parmi les exercices spirituels il n'en est pas, à notre avis qui soit plus nécessaire, plus profitable et qui puisse conduire à une plus haute perfection. Pour résister aux séductions de la vanité, aux épreuves de l'adversité, aux assauts du démon et aux vices de la nature corrompue, vous ne trouverez nulle part des instructions et des garanties comme dans la Vie irrépréhensible du Sauveur. Par la méditation fréquente et assidue de cette Vie très-sainte, l'âme devient l'amie intime et la confidente familière de son Rédempteur ; elle est tellement affermie contre les dangers des choses vaines et passagères, qu'elle n'en a plus que du dédain et du mépris. Témoin encore sainte Cécile qui avait si bien rempli son cœur des sentiments de Jésus-Christ, qu'elle ne pouvait plus goûter les affections de la terre. Au milieu des pompes fastueuses de noces brillantes, pendant que d'harmonieux instruments faisaient entendre de doux concerts, la vierge demeurait inébranlable et consacrait à Dieu seul tous ses chants : *Seigneur,* lui disait-elle de cœur plus encore que de bouche, *conservez-moi pure, afin que je ne sois pas confondue* (Ps. 118, v. 80).

En outre, les pieuses méditations sur la Vie de Jésus-Christ fortifient l'âme contre les tribulations et les adversités, de telle sorte qu'on les craint moins et qu'on les sent moins, comme on le remarque dans les Martyrs qui ont versé leur sang pour la foi. Sur ce sujet laissons parler saint Bernard (Serm. 5, in Cant.) : « *Ma colombe écoute dans les trous de la pierre,* dit l'Époux céleste des Cantiques (c. 2, v. 14), parce qu'elle est toute concentrée dans les plaies du Sauveur, où elle demeure par une continuelle application de toutes ses facultés; voilà ce qui explique la patience inaltérable des Martyrs et leur confiance absolue dans le Dieu tout-puissant. Notre aimable Chef veut que ses soldats fidèles tiennent les yeux fixés sur ses glorieuses blessures, afin de ranimer leur courage par cette vue et de soutenir leur ferveur par son exemple; car ils braveront leurs souffrances, tant qu'ils considèreront les siennes. Voilà pourquoi le martyr reste joyeux et triomphant, bien que ses membres soient déchirés et ses flancs percés par le fer des persécuteurs; et ce n'est pas seulement avec résignation, c'est même avec allégresse qu'il voit jaillir de son corps le sang qu'il est heureux et fier de répandre pour une cause si noble et si sainte. Où donc se trouve alors l'âme de l'athlète chrétien? Elle est en lieu sûr, sur un rocher inexpugnable, dans les entrailles du Christ, dans les plaies du Sauveur qui sont ouvertes et dilatées pour le recevoir. Si elle demeurait dans son propre corps, en examinant le supplice atroce qu'il subit, elle sentirait assurément le fer meurtrier, et incapable par elle-même de supporter une pareille douleur, elle succomberait et renierait sa foi. Mais parce qu'elle réside dans la pierre ferme et dure, est-il étonnant qu'elle en ait la résistance et la solidité? Il est tout naturel que loin du corps l'âme soit à l'abri des tourments qu'il endure ; ce n'est point la stupeur, mais l'amour qui produit cet effet surprenant ; le martyr n'a pas perdu ses sens, mais il les tient assujettis ; il éprouve la pointe de la douleur, mais il l'affronte ; c'est donc de la pierre divine où il s'est établi qu'il tire sa force surnaturelle.»

Ces réflexions qui sont toutes de saint Bernard, expliquent aussi la magnanimité, la constance héroïque, avec laquelle tant de saints Confesseurs et de vertueux personnages conservent le calme, la patience et même la joie dans leurs travaux, leurs tribulations, et leurs infirmités; par la méditation affective de la Vie et de la Passion du Sauveur, leurs âmes ont en quelque sorte quitté leurs corps pour s'unir plus intimement à lui. C'est toujours par le même moyen que l'on s'aguerrit contre les vices et les tentations ; car, en voyant toutes les vertus pratiquées dans leur plus haut degré de perfection, on apprend ainsi à discerner d'une manière infaillible ce qu'il faut faire ou omettre. Étudiez donc la Vie du Seigneur des vertus, parce que vous ne trouverez nulle part ailleurs d'aussi sublimes exemples et d'aussi éloquentes leçons de pauvreté, d'humilité, de douceur, de charité, d'obéissance, de patience et des autres vertus. Tout ce qu'il y a de bon, de beau dans l'Église, vient de Jésus-Christ qui en a donné le type complet et parfait dans le magnifique tableau de ses discours et de ses œuvres. — « Comment pouvez-vous parler de vertus, dit saint Bernard (Serm. 22, in Cant.), vous qui ne connaissez pas celles du Christ, votre Dieu? Où trouver, je vous le demande, la vraie prudence, sinon dans sa doctrine? la vraie justice, si ce n'est dans sa miséricorde? la vraie tempérance, sinon dans sa Vie? la force, si ce n'est dans sa Passion? Oui, ils méritent seuls d'être appelés prudents, les Chrétiens qui sont imbus de sa doctrine; justes, ceux qui ont obtenu de sa miséricorde le pardon de leurs péchés; tempérants, les fidèles qui s'appliquent à imiter sa Vie; forts, ceux qui, dans les orages de l'adversité, suivent courageusement les leçons de sagesse et de patience qu'il a données au monde. Par conséquent, tous les efforts que vous ferez pour acquérir les excellentes vertus, seront infructueux, si vous ne fréquentez pas la divine école de Celui qui s'appelle le Seigneur des vertus, et dont la doctrine est une source de prudence, la miséricorde un chef-d'œuvre de justice, la Vie un miroir de tempérance et la mort un miracle de force. »

« Pourquoi, demande saint Grégoire (in cap. 1, Cant.), l'épouse des Cantiques compare-t-elle son Bien-aimé à un bouquet de myrrhe et non pas simplement à la myrrhe? C'est, répond ce grand Docteur, que l'âme fidèle désirant imiter la Vie de Jésus-Christ, après l'avoir considérée dans tous ses détails, se forme comme un bouquet des vertus contraires à tous les vices, pour remédier à la corruption incessante de sa propre chair. » — Selon saint Augustin (lib. de Vera Relig. c. 16), Dieu emploie pour guérir nos âmes différents moyens accommodés aux diverses circonstances qu'il dispose dans un ordre admirable; mais sa Providence miséricordieuse à l'égard du genre humain n'a jamais paru avec plus d'éclat que quand la Sagesse incréée, c'est-à-dire le Fils unique de Dieu, consubstantiel et coéternel à son Père, daigna s'unir la nature humaine. En effet, *le Verbe s'est fait chair, et il a habité parmi nous* (Joan. c. 1, v. 14). Les esclaves des plaisirs convoitaient injustement les richesses du peuple, Jésus a voulu rester pauvre ; ils ambitionnaient les honneurs du pouvoir, il a refusé d'être roi; ils regardaient comme un grand bonheur de voir une famille florissante, il n'a point contracté d'alliance conjugale; ils avaient en horreur les affronts et les mépris, lui s'est assujetti aux ignominies et aux outrages ; les injures leurs semblaient intolérables, et cependant le Juste par excellence supporte la plus grande injure, qui est d'être condamné comme criminel quoique innocent ; ils redoutaient les douleurs corporelles, et lui a été flagellé de la manière la plus cruelle ; ils appréhendaient la mort, et lui en a subi le coup fatal; ils voyaient dans la croix le plus infâme supplice, et lui a rendu le dernier soupir entre ses bras ; tout ce que les hommes recherchaient pour satisfaire leurs passions, il l'a repoussé ; ce qu'ils évitaient pour ne pas ressentir de peines, il l'a choisi de préférence. Par son exemple, la Sagesse incarnée nous a appris ce que nous devions rejeter ou embrasser; c'est pourquoi nous ne pouvons commettre aucun péché qu'en affectionnant ce qu'elle a méprisé, ou en fuyant ce qu'elle a supporté. »

Ainsi, toute la Vie temporelle du Verbe divin sur la terre a été pour l'humanité tout entière une règle de conduite, une grande école de mœurs. « Si vous le voulez, ajoute saint Augustin, je vous accorde qu'il n'y ait maintenant personne au monde qui soit digne de servir de modèle; mais alors représentez-vous par la pensée un Dieu qui s'est fait homme pour enseigner aux hommes l'art de bien vivre, et rappelez-vous ce qu'a dit saint Jean (I Ep. c. 2, v. 6) : *Celui qui prétend demeurer dans le Christ, doit marcher comme lui-même a marché.* Vous avez donc devant vous un modèle à suivre, puisque toutes les actions du Christ sont pour nous autant d'instructions. Ce divin Chef a dit en effet : *Je vous ai donné l'exemple pour que vous fassiez comme moi* (Joan. c. 13, v. 14). » — Par conséquent, comme l'explique le Vén. Bède, « celui qui prétend demeurer en Jésus-Christ, doit marcher comme son Chef a marché le premier, c'est-à-dire ne pas ambitionner les biens terrestres, ne pas poursuivre des richesses périssables, fuir les honneurs, embrasser pour la gloire du ciel tous les mépris du monde, rendre volontiers service au prochain, ne faire tort à personne, souffrir patiemment les injures et demander pardon à Dieu pour ceux qui en sont la cause, ne jamais rechercher sa propre gloire mais uniquement celle du Créateur, entraîner avec soi vers la céleste patrie tous ceux que l'on pourra gagner. Pratiquer de semblables œuvres, conclut le Vén. Bède, c'est là vraiment suivre les traces du Christ. » « Nous devons marcher sur les pas du Rédempteur, ajoute saint Ambroise (lib. de Virginitate), parce que dans sa connaissance nous trouvons le salut complet et la sagesse parfaite. Nous avons tout en Jésus-Christ et Jésus-Christ est tout pour nous. Désirez-vous être guéri de vos blessures spirituelles, il est un médecin assuré ; si vous êtes consumé par des passions ardentes, il est la fontaine rafraîchissante ; si vous êtes accablé de graves iniquités, il est la justice même ; si vous avez besoin de secours, il est la force ; si vous craignez la mort, il est la vie ; si vous fuyez les ténèbres, il est la lumière ; si vous soupirez après le ciel, il est la voie qui y conduit ; enfin demandez-vous de la nourriture, il est l'aliment des âmes. »

C'est donc avec juste raison qu'un sage a pu dire : « Connaître beaucoup de choses et ignorer Jésus-Christ, c'est ne rien savoir ; celui qui connaît Jésus-Christ est assez savant, lors même qu'il ignorerait tout le reste. » Il serait à désirer que tous les sages de ce monde comprissent et goûtassent cette maxime, et qu'ils échangeassent tout leur savoir contre cette science divine ; car en suivant Jésus-Christ, on ne peut craindre de se tromper ou d'être égaré. La méditation fréquente de sa Vie embrase les âmes du désir d'imiter et d'acquérir ses vertus, les remplit de courage et les éclaire d'une lumière surnaturelle, à tel point qu'on a vu des personnes simples et illétrées, pénétrer les plus profonds mystères de la Divinité ; car on trouve dans cette méditation une onction céleste qui purifie le cœur et élève l'esprit jusqu'à lui découvrir les plus hautes vérités. Si donc vous voulez régler vos mœurs et pratiquer les vertus, représentez-vous sans cesse le miroir très-pur et le type parfait de toute sainteté, Notre-Seigneur Jésus-Christ qui est descendu du ciel sur la terre, pour marcher à notre tête dans le chemin des vertus et nous tracer par son exemple la règle des mœurs que nous devons suivre. Comme notre nature a été formée à la ressemblance du Créateur, notre volonté doit aussi être réformée sur le modèle du Rédempteur, afin de rétablir en nous, par l'imitation de ses vertus, l'image divine que nous avons souillée par le déréglement de nos mœurs;

et plus nous tâcherons de nous conformer dans l'exil à notre Chef suprême, plus aussi nous mériterons d'approcher de lui dans la patrie pour partager la splendeur de sa gloire.

Parcourez donc les différents âges par lesquels Jésus-Christ a passé, et considérant chaque vertu qu'il a successivement exercée, efforcez-vous comme un disciple fidèle de suivre votre divin Maître. Dans vos souffrances, soit intérieures soit extérieures, souvenez-vous des douleurs et des adversités de Jésus ; et quand vous êtes accablé de quelque chagrin, recourez aussitôt à ce tendre père des malheureux, comme le petit enfant qui se réfugie dans les bras de sa mère ; dites-lui et confiez-lui toutes vos peines, versez dans son sein toutes vos inquiétudes et abandonnez-vous entièrement à sa providence ; assurément il apaisera la tempête et relèvera votre âme abattue. Non-seulement vous devez vous tenir uni au Seigneur Jésus pendant toute la journée, mais encore lorsque vous étendrez votre corps sur votre couche et que vous placerez votre tête sur l'oreiller, inclinez-vous amoureusement comme le disciple chéri, sur la poitrine du Sauveur ; ainsi penché sur le cœur du bon Maître, pénétrez-vous des sentiments dont il était rempli ; vous jouirez alors dans le Seigneur d'un paisible sommeil et vous goûterez un doux repos. En un mot, dans tout ce que vous direz et ferez, ne perdez point de vue Jésus votre conducteur et votre modèle, soit que vous marchiez ou que vous vous arrêtiez, que vous soyez assis ou couché, en mangeant et en buvant, soit que vous preniez la parole ou que vous gardiez le silence, lorsque vous êtes seul ou bien en compagnie ; par ce moyen, vous croîtrez dans l'amour et vous avancerez dans l'intimité du Sauveur, il vous accordera plus de grâces, il vous inspirera plus de confiance, et vous pratiquerez toutes les vertus dans un degré supérieur.

Faites consister toute votre sagesse et votre application à penser continuellement à Jésus, d'une manière ou de l'autre, afin de vous exciter à l'imiter de mieux en mieux et à l'aimer toujours davantage. Ces pieuses considérations touchant le Seigneur Jésus, rempliront votre temps très utilement, soit que vous produisiez de saintes affections envers son adorable personne, soit que vous rendiez vos mœurs conformes à son admirable conduite, soit que vous le regardiez dans toutes vos actions comme un modèle accompli dont vous devez copier tous les traits. En vous rendant ces méditations habituelles, elles vous deviendront familières, elles se présenteront comme d'elles-mêmes à votre esprit et nourriront de plus en plus agréablement votre âme.

Conséquemment, vous voyez à quelle sainteté sublime peuvent conduire l'étude et l'imitation de la Vie de Jésus. Je vais essayer maintenant de vous initier à ce travail si important, non pas en traitant tout ce qui est contenu dans l'Évangile, mais en choisissant ce qui est plus convenable à la piété. Il ne faut pas croire que toutes les paroles et toutes les actions de Jésus-Christ aient été consignées dans l'Écriture, de sorte qu'on ne puisse en considérer d'autres. Aussi, afin de frapper votre esprit et toucher votre cœur plus vivement, je rapporterai les faits tels qu'ils se sont accomplis, ou comme on peut pieusement présumer qu'ils se sont passés, d'après certaines données puisées à différentes sources. Nous pouvons en effet méditer, entendre et expliquer de plusieurs manières la sainte Écriture, selon qu'il nous semble expédient, pourvu cependant que nos interprétations ne soient opposées ni à la vérité historique, ni à la justice ou à la doctrine chrétienne, c'est-à-dire à la foi et à la morale. Mais ce serait une présomption coupable, d'affirmer par rapport à Dieu une chose qui ne pourrait être prouvée ni par la raison naturelle, ni par la conscience, ni par la foi, ni par l'Écriture-Sainte. Lors donc que vous me verrez raconter que Jésus-Christ ou quelqu'autre personnage a dit ou fait telle chose, si ce que j'avance ne peut être constaté par l'Écriture, vous ne devez le prendre que pour une pieuse conjecture ; c'est alors comme si je disais : je pense, je présume que le bon Sauveur a parlé ou agi de telle ou telle manière.

Si vous désirez méditer avec fruit l'important sujet que je vous propose, il faut que vous y apportiez toute l'affection de votre cœur et toute l'attention de votre esprit, sans vous préoccuper d'aucune autre affaire ni d'aucun autre soin, afin d'être tout entier présent aux discours et aux actions du Seigneur Jésus, comme si vous entendiez de vos oreilles et voyiez de vos yeux tout ce qui est raconté ; car rien de plus doux, de plus suave pour celui qui le médite avec amour et le goûte avec avidité. Ainsi, bien que grand nombre de faits soient rapportés comme étant accomplis déjà, vous devrez les considérer comme présents, et de cette sorte ils auront plus d'attraits et de charmes. Lisez donc le récit des choses passées comme celui des choses actuelles, vous les figurant comme si vous en étiez témoin ; vous y trouverez ainsi plus de douceur et d'agrément. C'est dans ce but que parfois j'ai décrit les lieux qui ont servi de théâtre à certains événements ; car, lorsqu'on entend lire dans l'Évangile que tel fait est arrivé en tel endroit, on est plus vivement impressionné si l'on connaît les circonstances locales. Il est doux, en effet, de soupirer après cette Terre privilégiée, dont le nom retentit nuit et jour dans toutes les églises chrétiennes ; cette Terre que le bon Jésus a sanctifiée par sa présence, éclairée par sa prédication et qu'il a consacrée par l'effusion de son précieux sang ; il est plus doux encore de la contempler avec les yeux du corps, pour examiner avec les sentiments de la foi, chacun de ces lieux vénérables où le Seigneur a opéré notre rédemption. Avec quelle ardente dévotion, tant de pieux pèlerins baisent ce sol foulé par les pieds sacrés de l'aimable Sauveur, et vénèrent les divers endroits où il a fait quelque séjour et accompli quelque prodige ? ne pouvant comprimer leurs vives émotions, tantôt ils se frappent la poitrine, tantôt ils laissent couler des pleurs, ou bien ils s'exhalent en soupirs et en gémissements; de sorte que, par toutes ces marques extérieures de sincère componction, ils arrachent souvent des larmes aux Sarrasins eux-mêmes. N'avons-nous pas aussi l'exemple des illustres patriarches, Jacob, Joseph et ses frères qui, n'ayant pu habiter pendant leur vie cette Terre promise, voulurent y être inhumés après leur mort ? Il ne reste plus qu'à déplorer l'indifférence des Chrétiens de nos jours qui, insensibles à de nombreux exemples, montrent si peu de zèle pour enlever aux mains de leurs ennemis la Terre arrosée par le sang divin de Jésus-Christ.

Voici maintenant une règle générale qu'il faut bien retenir : toutes les fois que, dans le cours de cet ouvrage, vous ne trouverez pas de méditation sur un sujet spécial, contentez-vous d'examiner ce que le Seigneur Jésus a dit ou fait, puis tâchez de converser et de demeurer familièrement avec lui, car la plus grande consolation, la dévotion la plus efficace et le fruit principal de ces méditations consistent à considérer pieusement, partout et toujours, le Sauveur dans ses divers actes et différentes habitudes ; ainsi, quand il est au milieu de ses disciples ou parmi les pécheurs, lorsqu'il parle ou qu'il enseigne, quand il marche ou qu'il s'arrête, s'il dort ou s'il veille, s'il prend son repas ou bien s'il sert les Apôtres à table, lorsqu'il guérit les malades ou qu'il opère d'autres miracles. Représentez-vous en même temps de quelle manière il pratiquait toutes les vertus, avec quelle humilité il vivait parmi les hommes, avec quelle bonté il traitait ses disciples ; rappelez-vous sa miséricorde envers les pauvres auxquels il s'était rendu semblable en tout et qu'on aurait dit être ses frères de prédilection. Jamais il ne témoigna de mépris ou d'aversion pour personne, pas même pour les lépreux, comme aussi il n'usa point de flatterie pour les riches. Combien il fut libre des soucis du monde et peu préoccupé des besoins du corps ! Avec quelle patience il supporta les injures, avec quelle douceur il repoussa les calomnies ! il ne chercha jamais à se venger par une parole mordante et amère, mais plutôt à guérir la malice de son adversaire par une réplique calme et modeste. Comme il était réglé dans toutes ses démarches et zélé pour les âmes qu'il aima jusqu'à mourir pour leur salut ! Est-il une bonne œuvre qu'il n'ait pas exercée à l'égard du prochain? Quelle compassion envers les affligés ! quelle condescendance vis-à-vis des faibles ! quelle affabilité dans ses rapports avec les pécheurs ! quelle indulgence pour les pénitents ! quel empressement pour obéir à ses parents et pour rendre service à tout le monde ! N'a-t-il pas dit lui-même : *Je suis au milieu de vous comme un serviteur* (Luc. c. 22, v. 27.) Voyez comme il évita toute jactance, toute singularité et tout ce qui pouvait être une occasion de scandale ; combien il fut modeste dans ses repas et réservé dans ses regards, appliqué à la prière et assidu aux veilles, calme au milieu des travaux et des tribulations, paisible en toute occasion. En suivant cette méthode, chaque fois que vous lirez ou entendrez rapporter quelque parole ou quelqu'action de Jésus-Christ, méditez sur les vertus qu'il a pratiquées en ces diverses circonstances et sur la conduite que vous savez ou pensez qu'il a tenue ; car il s'est conduit en tout de la manière la plus sainte et la plus parfaite, lui qui était toujours très-saint et très-parfait. Que de douceur dans sa physionomie ! que de suavité dans ses entretiens ! que d'aménité dans toutes ses relations familières ! A l'aide de votre imagination, essayez de vous représenter au naturel sa face adorable ; rien, il est vrai, ne semble plus difficile, mais aussi rien, peut-être, ne serait plus agréable et plus avantageux à votre âme. Enfin, que ces réflexions préliminaires vous servent d'avertissement pour toute la suite de cet ouvrage, et n'oubliez pas de recourir à la règle précédente, toutes les fois que le récit d'un fait ou d'un discours ne sera pas accompagné de méditations spéciales, ni même des considérations générales que nous venons d'exposer.

Afin que vous puissiez mieux imaginer dans votre esprit le visage, l'extérieur, toute la personne du Sauveur, et par le moyen de cette représentation méditer avec plus de facilité et de fruit sur ses dispositions, ses actes et sur toute sa conduite, j'ai jugé à propos de reproduire ici ce qui est écrit ailleurs sur ce sujet. Voici donc, tel qu'on le trouve dans les Annales du peuple romain, le portrait de Jésus-Christ que les Gentils appelaient le Prophète de la Vérité. Sa taille, quoique moyenne, était noble et belle ; sa figure majestueuse inspirait tout à la fois le respect et l'amour ; sa chevelure qui avait la couleur d'une noisette bien mûre, était lisse jusqu'à ses oreilles, et de là flottait sur ses épaules en boucles frisées et un peu brillantes ; elle était divisée sur le milieu de la tête, à la façon des Nazaréens. Son front était uni et serein ; son visage, sans aucun défaut était embelli d'un gracieux incarnat ; son nez ainsi que sa bouche n'avaient rien que de bien proportionné ; sa barbe qui avait la couleur de ses cheveux, était bien fournie, mais courte et se bifurquait au menton ; son aspect était simple et grave ; ses yeux d'azur étaient limpides et très-expressifs. Il était imposant et sévère dans ses réprimandes, doux et aimable dans ses exhortations; il avait un air plein de grâce, mais aussi plein de dignité. On le vit pleurer quelquefois, mais jamais personne ne le vit rire. Son port était droit et aisé, ses mains et ses bras étaient d'une perfection remarquable. Il parlait peu et sérieusement, mais toujours avec convenance et modestie. En un mot, c'est à bon droit que le Prophète l'a proclamé *le plus beau, le plus accompli des enfants des hommes* (Ps. 44, v. 3) (1).

Entre tous les Livres saints, donnez à l'Évangile la préférence dans votre estime; car, comme le déclare saint Augustin, il tient à juste titre le premier rang parmi les divines Écritures (de Consensu Evang. lib. 1, cap. 1). C'est pourquoi tâchez de l'avoir toujours entre les mains et de le porter partout dans votre cœur; c'est là que vous apprendrez le mieux à connaître la Vie et la conduite de Notre-Seigneur Jésus-Christ avec tout ce qui est nécessaire pour le salut. Au jugement de saint Chrysostôme (Hom. 1, in Matth.), « l'Évangile contient dans un abrégé sublime toute la perfection de la créature raisonnable. » D'après saint Jérôme, « il est le couronnement de la Loi, parce que les préceptes et les exemples y sont réunis de manière à former le code le plus complet de morale. » — « Nous aurions dû, ajoute saint Chrysostôme (Hom. 31, in Joan.), mener une vie si pure que le secours de la Sainte-Écriture ne nous eût point été nécessaire, et que la grâce de l'Esprit-Saint eût été suffisante pour graver dans nos cœurs ses enseignements, comme l'encre imprime les caractères sur le papier; mais, puisque nous avons empêché la Vertu d'en haut d'agir en nous, empressons-nous de recourir au nouveau trésor que la miséricorde divine nous a ménagé dans la sainte Écri-

(1) Voir note I à la fin du volume.

ture; car ce n'est pas seulement pour que nous la conservions dans les livres qu'elle nous a été donnée, mais surtout afin que nous la fixions dans nos cœurs. Si la présence seule du texte évangélique dans une maison suffit pour en éloigner le malin esprit, l'âme qui possède l'intelligence et garde le souvenir des divins oracles, ne sera-t-elle pas plus sûrement garantie contre les attaques de Satan et les blessures du péché? Sanctifiez donc votre âme et votre corps, en ayant toujours le saint Évangile à la bouche et dans le cœur; car, si une parole déshonnête souille l'homme et attire le démon, une pieuse lecture doit tout au contraire purifier l'homme et attirer la grâce. Lisons donc attentivement les divines Écritures, mes très-chers frères; et si nous ne pouvons en approfondir toutes les parties, du moins ne nous lassons pas d'étudier les saints Évangiles de façon qu'ils soient continuellement entre nos mains. Hâtez-vous d'ouvrir et ne cessez de lire ces admirables écrits, vous finirez bientôt par mépriser toutes les choses du monde et par dédaigner toutes les jouissances d'ici-bas; si vous êtes riche, vous ne ferez aucun cas de votre fortune; si vous êtes pauvre, vous ne rougirez pas de votre indigence; bien loin d'être avare ou ravisseur, vous n'aurez que de l'estime pour la pauvreté et que du dégoût pour les richesses; quand vous serez arrivé jusqu'à ce point, vous triompherez de tous les maux. On trouve dans la lecture et la méditation de l'Évangile, beaucoup d'autres avantages que nous n'exposerons point ici en détail; ils sont connus de ceux qui en ont fait la douce expérience. » Ainsi parle saint Chrysostôme.

Le même saint Docteur dit encore ailleurs (Hom. 1, in Matth.) : « Que pourra-t-on jamais comparer à l'Évangile? C'est là que l'on voit Dieu descendre sur la terre et l'homme monter au ciel, les êtres les plus opposés ou les plus éloignés se rapprocher et s'unir ensemble, les Anges faire chœur avec les hommes et les hommes lier commerce avec les Anges et les autres esprits bienheureux. C'est là que l'on voit réparée la chute originelle, les démons mis en fuite, la mort vaincue, le paradis ouvert, la malédiction révoquée, le péché effacé, l'erreur confondue, la vérité rétablie, la parole sainte répandue partout comme une semence féconde, la vie du ciel comme implantée sur cette terre d'exil, les esprits bienheureux qui conversent familièrement avec les hommes, et les messagers angéliques qui exercent parmi nous leur fréquent ministère. On donne à l'histoire de ces faits merveilleux le nom d'Évangile, pour faire entendre combien sont frivoles tous les autres enseignements qui concernent seulement les biens temporels. Mais les enseignements que nous ont apportés les pêcheurs Galiléens, méritent d'être appelés proprement Évangiles ; car ils nous annoncent des biens éternels qui nous sont accordés avec toute la facilité possible. Ce n'est point en récompense de nos travaux et de nos sueurs, ni en compensation de nos douleurs et de nos peines, mais uniquement par la pure bonté de Dieu que nous avons été favorisés des promesses les plus magnifiques. » Ainsi s'exprime saint Chrysostôme. Selon saint Augustin (de Civit. Dei, lib. 18, c. 35), « le mot Évangile signifie en latin *bonne nouvelle ;* et bien qu'il convienne à toute annonce de quelque heureux événement, il désigne spécialement l'annonce de l'avènement du Sauveur ; c'est pourquoi on nomme proprement Évangélistes les écrivains inspirés qui ont rapporté la Naissance, les actions, les paroles et la Passion de Notre Seigneur Jésus-Christ. »

Avant d'aborder l'Histoire évangélique, il faut remarquer que, sous la direction salutaire de l'Esprit-Saint, les quatre Évangélistes n'ont pas toujours exposé des faits selon l'ordre chronologique; tantôt ils ont raconté par anticipation ce qui aurait dû être mentionné plus tard, et tantôt ils ont relaté ce qu'ils avaient omis d'abord; d'autres fois ils ont résumé ou répété ce qu'ils avaient précédemment détaillé ou simplement indiqué. Malgré ces incidents qui tiennent à la forme sans toucher au fond, le récit des Évangélistes ne laisse pas d'être d'une très-grande utilité ; car, d'après saint Augustin, il est probable que chaque Évangéliste a cru devoir narrer les choses suivant l'ordre dans lequel il a plu au Seigneur de les lui rappeler. Cependant, crainte de troubler ou d'embarrasser les personnes pieuses, j'ai adopté dans mon récit un ordre un peu différent; et j'ai rapporté les faits selon leur enchaînement naturel ou leur connexion logique, c'est-à-dire, suivant que la succession des temps ou la convenance des matières semblaient l'exiger. Pourtant, je n'oserais affirmer que ce soit l'ordre vrai et certain dans lequel les choses ont dû nécessairement arriver; car c'est à peine si l'on rencontre quelque auteur qui ait fait une Concorde précise de tous les faits évangéliques (1).

Dans cette même Histoire du Verbe incarné, vous trouverez tout à la fois ses exemples, ses préceptes et ses promesses, qui vous montreront la voie que vous devez suivre, la vérité que vous devez croire et la vie que vous devez atteindre; car les exemples de Jésus-Christ prouvent la possibilité de bien vivre, ses préceptes donnent la science de bien vivre, et ses promesses inspirent la volonté de bien vivre. A l'aide de ces trois moyens, il est nécessaire que vous surmontiez trois défauts opposés, savoir, l'impuissance, l'ignorance et la négligence ; car celui qui est ignorant sera ignoré, celui qui est négligent sera négligé, et celui qui feint d'être impuissant n'en sera pas moins rejeté et condamné.

(1) Voir note II à la fin du volume.

Sortez donc de votre sommeil, âme consacrée à Jésus-Christ; réveillez-vous, vous tous qui portez le nom de Chrétien; examinez avec soin, considérez avec attention et méditez à loisir tout ce qui est rapporté du divin Sauveur, afin de marcher sur ses traces. Pour votre bonheur, il est descendu du trône de sa gloire dans cette terre d'exil; n'est-il pas juste que, pour son amour, vous renonciez aux choses terrestres et soupiriez après les biens célestes? Si le monde vous paraît doux, Jésus-Christ l'est bien davantage; si le monde n'a pour vous que des amertumes, Jésus-Christ les a toutes supportées pour vous. Levez-vous donc avec courage, marchez, courez et volez dans la carrière qui est ouverte devant vous; ne vous livrez point à la paresse durant votre pèlerinage, de peur que vous ne perdiez votre place dans la patrie.

Prière

Seigneur Jésus, ô Christ Fils unique du Dieu vivant, accordez à un faible et misérable pécheur comme moi, d'avoir toujours devant les yeux de mon cœur votre Vie admirable et vos sublimes vertus, afin que je tâche de les imiter selon mon pouvoir. Faites que, par ce moyen, je croisse chaque jour en perfection, pour devenir un temple consacré à la gloire du Seigneur. Je vous en supplie, que la lumière de votre grâce dissipe les ténèbres de mon âme, en ne cessant de me prévenir, accompagner et suivre partout. Faites que, vous ayant ainsi pour guide dans toutes mes voies, je puisse accomplir tout ce qui vous est agréable et fuir tout ce qui vous déplaît. O suprême Sagesse, dirigez vous-même mes pensées, mes paroles et mes œuvres selon votre loi divine, vos préceptes et vos conseils, de telle sorte qu'observant en tout votre adorable volonté, je mérite par votre secours d'être sauvé dans le temps et dans l'éternité. Ainsi soit-il.

LA
GRANDE VIE DE JÉSUS-CHRIST

CHAPITRE PREMIER

GÉNÉRATION DIVINE ET ÉTERNELLE DU CHRIST
Joan. c. 1, v. 1-5

Essayons de puiser à la source abondante du saint Évangile quelques gouttes de cet excellent vin que le Seigneur Jésus nous a conservé pur jusqu'à ce temps de grâce. Commençons par rappeler ce que saint Jean l'Évangéliste rapporte spécialement de la génération divine du Christ (Joan. c. 1) ; car cet apôtre a pour but principal de prouver la divinité du Verbe contre certains hérétiques qui, de son temps même, prétendaient que le Christ était simplement un homme, par conséquent qu'il n'avait pas toujours existé avant sa naissance temporelle, et qu'il n'était pas avant Marie sa mère. C'est pourquoi saint Jean traite d'abord de l'éternité du Verbe, afin de montrer que par sa nature divine, le Christ a précédé Marie de toute éternité. A ce sujet, il donne touchant les personnes divines cinq notions que nous allons successivement exposer.

En premier lieu, il déclare l'éternelle génération du Fils

par son Père, en disant (Joan. c. 1, v. 1.) : *Dans le principe était le Verbe* ; c'est-à-dire en Dieu lui-même que tous les êtres supposent comme leur premier principe, le Verbe était nécessairement, comme en celui dont il procède. En d'autres termes, le Fils de Dieu était dans son Père auquel il est coéternel ; il n'a pas commencé d'exister seulement lorsque Marie l'a mis au monde, mais il a toujours existé dans le principe, c'est-à-dire dans le Père qui est le principe sans principe, tandis que son Fils est le principe émané du principe. L'Évangéliste donne au Fils de Dieu le nom de Verbe ; parce que Notre-Seigneur Jésus-Christ est également appelé Fils de Dieu, Verbe de Dieu, Vertu et Sagesse de Dieu ; car ces différents noms désignent une seule et même personne. Mais saint Jean lui donne ici le nom de Verbe plutôt que celui de Fils, parce que le premier convient mieux au but qu'il se propose. Pour le comprendre, remarquons que, d'après Aristote (I, de inter), la parole extérieure de la bouche n'est appelée verbe que dans un sens large, en tant qu'elle signifie la conception intérieure de l'esprit. C'est ainsi que la physionomie est dite saine, en tant qu'elle indique la santé ; et, comme on appelle proprement santé cet état que marque la physionomie, de même aussi on appelle proprement verbe la pensée qu'exprime la parole. Or cette pensée qu'exprime la parole, qu'est-ce autre chose qu'une conception intérieure de l'esprit ? car les mots ne sont que les signes des idées qui sont dans l'âme ; aussi cette conception intérieure de l'esprit est proprement appelée verbe, avant même qu'elle soit traduite par la parole extérieure de la bouche. Le nom de verbe peut donc désigner deux choses distinctes, soit la parole que produit la voix et qui sort des lèvres, soit la pensée que conçoit l'esprit, et qui sans le quitter peut se manifester au dehors. C'est dans cette dernière acception que le nom de Verbe est ici employé pour désigner le Fils de Dieu ; car il procède du Père par la génération éternelle, de manière à demeurer avec lui et en lui par l'unité d'essence, absolument comme la pensée qui reste dans l'esprit d'où elle provient et ne s'en sépare point. Ainsi, le Verbe est véritablement et parfaitement en Dieu même ; et s'il est appelé Verbe, c'est parce qu'il procède de Dieu, comme la pensée naît de l'intelligence. De plus, si les noms de Verbe et de Fils de Dieu désignent une même personne, c'est que la génération du Fils par le Père est semblable à la conception de la pensée par l'intelligence. En outre, l'Évangéliste préfère nommer ici cette même personne Verbe plutôt que Fils de Dieu ; parce que le nom de Fils marque seulement une relation avec le Père, tandis que le nom de Verbe rappelle non-seulement celui par qui le Verbe est proféré, mais encore ce qui est dit par le Verbe, la parole qu'il prononce et la doctrine qu'il enseigne. Or le Fils de Dieu doit être ici considéré non pas seulement par rapport au Père qui l'a engendré, mais aussi par rapport aux créatures qu'il a produites, à l'humanité qu'il a revêtue, et aux enseignements qu'il a communiqués aux hommes. C'est pourquoi il ne peut être mieux désigné ici que par le nom de Verbe qui lui convient admirablement sous ces différents rapports.

En second lieu, l'Évangéliste proclame la distinction personnelle du Père et du Fils, lorsqu'il dit: (Joan. c. 1, v. 1.) *Et le Verbe était avec Dieu.* Dans cette phrase, le nom de Dieu indique spécialement la personne du Père, comme s'il y avait, le Verbe était avec le Père ; car le Fils est toujours dans le Père, comme le Père est toujours dans le Fils. Le mot *apud*, qui marque la demeure d'une personne avec une autre personne, indique par là même une distinction non pas d'essence, mais de personnes ; car on ne peut dire proprement d'aucune chose qu'elle est avec elle-même, ni d'aucune personne qu'elle est en elle-même. Il y a donc une distinction personnelle entre le Verbe et le Principe dans lequel il est, et avec lequel il est. Or, le Verbe procède du Père non pas par une action transitoire produite au dehors, *ad extra*, comme disent les théologiens, mais par une opération permanente exercée au dedans, *ad intra* ; et c'est pourquoi le Verbe demeure en celui dont il est le Verbe ; pour marquer que néanmoins il s'en distingue personnellement, il est dit que le Verbe était avec Dieu, comme une personne avec une autre personne.

En troisième lieu, saint Jean affirme la consubstantialité du Père et du Fils, ou leur unité de substance, par ces paroles (Joan. c. 1, v. 1.) : *Et le Verbe était Dieu.* Dans cette phrase, le nom de Dieu marque l'essence, comme s'il y avait, le Verbe était d'une nature ou substance divine. Il serait en effet impossible de supposer qu'il est avec Dieu ou en Dieu, sans être Dieu ; car rien n'est en Dieu qui ne soit Dieu ; parce que Dieu est un tout sans mélange, qui est le même dans tout son être et dans toute sa substance. Ainsi puisque le Verbe est avec Dieu, ou en Dieu, il n'est pas d'une autre nature que Dieu, comme notre pensée n'est pas d'une autre nature que notre esprit. Le Verbe a donc la nature divine qui ne peut être divisée ni multipliée, parce qu'elle est nécessairement unique et parfaitement simple. C'est pourquoi le Verbe et le Principe dont il procède ont la même nature, quoique leurs personnes soient distinctes, comme nous l'avons dit. Ainsi dans cette phrase : le Verbe était en Dieu, avec Dieu, sont désignées les trois personnes de la sainte Trinité, savoir, le Père par le mot Dieu, le Fils par le mot Verbe, et le Saint-Esprit par la préposition *apud*, qui marque l'union intime du Père et du Fils. En quatrième lieu, l'Évangéliste atteste la coéternité du Père et du Fils, en disant de ce Verbe dont il vient de parler (Joan. c. 1, **v.** 2) : *Il était avec Dieu*, c'est-à-dire avec le Père, *dans le principe*, ou dès le commencement, avant tous les siècles, de toute éternité ; de sorte que le Verbe de Dieu n'a jamais été séparé de Dieu le Père. Le Père en effet n'a jamais été sans son Fils, il n'a jamais pu exister sans son Verbe, sans sa Vertu, sans sa Sagesse ; car si Dieu est appelé Père, c'est qu'il a un Fils, puisqu'avoir un fils c'est être père. Ce Fils que Dieu le Père engendre par sa pensée, c'est le Verbe ; et comme le Père est de toute éternité, le Verbe qu'il conçoit est de toute éternité également. On peut donc dire avec vérité que le Verbe est dans le principe, non pas dans celui du temps dont il est dit (Gen. c. 1, v. 1): *Dans le principe* ou dès le commencement, *Dieu créa le ciel et la terre* ; mais dans celui de l'éternité dont il est dit (Ps. 109, **v.** 3) : *Le Principe*, à savoir Dieu le Père, *est avec vous au jour de votre puissance, dans les splendeurs des cieux*. C'est ce même Père qui ajoute : *je vous ai engendré de mon sein*, c'est-à-dire de ma substance, *avant l'aurore*, c'est-à-dire avant la création de la lumière et du monde. Ainsi, lorsque dans un autre psaume le Père dit à son Fils : (Ps. 2, **v.** 7). *Je vous ai engendré aujourd'hui*, il faut entendre par *aujourd'hui* le jour toujours présent de l'éternité qui renferme tous les jours successifs du temps. Mais, comment le Père engendre-t-il le Fils ? C'est un mystère que nous ne pouvons expliquer et par conséquent que nous ne devons pas sonder ; car la génération divine du Verbe est absolument ineffable. *Qui racontera sa génération ?* s'écrie Isaïe transporté d'admiration (c. 53, v. 8). Ni les prophètes, ni les anges ne sauraient la comprendre et la pénétrer. De ce qui précède concluons, pour la pratique, que Dieu doit toujours être le principe de notre intention, comme il est éternellement le principe du Verbe qui est Dieu lui-même. Pour savoir si tous vos actes intérieurs et extérieurs sont vraiment de Dieu, si lui-même les produit en vous et par vous, voyez s'il est la fin de votre intention ; et s'il en est ainsi, vos actes sont vraiment de Dieu, parce qu'il en est le principe et la fin.

En cinquième lieu, l'Évangile montre la coopération indivisible du Père et du Fils, quand il dit du Verbe (Joan. c. 1, v. 3) : *Tout a été fait par lui et rien n'a été fait sans lui.* En d'autres termes, c'est par le Verbe que le Père a fait les choses soit visibles, soit invisibles, et il n'en a fait aucune sans le Verbe ; car Dieu a tout fait par sa Sagesse et rien sans sa Sagesse. Il a produit les créatures de l'univers qui sont les œuvres de son intelligence, comme l'artiste produit les œuvres de son art. Or les œuvres de l'intelligence et de l'art ne font qu'exécuter les conceptions de l'art ou de l'intelligence ; ainsi une maison, que les yeux de tous peuvent apercevoir, réalise extérieurement la maison que l'esprit de l'architecte avait conçue. Mais, comme nous l'avons dit plus haut, le Verbe de Dieu est la conception de l'intelligence divine ; c'est donc par lui qu'ont été produits tous les êtres soit corporels soit spirituels. En disant que tout a été fait par le Verbe, nous n'entendons pas qu'il a été dans la création comme un simple instrument, un auxiliaire ou un ministre, mais bien la cause efficiente elle-même ; car le Fils a tout créé conjointement avec le Père et avec le Saint-Esprit, parce que les œuvres extérieures de la sainte Trinité appartiennent nécessairement aux trois personnes divines. Nous n'excluons donc point la coopération du Père et du Saint-Esprit, en disant que toutes choses ont été faites par le Verbe. Puisque toutes choses ont été faites par le Verbe, et puisque le Verbe n'a pu être fait par lui-même, parce qu'il eut existé avant d'être, ce qui implique contradiction, il s'ensuit que le Verbe lui-même n'a point été fait. Or, selon le raisonnement de saint Augustin (lib. 1, de Trinit. c. 5), « si le Verbe n'a pas été fait, il n'est pas une créature ; s'il n'est pas une créature, il est de même substance que le Père ; car toute substance qui n'est pas Dieu est créature, tandis que celle qui n'est pas créature est Dieu. Ce Verbe divin qui n'est pas composé de syllabes ni proféré par la voix, mais qui demeure toujours dans le sein du Père, dans son cœur et son intérieur, dispose, gouverne, et opère toutes choses ; car ce n'est pas par la parole extérieure, mais par sa seule volonté, que Dieu fait toutes choses, parce que pour Dieu dire c'est vouloir, c'est créer tout par le Verbe, par son Fils. »

Après avoir montré que le Verbe est la cause productrice des choses, saint Jean explique de quelle manière, en disant : (Joan. c. 1, v. 4) (1) *Tout ce qui a été fait était vie en lui*, c'est-à-dire vivait dans le Verbe. C'est ainsi que l'ouvrier fait un meuble dans son esprit, avant de le faire par ses mains, et ce qui est dans son esprit vit avec lui, mais ce qui est exécuté au dehors change avec le temps. Toutes les choses qui ont été faites n'ont pas la vie, et ne sont pas vie en elles-mêmes, c'est-à-dire dans leur nature, en tant que créatures; néanmoins elles ont la vie et sont vie en tant qu'elles sont en Dieu et dans la pensée divine, où elles trouvent un type vivant et une raison vivante. Car tout ce qui s'est fait et se fait dans le temps a été résolu et décrété de toute éternité ; avant qu'elles fussent faites, les choses étaient connues de Dieu

---

(1) Voir note III à la fin du volume.

comme présentes dans son esprit, parce qu'il en contemplait l'image dans son Fils et qu'il en déterminait la création dans sa volonté, avant même le commencement du monde ; c'est ainsi qu'elles étaient vivantes dès lors, comme si elles eussent été déjà faites. Car toutes les choses qui sont dans la volonté divine sont vivantes, parce qu'elles ne peuvent manquer d'être produites comme elles sont décrétées. On voit d'après cela que les créatures proviennent du Verbe, comme les œuvres de l'art proviennent de l'esprit de l'artiste. A ce sujet, l'illustre Boèce s'écrie plein d'admiration (lib. 3, de Consolatione) : « O beauté par excellence, tu possèdes en toi de toute éternité le modèle de tout ce qui existe, tu portes le monde dans ta pensée, et tu le formes d'après cette image. » Remarquons ici que l'œuvre de la vertu est l'œuvre de vie, tandis que l'œuvre du péché est appelée l'œuvre de mort ; or personne ne peut faire une œuvre vertueuse ou bonne si ce n'est en Dieu. Voulez-vous donc savoir si vous avez fait une œuvre de vie et de vertu, une œuvre bonne et divine, voyez si vous l'avez faite en Dieu ou pour Dieu, car il est écrit que *tout ce qui a été fait en Dieu était vie*, c'est-à-dire doué de la vie et propre à la vie. Or tout ce qui est fait dans la charité est fait en Dieu, et tout ce qui est fait hors de Dieu et sans Dieu n'a point de motif légitime ni de fin méritoire.

Ayant exposé ce qu'est le Verbe par rapport à toutes les créatures en général, l'Évangéliste indique ce qu'il est spécialement par rapport aux hommes, en disant (Joan. c. 1, v. 4) : *Et la vie était la lumière des hommes*. En d'autres termes, le Verbe qui est la vie en elle-même et par essence, dans lequel et par lequel toutes les créatures vivent, était la lumière des hommes, cette lumière qui devait éclairer les créatures raisonnables pour les rendre bienheureuses.

Elle n'a jamais cessé de répandre sa grâce et sa clarté sur tout homme qui fait son possible pour aller à Dieu, en lui donnant son esprit et son cœur. Suivant l'application morale, une bonne vie est la lumière des hommes, parce qu'elle éclaire et édifie le prochain beaucoup plus que toutes les paroles. C'est pourquoi saint Jérôme a dit (Comment. in Jerem. c. 19): « On comprend bien mieux ce que les yeux voient que ce que les oreilles entendent. » Sénèque dit aussi (Epist. 6) : « On instruit bien plus promptement et plus efficacement par les exemples que par les préceptes. » Aussi est-il écrit (Act. c. 1, v. 1) que Notre-Seigneur Jésus-Christ *commença par agir avant d'enseigner.*

Saint Jean dit ensuite (Joan. c. 1, v. 5) : *Et la lumière luit dans les ténèbres*, c'est-à-dire au milieu des pécheurs que le Verbe éclaire, autant qu'il est en lui, par la lumière de sa grâce ; mais ils restent ténébreux, parce qu'ils se soustraient à l'influence de la divine lumière, ou du Verbe. C'est pourquoi l'Évangéliste ajoute : *Et les ténèbres ne l'ont point comprise,* car les pécheurs ne suivent pas cette lumière, non parce qu'elle leur fait défaut, mais parce qu'ils lui font défaut eux-mêmes. C'est ce que saint Augustin explique par cette comparaison : « Si vous placez un aveugle en face du soleil, il ne verra jamais ; ce n'est pas que le soleil lui manque, mais c'est que ses yeux manquent au soleil ; ainsi tout pécheur endurci, toute personne dominée par quelque passion, tout impie reste aveugle de cœur en présence de la Sagesse. Elle se présente à lui, mais il s'éloigne d'elle ; elle offre sa clarté, mais il détourne les yeux. Que faut-il donc faire pour apercevoir la lumière divine ? Il faut purifier votre cœur, nettoyer votre âme des péchés et des iniquités ; vous pourrez ensuite contempler cette sagesse qui vous est présente et qui est Dieu lui-même.

C'est pourquoi Notre-Seigneur a dit (Matth. c. 5, v. 8) : *Heureux ceux qui ont le cœur pur parce qu'ils verront Dieu.*

Suivant l'explication d'Origène (Hom. 2, in diver.), *la lumière luit dans les ténèbres,* c'est-à-dire le Verbe de Dieu qui est la vie et la lumière des hommes ne cesse de luire pour notre nature qui, si nous la considérons en elle-même, nous apparaît comme un chaos ténébreux. Mais parce que cette lumière est incompréhensible à toute créature, *les ténèbres ne l'ont point comprise.* Il faut noter ici qu'il y a trois modes de compréhension, ou trois manières de saisir la lumière divine, soit en la contenant entièrement, soit en la voyant clairement, soit en l'embrassant par la foi et la charité. La lumière divine n'est comprise de la première manière par personne, elle est comprise de la seconde manière par les saints qui sont au ciel, et de la troisième manière par les justes qui sont sur la terre. Mais elle n'est comprise d'aucune de ces manières par les méchants qui manquent de foi et de charité ; aussi c'est d'eux qu'il est écrit : *Et les ténèbres ne l'ont point comprise.* On dit encore qu'une chose est comprise, quand elle est connue parfaitement, autant qu'elle est susceptible d'être connue. La lumière infinie ne peut être comprise ainsi par aucune créature, mais seulement par l'intelligence divine.

Moralement parlant, *la lumière luit dans les ténèbres,* lorsque la vertu éclate et brille dans les adversités et les contradictions, *car la vertu se perfectionne dans l'infirmité* (II. ad Cor. c. 12, v. 9). « Personne, dit saint Grégoire (lib. 31 Moral. c. 28 et lib. 1, Dialog. 5), ne peut savoir quels progrès il a faits dans la perfection, si l'adversité ne l'a visité ; on découvre ce que l'homme est intérieurement par l'épreuve de l'humiliation. » Et parce que les afflictions ne peuvent éteindre la lumière de la foi et la flamme de la charité dans les saints, on peut dire de leur vertu, que les ténèbres ne l'ont pas comprise ni obscurcie: *Et tenebræ eam non comprehenderunt.* En effet, quand les bons sont en proie à la tribulation, non-seulement ils ne sont pas vaincus ou brisés, mais ils se réjouissent et se délectent en cet état. — La *lumière brille encore dans les ténèbres,* quand Dieu prodigue ses consolations à ceux qui sont affligés et persécutés. Le Psalmiste assure en effet que *le Seigneur est auprès de ceux qui ont le cœur oppressé* (Ps. 33, v. 19), et le Seigneur déclare lui-même *qu'il est avec le juste dans la tribulation* (Ps. 90, v. 15).

Mais les ténèbres n'ont point compris la lumière divine, parce que toutes les souffrances de ce monde n'ont point de proportion avec la gloire éternelle qui nous attend (ad Rom. c. 8, v. 18) ; car les récompenses que Dieu nous accorde surpassent toujours nos mérites, tandis que les châtiments qu'il nous inflige n'égalent jamais nos offenses. — *La lumière brille aussi dans les ténèbres* de ce monde, parce que le Créateur se manifeste dans les créatures. Comme dans la patrie céleste, Dieu est le miroir des créatures dans lequel nous verrons toutes les choses qui nous rendront heureux, dans cette vie au contraire, les créatures sont le miroir du Créateur, dans lequel nous contemplons leur Auteur. *Maintenant,* dit l'apôtre, *nous l'apercevons dans un miroir,* c'est-à-dire par l'intermédiaire des créatures, *d'une manière énigmatique et obscure* (I. ad Cor. c. 13, v. 12). Car, comme il le dit ailleurs, *les perfections invisibles de Dieu sont devenues visibles, depuis la création du monde, par la connaissance que les créatures nous en donnent* (ad Rom. c. 1, v. 20). En effet, que Dieu existe, ce n'est pas seulement ce que la foi éclairée reconnaît, ce que l'Écriture sainte enseigne, ce que l'analogie des choses indique, ce que la raison naturelle démontre, ce que les saints publient, mais encore c'est ce que les créatures s'accordent à proclamer ; car toutes répètent chacune à sa manière : *C'est lui qui nous a faites, et nous ne nous sommes pas faites nous-mêmes* (Ps. 99, v. 3). Dieu est, telle est la voix de la nature : tout ce qui est beau, tout ce qui est doux, tout ce qui est sublime, tout ce qui est pur, tout ce qui est fort atteste qu'il y a une beauté, une douceur, une sublimité, une pureté, une force suprême et par excellence.

Lorsque vous entendez dire, comme plus haut, que le Fils de Dieu est engendré du Père, gardez-vous de concevoir en votre esprit quelque idée charnelle ; mais ayez plutôt le regard simple de la colombe pour croire et l'œil pénétrant de l'aigle pour considérer que de la lumière divine, immense et très-simple, très-brillante et mystérieuse, naît une splendeur coéternelle et consubstantielle, qui est la souveraine vertu, la souveraine sagesse, dans laquelle Dieu le Père a tout disposé de toute éternité, par laquelle il a créé les siècles (ad Heb. c. 1, v. 2), gouverne et ordonne les événements pour sa plus grande gloire, tantôt d'après les lois de la nature et tantôt d'après celles de la grâce, tantôt d'après les règles de la miséricorde et tantôt d'après celles de la justice, de sorte qu'en ce monde tout a sa raison d'être. Saint Augustin dit à ce sujet (Epist. 66 et lib. de Hæresibus) : « Comme la lumière naît de la substance du soleil, de même le Fils est engendré de la substance du Père. Ainsi le soleil n'existe point sans sa lumière, bien qu'elle provienne de lui, mais dès que le soleil paraît, sa lumière paraît aussi avec lui, de sorte qu'on ne peut pas dire que la lumière soit postérieure au soleil quoiqu'elle en soit émanée. Si donc on trouve dans les créatures des choses produites par un principe auquel elles ne sont cependant point postérieures, pourquoi refuserait-on de croire un semblable mystère dans le Créateur même ? Comme la lumière émanée du soleil remplit l'univers, sans être séparée de l'astre qui la produit et sans le quitter jamais, ainsi le Fils de Dieu engendré du Père demeure toujours dans le Père, quelque part qu'il soit. Et comme le soleil et la lumière, quoiqu'ayant la même substance, ne sont pas cependant la même chose, parce que nous ne pouvons pas dire que le soleil est la lumière et que la lumière est le soleil, ainsi le Père et le Fils, quoiqu'ayant la même essence, ne sont pas néanmoins la même personne. De plus, comme le soleil par sa lumière échauffe et éclaire, dessèche et dissout, blanchit et noircit, opère en un mot tout ce que le Seigneur lui a commandé, ainsi nous savons que le Père a fait toutes choses par son Fils unique. » — Telles sont les paroles de saint Augustin (lib. 10, de Civit. Dei, c. 19). D'après le même saint docteur, un philosophe platonicien disait que le commencement de l'Évangile selon saint Jean devrait être gravé en lettres d'or sur le frontispice de tous les édifices et monuments publics, afin que tout le monde pût le lire.

Prière.

Seigneur Dieu, Père tout-puissant, qui avant tous les siècles avez engendré d'une manière ineffable un Fils coéternel, consubstantiel, égal à vous-même, vous qui de concert avec ce Fils unique et avec le Saint-Esprit avez créé toutes les choses visibles et invisibles, et entre autres un misérable pécheur comme moi, je vous adore, je vous loue et je vous glorifie : *ayez pitié de moi qui suis un pécheur* (Luc. c. 18, v. 13), et ne me rejetez pas, moi qui suis l'ouvrage de vos mains, mais plutôt sauvez-moi, assistez-moi pour l'honneur de votre saint nom. Tendez votre droite à celui que vos doigts ont façonné, et prêtez secours à la faiblesse de la chair que vous avez créée. Vous qui m'avez fait, refaites celui que les vices ont défait ; vous qui m'avez formé, reformez celui que les péchés ont déformé, afin que vous sauviez par votre grande miséricorde mon âme misérable. Ainsi soit-il.

CHAPITRE II

RÉDEMPTION DU GENRE HUMAIN ET NATIVITÉ DE LA VIERGE MARIE

Dès le commencement, Lucifer se révolta contre Dieu son créateur, et fut en un clin d'œil précipité des hauteurs du ciel dans les abîmes de l'enfer. Afin de remplir les places que les mauvais anges, compagnons de Lucifer, avaient laissées vacantes, Dieu résolut de créer le genre humain. Mais le démon, envieux de l'homme, lui dressa des embûches, et s'efforça de lui faire transgresser le précepte que le Seigneur lui avait imposé. Pour arriver à ce but, il employa une espèce de serpent qui n'avait point alors une marche rampante, et qui avait une tête intelligente (1). Le perfide séducteur entra dans cet animal, et par sa bouche fit entendre à la femme des paroles insidieuses, qui, en la trompant, conduisirent à la mort tout le genre humain. Tous nous devions

(1) Voir note IV à la fin du volume.

subir la prison de l'enfer, sans qu'aucune simple créature pût nous en affranchir. Mais enfin, le Père des miséricordes et le Dieu de toute consolation jeta un regard de clémence sur le malheureux état où nous étions condamnés, et il résolut de nous délivrer par lui-même. Il nous donna un signe de la miséricorde qu'il devait exercer envers les âmes captives dans les limbes, lorsqu'il envoya la colombe porter un rameau d'olivier aux personnes renfermées dans l'arche, car c'était un présage de salut non-seulement pour la famille de Noé, mais aussi pour le monde entier. Beaucoup d'autres figures ont annoncé la même grâce.

Depuis qu'Adam eût été formé de la terre, et qu'Ève sa compagne eût été formée d'une de ses côtes, depuis que nos deux premiers parents eurent été placés dans un jardin de délices, afin de le cultiver et garder, et après qu'ils eurent été chassés de ce paradis terrestre pour avoir mangé du fruit défendu, la divine Miséricorde ne cessa de porter les hommes au bien, par mille moyens cachés, de les rappeler à la pénitence après leur chûte, de leur donner l'espoir du pardon par les mérites d'un Sauveur qui devait venir. Et de peur que leur ignorance et leur ingratitude ne rendissent inefficace pour notre salut cette indicible condescendance, le Seigneur n'a cessé, dans les cinq âges du monde ancien, depuis le juste Abel jusqu'à Jean-Baptiste, de promettre, d'annoncer et de figurer l'avènement de son Fils, par les patriarches, par les juges, par les prêtres, par les rois et par les prophètes, afin d'élever notre intelligence à la foi surnaturelle, et d'enflammer notre cœur de vifs désirs, à la vue de ces illustres et nombreux oracles qui se sont succédé, pendant plusieurs mille ans. C'est pourquoi le pape saint Léon a dit (Serm. de nativ. Domini) : « Qu'ils cessent leurs plaintes, ceux qui prétendent que la naissance du Christ a été trop retardée, comme s'il n'avait pas été accordé pour les siècles passés, ce grand miracle qui s'est opéré dans le dernier âge du monde. L'Incarnation du Verbe a produit son effet avant comme après son accomplissement, et ce sacrement du salut n'a jamais cessé pour l'homme depuis la plus haute antiquité. Ce que les apôtres ont prêché, les prophètes l'avaient annoncé : ce qui a toujours été cru n'a pas été trop tard accompli. Mais par ce délai de l'œuvre salutaire, la sagesse et la bonté de Dieu nous ont rendus plus capables de répondre à l'appel de la grâce ; car un événement préparé par tant de symboles, prédit par tant de voix, retracé par tant de figures, pendant une si longue suite de siècles, ne peut produire l'ombre d'un doute sous le règne de l'Évangile, et la nativité du Sauveur doit exciter en nous une foi d'autant plus solide et plus constante, qu'elle a été plus anciennement et plus souvent prophétisée. Ce n'est donc pas d'après un nouveau conseil, et suivant une tardive compassion, que Dieu a pourvu aux destinées humaines ; mais, dès le commencement du monde, il a fixé pour tous les hommes une seule et même cause de salut. En effet, la grâce de Dieu par laquelle tous les saints ont été justifiés en tous temps n'a pas simplement commencé, mais s'est beaucoup accrue depuis la naissance du Christ. Et voilà ce grand mystère d'amour, si puissant, même dans les signes de sa réalisation future, qu'il n'a pas été moins profitable à ceux qui en ont cru la promesse, qu'à ceux qui en ont reçu l'accomplissement. »

Après avoir entendu saint Léon, écoutons saint Augustin sur le même sujet (lib. 2, quæst. 83, ex utroque Test.) : « Le Christ, dit-il, n'est pas venu avant que l'homme fût convaincu de l'insuffisance de la loi naturelle et de la loi écrite : car si le Christ fut né plus tôt, l'homme aurait pu dire qu'il se serait sauvé en accomplissant la loi écrite, et que par conséquent l'avènement du Seigneur était inutile, superflu. Mais, après qu'il a été bien prouvé que l'homme ne pouvait se sauver ainsi, puisque tous descendaient dans les abîmes de l'enfer, le Christ est venu lui-même, *parce que le temps de la miséricorde était arrivé* (Psal. 101, v. 14). Il n'est pas venu plus tôt, parceque cela n'était pas nécessaire, car le remède spirituel ne profite point si on ne le reçoit avec désir et affection. Il n'est pas venu plus tard, de peur que la foi et l'espérance en l'Incarnation promise ne finissent par disparaître ; car s'il eut différé plus longtemps, on les aurait vu s'affaiblir et se refroidir de jour en jour. » D'après le même saint docteur, les anciens avaient un grand désir de voir le Christ ; car non-seulement les patriarches et les prophètes, mais encore toutes les âmes pieuses savaient qu'il devait venir, et ils soupiraient ainsi après cet heureux avènement : Oh ! si cette nativité arrivait de mon temps ! Oh ! si je voyais de mes propres yeux ce que je crois ! Si donc ces premiers fidèles souhaitaient et aimaient avec une telle ardeur le Messie futur, quels eussent été leurs sentiments pour le Messie arrivé ? Mais, malheur à nous, cœurs endurcis de ces temps modernes, qui sommes moins sensibles à la grâce reçue que les anciens l'ont été à la grâce promise ! « Souvent, dit saint Bernard (Serm. in Cant.), en pensant aux désirs de ceux qui soupiraient après la venue du Messie, je suis affligé et confus : je ne puis retenir mes larmes, tant je souffre de voir la tiédeur et la torpeur de nos misérables temps. Car à qui de nous la réception de cette grâce cause-t-elle autant de joie qu'en causait aux anciens la seule promesse de la même grâce ? »

Pendant les longs siècles où le genre humain gémissait

dans une profonde misère, c'est-à-dire pendant cinq mille deux cents ans environ, selon les Septante, personne ne pouvait monter à l'éternelle béatitude dont l'entrée avait été fermée par la faute du premier homme (1). Les Esprits bienheureux, jetant un regard de compassion sur ces déplorables ruines, supplièrent le Seigneur de combler enfin les vides qui existaient dans leurs rangs : et ils redoublèrent leurs prières avec d'autant plus d'instance que la plénitude des temps approchait. Ainsi, la Miséricorde ayant la Paix avec elle frappait au cœur du Père qu'elle pressait de nous secourir : mais, la Vérité avec elle ayant la Justice s'y opposait : alors s'éleva une grande contestation que saint Bernard nous rapporte dans son premier sermon sur l'Annonciation ; en voici le précis. La Miséricorde disait à Dieu : « L'homme a besoin que vous ayez pitié de sa misère qui est extrême, et *voilà le temps de lui faire miséricorde* (Ps. 101, v. 14). » La Vérité disait au contraire : « Seigneur, accomplissez votre parole ; qu'Adam meure pour toujours avec tous ceux qui étaient en lui, lorsque, par sa désobéissance, il a goûté le fruit défendu. » Mais la Miséricorde répliquait : « Seigneur, pourquoi m'avez-vous faite ? La Vérité sait bien que si vous n'êtes jamais touché de compassion, je ne suis qu'un vain nom. » La Vérité reprenait : « Si le prévaricateur peut échapper à la sentence que vous avez portée contre lui, votre Vérité n'existe plus, elle ne demeure pas pendant toute l'éternité. » Le Père alors renvoya le débat au Fils devant lequel la Vérité et la Miséricorde parlèrent comme précédemment. On ne voyait pas trop comment au sujet de l'homme on pourrait conserver les lois de la Vérité et les

(1) Voir note V à la fin du volume.

entrailles de la Miséricorde. Mais le Roi des Rois donna la solution en ces termes : l'une dit : Je ne suis plus rien, si Adam ne meurt pas; et l'autre dit: Je n'existe plus, si l'on n'a pas pitié de l'homme. Donc, que la mort soit bonne, et les deux parties contestantes gagneront leur procès, de façon qu'Adam subira la mort et obtiendra la miséricorde. Tous admirèrent cette décision du Verbe, Sagesse éternelle, et consentirent à ce qu'Adam subît la mort en obtenant miséricorde. Mais on se demandait : Comment la mort peut-elle devenir bonne, puisque son nom même fait horreur ? Le Roi répondit (Ps. 33, v. 22, Ps. 115, v. 15) : *La mort des pécheurs est détestable*, mais *la mort des saints est précieuse*, elle est la porte de la Vie. Qu'on trouve donc quelqu'un qui sans être sujet à la mort la subisse par charité ; la mort ne pourra retenir captif cet innocent qui ouvrira une brèche par laquelle passeront les hommes délivrés. La proposition fut acceptée. Mais où trouver, disait-on, cette victime volontaire ? Alors la Vérité parcourt la terre entière et elle n'y trouve *personne qui soit sans aucune tache, pas même l'enfant d'un jour* (Job c. 14, v. 4, juxta vers. alexandr.). De son côté la Miséricorde parcourt le ciel, mais elle n'y trouve personne qui ait une charité capable d'un tel sacrifice : car la victoire sur la mort devait revenir *à celui qui possèderait la charité la plus grande jusqu'à donner sa propre vie pour des serviteurs inutiles* (Joan., c. 15). La Miséricorde et la Vérité reviennent donc au jour assigné, plus inquiètes que jamais, sans avoir trouvé ce qu'elles cherchaient. Enfin la Paix leur dit à part pour les consoler : Ne savez-vous pas qu'il *n'en est aucun qui fasse le bien, qu'il n'en est pas un seul ?* (Ps. 52, v. 4). Donc, que celui qui a donné le conseil apporte le secours. Le Roi éternel le comprit et dit : *Pœnitet me fecisse hominem* (Gen. c. 6, v. 7) : c'est à moi qu'incombe la peine pour avoir fait l'homme ; c'est à moi de subir le châtiment que ma créature a mérité. Puis ayant appelé l'ange Gabriel, il lui donne cet ordre : *Va dire à la fille de Sion : Voici que ton Roi vient* (Zach. c. 9, v. 9). Le céleste messager court dire à la fille de Sion : *Ornez votre chambre et recevez le Roi* (Missale rom.). D'après ce récit dramatique de saint Bernard, voyez combien le péril était grand, combien le péché était énorme, puisqu'il a été si difficile de trouver le remède. Les susdites Vertus donnèrent leur consentement à la résolution généreuse du divin Verbe, et alors fut accomplie cette parole du prophète : *La Miséricorde et la Vérité se sont rencontrées, la Justice et la Paix se sont embrassées* (Ps. 84, v. 11).

Le pape saint Léon traite la même question, en ces termes (serm. 8 de Nativit. Domini) : « Comme le démon n'avait pas exercé une telle violence sur le premier homme, qu'il l'eût entraîné à son parti sans connivence du libre arbitre, il fallait rompre ce pacte volontaire et détruire ce fatal concert, afin que la loi de la justice ne fît pas obstacle au don de la grâce. Ainsi dans le désastre commun de tout le genre humain, un seul remède, suivant les secrets desseins de la divine Providence, pouvait relever ceux qui étaient tombés. Il fallait qu'un fils d'Adam naquît innocent et exempt de la faute originelle, de façon qu'il rachetât ses frères par ses mérites et les sanctifiât par ses exemples. Mais parce qu'une telle génération ne pouvait se faire selon l'ordre naturel, le Seigneur de David s'est fait fils de David, et un rejeton sans tache est sorti de la famille qui devait produire le Messie.

Saint Anselme dit encore à ce sujet (de Excellentia B. Virginis, c. 8) : « Dès le commencement, notre nature avait été créée à la ressemblance de Dieu, afin qu'un jour elle jouît de sa présence pendant toute l'éternité, et qu'elle participât à sa gloire sans passer par les vicissitudes de cette vie, et par la corruption du tombeau. Mais elle perdit aussitôt ce bien inappréciable, dans nos premiers parents, fut tristement plongée dans toutes les misères de ce monde passager, en attendant, qu'après la mort elle fut précipitée dans les misères beaucoup plus profondes d'un monde éternel. De nombreux siècles s'écoulèrent après la chûte primitive, et la terrible condamnation qui avait frappé tous les enfants des hommes, devenait de plus en plus pesante : car la souveraine Sagesse ne trouvait point dans toute l'humanité une voie convenable par où elle pût, comme elle l'avait résolu, venir dans ce bas monde pour réparer sa perte lamentable, jusqu'à ce qu'enfin parut la Vierge par excellence. Elle naquit suivant le cours de la génération humaine, et resplendit aussitôt des plus excellentes vertus avec une perfection si constante que la Sagesse divine même, voulant se faire homme, la jugea digne d'être sa mère. En s'incarnant, son dessein était d'effacer non-seulement la faute de nos premiers parents, mais aussi les péchés de tous leurs enfants, de briser l'empire du démon l'ennemi de son œuvre, et de ramener l'homme égaré vers la patrie céleste dont il s'était éloigné si malheureusement. Quelles louanges ne devons-nous pas rendre à celle qui, parmi toutes les autres créatures, a seule mérité de devenir la médiatrice de si grands biens ? » Ainsi parle saint Anselme.

Cette Vierge bienheureuse n'a pas été trouvée de suite et par hasard, mais elle a été prédestinée de toute éternité pour remplir sa sublime mission. C'est pourquoi saint Jean Damascène (lib. 4, de fide, c. 15) dit : « La Mère de Dieu a été prévue dès l'éternité, préparée dans le temps par le conseil du Très-Haut, figurée et annoncée par différentes visions et prédictions dont le Saint-Esprit a favorisé les prophètes. » Remplis de reconnaissance pour la commisération que Dieu nous a témoignée, faisons retentir nos actions de grâces, en répétant avec saint Anselme (in speculo Evang. serm., c. 2.) : « Nous vous adorons, ô Christ, Roi d'Israël, Lumière des nations, Prince des monarques de la terre, Seigneur des armées, Vertu du Dieu tout-puissant. Nous vous adorons, gage précieux de notre rédemption, hostie pacifique, qui seule, par l'ineffable suavité de votre odeur, avez attiré sur nos malheurs les regards du Père qui habite dans les hauteurs des cieux, et l'avez rendu propice envers des fils de colère. O Christ, nous proclamons vos miséricordes, nous publions vos bontés de tout notre cœur et de toute notre voix ; nous vous offrons un sacrifice de louange pour la prodigieuse clémence que vous avez montrée envers nous, race perverse, enfants criminels et condamnés : car, Seigneur, lorsque nous étions encore vos ennemis, et que l'antique mort exerçait encore son funeste empire sur toute créature, parce qu'Adam lui avait assujetti par sa désobéissance toute sa postérité, vous vous êtes souvenu de votre féconde miséricorde, et, de votre trône sublime, vous avez abaissé les yeux sur cette vallée de misères et de larmes. Seigneur, vous avez vu l'affliction de votre peuple, et votre cœur, touché d'une compassion charitable, vous a inspiré pour nous des pensées de paix et de rédemption. »

Passons sous silence toutes les prophéties relatives à la Bienheureuse Vierge, qui ont été faites, depuis le commencement de toute créature jusqu'à la naissance de son divin Fils, par les justes qui ont vécu, soit antérieurement à la loi, soit sous la loi. Parlons un instant de la Nativité de Marie qui, comme nous le savons, a été précédée et annoncée par des prodiges admirables. Cette glorieuse Vierge, dans le sein de laquelle le Fils de Dieu s'est incarné, était issue de la tribu de Juda et de la race de David ; car, selon la remarque de saint Augustin (lib. 2, de Consensu Evang., c. 12.) : il fallait et il convenait, pour la plus grande harmonie du mystère céleste, que celle qui devait être la mère de Dieu selon la chair, descendît également d'une famille royale et d'une famille sacerdotale; parce que le Fils de Dieu, qui a pris d'elle un corps humain, est Roi et Prêtre pour l'éternité » (1). Or la vingt-sixième année de l'empire d'Auguste, naquit la glorieuse vierge Marie qui eut pour père Joachim de Nazareth et pour mère Anne de Séphoris, ville distante de Nazareth d'environ deux lieues (2). Ces deux époux, justes devant Dieu, avaient vécu vingt ans ensemble sans avoir d'enfants : mais ils supplièrent le Seigneur de leur en accorder un qu'ils promettaient de lui consacrer. Un jour, le prêtre Issachar, voyant Joachim qui venait avec ses concitoyens apporter son offrande, lui reprocha avec mépris sa stérilité. Celui-ci se retira tout honteux sur les montagnes parmi les pasteurs de ses troupeaux ; ce fut là que l'Ange du Seigneur lui apparut pour le consoler, et lui apprit que ses prières avaient été exaucées et que ses aumônes étaient montées jusqu'au trône de Dieu. Car Joachim donnait aux pauvres un tiers de son bien, un autre tiers pour l'ornement du temple et pour les ministres sacrés; il ne réservait que le dernier tiers pour l'entretien de sa maison. L'Ange lui dit : Votre épouse enfantera une fille que vous nommerez Marie. Elle sera consacrée au Seigneur, comme vous le lui avez promis ; elle sera remplie du Saint-Esprit dès le sein de sa mère, et elle demeurera dans

(1) Dans les notes qui concernent la généalogie de Jésus-Christ, nous examinerons l'opinion d'après laquelle Jésus-Christ est descendu des rois et des prêtres également, par Marie, sa mère.
(2) Voir note VI à la fin du volume.

le temple du Seigneur. L'Ange fit à Anne la même prédiction. Avertis par le céleste messager, les deux saints époux se rendirent à Jérusalem pour remercier le Seigneur dans son temple, puis ils revinrent en leur habitation. Anne y conçut et enfanta une fille qu'elle appela Marie.

Par un privilége unique, cette enfant fut purifiée de la tache originelle dans le sein de sa mère (1). Saint Bernard dit à ce sujet (Epist. 174, ad Canonicos lugdunenses) : « La Vierge Marie, comblée de toutes sortes de grâces, n'était pas encore née qu'elle était déjà sainte. Elle fut sanctifiée avec une abondance de bénédictions beaucoup plus considérable que les autres enfants sanctifiés dans le sein de leur mère ; de telle sorte que la vertu de cette bénédiction sanctifia, non-seulement sa naissance, mais encore sa vie, en la préservant de tout péché ; car il convenait que, par un privilége spécial, elle ne fut pas souillée de la moindre faute dans toute sa carrière. Celle qui, en donnant le jour au destructeur du péché et de la mort, devait obtenir plus que tous les autres, le don de la vie et de la justice (2). » Selon saint Augustin, la Bienheureuse Vierge, avant de concevoir le Fils de Dieu, fut sanctifiée de telle sorte, qu'elle aurait pu néanmoins pécher véniellement ; mais après avoir conçu le Fils de Dieu elle ne pouvait pécher ni mortellement ni véniellement (3).

Lorsqu'elle eut atteint sa troisième année, la glorieuse Vierge Marie fut portée au temple, où ses parents l'offrirent à Dieu. Placée parmi les autres vierges dans l'enceinte du temple, pour y apprendre les saintes lettres et y servir le Seigneur, elle y resta jusqu'à sa quatorzième année (4). Quand

(1) Voir note VII à la fin du volume.
(2) Voir note VIII à la fin du volume.
(3) Voir note IX à la fin du volume.
(4) Voir note X à la fin du volume.

elle arriva dans cette sainte demeure, elle jouissait surnaturellement d'une raison précoce ; aussi, dès qu'elle eut quitté ses parents, elle résolut dans son cœur d'avoir Dieu pour père, et se fit instruire de sa Loi ; souvent elle pensait à ce qu'elle pourrait faire pour lui plaire et pour mériter ses faveurs ; elle lui demandait affectueusement la grâce d'observer ses commandements et ses préceptes, d'aimer tout ce qu'il aime et de haïr tout ce qu'il hait ; elle le priait aussi de lui accorder toutes les vertus, qui pouvaient la rendre agréable à ses yeux, et de jour en jour elle avançait dans la voie de la perfection. Elle employait tout son temps à la contemplation, ou à l'oraison, ou à la lecture, ou au travail ; elle ne cessait de prier pour le salut du genre humain ; elle relisait fréquemment les pages qui concernent l'avènement du Christ, couvrait de ses caresses et de ses baisers les passages qui ont rapport à l'Incarnation d'un Dieu. On la trouvait la première aux veilles de la nuit, la mieux instruite des sciences divines, la mieux inspirée dans les chants sacrés, la plus humble, la plus charitable, la plus pure, la plus accomplie en toutes sortes de vertus; elle marchait d'un pas constant et ferme dans le chemin du ciel où elle faisait chaque jour de nouveaux progrès. Jamais personne ne la vit se fâcher ou ne l'entendit se plaindre. Tous ses discours étaient tellement pleins de grâce, que Dieu semblait parler par sa bouche. Elle veillait à ce qu'aucune de ses compagnes ne prononçât quelque mot déplacé, n'éclatât en rires bruyants, ne se montrât injurieuse ou dédaigneuse à l'égard de son prochain, et ne commît quelque péché. Elle ne cessait de bénir le Seigneur, et, afin que les salutations qu'elle recevait ne ravissent point à Dieu les louanges qu'il méritait, à tout salut elle répondait : *Deo gratias*. C'est donc à Marie que les religieux ont emprunté la coutume de répondre aux saluts, en disant : *Deo gratias*. La première aussi, depuis que le monde existait, elle fit le vœu de garder perpétuellement la virginité, à moins que Dieu n'en décidât autrement (1). Enfin elle se conduisait avec tant de prudence, de modestie et de piété, que sa vie pouvait servir de modèle à tous.

Saint Ambroise dépeint ainsi cette **Vierge incomparable** (lib. 2, de Virg.) : « Représentons-nous la conduite de Marie comme un tableau où brillent la charité dans tout son éclat et la vertu dans toute sa perfection. Elle était vierge de corps et d'esprit, humble de cœur, grave dans ses discours, prudente dans ses résolutions, sage dans ses paroles, versée dans les saintes Écritures ; elle plaçait sa confiance, non dans la vanité des richesses, mais dans la prière des pauvres ; elle était appliquée au travail, réservée dans son langage ; elle prenait Dieu et non pas l'homme, pour arbitre de ses pensées ; bienveillante pour tous, elle n'offensait personne, rendait honneur à ses supérieurs, et ne portait point envie à ses égaux ; elle fuyait la jactance, suivait la raison et chérissait la vertu. Quand est-ce que par le moindre signe, elle a contristé ses parents, dédaigné les petits, insulté les faibles, repoussé les indigents ? Il n'y avait rien d'égaré dans ses yeux, rien d'excessif dans ses paroles, rien de déplacé dans ses actes : son geste n'était point brusque, sa démarche n'était point molle, sa voix n'était point précipitée ; en un mot, tout son extérieur réflétait la beauté de son âme comme un miroir de sainteté ; car Marie fut si accomplie, que sa vie peut servir de règle à tous les hommes. Si donc, un tel modèle ne peut que charmer, efforçons-nous de le suivre, et si nous désirons partager sa récompense, tâchons d'imiter son exemple. » - Après avoir contemplé cet admi-

(1) Voir note XI à la fin du volume.

rable portrait que saint Ambroise vient de nous décrire, nous pouvons dire avec saint Anselme (lib. de Excel. B. V., c. 3.) : « Quelle vie chaste, quelle vie sainte et digne de Dieu, Marie dut se proposer et mener depuis ses plus tendres années ! C'est ce qui surpasse toute conjecture : mais ce qui ne souffre aucun doute, c'est que son très-chaste corps et sa très-sainte âme ont été continuellement protégés par les anges gardiens et préservés absolument de toute tache de péché ; car Marie était la cour que le Créateur devait habiter corporellement, et où, par une opération ineffable, il devait prendre l'humanité pour l'unir à sa personne. Pour assurer d'aussi sublimes destinées, quelles précautions pouvaient être trop grandes ? Nous pouvons en juger même d'après les usages de ce monde, s'il est permis de comparer les choses de la terre avec les choses du ciel. Lorsqu'un riche, ou un grand personnage, doit loger quelque part, ses sujets, ou ses clients, ne s'empressent-ils pas de lui procurer une habitation propre et convenable, qu'ils ornent et embellissent de façon que leur maître y soit à l'aise et en sûreté ? Or, si l'on fait de tels préparatifs pour recevoir un roi mortel dont la puissance est éphémère, quels soins ont pu être épargnés pour disposer le cœur et le sein de la Très-sainte Vierge, à l'arrivée du Roi éternel, du Monarque céleste, qui ne devait pas y faire seulement un séjour passager, mais y prendre un corps formé de la substance maternelle ? » Que ces judicieuses réflexions de saint Anselme vous engagent à considérer avec attention, et à imiter, selon votre pouvoir, les vertus et les mœurs de la Vierge Marie.

Au sujet de la conception et de la sanctification de Marie, il faut encore remarquer que Dieu, ayant résolu de revêtir la nature humaine, devait à sa dignité d'annoncer d'avance la mère qui lui donnerait le jour. C'est Elle qui était figurée par la fille du roi Astyage, dans la vision que rapporte l'*Histoire scolastique* (in Danielem, c. 76.) (1). Astyage vit sortir du sein de sa fille une vigne magnifique qui étendait au loin ses rameaux et ses fleurs, qui portait des fruits délicieux, et qui couvrait tout son royaume d'un ombrage salutaire. Il fut dit à ce prince que de sa fille devait naître un grand roi ; en effet, elle mit au monde le roi Cyrus qui délivra les enfants d'Israël de la captivité de Babylone. De même, Joachim, dont le nom signifie *préparation du Seigneur,* fut le père d'une fille qui enfanta le Christ-Roi : c'est celui-ci qui nous a délivrés de la captivité du démon, et il est *la véritable vigne* (Joan., c. 15, v. 1) qui couvre l'univers entier de son ombre bienfaisante. Marie a été figurée aussi par le puits scellé du jardin fermé dont il est parlé dans le Cantique des cantiques (c. 4.) ; car dès qu'elle eut été conçue dans le sein maternel, le Saint-Esprit la sanctifia, la distingua, et la marqua tellement du sceau de la sainte Trinité, que rien de souillé n'a jamais pénétré dans elle. De plus Marie a été annoncée par Balaam (Numer. c. 24.), lorsqu'il promit que de Jacob sortirait une étoile : cette étoile représentait Marie qui est le guide charitable des voyageurs ballottés par les flots; car, sans elle, nous ne pourrions traverser la mer orageuse de ce monde, et arriver au port de la céleste patrie. La nativité de Marie a été figurée par la branche sortie de la racine et de la tige de Jessé, père de David (Isaï. c. 11.). Cette branche a fait éclore la plus charmante fleur, le Christ, sur lequel le Saint-Esprit s'est reposé avec ses sept dons. Le Seigneur a révélé la manière dont Marie devait produire cette fleur, en montrant à Ézéchiel la porte close qui ne devait jamais s'ouvrir

(1) Voir note XII à la fin du volume.

si ce n'est pour laisser passer le Seigneur (Ezech. c. 44.). Marie a été également figurée par le temple que Salomon bâtit au Seigneur. De même que ce temple était construit avec le marbre le plus blanc et enrichi à l'intérieur de l'or le plus pur (III. Reg. c. 6.), ainsi Marie était éclatante par la blancheur de sa pureté incomparable, et son âme était ornée de la charité la plus parfaite. Le sacrifice de Marie dans le temple a été figuré par la table du soleil que mentionne l'*Histoire scolastique*. Des pêcheurs qui jetaient leurs filets dans la mer furent bien surpris d'en retirer une table d'or : ils allèrent aussitôt l'offrir au soleil dans le temple qui lui avait été construit au milieu du sable sur le rivage de la mer ; car ils appartenaient à une nation qui adorait cet astre. Or cette table, offerte dans le temple du soleil matériel, est l'image de Marie qui a été offerte dans le temple du Soleil éternel, au Dieu suprême : elle est véritablement une table sur laquelle une nourriture céleste nous a été servie, puisqu'elle a donné naissance à Jésus-Christ le fils de Dieu, qui nous nourrit de son corps et de son sang. Marie a été représentée aussi par la fille de Jephté (Judic. c. 11.). Mais celle-ci, immolée d'une manière indiscrète et violente, ne put ensuite servir le Seigneur : Marie au contraire le servit constamment après s'être consacrée à lui d'une manière régulière et discrète. La fille de Jephté fut offerte pour remercier Dieu d'une victoire remportée sur des ennemis temporels, Marie s'offrit pour obtenir la victoire sur des ennemis éternels. La vie contemplative que mena la sainte Vierge nous a été représentée par ce jardin suspendu qu'un Roi des Perses fit élever pour son épouse sur une haute terrasse ; car, de ce jardin la reine aimait à contempler tout son royaume ; ainsi du temple du Seigneur, Marie tenait ses regards continuellement fixés sur la patrie céleste.

Prière.

Marie, Vierge des vierges, vous n'avez point trouvé de semblable dans les siècles qui vous ont précédée ou suivie (Liturg. rom.): la première d'entre les femmes vous avez fait le vœu de garder la virginité, sans qu'aucun mortel ne vous eût appris, ni qu'aucun modèle ne vous eût excitée à offrir au Seigneur ce glorieux sacrifice. Puisque, par la pratique de la virginité et des autres vertus qui font votre plus bel ornement, vous avez trouvé le secret de plaire à Dieu et vous avez laissé un exemple de vie aux hommes, je conjure votre immense bonté, qui est ma principale consolation, de régler tellement toute ma conduite, que vous me fassiez, selon mon pouvoir, imiter vos vertus et suivre vos traces, en m'accordant votre continuelle assistance. Ainsi soit-il.

CHAPITRE III

MARIAGE DE LA SAINTE VIERGE

Marie, la vierge du Seigneur, croissait tous les jours en âge et en vertu, et parce que son père et sa mère l'avaient quittée, le Seigneur l'avait adoptée (Ps. 26). Chaque jour elle était entourée des anges, et visitée de Dieu qui la préservait de tout mal, et la comblait de toute grâce ; c'est au milieu de ces faveurs célestes qu'elle parvint à sa quatorzième année. Alors le Pontife déclara publiquement que les vierges élevées dans le temple, qui avaient atteint cet âge, devaient retourner chez elles pour penser à un établissement. Toutes se rendirent à cet ordre ; seule la Vierge Marie répondit qu'elle ne pouvait obéir, parce que ses parents l'avaient consacrée pour toujours au service du Seigneur, et qu'elle-même lui avait voué une perpétuelle virginité. Le Pontife fut embarrassé par cette réponse, parce que d'un côté, il ne voulait pas agir contre le précepte de l'Écriture qui défend la violation des vœux (Ps. 75, v. 12), et que d'un autre côté, il ne voulait pas introduire dans la nation un usage nouveau. Il tint donc conseil avec les anciens qui d'un commun accord résolurent de s'adresser au Seigneur. Pendant que les prêtres étaient prosternés en prière, le Pontife approcha, selon la coutume, pour consulter le Seigneur. Aussitôt, tous entendirent une voix qui partait du propitiatoire ; et cette voix disait, que pour savoir à qui l'on devait confier et fiancer la Vierge, il fallait s'en rapporter à cette prophétie d'Isaïe (c. 11, v. 1 et 2) : *Une tige sortira de la racine de Jessé, et de cette racine s'élèvera une fleur sur laquelle le Saint-Esprit se reposera.* De plus, la voix enjoignit à tous ceux de la maison et de la famille de David qui étaient nubiles et qui n'étaient pas mariés, d'apporter chacun leur verge à l'autel. Or, parmi ces derniers, un homme, appelé Joseph, apporta sa verge qui produisit tout à coup une belle fleur, sur laquelle une colombe, descendant du ciel, vint se reposer. Ce miracle ne laissa de doute à personne sur l'époux destiné à la Vierge. En effet, on lit dans l'Écriture sainte (Num. c. 17, v. 8) : que *Moïse, étant entré au tabernacle, trouva que la verge d'Aaron avait produit des fleurs, après avoir poussé des boutons, et que les feuilles se développant, les fruits se formèrent.* Cette verge peut bien figurer la bienheureuse Vierge qui, par son détachement, son humilité, son amour de Dieu, sa pureté d'intention, fut comme une tige élégante, flexible, gracieuse et droite. Marie a paru comme une tige couverte de boutons, puis de fleurs, quand elle a conçu dans son sein, et ensuite mis au monde le Fils de Dieu, sans perdre elle-même sa virginité ; car, de même que la fleur n'altère pas l'arbre, mais l'embellit, ainsi le fils de Dieu n'a pas souillé le sein de sa mère, il l'a orné de plus grands dons et de plus grandes grâces. Selon saint Chrysostôme, Marie est la tige qui, placée dans le tabernacle du témoignage, a produit son fruit sans l'humidité de la terre, parce que Marie a conçu par l'opération du Saint-Esprit le Fils de Dieu qui a été attaché, dit saint Ambroise (lib. 2, in Luc., c. 1.), comme une noix, à l'arbre de sa Passion. C'est avec raison que Jésus-Christ est appelé tantôt fleur, tantôt fruit, parce que, comme un arbre fertile, selon notre progrès dans la vertu, tantôt il fleurit, tantôt il fructifie en nous, et prend une nouvelle vie par la résurrection. Il est encore appelé tantôt fleur, tantôt fruit, selon la manière dont il est annoncé dans les pages de l'ancien et du nouveau Testament ; ainsi il est appelé fleur dans le sens littéral, et fruit dans le sens spirituel ; fleur dans la loi, et fruit dans la grâce et la vérité ; fleur dans la première alliance, et fruit dans la seconde ; fleur dans l'observance des sacrifices charnels, et fruit dans l'intelligence spirituelle des divins mystères ; car de même que la fleur présage le fruit, de même les cérémonies mosaïques prédisaient le Christ futur. On comprend ainsi pourquoi Jésus-Christ est appelé fleur dans les promesses prophétiques de l'ancien Testament, et fruit dans les réalités parfaites du nouveau Testament. Mais, comme le fruit n'est pas visible pendant que la fleur est épanouie, la vérité et la grâce du Christ n'ont pas été manifestées sous le règne des observances charnelles et figuratives ; comme la fleur sèche lorsque le fruit mûrit, la loi fut abrogée, lorsque Jésus-Christ nous eût apporté la grâce et la vérité (Joan. c. 1, v. 17).

Pour dérober Marie à la curiosité que le miracle avait excitée, le Pontife lui donna quelques autres vierges qui la conduisirent dans la maison de ses parents à Nazareth. Elle revint ayant toujours avec elle les témoins et les gardiens ordinaires de sa virginité qui ne la quittaient jamais, c'est-à-dire, selon saint Jérôme (serm. de Assumpt.), la pudeur et la modestie compagnes inséparables de toutes les vertus, spécialement de la chasteté qui, sans elles, ne peut se conserver longtemps intacte. Joseph se rendit aussi à Nazareth, et, après ses fiançailles, il retourna en sa maison, afin d'y préparer ce qui était nécessaire pour son mariage. Marie fut donc fiancée à un homme de sa tribu, parce qu'une fille ne pouvait épouser un homme d'une autre tribu, lorsqu'elle devait posséder l'héritage de ses parents. Or la bienheureuse Vierge, qui était la fille unique de Joachim, devait obtenir sa succession, et par conséquent, d'après la loi, ne pouvait faire alliance avec un homme étranger à sa tribu. Marie et Joseph étaient donc de la même tribu, parce que tous les deux descendaient de David, mais Marie par Nathan, et Joseph par Salomon. Quoique, selon l'usage de ce temps, Joseph dût aussi contracter mariage, il avait conçu le désir et formé la résolution de garder la virginité, mais il n'en avait pas encore exprimé la promesse ou le vœu. C'est pourquoi il contracta mariage avec la sainte Vierge, en s'abandonnant à la volonté divine : et peu de temps après, il apprit par une révélation divine, le vœu que Marie avait fait ; alors, d'un commun accord, ils jurèrent de garder la virginité. Saint Augustin (habetur in Decretis 27, q. 2, can. B.) dit que Marie et Joseph avant d'être fiancés l'un à l'autre avaient résolu de garder la virginité, et que tous deux ne consentirent à contracter mariage que d'après une révélation du Saint-Esprit; car l'un et l'autre ne se fussent pas donné leur consentement réciproque, si le Saint-Esprit ne les eût instruits de leur mutuelle résolution ; mais après avoir reçu cet avertissement, ils se communiquèrent leur résolution, et offrirent ensemble au Seigneur le vœu exprès de virginité perpétuelle. On donne encore une raison de convenance pour la virginité de Joseph. Puisque le Christ, sur le point de mourir, ne voulut confier sa mère qu'à un homme vierge, il n'est pas probable qu'un homme non vierge eût été chargé de garder, lorsqu'elle était encore très-jeune, celle qui devait enfanter le Christ. Or, la bienheureuse Vierge fut fiancée et unie à saint Joseph non par une simple promesse de l'épouser plus tard, mais bien par une déclaration formelle de l'épouser présentement. Ainsi, tous deux contractèrent ensemble un mariage véritable et parfait, quoiqu'ils n'en aient point célébré les noces; mais cette solennité n'était point essentielle au mariage. Aussi, il est d'usage d'appeler saint Joseph l'époux, le mari de la sainte Vierge, *sponsus et vir* (1).

A ce sujet Hugues de Saint-Victor dit que Marie, ayant fait vœu de virginité, lorsque ses parents voulurent la marier, se vit dans l'alternative de désobéir à ses parents ou de manquer à son vœu ; mais, éclairée par le Saint-Esprit, elle se remit entre les mains de la Providence, persuadée que la miséricorde divine lui fournirait le moyen de satisfaire ses parents, sans violer son vœu. Le même auteur allègue l'exemple d'Abraham qui, après avoir reçu la promesse d'une nombreuse postérité dans la personne d'Isaac, reçut ensuite l'ordre d'immoler ce fils unique. Bien que selon la

(1) Voir note XIII à la fin du volume.

raison humaine cet ordre parût contradictoire avec la promesse, Abraham ne s'empressa pas moins d'obéir, ne doutant point que Dieu, à qui tout est possible, ne pût accomplir sa parole. Il arriva qu'ainsi il acquit le mérite de l'obéissance, en même temps qu'il recueillit le fruit de la promesse. Il y eut quelque chose de semblable dans la conduite de la bienheureuse Vierge. — C'est ce que va nous expliquer saint Anselme (de Excel. B. V., c. 4.) en ces termes : « Marie affectionnait extrêmement et la virginité et la fécondité ; la virginité, parce qu'elle la considérait comme une vertu agréable au Seigneur par dessus toutes les autres ; la fécondité, parce qu'elle voulait éviter la malédiction qui sous l'ancienne loi frappait la stérilité. Deux sentiments se livraient donc un combat continuel dans l'esprit de Marie, l'amour de la virginité et la crainte de la malédiction légale. Cependant, après une longue lutte, l'amour de la virginité perpétuelle remporta la victoire, et la crainte de la malédiction légale fut bannie de l'âme de Marie. Ainsi une Vierge tendre et délicate, issue d'un sang royal et modèle de beauté, mit toute son attention, tout son dévouement, tout son zèle à consacrer au Seigneur par une virginité perpétuelle et son corps et son âme; elle savait en effet que plus elle la conserverait saintement, plus elle approcherait dignement de Celui qui est chaste par excellence, la chasteté même. Embrassant donc l'état de vie qu'elle savait être le plus agréable au Seigneur, elle eut la pleine confiance qu'elle échapperait cependant à la malédiction légale, car elle était convaincue que le Dieu de toute sagesse et de toute bonté lui fournirait un moyen sûr pour qu'elle ne commît aucun péché, en choisissant ce que sa conscience lui montrait comme le plus grand bien qu'elle pût connaître et faire. Sa confiance ne fut pas vaine; car *quel es celui qui s'est confié dans le Seigneur et en a été abandonné ?* (Ps. 33.) Dieu, voyant donc en Marie la pieuse volonté de garder la chasteté, jointe à une foi vive, à une ferme espérance, à une ardente charité, la regarda et la traita avec une telle miséricorde, qu'elle ne fut pas frustrée dans sa sainte intention. Mais de peur qu'une trop longue attente n'affaiblît sa foi, ne diminuât son espérance, et ne refroidît sa charité, il se hâta d'accourir à elle pour la délivrer de ce qu'elle craignait, et pour lui conserver ce qu'elle aimait, en lui laissant le sceau de la chasteté. Il lui accorda donc de rester vierge, comme elle le désirait surtout, et de devenir féconde, afin qu'on ne la soupçonnât pas d'avoir encouru la malédiction légale : ainsi il lui accorda de posséder un enfant sans perdre la virginité, en sorte qu'elle fut tout à la fois vierge et mère. » Ainsi parle saint Anselme.

Comme l'Évangile mentionne souvent la parenté de Marie, il faut savoir qu'Anne eut successivement trois époux, Joachim, Cléophas frère de Joseph, et Salomé (1). De chacun de ces hommes elle eut une fille qu'elle appela Marie: or, ces trois Marie eurent chacune un époux, la première épousa Joseph, la seconde Alphée et la troisième Zébédée. La première enfanta le Christ; la seconde eut pour fils Jacques le mineur, Joseph le juste, surnommé Barsabas, Siméon et Jude; la troisième fut mère de Jacques le majeur et de Jean l'évangéliste. Quoiqu'inférieur en âge à son homonyme, Jacques, fils de Zébédée, est appelé néanmoins le majeur, parce qu'il fut choisi pour l'apostolat avant Jacques fils d'Alphée, appelé pour cette raison le mineur. Jacques le mineur et ses trois frères sont nommés frères du Seigneur, avant tous ses autres parents,

(1) Ce que Ludolphe rapporte des époux et des enfants de sainte Anne avait été également rapporté par Durand, évêque de Mende, en son *Rational des divins offices*, l. 7, c. 10, n. 14.

parce que non-seulement ils avaient pour mère la sœur de la sainte Vierge, mais encore parce qu'ils avaient pour aïeul Cléophas père de saint Joseph. Jacques le mineur est appelé frère du Seigneur plus particulièrement que les autres, parce qu'il lui ressemblait davantage pour les traits du visage et les formes du corps.

Le Seigneur n'a pas voulu être conçu et naître d'une simple vierge, mais d'une vierge fiancée et mariée, et il a voulu que sa Mère eût un époux pour diverses raisons : les unes ont rapport à lui-même, les autres à sa Mère, et les dernières sont extrinsèques à la Mère et au Fils. — D'abord cinq raisons regardent le Christ. La première, selon saint Jérôme (sup. illud : Cum esset despons.), c'était pour déclarer légalement l'origine du Christ ; car la généalogie de Joseph devait servir à constater l'origine de Marie sa parente, et à dresser la généalogie du Christ, suivant l'usage des saintes Écritures, par celui qui était regardé comme son père. La seconde raison, d'après saint Ambroise (lib. 2 in Luc.), c'était pour écarter tout soupçon d'infamie au sujet du Christ: car, il ne fallait pas que sa naissance parût contraire à la loi qui défend à toute personne non mariée d'avoir quelque enfant. La troisième raison, d'après le même saint docteur, c'était pour ne laisser aucun prétexte de persécution envers le Christ: car il ne fallait pas qu'Hérode et les Juifs parussent poursuivre avec justice le Christ, comme étant né d'un commerce criminel; il ne fallait pas aussi que les Gentils pussent le rejeter comme un enfant illégitime. » La quatrième raison que donne Origène (Hom. 1. in diversos), c'était de fournir un soutien au Christ pendant son enfance; le ministère d'un homme fut alors nécessaire pour l'élever, l'entretenir, surtout lorsqu'il fut porté en Égypte: aussi Joseph est appelé le père nourricier du Seigneur. Origène (hom. 6

in Luc.), saint Basile (de humana Christi generat.) et saint Jérôme (loco cit.) allèguent pour cinquième raison le dessein de la Providence de cacher le mystère de la nativité du Christ au démon, qui le supposait engendré par les voies ordinaires de la nature.

Cinq raisons également regardent la mère du Sauveur : la première, selon saint Ambroise, c'est afin que la grossesse de Marie ne fût pas pour elle une cause d'infamie ; aussi le Seigneur permit qu'on doutât plutôt du miracle de sa naissance que de la chasteté de sa mère. La seconde raison, d'après saint Jérôme (loco cit.) et le vénérable Bède (lib. 1. Comment. in Luc.), c'est afin que Marie ne fût pas calomniée et lapidée comme adultère par les Juifs. La troisième raison, suivant Origène (loco cit.) et saint Jérôme (loco cit.), c'est qu'il fallait à Marie les secours et les consolations d'un homme pour l'assister, surtout dans la fuite en Egypte et dans le retour de ce pays. La quatrième raison, selon la Glose (1), c'est de corroborer la foi, en confirmant le témoignage de Marie par le témoignage de son époux; car en voyant une jeune fille non mariée devenue enceinte, on n'aurait jamais cru sur sa seule déposition qu'elle fût restée vierge. Enfin pour cinquième raison, on peut dire qu'afin d'honorer les trois états de la vie humaine, et afin d'en être le modèle, la mère du Sauveur devait être vierge, épouse et veuve.

Les cinq dernières raisons sont extrinsèques au Fils et à la Mère. En premier lieu, d'après saint Ambroise (loco cit.), il ne fallait pas que les vierges impudiques trouvassent une apparence d'excuse dans ce qui serait arrivé à la mère du Sauveur, si elle avait paru déshonorée. En second lieu, suivant Origène (loco cit.), l'état de Marie est

(1) Voir note XIV à la fin du volume.

un argument contre les sectaires qui condamnent le mariage : car le Christ naissant d'une personne vierge et épouse à la fois, a confirmé et sanctifié la virginité et le mariage en même temps, de manière à confondre les hérétiques, qui réprouvent l'un ou l'autre de ces deux états. En troisième lieu, toutes les femmes, aussi bien les vierges que les épouses et les veuves, avaient encouru dans notre première mère un commun opprobre, dont Marie les a délivrées en passant par ces trois états. En quatrième lieu, la conduite de Marie montre qu'après avoir contracté mariage, avant de consommer l'union, on est libre de passer à des vœux plus excellents, sans consulter son conjoint, et on peut ainsi entrer dans l'état religieux, où l'âme est fiancée à Dieu comme le fut Marie. En cinquième lieu, selon saint Chrysostôme, le mariage de Marie avec Joseph figure le mystère par lequel l'Église est fiancée à Jésus-Christ, comme une vierge sans tache et sans ride. (ad Ephes. c. 5). Nous sommes les fils de cette Vierge dans la foi de Jésus-Christ ; parce que, suivant le pape saint Léon (serm. de Nativit. Christi), le même Esprit qui a fait naître le Christ du sein de Marie, fait naître le chrétien du sein de l'Église. Saint Jean-Chrysostôme (hom. 1 in Matth. operis imperfecti) dit que « Marie fut mariée à un ouvrier qui travaillait le bois, parce que le Christ, époux de l'Église, devait opérer le salut du monde par le bois de la croix. » Selon saint Augustin, « le Christ est né d'une mère mariée à un ouvrier pour confondre l'orgueil de toute naissance illustre selon la chair. »

Marie fut figurée par la fille de Raguel, la vierge Sara, mariée avec Tobie, laquelle avait conservé son âme pure de toute concupiscence. Marie, épouse de Joseph, a été bien plus parfaite, puisqu'elle a conservé toujours intacte sa virginité. — Il est parlé dans l'Histoire scolastique d'une tour appelée Baris tellement fortifiée que deux soldats pouvaient la défendre contre tous les mortels réunis (1). Plus forte et plus invincible fut la Vierge Marie dont le principal gardien était Dieu, la sagesse éternelle. La vie de Marie est aussi comparée à la tour de David (Cant. c. IV) : *Celle-ci était garnie de mille boucliers qui pendaient à ses flancs*; celle-là était remplie de mille vertus et même d'un bien plus grand nombre qui la prémunissaient contre toutes les tentations et contre tous les péchés, et non-seulement elle a su s'en délivrer, mais elle peut tous nous en affranchir, par la grâce qu'elle nous communique. — Considérez maintenant combien de saintes femmes, combien de vierges ont existé avant et après Marie qui seule a mérité de devenir la mère du Seigneur. Ce choix parmi tant de mille créatures, est une grâce immense, ineffable. Or, si elle a été préférée à toutes les autres, c'est qu'elle les a toutes surpassées en sainteté. Aussi saint Anselme dit que, « *Dieu sondant les cœurs et les reins* (Ps. 7, v. 10), choisit et consacra Marie entre toutes les vierges, pour habiter corporellement en celle qu'il voyait pleine de vertus, et à laquelle il était uni déjà spirituellement par une prédilection singulière. Que Marie l'ait emporté sur toutes les femmes en sainteté, c'est ce que comprend quiconque réfléchit : car les autres ont mérité quelques portions des grâces divines, mais elle seule a été saluée par l'Ange comme *pleine de grâce* (Luc, c. 1, v. 28). »

Prière.

Salut, tige florissante et fructifiante de Jessé, Marie Vierge bienheureuse, qui avez produit cette fleur et ce fruit unique et incomparable d'où est sortie la semence féconde des ver-

(1) Voir note XV à la fin du volume.

tus spirituelles : fleur qui répand une odeur très-suave, fruit qui possède une douceur exquise ; fleur dont la bonté chasse toute tristesse, fruit dont la saveur cause une joie parfaite. Bénie soit la tige qui s'élève de la racine de Jessé ! Bénie soit la fleur qui s'épanouit sur cette racine ! Béni soit l'arbre, béni soit son fruit ! Par votre fleur récréez-moi donc ; par votre fruit délivrez-moi de toute misère, Vierge Marie éternellement bénie. Ainsi soit-il.

CHAPITRE IV

CONCEPTION DE JEAN LE PRÉCURSEUR
Luc. c. 1, v. 5-25

Au temps d'Hérode, roi de Judée, il y avait un prêtre nommé Zacharie qui servait dans le rang d'Abia, et dont la femme nommée Élisabeth était de la race d'Aaron. Tous deux étaient justes devant Dieu, et non comme les hypocrites qui feignent d'être vertueux devant le monde; mais *ils suivaient tous les commandements et toutes les ordonnances du Seigneur, sans qu'on leur pût rien reprocher* ; c'est-à-dire qu'ils observaient tous les préceptes moraux, cérémoniaux et judiciaires, et vivaient en paix avec le prochain (Luc c. 1, v. 5. 6). *Mais ils n'avaient pas d'enfant* (Idem, v. 7), à cause de la stérilité qui était particulière à la femme, et à cause de la vieillesse qui était commune aux deux époux. D'où il résulte clairement que la conception du Précurseur fut miraculeuse, parce qu'elle ne fut point produite par la seule nature, mais bien par la nature aidée de la grâce divine. — Hérode qui vient d'être mentionné était un étranger issu d'un père Iduméen ; et comme le sceptre qu'il possédait, n'appartenait plus à Juda, l'avènement du Christ ne pouvait plus tarder ; car le patriarche Jacob, animé de l'esprit prophétique, avait indiqué pour signe de l'approche du Christ la translation du royaume de Juda entre les mains d'un étranger ; il avait dit (Gen. 49, v. 10) : *Le sceptre ne sera point enlevé à Juda, et le pouvoir ne sortira pas de sa race, jusqu'à l'arrivée du Messie qui doit être l'attente des nations.* Il faut ici remarquer que Moïse avait établi un seul grand prêtre, auquel un autre devait succéder après sa mort par ordre. Mais David, voulant donner un développement plus considérable au culte divin dans le temple, établit comme chefs particuliers des vingt-quatre familles sacerdotales qui descendaient d'Aaron, vingt-quatre prêtres dont l'un était le supérieur commun de tous les autres comme souverain pontife appelé prince des prêtres. Il régla que les familles sacerdotales serviraient tour à tour chacune leur semaine, depuis un sabbat jusqu'à l'autre sabbat, et que pendant ce temps tous ceux qui seraient de fonction garderaient une exacte continence, n'entreraient point dans leur propre maison, et logeraient dans les chambres construites autour du temple. Il détermina par la voie du sort la semaine de leur ministère, en sorte que la huitième échut à la famille d'Abia dont Zacharie est descendu. Il distribua également les simples lévites en vingt-quatre classes ayant chacune un lévite pour chef particulier, et une semaine assignée par le sort pour le service religieux.

Or il arriva que *Zacharie dut remplir les fonctions du sacerdoce selon le rang de sa famille qui était le huitième* (Luc. c. 1, v. 8). Le dixième jour du septième mois, c'est-à-dire de septembre, il sortit donc de l'endroit où il avait revêtu les ornements sacerdotaux, *et entra dans le temple du Seigneur pour offrir l'encens* (Id. v. 9, 10.). *A cette même heure, toute la multitude du peuple priait dehors*, parce qu'il ne lui était pas permis de pénétrer dans l'intérieur, mais seulement de rester dans le vestibule. On voit ici que Zacharie n'était pas le Grand-prêtre, mais un simple prêtre; car il est dit qu'il entra dans le temple seulement pour offrir l'encens. Or c'était l'office des simples prêtres, selon ce que dit l'apôtre saint Paul (Heb. c. 9, v. 6) : *Dans le premier tabernacle, les prêtres entraient tous les jours afin d'y consommer les cérémonies des sacrifices.* En effet après que le sacrifice avait été offert sur l'autel des holocaustes, dans le vestibule du temple, le simple prêtre qui s'y acquittait de son ministère, prenait des charbons sur cet autel des holocaustes ; puis, entrant dans la première partie du temple qu'on appelait le Saint ou les Saints, il brûlait l'encens sur l'autel des parfums ; et c'est alors seulement que le sacrifice était consommé, selon qu'il était pratiqué chaque jour. Si le sacrifice quotidien devait être ainsi consommé, c'était pour signifier qu'aucun sacrifice de l'ancienne Loi ne pouvait être agréable sans la foi et la dévotion de ceux qui l'offraient ; car la dévotion qui embrase le cœur était figurée par le feu qui consumait l'encens. Mais dans cette partie du temple qu'on appelait le Saint des Saints, le Grand-prêtre seul avait le droit d'y entrer, pour y asperger le Propitiatoire, avec le sang du bouc et du taureau qui avaient été immolés pour les péchés du peuple. On ne dit pas que Zacharie soit entré avec ce sang, mais seulement qu'il entra pour offrir l'encens, et qu'*alors un Ange lui apparut au côté droit de l'autel des parfums* (Luc. 1, v. 11). Cet autel appelé aussi l'autel d'or, n'était pas situé dans le Saint des

Saints, mais dans la première partie du temple, où les simples prêtres pouvaient entrer. Le Grand-prêtre seul pouvait porter l'encens dans le Saint des Saints, au jour de l'Expiation ; mais ce n'était pas pour l'offrir, c'était pour envelopper comme d'un nuage de vapeur le Propitiatoire, pendant qu'il l'aspergeait avec le sang du bouc et du taureau. D'ailleurs aucun historiographe parlant des Grands-prêtres juifs n'a compté Zacharie dans leur nombre. — Comme le nom de Zacharie signifie *Celui qui se souvient du Seigneur*, il marque la qualité du bon prêtre qui doit toujours porter dans son cœur le souvenir de Dieu pour procurer à la fois le salut de son âme et celui de son peuple. Ce bon prêtre conduit par le zèle du culte divin, entre dans le temple où il offre l'encens d'une fervente oraison, et par son exemple il apprend aux fidèles à prier. Nous devons porter notre souvenir de Dieu sur un triple objet, en pensant à la puissance du Père dans les œuvres de la création, à la sagesse du Fils dans les œuvres de la Rédemption, à la bonté du Saint-Esprit dans les œuvres de la rétribution.

L'ange Gabriel se tenant au côté droit de l'autel, apparut à Zacharie qui fut saisi de crainte (Luc. c. 1, v. 11-12) à la vue de cette nature plus élevée et plus puissante que celle de l'homme. Mais on ne tarde pas à distinguer le bon Esprit du mauvais ; car le mauvais continue d'inspirer l'horreur qu'il a provoquée à son premier aspect ; et contre cette frayeur il n'y a pas de meilleur remède, selon le vénérable Bède (in Luc. c. 1), qu'une foi intrépide ; le bon Esprit tout au contraire rassure et fortifie aussitôt. En effet, l'Ange s'empressa de dire (Luc. c. 1, v. 13) : *Ne craignez point, Zacharie,* comme s'il disait : Je suis venu pour vous consoler ; *car,* ajouta-t-il, *votre prière a été exaucée.* Or Zacharie ne priait pas pour obtenir un enfant, parce qu'à cause de son âge et de celui de son épouse il n'osait plus espérer cette bénédiction ; aussi il ne crut pas même à la promesse que l'Ange lui en fit : mais il priait pour obtenir, avec la rémission des péchés, la rédemption du peuple et l'avènement du Messie. Comme le salut demandé pour le peuple devait être procuré par le Messie, l'Ange annonça à Zacharie la naissance d'un fils, qui, en prêchant la pénitence et la foi, préparerait les hommes à recevoir leur Sauveur. Il lui déclara que cet enfant devrait être appelé Jean, c'est-à-dire *favorisé de la grâce ;* car Jean fit connaître *le Christ par qui la grâce est venue avec la vérité* (Joan. c. 1, v, 17). Bède dit à ce sujet : « Jean signifie *doué de la grâce*, ou bien *la grâce du Seigneur.* En effet, ce nom annonçait la grâce, d'abord pour les parents qui devaient avoir un fils dans leur vieillesse, ensuite pour l'enfant qui *devait être grand devant le Seigneur* (Luc. c. 1, v. 15) et sanctifié dans le sein de sa mère par la vertu du Saint-Esprit, enfin pour ses compatriotes, les enfants d'Israël, qu'il devait convertir au Seigneur leur Dieu. » Cette nouvelle remplit le père de Jean d'une allégresse qu'il ne put s'empêcher de manifester à l'extérieur, comme il arrive toutes les fois qu'un sentiment est trop vif pour pouvoir être comprimé dans l'âme. L'ange promit aussi que beaucoup se réjouiraient de cette naissance ; car beaucoup se félicitèrent avec le père d'un si heureux événement ; nous voyons cette promesse se réaliser encore aujourd'hui, puisque le jour de cette nativité est solennisé par tous les chrétiens, et même par les Sarrasins ou autres peuples. « Le père se réjouit avec raison, ajoute le vénérable Bède, parce qu'il a engendré un fils dans sa vieillesse, et qu'il a reçu un enfant de telle grâce : les autres se réjouissent aussi avec raison, parce que Jean leur a premier appris que le royaume céleste jusqu'alors fermé, était ouvert enfin. » Selon la remarque de saint Ambroise (in cap. 1. 7. Luc.), « on célèbre avec solennité la naissance des justes, parce qu'un saint est non-seulement une source de grâce pour ses parents, mais une cause de salut pour un grand nombre. Réjouissons-nous donc de la naissance des Saints. »

Selon le sens moral, chacun de nous peut trouver en lui-même Zacharie et son épouse Élisabeth, qui lui donnera un fils digne d'être appelé Jean et d'être un sujet de jubilation pour lui et pour les autres. Par Élisabeth épouse de Zacharie, on peut entendre la chair unie à l'Esprit-Saint ; parce que, comme le mari gouverne et régit la femme, l'esprit aussi gouverne et régit la chair, de peur qu'elle ne tombe dans la mollesse et la fornication. Elle lui donne un fils, lorsque, avec le secours de la chair, l'esprit produit quelque œuvre vivante, soit en donnant l'aumône, soit en revêtant ceux qui sont nus, en rassasiant ceux qui ont faim, en visitant les infirmes, en ensevelissant les morts, en exerçant d'autres actes vertueux : alors son épouse est comme une vigne féconde dans l'intérieur de sa maison. Son fils doit être appelé Jean, c'est-à-dire *grâce divine ;* parce que personne ne doit attribuer la production d'une bonne œuvre à sa propre vertu, mais à la grâce divine. L'esprit ensuite tressaillera d'allégresse, parce qu'une bonne œuvre remplit toujours l'âme d'indicibles consolations. Beaucoup aussi se réjouiront à la naissance de cet enfant, parce que les bons se réjouissent avec le prochain du bien qu'il produit. Veillons donc avec grand soin à ne pas nous livrer à la joie extérieure, sans nous exciter à une sainte joie intérieure, par le sentiment de la reconnaissance qui nous fasse célébrer une fête perpétuelle à la gloire du Seigneur. Mais il n'est point, dit le Seigneur, de joie véritable pour les impies ou pour les pécheurs en face de leurs péchés. Efforçons-nous de purifier nos âmes de toutes les souillures des vices, afin que nous puissions célébrer dignement l'anniversaire d'une si grande solennité.

En outre, l'Ange prédit que l'enfant serait grand devant le Seigneur par sa vertu, sa sainteté et sa dignité. De même que la grandeur physique doit être appréciée d'après les quatre dimensions, la grandeur morale de Jean doit être estimée d'après la sublimité de sa vie, la profondeur de son humilité, la largeur de sa charité et la longueur de sa persévérance finale, suivant ce que dit saint Paul aux Éphésiens (c. 3, v. 18). Le Sauveur lui-même ne tarda pas à attester (Matth. c. 11, v. 11) *qu'entre les enfants des femmes, il n'en avait point paru de plus grand que Jean-Baptiste.* Mais déjà l'Ange avait révélé la grandeur future de l'enfant dont il avait énuméré les qualités distinctives. Il avait prédit qu'il vivrait dans une continuelle abstinence, sans goûter de vin ni aucune boisson enivrante ; parce qu'il ne convient pas que le vase consacré à la grâce céleste soit souillé par des liqueurs profanes. Ce qui indique clairement qu'il devait être exempt de tous les vices et des passions mondaines qui bouleversent et rabaissent l'âme humaine. L'Ange prédit aussi qu'il sera rempli du Saint-Esprit dès le sein de sa mère, c'est-à-dire purifié de la tache originelle et capable d'acte méritoire ; ce qui montre certainement qu'aussitôt après sa naissance il devait se rendre illustre, en produisant tous les fruits des plus excellentes vertus. L'Ange prédit encore qu'il convertirait beaucoup d'enfants d'Israël au Seigneur, comme il fit en prêchant le Christ, et en lui rendant témoignage. Enfin l'ange annonça qu'il marcherait devant le Seigneur avec l'esprit et la vertu d'Élie : d'abord à cause de la similitude de leur mission ; car, comme Élie précédera le second avènement du Christ, Jean en a précédé le premier ; ensuite à cause de la ressemblance de leur vie ; car l'un et l'autre vécurent dans une grande austérité pour la nourriture et le vêtement ; enfin à cause de la conformité de leur doctrine ; car l'un et l'autre censurèrent avec beaucoup de zèle les vices même des grands. Jean devait précéder le Christ pour changer les cœurs des parents dans les enfants, en donnant à ces derniers l'intelligence de l'Écriture ; pour convertir les incrédules à la sagesse des justes, en les assujettissant au joug de la foi ; et pour préparer au Seigneur un peuple parfait, en le disposant à recevoir la grâce de l'Évangile et de la Nouvelle alliance ; car l'ancienne loi n'avait conduit personne à la perfection. Aussi elle est appelée loi de crainte, parce que les imparfaits n'évitent le mal que par la crainte des châtiments : la loi évangélique au contraire est appelée loi d'amour, parce que les parfaits évitent le mal par l'amour du bien.—De plus remarquons que, comme des parents déjà vieux ont donné naissance à un enfant qui devait être si grand, ainsi il arrive souvent que des hommes d'un âge avancé, jusque-là stériles en bonnes œuvres, produisent un grand fruit dans l'Église de Dieu, comme on peut le constater de saint Augustin et de saint Denis qui ne furent appelés que tard à la foi du Christ.

Cependant Zacharie, considérant que sa femme était stérile, et que lui-même était vieux, ne crut point aux paroles de l'Ange, et pour cette raison perdit l'usage de la parole jusqu'à la naissance de son fils : c'était un signe qu'à l'avènement du Christ la loi et les prophéties se tairaient, après avoir reçu leur accomplissement. Selon saint Chrysostôme (apud Bedam in cap. 1. Luc.), Zacharie resta muet, parce que désormais les prêtres des Juifs cesseraient d'offrir des sacrifices pour les péchés du peuple : car il venait le seul véritable Prêtre qui, en s'immolant lui-même comme un tendre agneau, offrirait un sacrifice agréable à Dieu pour les péchés de tous. Si Zacharie devint muet parce qu'il avait douté, c'est aussi pour nous apprendre que la langue de celui qui doute dans la foi est muette, parce que sa prière ne peut être écoutée de Dieu. Et si Zacharie est contraint de garder le silence après la révélation qui lui est faite, c'est encore pour nous montrer qu'après avoir été favorisé de quelque révélation ou vision, l'homme doit se taire comme s'il était muet, et ne point se vanter comme s'il était exalté.

Lorsque les jours de son ministère furent accomplis, Zacharie retourna dans sa maison, qu'il ne lui avait pas été permis de visiter durant le temps de ses fonctions; car, pendant la semaine de leur service, les prêtres de l'ancienne loi gardaient la continence et, suivant le précepte du Seigneur, ne buvaient ni vin ni aucune liqueur enivrante. Or si le prêtre de l'ancienne loi était obligé à une telle chasteté et à une telle abstinence par respect pour les cérémonies sacrées, combien plus sainte doit être la vie du prêtre de la nouvelle loi qui célèbre tous les jours d'ineffables mystères. Prenant modèle sur ce que, pendant toute la semaine de son ministère public, le prêtre restait dans le temple, tout appliqué aux choses divines sans sortir même pour ses propres affaires, plusieurs maisons religieuses ont adopté une sainte et louable coutume : c'est que, pendant toute la semaine de son service régulier, le prêtre reste dans le cloître, tout occupé de pieux exercices, sans se produire au dehors; parce qu'il est alors le médiateur entre Dieu et la communauté. Dans quelques maisons religieuses, il s'abstient même de la récréation commune avec ses confrères pendant toute cette semaine ; et chez quelques chanoines séculiers, il couche alors dans un dortoir commun.

Ensuite Élisabeth conçut au huitième jour avant les calendes d'octobre, en la sixième férie, c'est-à-dire, suivant notre manière de compter, un vendredi, 22 septembre : et parce qu'elle était d'un âge fort avancé, elle n'osa se montrer pendant cinq mois, jusqu'à ce que Marie ayant aussi conçu la vînt visiter, et qu'alors l'enfant tressaillit dans son sein d'une joie prophétique. Bien qu'elle fût très-joyeuse d'être devenue grosse, et d'être échappée à l'opprobre de la stérilité, elle craignit quelque temps à cause de sa vieillesse de s'exposer à des critiques impertinentes ; car les époux qui n'espéraient plus avoir d'enfants cessaient d'avoir ensemble un commerce charnel. Le vénérable Bède dit à ce sujet (in Luc. c. 2) : « La conduite d'Élisabeth qui rougit même du don qu'elle a reçu, comme elle l'avait désiré, montre avec quel soin les saints évitent jusqu'à l'apparence d'une action déshonnête. » Or si Élisabeth rougissait ainsi devant les hommes d'une action permise, rougissons donc et abstenons-nous de toute action illicite, non-seulement devant les hommes, mais devant Dieu et ses anges : car, suivant la maxime de Boëce, c'est pour nous une impérieuse nécessité de mener une vie probre et pure, puisque nous agissons toujours en présence d'un juge qui voit tout. « Dans tout ce que je fais, dit saint Augustin, j'ai pour témoin Dieu qui ne cesse d'observer toutes mes pensées, mes intentions et mes actions. Quand je pense à cette vérité, je suis saisi tout à la fois de crainte et de honte ; car je l'aperçois qui est présent partout, et qui considère tous mes actes les plus secrets ; et cependant que de choses en moi dont je suis forcé de rougir devant Dieu ! » De là cette parole célèbre de saint Anselme : « Péchez où vous savez que Dieu n'est pas. » Un autre auteur a dit : « Pourquoi ne rougissez-vous pas de faire devant Dieu ce que vous rougiriez de faire devant moi ?

Car c'est le propre de l'homme de rougir de toute action déshonnête. »

> Cum quid turpe facis quod me spectante ruberes,
> Cur spectante Deo, non magis ipse rubes?

Aussi ceux qui sont éhontés sont regardés comme incorrigibles; parce que, paraissant n'avoir plus de front, au milieu des hommes, ils ont comme perdu l'honneur de la raison pour prendre la nature de la bête.

Prière.

Illustre saint Jean, vous dont la conception miraculeuse a été annoncée par le même ange que celle du Christ; vous que Gabriel a loué avant que Zacharie vous eût engendré; vous dont le Très-Haut a dit: « *Il n'y en a point de plus grand parmi les enfants des femmes;* bienheureux Saint, qui êtes si grand, j'ai recours à votre protection, inquiet que je suis de mon salut: car je suis certain que ma culpabilité est bien grande, mais j'espère cependant que votre grâce sera plus grande. Obtenez-moi donc miséricorde devant Dieu, parce que devant lui vos mérites surpassent encore mes crimes. Vos mérites sont en effet si grands, ô grand saint Jean, qu'ils peuvent suffire pour vous et pour moi, qu'ils peuvent être très-profitables pour moi sans être aucunement diminués pour vous. Que votre abondance supplée donc à mon indigence, afin qu'enrichi et sauvé par vous, je me réjouisse éternellement avec vous. Ainsi-soit-il.

CHAPITRE V

CONCEPTION DE NOTRE SAUVEUR

Luc. c. 1, v. 27-38

Le sixième mois de la conception du Précurseur, au commencement du sixième âge du monde, lorsque fut arrivée la plénitude de ce très-saint et très-heureux temps où la souveraine Trinité avait résolu de réparer le genre humain par l'Incarnation du Verbe, le Dieu tout-puissant appela l'archange Gabriel, un des premiers princes de son royaume, et l'envoya dans une ville de Galilée, nommée Nazareth, vers la vierge Marie, mariée à Joseph, homme de sa tribu. Tous deux étaient de la maison de David, de la famille royale, de tribu et de race nobles, mais surtout religieuses, comme dit saint Bernard (hom. 2 sup. Missus est). Il plut à Dieu de relever l'homme suivant le même ordre et de la même manière qu'il l'avait vu tomber. Or, ainsi que le vénérable Bède le fait remarquer (hom. de Annunt.), l'homme était tombé par la ruse du diable, par l'intermédiaire du serpent, par l'influence de la parole, et par la connivence de la femme. Il a été relevé suivant le même ordre par des moyens contraires, par la sagesse de Dieu, par le ministère de l'Ange, par la vertu du langage, et par le consentement d'une Vierge. Or, ajoute le même Docteur, ces circonstances sont tellement pleines de mystère, qu'elles doivent être précieusement notées, et méditées avec d'autant plus de soin qu'elles contiennent avec plus d'évidence toute l'économie de notre rédemption ; car nous devons nous rappeler volontiers comment notre salut s'est opéré.

Observons d'abord que le nombre *six* n'est pas sans mystère:

c'est un nombre parfait (1). Aussi le Christ a été conçu dans le sixième âge du monde, parce que toutes choses devaient être perfectionnées par lui. Il a été conçu dans le sixième millénaire qui est la limite de tous les nombres, de même que le Christ est la limite et la fin de tous les êtres. Il a été conçu dans le sixième mois, parce qu'en ce mois le monde avait été fait par celui même qui devait le refaire. Il a été conçu le sixième jour de la semaine, parce qu'en ce jour l'homme avait été créé par celui qui devait le réparer. C'est pour cette même raison qu'après avoir vécu trente-trois ans, le divin Sauveur est mort dans le sixième âge du monde, dans le sixième millénaire, dans le sixième mois, et dans le sixième jour de la semaine. On peut croire aussi que pour établir des rapports plus exacts entre toutes choses, il a été conçu à la sixième heure, parce qu'il a souffert à la sixième heure, de même que l'homme avait péché à la sixième heure ; et que, d'après une certaine convenance, comme Ève avait été séduite par le démon à la sixième heure, Marie a été instruite par l'Ange à la sixième heure.

Ce messager céleste était l'Ange Gabriel, dont le nom signifie *force de Dieu* ; car il devait annoncer que la Vertu et la Sagesse de Dieu allaient se revêtir de notre humanité pour combattre sous ces humbles apparences les puissances aériennes. Ce messager devait appartenir à l'ordre des Archanges, parce qu'il portait de grandes nouvelles. Dieu qui le députait, était toute la Trinité, bien que cette députation soit attribuée particulièrement au Père. En effet le Père le députa, parce que sa Providence devait veiller sur le Fils, sur l'épouse et la mère ; le Fils aussi le députa, parce que lui-même devait s'incarner dans le sein de la Vierge ; le Saint-Esprit également le députa, parce qu'il devait sanc-

(1) Voir note XVI à la fin du volume.

tifier Marie, en la couvrant de son ombre. — Gabriel fut donc envoyé dans une ville de Galilée, mot qui signifie *transmigration*, parce que le Christ devait abandonner les Juifs incrédules pour les Gentils fidèles. Or il y a deux Galilées : la Galilée des Gentils que Salomon donna au roi Hiram dans le voisinage de Tyr; ce n'est pas celle qui est mentionnée ici ; la Galilée des Juifs qui est située le long de la mer de Galilée, et c'est celle-là dont il est ici question. Le nom de la ville était Nazareth qui signifie *fleur*, car il convenait que le Christ, la véritable fleur, fût conçu dans une fleur, c'est-à-dire dans Nazareth, et d'une fleur, c'est-à-dire de la bienheureuse Vierge, et avec les fleurs, c'est-à-dire dans la saison où elles commencent à paraître. Jésus-Christ est appelé fleur, à cause de la beauté et de l'éclat de sa sainte vie, à cause de la suavité et de l'odeur de sa bonne renommée, à cause du fruit de sa passion et du profit qu'en retirent les fidèles pour leur conduite. Cette fleur a éclos dans la Conception, s'est épanouie dans la Nativité, s'est flétrie dans la Passion, et a refleuri dans la Résurrection. Si donc vous voulez cueillir cette fleur, suivez la beauté de ses exemples, répandez l'odeur de ses vertus, et vous goûterez ainsi le fruit de sa passion. Le Seigneur n'a pas voulu imiter les Rois de la terre, en choisissant une grande ville, pour être témoin de l'alliance qu'il allait contracter avec la nature humaine; mais il a choisi Nazareth, ville toute petite, afin de nous donner un exemple d'humilité, en nous apprenant que pour faire le bien nous devons toujours préférer les endroits les plus humbles : il a voulu au contraire souffrir dans la grande cité de Jérusalem, afin de nous enseigner que nous ne devons point rougir d'endurer publiquement les opprobres pour son amour.

Gabriel fut envoyé non pas vers une vierge quelconque,

mais une vierge de cœur, de corps, de profession. Or le Christ a voulu pour plusieurs raisons être conçu et naître d'une telle vierge. 1° D'après saint Bernard (in serm. de Adv.), si Dieu devait être conçu et naître, il était convenable qu'il ne fût conçu et ne naquît que d'une vierge ; et si une vierge devait concevoir et enfanter, elle ne pouvait concevoir et enfanter qu'un Dieu. 2° Suivant saint Jean Damascène, Celui qui dans le ciel a un père sans mère devait sur la terre avoir une mère sans père. 3° Selon saint Augustin (de sancta virginitate, c. 6), afin de signifier que ses membres mystiques devaient naître spirituellement de l'Église qui est vierge, Jésus-Christ notre chef commun a voulu naître d'une vierge. 4° Comme le premier Adam a été formé d'une terre vierge, le second Adam devait se revêtir de notre humanité dans le sein d'une vierge. 5° Comme la perte du genre humain avait été causée par Ève encore vierge, il fallait qu'elle fût réparée par Marie toujours vierge. — *L'ange fut députe vers une Vierge mariée à un homme (viro).* Nous avons dit plus haut, au chapitre du mariage de la Vierge Marie, pourquoi le Christ a voulu naître d'une personne mariée. Joseph son époux, comme le fait remarquer saint Bernard (hom. 2, sup. Missus est), est appelé *Vir* qui signifie *fort*, parce que c'était un homme vertueux et juste, qui par conséquent devait être un témoin irrécusable des plus grands mystères. Aussi est-il nommé Joseph, c'est-à-dire celui qui *va croissant*, en latin *accrescens*, parce que croissant toujours en sainteté, il a fait de continuels progrès dans les vertus. Il faut remarquer qu'on trouve dans l'Écriture quatre hommes célèbres nommés Joseph : le premier fut ce fils de Jacob, illustre par sa prudence, qui expliqua sagement les songes de Pharaon ; le second fut l'époux de Marie distingue par sa tempérance, qui respecta la virginité de Marie ; le troisième est cet homme riche d'Arimathie, remarquable par sa force ou son courage, qui ne craignit pas d'aller trouver Pilate pour lui demander le corps de Jésus ; le quatrième est ce disciple du Sauveur, caractérisé par sa justice qui lui mérita le surnom de Juste. Il convenait bien à l'époux de la Vierge de porter un nom qui résumait mystérieusement toutes les vertus. Il est dit ensuite que Joseph était de la *maison de David*, pour montrer que le Christ est descendu de la race de David, comme les prophètes l'avaient prédit ; car bien que Joseph n'ait pas été le père du Sauveur, cependant la Vierge Marie de laquelle le Christ a pris chair, était de la même race que Joseph et par conséquent de la race même de David.

C'est bien justement que la Vierge a été appelée Marie (1), car ce nom vénérable comprend trois significations différentes selon trois langues principales : en hébreu, il signifie *étoile de la mer*, ou *illuminatrice* ; en latin, *mer d'amertume* ; en syriaque, *maîtresse*. Marie fut en effet l'Étoile de la mer à la naissance de son divin fils, car d'elle sortit alors le rayon qui éclaira toute la terre ; elle fut une mer d'amertume, dans la Passion du Sauveur, car alors un glaive de douleur transperça son cœur ; elle fut maîtresse dans son Assomption, lorsqu'elle fut élevée par dessus tous les chœurs angéliques. En outre, Marie est étoile de la mer dans la conduite des pécheurs, parce qu'elle les dirige à travers la mer de ce monde vers le port de la pénitence jusqu'à ce qu'elle les amène à son divin fils. C'est pour cette raison qu'à la naissance du Christ, une étoile apparut aux Mages qui les conduisit jusqu'au lieu où était l'enfant nouveau-né. Que les

(1) Voir note XVII à la fin du volume.

yeux des pécheurs soient donc sans cesse fixés sur Marie, comme ceux des nautonniers sur leur étoile. « Ne détournez jamais vos regards de cet astre brillant, nous dit saint Bernard (loco cit.), si vous ne voulez pas être engloutis par la tempête. O vous donc qui savez qu'emportés par les courants du siècle, vous êtes bien plutôt exposés aux dangers de la mer, qu'établis sur la terre ferme, regardez l'Étoile, invoquez Marie. Êtes-vous assaillis par les flots de l'orgueil, de l'ambition, de la calomnie, ou de l'envie, regardez l'Étoile, appelez Marie. Si les mouvements impétueux de la colère, de l'avarice, ou de la volupté bouleversent la nacelle de votre âme, regardez l'Étoile, invoquez Marie. Si épouvanté de la grandeur de vos crimes, si confus des souillures de votre conscience, vous vous sentez entraîné vers l'abîme du désespoir, regardez l'Étoile, invoquez Marie. Dans les périls, dans les angoisses, dans les incertitudes, pensez à Marie, invoquez Marie ; que toujours son nom soit sur vos lèvres, que toujours son souvenir soit dans votre cœur ; et pour obtenir les suffrages de sa prière, imitez les exemples de sa vie. En la suivant, vous ne dévierez point ; en l'invoquant, vous ne désespérerez jamais ; sa pensée vous préservera de toute erreur, son bras de toute chûte, sa protection de toute crainte, sa conduite de toute fatigue, et avec son secours vous parviendrez heureusement au port, et par votre expérience vous reconnaîtrez que la Vierge a été à bon droit nommée Marie, c'est-à-dire *étoile de la mer*. » Ainsi parle saint Bernard.

Le nom de Marie signifie aussi *illuminatrice* ; elle a en effet illuminé le monde par la splendeur de sa grâce, et par l'exemple de sa vie très-sainte : aussi l'Église lui dit dans ses chants : *Vous, dont la vie admirable a éclairé toutes les Églises* (Brev. rom.). Saint Bernard dit également (serm. de Nativit. Mariæ) : « Otez le soleil, où est le jour ?

De même, enlevez Marie, cette Étoile de la mer, et vous n'aurez plus qu'obscurité, que les ténèbres les plus épaisses et les ombres de la mort. » Elle est en effet l'Étoile de la mer, de cette mer ténébreuse, remplie de maux et d'écueils sans nombre. Le ciel a beaucoup d'étoiles, la mer en a une seule qui surpasse toutes les autres en clarté et en bonté ; c'est Marie resplendissante par ses mérites, et brillante par ses exemples. C'est d'elle seule qu'est sorti le vrai soleil de justice, qui éclaire l'univers ; *celui qui la suit ne marche point dans les ténèbres, mais il aura la lumière de la vie* (Joan. c. 8, v. 12). Quel éclat doit avoir cette étoile qui a produit pour le monde un si grand soleil ? Celui qui marche après elle ne saurait s'égarer et se perdre. — Marie est encore une mer d'amertume dans la conversion des pécheurs, parce qu'elle leur obtient la grâce de sortir de leurs péchés par la contrition, en changeant pour eux l'eau de la délectation charnelle en vin de componction salutaire. Ce nom lui convient spécialement, parce que la mer de ce monde fut pour elle remplie d'amertume et sans attrait, à cause du désir qu'elle avait de voir le royaume céleste de son divin fils. De plus en latin, le nom de Marie est dérivé du mot mer, *mare*, en ce sens que, comme tous les fleuves confluent à la mer, ainsi toutes les grâces se réunissent en Marie.

Enfin Marie est dite Maîtresse, parce qu'elle nous assiste dans nos tentations, en nous délivrant des périls au temps opportun ; car elle peut et elle veut nous secourir en sa qualité de *reine du ciel et de mère de miséricorde* (Brev. rom.). Elle est en effet la maîtresse, la souveraine, non-seulement des hommes sur la terre, mais aussi des anges dans le ciel, et des démons dans l'enfer ; c'est pourquoi dans toutes les tentations, et surtout contre les attaques des démons il faut invoquer Marie : car « de même, dit saint Bernard, qu'une armée bien rangée en bataille jette l'effroi dans le camp ennemi, de même le nom, le patronage et l'exemple de Marie font trembler les puissances aériennes : comme le vent fait voler la poussière, comme le feu fait fondre la cire, ainsi l'invocation de Marie dissipe et renverse les mauvais esprits. A ce seul nom, les démons prennent la fuite, les coupables reçoivent le pardon, les malades la santé, les pusillanimes la force, les affligés la consolation, et les voyageurs le secours dont ils ont besoin. » On peut dire encore que Marie en tant que *mer d'amertume* est la figure des chrétiens dans la vie active; comme *étoile de la mer*, *illuminatrice*, *illuminée*, elle est le modèle des âmes dans la vie contemplative ; en sa qualité de *maîtresse ou reine*, elle est le type des prélats dans l'Église.

L'ange Gabriel fut envoyé à Marie afin de lui déclarer que le Fils du Très-Haut, charmé de sa beauté, l'avait choisie pour devenir sa mère, et afin de l'engager en même temps à le recevoir avec joie comme son propre fils, parce que Dieu avait résolu d'opérer par elle la rédemption du genre humain. « O bienheureuse Marie! s'écrie saint Bernard (hom. 1 et 2 sup. Missus est), vous avez su réunir l'humilité à la virginité ! Il convenait en effet que celle qui devait concevoir et enfanter le Saint des Saints fût sainte de corps, et c'est pour cela qu'elle reçut le don de la virginité; il convenait également qu'elle fût sainte d'esprit, et c'est pour cela qu'elle reçut le don de l'humilité. Ainsi couronnée des plus précieuses vertus qui ornaient son corps et son âme d'une double auréole, cette Vierge royale mérita de fixer sur elle, par l'éclat de sa beauté, les regards de la Cour céleste, et les complaisances du Roi éternel qui de son trône députa vers elle un céleste ambassadeur. L'ange alla donc trouver Marie, mais en quel lieu ? Sans doute dans l'endroit le plus retiré de sa maison, où elle s'était renfermée pour adresser ses prières au Père Éternel. N'allons pas supposer que l'ange trouva ouverte la demeure de la Vierge qui avait résolu de fuir la société et la conversation des hommes, de peur qu'ils ne vinssent troubler le silence de son oraison, ou ternir l'éclat de sa chasteté. Cette Vierge prudente tenait donc à toute heure son habitation fermée aux hommes, mais non pas aux anges. » Marie ne s'arrêtait donc pas dans les rues ou sur les places publiques, mais elle restait seule dans le secret de sa demeure. Que dis-je, seule ? Non, elle était environnée de toutes ses vertus. « L'envoyé du Très-Haut, comme le fait également remarquer saint Chrysostôme, trouva Marie non pas au dehors dans la dissipation, mais dans la solitude, livrée à la contemplation ; et parce qu'elle ne cherchait pas les faveurs du monde, elle trouva les bonnes grâces de Dieu. » Saint Ambroise dit aussi (lib. 2 in Luc.) : « A l'arrivée de l'ange, Marie était retirée sans témoin dans l'intérieur de sa maison, afin que personne n'interrompît son recueillement. Elle ne désirait point la société des autres femmes, Celle qui avait pour compagnes ses bonnes pensées ; elle ne se croyait jamais moins seule que quand elle était seule ; car elle avait alors pour société les saints livres, les Archanges et les Prophètes : l'ange Gabriel trouva donc Marie dans le lieu où il avait coutume de la visiter. » Saint Jérôme écrivant à sainte Eustochium, lui dit aussi : « Vous vous choisirez une petite cellule pour vous y retirer seule ; mais que dis-je, seule ! vous aurez pour société tous les Anges et les Saints : vous y lirez l'Evangile, et vous y écouterez Jésus ; vous entretiendrez conversation avec les Apôtres et les Prophètes ; pourriez-vous avoir jamais une meilleure compagnie ? » Saint Bernard a dit également : « Je ne suis jamais moins seul, que quand je suis seul. »

Nous devons croire qu'en ce moment Marie était plongée dans une fervente oraison, ou élevée à une sublime contemplation ; peut-être même elle méditait sur la rédemption prochaine du genre humain, pour savoir comment elle devait s'opérer par l'intermédiaire d'une Vierge. Quelques auteurs prétendent qu'elle était occupée à lire ce passage du prophète Isaïe (c. 7, v. 14) : Voici qu'une *Vierge concevra et enfantera un fils qui sera nommé Emmanuel*. Ce fut lorsqu'elle était intimement unie à Dieu par une sublime contemplation, que l'ange lui apparut. Ne convenait-il pas en effet que le Verbe éternel, qui voulait s'unir corporellement à Marie, choisît l'instant où elle-même s'unissait spirituellement à lui par la contemplation ? L'ange se présenta donc à Marie retirée dans sa chambre ou son oratoire, et s'adressant à elle, sous une forme sensible et humaine, il lui dit : *Salut, ô vous qui êtes pleine de grâce ; le Seigneur est avec vous, vous êtes bénie entre toutes les femmes* (Luc. c.1, v. 28). L'ange apparut ainsi sous une forme humaine, comme pour montrer par un exemple qu'il venait annoncer l'incarnation de Dieu et la coopération de l'Esprit saint : car, afin de déclarer que le Seigneur invisible en lui-même voulait prendre d'une Vierge un corps visible, il convenait que le messager d'un tel mystère fût revêtu lui-même d'une forme corporelle. L'ange se forma donc un corps lumineux, et, selon saint Augustin (serm. 8 de tempore), apparut à la Vierge avec un visage éclatant et avec des vêtements blancs. Il était bien juste que l'Incarnation fût annoncée à Marie, afin qu'elle pût d'abord concevoir par la foi dans son cœur celui qu'elle devait ensuite concevoir selon la chair dans son sein.

L'ange renversant le nom d'*Ève* (Eva), dit à Marie : (Ave), *alut*, pour signifier qu'elle était délivrée de toute malédiction (ab omni væ liberam). C'est à juste titre qu'elle est saluée *pleine de grâce* ; car tandis que les autres reçoivent la grâce avec mesure, elle seule a mérité la faveur de recevoir en son sein l'Auteur même de la grâce. Si, avant de le concevoir, elle était déjà pleine de grâce, qui pourrait comprendre de quelle grâce surabondante elle fut comblée après l'avoir conçu ? C'est ce qui fait dire à saint Jérôme (serm. de Assumpt. Mariæ): « Elle est justement appelée *pleine de grâce,* car les autres ne reçoivent la grâce que par parties, au lieu que Marie a reçu la grâce dans toute sa plénitude. » Elle est vraiment pleine de grâce, celle par qui les dons du Saint-Esprit se sont répandus sur toutes les créatures ; celle qui procura la gloire au ciel, un Dieu à la terre, la paix aux hommes, la foi aux nations ; celle à qui sont dus la fin des crimes, la réforme des mœurs, et l'ordre dans la conduite de la vie.

L'ange ajoute : *Le Seigneur est avec vous*: c'est-à-dire, qu'il soit dans votre sein et qu'il remplisse vos entrailles, celui qui est déjà dans votre âme, et qui remplit votre cœur. Qu'il soit avec vous non-seulement par son essence, sa puissance et sa présence, comme il est en toutes choses ; non-seulement par sa grâce, comme il est dans tous les saints, mais qu'il soit spécialement avec vous en se formant un corps de votre sang le plus pur. Remarquez ici que si toute la salutation angélique fut très agréable à Marie, ces paroles, *le Seigneur est avec vous*, la comblèrent d'une joie toute particulière ; aussi devons-nous les répéter avec une singulière dévotion ; car, bien que Dieu fût avec Marie auparavant, il lui envoya cependant un nouveau messager, pour lui annoncer qu'il voulait être avec elle d'une manière plus intime. Il la fait proclamer seule bénie entre toutes les femmes, et au dessus de toutes les femmes ;

car depuis la chute originelle, toute femme est assujettie à la malédiction de Dieu ou bien de la loi. Si elle n'est plus vierge, elle est assujettie à la malédiction de Dieu qui a dit, *tu enfanteras dans la douleur* (Gen. c. 3, v. 16); si elle est restée vierge, elle est assujettie à la malédiction de la loi qui frappe de déshonneur la stérilité : Marie néanmoins évita ces deux malédictions, la malédiction divine, puisqu'elle demeura vierge, et la malédiction légale, puisqu'elle devint mère. Ainsi cette maîtresse des Vierges abolit la malédiction de la loi, lorsque la première elle voua sa virginité à Dieu; c'est donc avec raison qu'elle est proclamée bénie, puisque par elle le monde est délivré de la malédiction.

Remarquons que jamais homme ne parviendra à saluer cette auguste Vierge, en termes plus excellents et plus agréables à son cœur, que ceux qui furent dictés par Dieu lui-même et transmis par l'ange. Chacune de ces paroles en effet renferme des mystères pleins de douceur : car Dieu le Père la disposa par sa toute-puissance, de telle sorte qu'elle fût exempte de toute malédiction (ab omni væ); c'est ce que signifie le mot *Ave*. Dieu le Fils l'illumina de toute sa sagesse, pour qu'elle devînt cet astre brillant qui devait éclairer le ciel et la terre ; c'est ce que marque le nom de Marie qui signifie *Étoile de la mer*. Le Saint-Esprit la pénétrant de toute sa douceur, la rendit par sa grâce tellement agréable à Dieu, que quiconque cherche la grâce par son entremise, la trouvera certainement; et c'est ce qu'indiquent ces paroles: *Vous êtes pleine de grâce*. Ces autres expressions : *Le Seigneur est avec vous*, nous montrent l'accomplissement de cette ineffable union que la Trinité tout entière consomma en elle, lorsque la substance prise de sa propre chair fut unie en une seule personne à la nature divine, de façon qu'un Dieu devînt homme et qu'un homme devînt Dieu. Qui pourra jamais sentir ou exprimer tout ce que Marie éprouva de joie et de douceur dans cet instant précieux ? Par ces paroles : *Vous êtes bénie entre toutes les femmes*, chacun la reconnaît avec admiration et la proclame bénie et élevée au dessus de toutes les créatures tant célestes que terrestres. Par ces autres paroles que nous ajoutons : *Béni est le fruit de vos entrailles*, nous bénissons et nous exaltons le fruit divin sorti de son sein virginal, et auquel toutes les créatures doivent la vie, la sainteté et la gloire pour toute l'éternité (1).

Lorsqu'elle entendit la salutation de l'Ange, la Vierge Marie fut troublée, et ne répondit point : pourtant son trouble ne venait ni d'un défaut de foi, comme celui de Zacharie, ni d'aucun motif blâmable, ni même de l'apparition de l'ange, car elle était habituée à de pareilles visites. Cependant elle fut troublée, d'abord, selon saint Chrysostôme, à cause du nouveau mode d'apparition ; car si elle était accoutumée à voir les Anges, ce n'était pas sous une forme corporelle ni avec une splendeur éblouissante : c'est ce qui l'effraya un peu, comme l'exprime l'Église, en disant : *La Vierge fut surprise de tant de lumière* (Brev. rom. in die Annunt.). (Et expavescit Virgo de lumine). Elle fut troublée aussi par crainte pour son vœu de virginité ; car, comme dit saint Ambroise (lib. 2, in Luc.), « c'est le propre des vierges de s'alarmer à l'approche des hommes et de redouter leurs entretiens. » Elle fut troublée encore par la formule inouïe de cette salutation ; car, ajoute le même saint Docteur, « Marie fut tout étonnée et émerveillée de ce nouveau genre de salutation qui était jusqu'alors inconnu et réservé à elle seule. » Enfin elle fut troublée à cause des éloges et des lou-

(1) Voir note XVIII à la fin du volume.

anges que l'Ange lui prodiguait ; car c'est le propre des âmes vraiment humbles de craindre d'autant plus qu'on les élève davantage. Marie fut donc troublée, mais pour des motifs vertueux et honnêtes, sans pourtant être déconcertée. Aussi comme une vierge prudente, sage et très-réservée, elle ne répondit rien ; mais rentrant en elle-même, elle réfléchissait sur les paroles insolites qui lui étaient adressées ; car elle n'avait jamais entendu les Anges lui donner un pareil salut, et lui tenir un tel langage. L'ange en effet venait de la féliciter de trois titres sublimes : de ce qu'elle était pleine de grâce, de ce que le Seigneur était avec elle, et de ce qu'elle était bénie entre toutes les femmes. Or Marie, cette reine de l'humilité ne pouvait sans rougeur et sans trouble entendre des louanges aussi extraordinaires; car c'est le propre de celui qui est vraiment humble de rougir et de gémir, quand il se voit comblé d'éloges et d'honneurs. « Si Marie fut troublée à la parole de l'ange, ce fut, dit saint Bernard (hom. 3, sup. Missus est), l'effet de sa pudeur virginale, mais sa force d'âme l'empêcha d'être bouleversée, et son silence réfléchi fut le fruit de sa prudente discrétion. »

L'Ange alors considérant la Vierge, et pénétrant les diverses pensées qui agitaient son cœur et causaient son trouble, voulut la consoler et la rassurer ; l'appelant familièrement par son nom, comme une personne qui lui était connue, il lui persuada doucement qu'elle ne devait point craindre, il lui donna même comme un ordre, en disant : (Luc. c. 1, v. 30) *Ne craignez point, Marie* ; ne soyez pas confuse des louanges que je vous ai adressées, elles ne sont que l'expression de la vérité. Non-seulement vous êtes pleine de grâce, mais vous avez recouvré et retrouvé auprès de Dieu pour tout le genre humain une abondance de grâces que jamais aucune créature n'aurait pu obtenir. Selon saint

Chrysostôme, c'est comme s'il disait : « Celui qui mérite grâce auprès de Dieu, n'a pas sujet de craindre. » *Vous avez trouvé grâce,* mais vous ne la devez qu'à votre humilité, à votre amour de la chasteté, et à la pureté de votre conscience. Qui pourrait en effet, dit encore saint Chrysostôme, sans l'humilité trouver grâce devant Dieu *(I. Petr. c. 5, v. 5), qui ne la donne qu'aux âmes vraiment humbles ?* Et saint Grégoire ajoute : Marie trouva grâce auprès de Dieu, en lui préparant une demeure agréable dans son cœur embelli par l'éclat de la virginité, en lui gardant une chasteté sans souillure et une conscience sans tache. *Vous avez donc trouvé grâce,* c'est-à-dire la paix entre Dieu et les hommes, la destruction de la mort et le rétablissement de la vie, afin que par vous Dieu rachète, éclaire et ressuscite le monde. Ainsi celle qui était pleine de grâce a trouvé encore la grâce, mais pour la distribuer aux autres « O Marie, dit saint Augustin, vous avez trouvé grâce devant Dieu, et vous avez mérité de la répandre sur tout l'univers. » Aussi l'Ange ne dit pas, vous avez possédé vous avez acquis, mais vous avez trouvé ; car ce que nous possédons, ce que nous acquérons justement, nous pouvons le garder comme notre propre bien ; mais ce que nous trouvons, nous devons le rendre à qui l'a perdu. Ainsi Marie a trouvé grâce, non pas afin de la conserver pour elle, mais afin de la restituer aux autres. Ève avait perdu la grâce Marie l'a retrouvée non pour elle seule, mais aussi pour nous, ou plutôt à cause de nous ; car si nous n'eussions pas été pécheurs, Dieu ne se serait pas incarné dans son sein. Nous tous donc, qui par le péché avons perdu les faveurs du Très-Haut, allons avec confiance au trône de Marie qui est le trône de la grâce ; et, par nos pieuses larmes, par nos ferventes prières, conjurons-la de nous rendre cette grâce que nous avons perdue et qu'elle a retrouvée pour nous et à cause de nous : elle est si pleine de justice, de tendresse et de miséricorde qu'elle ne sait rien refuser à celui qui l'implore. Sur ce sujet écoutons saint Bernard (serm. de Nativit. Mariæ) : « Marie s'est faite toute à tous, elle a ouvert à tous son sein miséricordieux, afin que tous reçoivent de sa plénitude ; car elle procure la rédemption aux captifs, aux malades la santé, aux affligés la consolation, le pardon aux pécheurs, la grâce aux justes, la joie aux anges, enfin la gloire à la Trinité tout entière. » Puis il ajoute : « Mes chers enfants, Marie est l'échelle des pécheurs, l'objet principal de ma confiance, l'unique fondement de mon espoir. Oui certainement, si vous la sollicitez avec foi, si vous l'invoquez avec piété, elle compatira à vos maux, elle pourvoira à vos besoins ; elle le peut, puisqu'elle est la Reine du ciel ; elle le veut, puisqu'elle est la Mère de la Miséricorde. Élevez donc vos regards vers cette source de tous les biens ; Dieu lui en a confié toute la plénitude, afin que nous l'honorions avec une dévotion plus affectueuse ; parce que si nous pouvons espérer quelque chose, obtenir la grâce et parvenir au salut, sachons que nous lui devons tout : car Dieu n'a rien voulu accorder aux hommes qui ne passât par les mains de Marie. »

Vous avez donc trouvé grâce, (Luc. c. 1, v. 31) ô Marie, vous qui deviez concevoir l'auteur même de toute grâce ; car *vous concevrez dans votre sein* sans péché et sans souillure, et vous *enfanterez un fils* sans larmes et sans douleur, en demeurant vierge dans cet enfantement comme dans cette conception. C'est avec raison que l'ange lui dit : *Vous concevrez dans votre sein,* car elle avait déjà conçu dans son cœur par la foi et l'amour. C'est ainsi que nous devons concevoir Jésus en nous par la foi et l'amour, puis l'enfanter par nos bonnes œuvres. *Vous l'appellerez du nom de Jésus*, c'est-à-dire Sauveur. L'ange ne dit pas: vous lui imposerez le nom de Jésus, car Dieu le Père lui avait imposé de toute éternité ce nom que l'ange révéla à Marie et à Joseph, et que tous deux manifestèrent aux autres. Ce nom avait été donné à cause de sa propre interprétation qui devait avoir une réalisation future, car le genre humain devait être sauvé par Jésus qui signifie *salut*; aussi l'Ange ajoute : *car il sauvera* non pas un peuple quelconque, mais *son peuple*, c'est-à-dire celui qui s'attachera à lui par la foi et qui l'imitera par ses bonnes œuvres. *Il le délivrera de ses péchés*, montrant par là qu'il est véritablement Dieu, parce que Dieu seul peut sauver et délivrer des péchés, comme le fait remarquer saint Chrysostôme. Le peuple du Christ ne se compose pas seulement de la nation juive, mais de tous ceux qui viennent à lui, et qui le reconnaissent pour leur Dieu et leur Roi. Daignez aussi, Seigneur Jésus, m'admettre quoique pécheur parmi votre peuple, afin que, malgré mon indignité, vous me sauviez et délivriez de mes péchés !

Il sera grand (Luc. c. 1, v. 32) non pas comme Jean dont l'Ange avait dit : *Il sera grand devant le Seigneur;* sa grandeur sera bien différente, ainsi que l'explique saint Ambroise (lib. 2, in Luc.), car Jean devait être grand comme homme devant le Seigneur, tandis que Jésus devait être grand comme Dieu lui-même et Fils de Dieu. Il est dit que Jésus *sera grand*, non pas qu'il n'ait point été grand, avant même d'être conçu dans le sein de Marie, (car comme Dieu il a toujours été grand), mais il sera grand comme homme ; parce que cette grandeur qu'il a possédée de toute éternité par sa nature comme Fils de Dieu, il la recevra dans le temps par grâce comme Fils de Marie, et il la gardera pendant toute l'éternité, comme réunissant en sa personne l'humanité et la divinité. C'est bien justement qu'il sera grand, lui qui méritera d'être appelé le Fils du Très-Haut. L'Ange ajoute en effet: *Et il sera appelé le Fils du Très-Haut*; c'est-à-dire le propre Fils de Dieu même qui seul est le Très-Haut. Il est vrai que l'homme est au dessus des créatures corporelles et l'Ange au dessus de l'homme, mais Dieu est au dessus de tout.

L'Ange dit ensuite : *Et le Seigneur Dieu lui donnera le trône,* c'est-à-dire le royaume *de David son père.* Selon le vénérable Bède (in cap. 1 Luc.), « l'Ange qui précédemment avait appelé le Christ Fils du Très-Haut, le désigne comme Fils de David, pour montrer par là que la personne du Christ réunirait les deux natures ; la nature divine en tant qu'il est Fils de Dieu, et la nature humaine en tant qu'il est Fils de David. » Or *il lui donnera le trône de David*, non pas en figure, mais en vérité ; non pour un temps sur la terre, mais éternellement dans les cieux ; ce royaume éternel enfin que représentait le royaume temporel du Roi-prophète. C'est ce qui fait dire au même auteur: Le Christ occupa le trône ou royaume de David ; afin que ce même peuple que David avait gouverné par ses sages ordonnances, édifié par ses vertueux exemples, excité par ses chants et par ses hymnes spirituels à la foi et à l'amour de son Créateur, le Christ lui-même, par ses œuvres, ses instructions, ses promesses et ses libéralités, le conduisit au royaume indéfectible du ciel, et à la vision béatifique de Dieu son père. L'Ange ne parle donc pas d'un règne temporel que le Christ lui-même devait rejeter devant Pilate, en disant (Joan. c. 18, v. 36) : *Mon royaume n'est pas de ce monde*. Aussi le Christ en ce monde n'exerça point une autorité temporelle sur le peuple juif, quoiqu'elle lui appartînt comme héritage par droit de naissance. Mais l'Ange parle du règne spirituel sur l'Église militante ici-bas, et sur l'Église triomphante au ciel. Ce règne spirituel était figuré par le règne temporel de David, comme la Jérusalem céleste était représentée par la Jérusalem terrestre. De même donc que David régna temporellement sur son peuple, de même le Christ règnera spirituellement sur son Église, pendant l'exil et dans la patrie.

C'est pourquoi l'Ange continue (Luc. c. 1, v. 32) : *Et il règnera éternellement sur la maison de Jacob*, c'est-à-dire sur tous les élus ; car la maison de Jacob dont il est question ici n'est pas celle du temps, mais celle de l'éternité. En effet, parmi les descendants d'Abraham et d'Isaac, plusieurs ont été rejetés comme Ismaël et Ésaü ; parmi les fils de Jacob au contraire, il n'en est point que les saints docteurs ne comptent au nombre des élus ; parce que si plusieurs ont commis des fautes, ils en ont fait pénitence. En outre Jacob signifie *supplantateur* ou *qui triomphe*. Ceux en effet qui triomphent de leurs vices et de leurs passions déréglées ont le Christ pour roi ; mais ceux qui se laissent dominer par elles ont le démon pour maître. Le Christ règnera donc non-seulement sur la maison de David, c'est-à-dire sur la tribu de Juda ; mais aussi sur la maison de Jacob, c'est-à-dire sur tout le peuple d'Israël, sur toute l'Église et sur tous les élus, non selon la succession de la chair, mais selon celle de la foi. Ainsi sont compris dans ce royaume tous ceux qui imitent la foi et la justice de David et de Jacob : ce sont eux qui forment spirituellement et pour toujours le trône de David et la maison de Jacob. C'est là que siègera et que règnera éternellement le Seigneur Jésus, dès maintenant par sa grâce, et dans la suite par sa gloire. Heureux ceux sur lesquels Jésus règnera ainsi éternellement, parce qu'ils règneront aussi avec lui !

L'Ange poursuit (Luc. c. 1, v. 33) : *Et ce règne n'aura*

pas de fin. Le Christ en effet, comme Dieu et comme homme, règnera pendant l'éternité non-seulement sur les hommes, mais aussi sur les anges. Cet empire indestructible ne lui sera jamais enlevé, parce que le pouvoir de Dieu qui est sans bornes s'étend à tous les siècles des siècles. « Qu'il est beau, s'écrie saint Bernard (hom. 4 sup. Missus est), qu'il est glorieux ce royaume, où tous les rois sont réunis ensemble pour louer et glorifier Celui qui seul est le Roi des rois et le Seigneur des seigneurs ; où les justes, illuminés par la contemplation de sa splendeur infinie brilleront comme des soleils éclatants dans le palais de leur Père commun ! Oh que je serais heureux si Jésus, qui est miséricordieux pour son peuple, daignait se souvenir de moi pécheur, lorsqu'il viendra dans son royaume ! Oh que je serais heureux ! si dans ce jour où il remettra l'autorité à son Père, il daignait me visiter dans sa bonté afin que je puisse partager le bonheur de ses élus, goûter la joie de ses sujets, et chanter ses louanges avec ses serviteurs ! En attendant ce jour désiré, venez, Seigneur Jésus, arracher, les scandales de votre royaume, c'est-à-dire de mon âme, afin que vous puissiez y régner, comme vous le devez ; car vous êtes mon Roi et mon Dieu, vous qui envoyez le salut à la maison de Jacob ! »

En entendant de la bouche de l'Ange de si grandes merveilles, Marie demeura indécise ; car, selon saint Ambroise (lib. 2 in Luc.), « elle ne devait pas ne point croire aux paroles angéliques, mais elle n'osait prétendre à d'aussi sublimes priviléges. » Toutefois, voulant s'assurer de la conservation de sa virginité pour laquelle elle craignait davantage, elle s'informe de la manière dont s'opèrera la mystérieuse conception. Vous me promettez que j'enfanterai un fils (Luc. c. 1, v. 34), mais *comment cela pourra-t-il se faire, puisque je ne connais pas d'homme ?* c'est-à-dire je n'ai point et je n'aurai jamais commerce charnel avec aucun homme, parce que j'ai pris la résolution et j'ai fait le vœu de demeurer toujours vierge, bien que je sois fiancée et mariée. Étant ainsi vierge de cœur, de corps et de volonté, c'est comme si elle eut dit : Je crois le fait que vous m'annoncez, mais je demande de quelle manière il se réalisera ; car le Seigneur mon Dieu qui connaît toutes mes pensées, sait que je lui ai consacré pour toujours ma virginité ; par quel moyen lui plaira-t-il donc d'opérer ce miracle ? Marie, dit saint Ambroise, ne doute point que la chose ne dût se faire, mais elle s'informe comment elle pourra se faire. Elle avait lu dans Isaïe (c. 7, v. 14) : *Voici qu'une vierge concevra et enfantera un fils.* Aussi elle croyait que la prophétie s'accomplirait, mais elle n'avait point lu comment cette prédiction s'accomplirait ; car c'est là ce nouveau mystère qui n'avait encore été révélé à aucun prophète, et il ne devait pas être proclamé d'abord par l'organe d'un homme mais par la bouche d'un ange.

Ce mystère, lui dit l'Ange, *s'opèrera* d'une manière non pas humaine mais divine ; non par le ministère d'un simple mortel, mais par l'action même *du Saint-Esprit qui surviendra dans vous* (Luc. c. 1, v. 35). Ce feu divin embrasera votre cœur, sanctifiera votre chair pour qu'elle soit digne d'être unie au Fils de Dieu par la plus parfaite pureté, et il vous rendra ainsi miraculeusement féconde, en sorte que, par son opération surnaturelle, vous concevrez un fils, sans que vous perdiez rien de votre virginité. Le Saint-Esprit était d'abord venu en Marie, lorsqu'elle fut conçue, pour la purifier du péché originel (1) ; mais lorsqu'elle conçut le Fils de Dieu, le Saint-Esprit vint de nouveau en elle pour la

(1) Voir note XIX à la fin du volume.

remplir d'une grâce supérieure qui sanctifia non-seulement son âme, mais sa chair et son chaste sein. Le Saint-Esprit survint donc en Marie, comme la vertu du soleil qui descend sur la rose et sur le lis pour leur communiquer la fécondité. Quoique cette ineffable conception soit l'œuvre de la Trinité tout entière, puisque l'opération des trois personnes divines est indivisible, elle est pourtant attribuée spécialement au Saint-Esprit, et cela pour plusieurs raisons. 1° D'après saint Augustin (in Enchir. c. 40), c'est pour montrer que cette conception est une grâce donnée sans mérite précédent d'aucun homme ; car la grâce divine est attribuée au Saint-Esprit, dont le nom, suivant la Glose, désigne toute grâce inspirée de Dieu. 2° D'après saint Ambroise, c'est pour marquer que cette conception est une œuvre extraordinaire de clémence et de bonté, et de telles œuvres sont attribuées au Saint-Esprit. 3° D'après le Maître des sentences (lib. 3, c. 4), c'est pour manifester l'infinie charité avec laquelle *le Verbe s'est fait chair*, et avec laquelle *Dieu aima le monde au point de lui donner son Fils unique* (Joan. c. 3, v. 16) : or la charité est attribuée au Saint-Esprit.

L'Ange ajouta: *Et la Vertu du Très-Haut*, c'est-à-dire le Verbe ou le Fils de Dieu que l'apôtre appelle la Sagesse du Père éternel, *vous couvrira de son ombre* (Luc. c. 1, v. 35); ou plutôt il prendra dans votre sein un corps matériel qui lui servira de voile pour cacher sa divinité comme l'hameçon sous l'appât ; car la Vertu de la divinité s'est cachée dans la bienheureuse Vierge, sous le voile de la chair. En se revêtant de l'humanité, la divinité se montra couverte d'une ombre à la Vierge qui put ainsi jouir d'une faveur que jamais femme mortelle ne pouvait obtenir autrement ; car elle supporta la présence d'une majesté infinie, et soutint la vue d'une lumière inaccessible qui s'offrait à elle sous l'enveloppe d'un corps animé. Ainsi nos yeux qui ne peuvent fixer le soleil dans tout son éclat peuvent bien le considérer à travers quelque nuage. « Parce que Dieu est esprit et que nous sommes matière, dit saint Bernard (Hom. 4, sup. Missus est), il ne pouvait se rendre visible à nos faibles regards que sous une forme corporelle ; il s'est donc fait homme, afin que nous puissions contempler le Verbe dans la chair, comme le soleil sous une nuée, comme une lumière sous un verre. En disant ici que le corps du Christ a été par rapport à la majesté de Dieu comme l'ombre par rapport à la lumière, nous ne contredisons point ce que l'Église chante dans une préface de la messe, touchant la sainte Vierge : *qu'elle a conçu le Fils unique de Dieu en recevant l'ombre du Saint-Esprit* (Missale rom. præf. de Beatâ). En effet comme le Fils et le Saint-Esprit sont les Vertus du Père également, le corps du Christ convient à ces deux Vertus, au Fils qui se l'est uni et au Saint-Esprit qui l'a formé; en sorte qu'il peut être regardé comme l'ombre de l'un et de l'autre.

Remarquez ici la manière dont l'ange révèle à Marie le mystère de la Trinité. Il désigne d'abord le Saint-Esprit par son propre nom, puis le Fils par le nom de Vertu, ensuite le Père sous la dénomination de Très-Haut. Pour montrer que toute la Trinité a produit l'Incarnation, il attribue l'opération de ce mystère au Saint-Esprit en disant: *L'Esprit-Saint surviendra en vous;* l'union hypostatique de la chair au Fils, en ajoutant : *Et la Vertu du Très-Haut vous couvrira de son ombre;* enfin l'autorité souveraine au Père qu'il appelle le Très-Haut. L'Incarnation est donc l'œuvre sublime de toute la Trinité, parce que comme les trois personnes divines sont inséparables, leurs œuvres sont également indivisibles ; de sorte que quand une personne opère, les autres coopèrent avec elle. Néanmoins le Fils seul s'est incarné, et non le Père, ni le Saint-Esprit, afin que la même Sagesse de Dieu qui avait créé le monde procurât sa réparation, et afin que celui qui était Fils de Dieu dans sa divinité fût aussi Fils de l'homme dans son humanité : car pour que les relations réciproques des personnes divines fussent mieux harmonisées, il ne fallait pas que le nom de Fils passât à une autre personne qui ne fût pas Fils selon la génération éternelle. Afin d'expliquer comment toute la Trinité agit dans l'incarnation, prenons pour exemple trois personnes qui travaillent conjointement à revêtir une d'entre elles ; on peut dire qu'elles font toutes trois ensemble une même œuvre ; ce que l'une fait, l'autre le fait aussi, et pourtant une seule d'entre elles est revêtue. De même, dit saint Augustin (lib. 7 de Trinit., c. 4 et 5), la Trinité entière opère dans tous les actes que produit chaque personne divine, en sorte que quand l'une opère, les deux autres coopèrent avec elle, et toutes trois s'accordent pour agir ensemble, bien que chacune puisse agir efficacement.

L'Ange dit ensuite à Marie (Luc. c. 1, v. 35) : *C'est pourquoi le fruit saint qui naîtra de vous sera appelé le Fils de Dieu,* non par adoption comme les autres hommes, mais par nature, et quoiqu'il soit Fils de Dieu de toute éternité, il ne sera désigné et manifesté sous ce nom que dans le temps. C'est comme si l'Ange disait : Parce que vous deviendrez féconde par la vertu du Saint-Esprit, vous mettrez au monde non pas l'enfant d'un homme, mais le Fils de Dieu ; et parce que vous concevrez sans concupiscence, vous enfanterez sans douleur non pas un pécheur, mais le Saint par excellence. Au jugement de saint Bernard (Hom. 4, sup.

Missus est), « qu'est-ce à dire : Vous concevrez non par le secours d'un homme, mais par l'opération du Saint-Esprit ? sinon vous concevrez la Vertu du Très-Haut ou le Fils du Très-Haut ; *c'est pourquoi le fruit saint qui naîtra de vous,* de votre propre nature, *sera appelé le Fils de Dieu* : c'est-à-dire, non-seulement Celui qui descendra du sein de l'Éternel dans votre sein pour vous couvrir de son ombre, mais encore Ce qu'il prendra de votre substance pour l'unir à sa personne sera appelé le Fils de Dieu ; en sorte que ce Fils engendré du Père avant tous les siècles sera aussi désormais votre Fils, et celui qui naîtra de vous sera son Fils ; cependant il n'y aura pas deux fils, mais un seul ; car bien que différemment engendré du Père comme Dieu, et né de vous comme homme, il ne sera pas néanmoins un fils distinct pour chacun des deux, mais un même fils pour l'un et pour l'autre. » Ainsi s'exprime saint Bernard. — Et remarquez que l'Ange dit à Marie d'une manière absolue et indéterminée: *le fruit saint qui naîtra de vous,* parce que s'il eût dit, la chair sainte, l'homme saint, ou toute autre chose semblable, il n'eût pas semblé dire assez, et n'eût pas exprimé complétement la sainteté ; mais il dit indéfiniment *le fruit saint,* parce que le fruit que la Vierge a produit est saint sans aucun doute ni sans aucune comparaison, ou plutôt c'est le Saint par excellence.

Pour confirmer la foi de Marie à sa maternité future, l'Ange lui allégua la grossesse inattendue d'une femme âgée et jusqu'alors stérile, montrant ainsi que Dieu peut tout ce qui n'est pas contraire aux lois absolues de la raison, bien qu'il paraisse contraire aux lois ordinaires de la nature. Celui qui a donné miraculeusement un fils à une femme stérile, peut bien en donner un également à une Vierge. Afin donc que vous croyiez plus facilement à mes paroles, *Voici*, dit l'Ange à Marie (Luc. c. 1, v. 36), *que votre cousine Élisabeth quoique très-âgée et depuis longtemps stérile, a conçu depuis six mois un fils*, par la vertu divine. Pourtant, comme la comparaison n'était point parfaite, parce que devenir mère est un plus grand miracle pour une Vierge que pour une femme stérile, l'Ange allègue la toute-puissance divine, en disant (Luc. c. 1, v. 37) : *Car rien n'est impossible à Dieu ;* c'est-à-dire qu'il peut accomplir tout ce qu'il promet et qu'il peut exécuter tout ce qu'il veut ; puisque pour lui, dire c'est faire, commander c'est créer, selon cette parole du Psalmiste (Ps. 148, v. 5) : *Il a dit et tout a été fait, il a commandé et tout a été créé.* En effet tout ce qui n'implique pas contradiction est possible à Dieu, comme rendre une vierge mère ; mais les choses qui impliquent contradiction, comme faire qu'une chose soit et ne soit pas en même temps, ne sont pas possibles à Dieu ; l'impossibilité ne vient pas alors de Dieu qui est tout-puissant, mais de la chose qui est absurde. Si donc l'Ange affirme que rien n'est impossible à l'égard de Dieu, c'est pour montrer que selon l'ordre naturel la femme stérile et la vierge ne peuvent concevoir, mais que par la puissance divine elles le peuvent l'une et l'autre. Aussi, comme le fait remarquer saint Bernard (Hom. 4, sup. Missus est), il ne dit pas : « qu'il n'est point d'œuvre, mais qu'il n'est point de parole impossible pour Dieu, car comme les hommes peuvent aisément articuler ce qu'ils veulent, Dieu peut bien plus facilement encore réaliser tout ce qu'ils peuvent exprimer. En outre, d'après le même saint docteur, la maternité d'Élisabeth est révélée à Marie, afin que sa joie fût augmentée en apprenant ce nouveau miracle. » De plus il convenait que la Vierge connût avant les autres ce qu'Élisabeth avait tenu secret jusqu'alors, mais qui ne pouvait plus être caché désormais ; et que la première elle fût instruite de ce qu'elle devait apprendre aux écrivains sacrés touchant son divin Fils et le saint Précurseur. D'ailleurs Jésus-Christ voulait par sa présence sanctifier Jean-Baptiste encore dans le sein de sa mère ; et Marie devait nous montrer toute son humilité, en servant sa cousine ; car Marie et Élisabeth étaient parentes au second degré, puisqu'elles étaient filles des deux sœurs Anne et Hysméria, et que toutes deux appartenaient ainsi à la tribu de Juda.

Contemplez ici toute la sainte Trinité admirant avec joie et avec amour les vertus incomparables de sa fille bien-aimée, et attendant ce qu'elle va répondre. Oh ! qu'elle est illustre cette petite demeure où sont présentes de si augustes personnes et où de si grandes affaires sont négociées ! Car quoique la sainte Trinité soit partout, elle est ici d'une manière toute spéciale et pour une œuvre toute particulière. Considérez aussi avec quel respect, avec quelle douceur, l'Ange s'adresse à Marie comme à sa souveraine ; avec quel soin, avec quelle sagesse, il mesure toutes ses paroles pour lui faire comprendre et accepter les sublimes propositions de son Maître ! Avec quelle timidité, quelle pudeur, quelle modestie, la Vierge étonnée reçoit le discours inouï du céleste messager ! Elle ne s'enorgueillit point, ne s'estime point elle-même ; et lorsqu'elle entend dire d'elle des choses merveilleuses qui ne furent jamais dites d'une autre créature, elle ne s'attribue rien, mais elle rapporte tout à la grâce divine. Enfin l'Ange, qui a rempli sa mission de la part du Très-Haut, attend la réponse de la Vierge. « O Vierge ! s'écrie saint Bernard (Hom. 4, sup. Missus est), vous venez de l'entendre, vous serez mère, non par le secours d'un homme, mais par l'opération du Saint-Esprit. L'ambassadeur doit retourner vers Dieu qui l'a député, il attend votre réponse. Nous l'attendons aussi cette réponse favorable, ô notre souveraine ! nous qui gémissons sous le poids de notre condamnation. Voici que le prix de notre rançon vous est offert ; si vous consentez, c'en est fait, nous sommes sauvés. O Vierge compatissante ! Adam, chassé du paradis terrestre avec toute sa postérité malheureuse, sollicite avec larmes cette réponse ; David et tous les patriarches vos ancêtres, qui habitent les ténébreuses régions de la mort, la demandent avec instances ; le monde entier prosterné à vos genoux l'attend avec ardeur. O grande Reine ! donnez-la donc cette réponse qui tient en suspens la terre, les limbes et les cieux. Prononcez une courte parole, et recevez en vous la Parole éternelle, le Verbe divin. » « O bienheureuse Marie ! s'écrie également saint Augustin (serm. 17 de tempore), l'univers entier qui gémit dans l'esclavage, sollicite votre consentement : car il vous a pris pour caution, il vous a fait garant de sa foi, ô puissante Maîtresse! ne tardez pas davantage, ô Vierge bénie ! hâtez-vous de donner votre parole à l'ambassadeur céleste, et acceptez pour votre fils le Verbe éternel. »

Enfin la Vierge très-prudente va donner son assentiment à la proposition de l'Ange, et, comme on le rapporte, dans son ardente dévotion, elle fléchit les genoux en terre, élève les yeux au Ciel, étend les mains qu'elle joint aussitôt ; puis dans sa profonde humilité, elle profère ces paroles tant désirées que nous devons accueillir avec la plus grande affection (Luc. c. 1, v. 38) : *Je suis la servante du Seigneur, qu'il me soit fait selon votre parole.* Quelle prompte obéissance, quelle soumission dans ce souhait, quelle foi dans ce consentement ! Je suis, dit-elle, la servante du Seigneur ; je suis non pas à moi-même, mais à lui seul ; qu'il me soit donc fait selon que vous me l'avez annoncé. Celle que le

Seigneur choisit pour sa mère, ne se donne que pour sa servante, sans penser à quelle sublime dignité elle est élevée par la bonté divine; et, avec un parfait dévouement, elle désire voir s'accomplir les promesses de l'Ange. Saint Augustin entendant cette voix de Marie s'écrie (serm. 2, de Annunt.) : « O grâce insigne ! ô bienheureuse obéissance de celle qui par son humble foi mérite d'attirer en elle le suprême Créateur ! » « O foi, ô humilité agréable à Dieu, dit saint Anselme (hom. in Evang.), ô obéissance plus douce au cœur du Très-Haut que tous les sacrifices ! O Vierge sublime, qui, devenant la digne Mère de Dieu, se proclame son humble servante ! Que peut-on imaginer de plus sublime et de plus humble en même temps? »
« Admirez, dit saint Ambroise, admirez l'humilité et la dévotion de Marie ; elle se proclame la servante du Seigneur au moment où elle est choisie pour être sa Mère; elle ne s'élève point par la pensée des grandes promesses qui lui sont faites ; au milieu de grâces si excellentes elle ne s'attribue aucun mérite; elle dit obéir simplement aux ordres qu'elle reçoit. Il convenait en effet que celle qui devait enfanter le Dieu de douceur et d'humilité fût elle-même douce et humble de cœur. » « La vertu d'humilité, dit saint Bernard (hom. 4, sup. Missus est), est la compagne ordinaire de la grâce divine, *car Dieu qui résiste aux superbes donne sa grâce aux humbles* (Jac., c. 4, v. 6). Aussi pour préparer une demeure digne de la grâce, c'est l'humilité qui répond : *Voici la servante du Seigneur*. Qu'elle est sublime cette humilité de la Vierge qui ne sait point s'élever parmi tant d'honneurs, ni s'enorgueillir au milieu de tant de gloire ! Ce n'est pas une chose grande ni difficile d'être humble dans la bassesse et l'abjection ; mais s'abaisser au milieu des distinctions et des faveurs, voilà une vertu

grande et rare. » Ainsi parle saint Bernard. Plus Marie se voyait élevée au dessus des autres créatures par le mystère de l'Incarnation, plus elle s'abaissait profondément à ses propres yeux ; c'est pourquoi son incomparable humilité est proclamée au dessus de toutes ses autres vertus, et cette vertu spéciale de la Vierge fut si agréable au Fils de Dieu qu'elle l'attira du Ciel dans le sein de Marie, de même que l'aimant attire le fer. « O admirable humilité, dit saint Augustin (serm. 1 de tempore), laquelle enfanta un Dieu pour les hommes, donna la vie aux mortels, leur ouvrit le paradis et délivra les âmes des pécheurs ! L'humilité de Marie fut cette échelle céleste par laquelle Dieu est descendu sur la terre. » « Il convenait, en effet, dit le vénérable Bède (hom. de Annunt.), que comme la mort était entrée dans le monde par l'orgueil d'Ève, la vie y rentrât par l'humilité de Marie. » Ces paroles de la Vierge : *Voici la servante du Seigneur*, furent si agréables au Christ, que dans les saintes Écritures il se nomme de préférence le Fils de la Servante plutôt que le Fils de la Vierge. D'où l'on conclut avec raison que Marie fut encore plus agréable à Dieu par son humilité que par sa virginité.

Chaque parole de l'Évangile renferme des mystères étonnants, mais celles par lesquelles Marie manifesta son consentement aux promesses de l'Ange, en contiennent de plus remarquables encore. En effet, elle ne prononça que six paroles, et ces paroles expriment les six principales vertus qui brillaient en elle. *Ecce* marque sa prompte obéissance ; *ancilla*, son humilité parfaite ; *Domini*, sa virginité inviolable ; *fiat*, son ardente charité ; *mihi*, sa ferme espérance ; *secundum verbum tuum*, sa foi dévouée, inébranlable. Elle fut grande en Marie cette foi par laquelle, sur la promesse de l'Ange, elle crut au mystère qui devait s'accomplir, car

5.

c'était un mystère inouï depuis l'origine des siècles et qui n'était jamais venu dans la pensée des hommes. Saint Bernard parlant de cette foi, dit (lib. sentent.) : « Dieu opéra trois merveilles dans l'incarnation : l'union de la divinité à l'humanité, l'union de la maternité à la virginité et l'union de la foi au cœur humain. Cette troisième union est bien inférieure sans doute aux deux premières, mais elle n'est pas moins forte ; car n'est-il pas surprenant que le cœur humain ait pu prêter foi aux unions supérieures, qu'il ait pu croire qu'un Dieu se ferait homme, et que la mère qui lui donnerait naissance resterait Vierge ? De semblables merveilles ne pouvaient s'opérer que par la puissance du Saint-Esprit. »

Aussitôt donc que Marie eût consenti et répondu, le Saint-Esprit survint en elle, elle conçut le Fils de Dieu. A cette heure très-sainte, le Fils de Dieu entra dans les chastes entrailles de la Vierge de laquelle il prit chair, tout en demeurant dans le sein du Père éternel. En un seul instant, le corps tout entier du Christ fut organisé, et en même temps son âme raisonnable fut créée : tous les deux alors furent unis ensemble à la divinité dans la personne du Fils, qui devint ainsi tout à la fois Dieu et homme, sans que les deux natures perdissent en lui leurs propriétés. Or le corps du Christ fut formé non pas de la chair de la Bienheureuse Vierge, mais d'une portion de son sang qui instantanément prit de la consistance et fut jointe hypostatiquement à une âme et à la divinité. Le Christ aussitôt devint homme complet et parfait quant à l'âme et au corps ; ce corps avait tous ses linéaments, mais si petits qu'ils étaient presque imperceptibles à l'œil humain. Bien que ses différents membres n'aient pas été formés peu à peu et animés plus tard, comme il arrive pour les autres enfants, ils se développèrent cependant selon les lois ordinaires dans le sein de Marie. Jésus-Christ fut donc tout à la fois Dieu parfait et homme parfait, composé, selon la nature humaine, d'une âme raisonnable et d'un corps charnel, qui étaient unis tous deux à la nature divine, dans la seule personne du Verbe. Tandis qu'en Dieu il n'y a qu'une essence et trois personnes : dans le Christ au contraire, il n'y a qu'une personne et trois essences, savoir : la divinité, l'âme et la chair, la première éternelle, la seconde nouvelle, et la troisième ancienne. En effet, sa divinité existe de toute éternité ; son âme est nouvelle puisqu'elle fut créée au moment de l'Incarnation ; sa chair est ancienne, puisqu'elle tire son origine d'Adam. Jésus-Christ est engendré quant à sa divinité, créé quant à son âme, formé quant à son corps. Il y eut également trois unions en Jésus-Christ : l'union de la divinité à l'âme et de l'âme à la divinité ; l'union de la divinité au corps et du corps à la divinité ; l'union de l'âme avec le corps et du corps avec l'âme. Depuis qu'elles ont commencé, les deux premières n'ont jamais cessé ; la troisième seule fut interrompue à l'instant de la mort. L'union de la divinité à l'humanité ne consiste donc pas dans l'unité de nature, mais de personne ; non de personne humaine, mais divine ; non d'une personne divine quelconque, mais de la seule personne du Verbe éternel. En effet, comme il est impossible que la nature divine concourre avec une autre nature, pour en constituer une troisième dont elle ferait partie, ni qu'elle passe en une autre ou qu'une autre passe en elle, la divinité et l'humanité ne peuvent pas être unies en unité de nature mais de personne. De plus, parce que la nature divine ne peut subsister que dans une personne qui lui soit propre, la nature divine ne peut être unie à la nature humaine dans une personne humaine, mais dans une personne divine. Par conséquent il n'y a qu'une Unité personnelle, qu'une personnalité dans le Verbe incarné, et Jésus-Christ n'est pas une personne en tant qu'homme, mais en tant que Dieu.

C'est pourquoi Hugues de Saint-Victor a dit: « Dès l'instant que Dieu se fit homme, il prit l'homme tout entier avec son corps et son âme, c'est-à-dire la nature de l'homme, non la personne de l'homme, mais bien l'homme dans sa personne. En effet, avant qu'ils fussent unis au Verbe en personne, le corps et l'âme n'étaient pas unis l'un à l'autre pour constituer une personne ; car le Verbe, l'âme et la chair ne furent pas unis entre eux successivement, mais simultanément; de sorte que l'union ne s'opéra pas tout d'abord entre le Verbe et la chair, ou entre le Verbe et l'âme, mais elle s'opéra tout d'un coup entre le Verbe, l'âme et la chair. Le Verbe ne commença pas à devenir personne, quand il commença à devenir homme ; mais l'homme qu'il s'unit commença dès lors à devenir personne, non pas cependant personne distincte de celle qui se l'unissait. La personne du Verbe s'est donc unie non pas la personne, mais la nature de l'homme, en sorte que celui qui s'unit et ce qu'il s'unit fussent une seule personne dans la sainte Trinité. Ainsi donc Jésus-Christ en personne descendit aux enfers, mais seulement selon son âme ; et il demeura dans le tombeau, mais seulement selon son corps ; en même temps il était aussi présent partout, mais seulement selon sa divinité. Vous demanderez peut-être si, en disant que le Christ demeura dans le tombeau, on prend le tout pour la partie ? N'allez pas croire que le Christ fut composé comme de trois parties, savoir : la divinité, l'âme et la chair ; car le Verbe n'est pas une partie, et l'homme une autre partie du Christ, mais le Christ tout entier est Verbe, et le Christ tout entier est homme. La divinité ne fut pas en lui par parties, car la divinité n'a point de parties ; l'humanité seule a des parties, savoir le corps et l'âme, et où se trouve une de ces deux parties, là se trouve aussi une partie de l'humanité. Il est donc vrai de dire que le Christ demeura dans le tombeau, non pas cependant l'homme tout entier, bien que l'homme tout entier fut le Christ ; car l'âme et le corps furent unis au Verbe divin, de telle sorte que là où était le corps, le Verbe y était nécessairement. » Ce sont les paroles même de Hugues de Saint-Victor.

Saint Anselme parlant de cette Incarnation du Verbe (de Incarnationis beneficio) dit : « Seigneur, vous avez vu l'affliction de votre peuple, et profondément touché d'une charitable compassion, vous avez formé sur nous des pensées de paix et de salut. Bien que vous soyez le Fils de Dieu, le vrai Dieu lui-même, coéternel et consubstantiel au Père et au Saint-Esprit, bien que vous habitiez une lumière inaccessible, et que par votre seule parole toute-puissante vous souteniez tous les mondes, vous n'avez pas craint d'abaisser votre suprême Majesté en descendant dans notre prison mortelle, et vous avez daigné partager nos misères, afin de nous en délivrer et de nous reconquérir la gloire que nous avions perdue. O bon Jésus, votre amour pour nous n'eût pas été satisfait, en envoyant un chérubin, un séraphin, ou tout autre esprit céleste pour consommer le grand ouvrage de notre rédemption, vous avez voulu venir en personne pour nous racheter, selon l'ordre de votre Père dont nous avons éprouvé l'infinie charité en vous-même. Car vous êtes venu, non en changeant de demeure, mais en vous revêtant de la chair afin de manifester votre présence parmi nous : du trône de votre gloire, vous êtes descendu dans le chaste sein d'une humble vierge, qui se disait votre servante, et qui vous avait voué sa virginité.

Vous avez été conçu dans ses sacrées entrailles, par la vertu ineffable du Saint-Esprit, qui vous a fait prendre la véritable nature de notre humanité sans diminuer la grandeur de votre divinité, et sans violer l'intégrité de la Vierge qui vous donna naissance. » Le même saint Anselme écrivait à sa sœur : « Pénétrez avec la bienheureuse Marie dans sa modeste demeure, parcourez avec elle les livres des prophètes qui ont annoncé l'enfantement de la Vierge et l'avènement du Christ. Là, attendez la visite de l'Ange, voyez comme il entre, écoutez comme il salue, alors, saisie d'étonnement et d'admiration, unissez-vous à lui pour répéter à l'honneur de la très-douce Marie, votre Dame : *Ave, Maria, gratia plena*...... Rappelez-lui souvent cette plénitude de grâces dont elle fut comblée, et par laquelle le monde fut racheté au moment où le Verbe se fit chair. Contemplez avec surprise le Seigneur dont la puissance et la gloire remplissent le ciel et la terre, se renfermant dans le sein d'une jeune fille que le Père a sanctifiée, que le Fils a fécondée et que le Saint-Esprit a couverte de son ombre. O bonne Reine ! de quelle douce joie n'avez-vous pas été inondée, de quel ardent amour n'avez-vous pas été embrasée, lorsque vous avez senti en vous-même la présence de cette souveraine majesté, en ce moment sublime où de votre propre corps fut formé ce corps dans lequel devait habiter toute la plénitude de la divinité ? » — Oh ! si nous pouvions comprendre quel incendie d'amour, quelle source intarissable de joie, quelle abondance de consolation vinrent alors du ciel remplir le cœur de Marie ! Quelle fut la dignité de la Vierge mère ! quelle fut l'exaltation de la race humaine ! quelle fut la condescendance de la majesté divine ! Si nous pouvions entendre les sublimes cantiques de la bienheureuse Marie, nous ne pourrions retenir nos transports, et nous ne cesserions de témoigner nos sentiments d'allégresse et de reconnaissance à Dieu pour le grand bienfait de l'Incarnation. Afin de renouveler en notre auguste Reine le délicieux souvenir de son immense bonheur, et afin de ne le point oublier nous-mêmes, allons souvent nous prosterner à ses pieds pour y déposer les baisers d'une tendre dévotion, en récitant les paroles de la salutation angélique : *Ave Maria.* » « O Marie, s'écrie saint Bernard, c'est pour vous comme un doux baiser que d'entendre ce verset angélique *Ave* ; et chaque fois qu'on vous répète dévotement ce salut *Ave*, c'est comme si l'on vous donnait agréablement un baiser. Allez donc, mes très-chers frères, allez souvent à son image, fléchissez-y les genoux, imprimez-y vos lèvres en redisant avec piété : *Ave, Maria.* » Puis le saint docteur ajoute : « A ces mots *Ave Maria* les cieux nous répondent, les Anges se réjouissent, le monde tressaille et les démons tremblent. »

A l'exemple de Marie, l'âme chrétienne doit apporter six dispositions pour concevoir spirituellement Jésus-Christ en elle. 1° Elle doit demeurer dans la séparation et dans l'éloignement de toute vaine délectation, afin d'habiter ainsi, comme en Galilée, mot qui signifie *exil* ou *transmigration*. Or, l'âme habite véritablement en exil, lorsqu'elle est éloignée de toute jouissance mondaine et qu'elle ne prend plaisir à aucune chose créée, à moins qu'elle n'y contemple l'image et la perfection du Créateur, et qu'elle ne l'aime en considération de Dieu et du prochain, ou comme pouvant être utile à son salut. 2° L'âme chrétienne doit vivre dans une certaine efflorescence de l'opération divine, afin d'habiter ainsi comme à Nazareth, qui signifie *fleur* ou *verdure, sainteté, consécration* ; c'est-à-dire qu'elle doit être florissante par la candeur de son innocence, et comme verdoyante par la séve de la grâce divine ; qu'elle doit vivre dans un état de sainteté par la ferveur de son amour envers Dieu, et dans une sorte de consécration, par l'éclat de sa vertu. 3° L'âme chrétienne doit être vierge, c'est-à-dire exempte non-seulement de tout mouvement sensuel, mais aussi de toute délectation terrestre, de sorte que rien de souillé ou de dangereux n'entre en elle qui puisse la porter à la concupiscence de la chair ou à la curiosité de l'esprit. Une telle âme, au jugement de saint Augustin, est à bon droit réputée vierge. 4° L'âme chrétienne doit être fiancée, c'est-à-dire concentrer sa foi et son amour sur un seul bien qui est Dieu, et non pas sur un objet incertain, comme font les âmes qui affectionnent tantôt une chose et tantôt une autre. Comme Marie, elle doit être fiancée à Joseph qui signifie *accroissement* ou *augmentation*, afin que progressant dans la foi et l'amour elle avance continuellement ; car dans la vie spirituelle, ne pas avancer, c'est reculer, en quelque sorte. On ajoute justement que Joseph était de la maison de David, qui signifie *main forte, puissante*, parce que pour avancer dans la vie spirituelle et dans le chemin de la perfection, il faut livrer des combats et faire des efforts généreux. 5° L'âme chrétienne doit être tout illuminée, parce que son nom est Marie qui signifie *illuminée*, c'est-à-dire qu'elle doit être éclairée par la lumière divine et remplie de la joie spirituelle. 6° Comme Marie, en recevant la visite et la salutation de l'Ange Gabriel dont le nom signifie *force de Dieu*, fut soutenue de Dieu par le don de force qui vient du Saint-Esprit ; de même l'âme contemplative fortifiée de Dieu élève ses espérances, jusqu'à désirer la présence du Seigneur, la plénitude de sa grâce et même ses bénédictions particulières entre toutes les créatures.

Relativement à la troisième disposition dont nous avons

parlé, nous remarquerons ici, dans un sens mystique, que, comme Jésus-Christ fut conçu et formé dans le sein virginal de Marie, par l'opération du Saint-Esprit, il doit être aussi conçu et formé spirituellement dans l'âme purifiée, par la vertu du même Esprit saint. En effet pour qu'elle puisse concevoir le Verbe divin, l'âme doit être vierge, c'est-à-dire exempte non-seulement de tout péché, mais aussi de toute affection aux choses créées : car, comme *toute créature est sujette à la vanité,* suivant le témoignage de l'apôtre saint Paul (Rom. c. 8, v. 20), l'âme qui conserve de l'affection pour les choses créées est par là même esclave de la vanité qui la corrompt et l'empêche de tendre vers les biens supérieurs. C'est à ce détachement que saint Denis exhortait saint Timothée, en lui disant : « O mon ami, renoncez courageusement aux impressions des sens et aux opérations de l'esprit, à tous les objets que vous pourriez sentir ou connaître, afin de ne vous attacher qu'à Celui-là seul qui surpasse toute substance et toute intelligence. » Ce renoncement constitue la parfaite béatitude dont parle Notre-Seigneur, en disant (Matth. c. 5, v. 8) : *Bienheureux ceux qui ont le cœur pur,* c'est-à-dire le cœur dégagé de toutes les choses extérieures, parce qu'ils verront Dieu dès ici-bas par la contemplation intérieure, et dans la patrie par la jouissance éternelle. De telles âmes *parce qu'elles sont Vierges suivent l'agneau sans tache partout où il va* (Apoc. c. 14, v. 4). C'est d'elles que saint Bernard a dit (serm. 35 in Cant.) : « Dès qu'une âme est instruite par Dieu à rentrer en elle-même pour ne soupirer qu'après la présence divine, elle préférerait endurer pour un temps les tourments et les horreurs de l'enfer plutôt que de perdre ces suavités spirituelles qu'elle a commencé de goûter, et plutôt que de retourner à des plaisirs charnels, qui ne sauraient satisfaire ses immenses désirs. Oui, je le répète, cette âme, une fois qu'elle a goûté ces désirs célestes, ferait tout au monde plutôt que d'être forcée de recourir aux consolations, ou mieux aux désolations que l'on trouve dans les choses de la terre. »

La ville de Nazareth où l'Annonciation eut lieu possède deux églises : l'une s'élève sur l'emplacement même de la maison où l'ange apparut à Marie pour lui annoncer le mystère de l'Incarnation. Un autel y est dédié à la Vierge, à l'endroit même où elle était quand l'ange la salua, un autre autel est dédié à saint Gabriel, à l'endroit où il se tenait au moment de l'Annonciation. L'autre église est sur l'emplacement où était la maison dans laquelle fut nourri le Seigneur encore enfant (1).

La Conception de Notre-Seigneur a été figurée par ce buisson ardent qui brûlait sans perdre sa verdeur, comme Marie conçut son divin Fils sans perdre la virginité. Le Seigneur, qui demeurait dans ce buisson ardent, habita aussi dans le sein de Marie. De même qu'il était descendu dans ce buisson pour délivrer les Juifs en les tirant de l'Égypte, de même il descendit en Marie pour racheter les hommes, en les arrachant à l'enfer. — Le choix que Dieu fit de Marie parmi toutes les femmes pour se revêtir de notre chair, a été figuré par la toison de Gédéon. En effet de même que cette toison reçut seule la rosée céleste pendant que toutes les terres voisines restaient sèches, de même aussi Marie fut seule remplie de cette rosée divine dont aucune autre créature ne fut trouvée digne dans le monde entier. Comme l'humidité de la toison signifiait la délivrance des Israélites, ainsi la Conception de Marie était le signal de notre Rédemption. La Vierge Marie

(1) Voir note XX à la fin du volume.

est cette toison dont Jésus-Christ se forma une tunique. La toison de Gédéon reçut la rosée du ciel sans qu'elle fût endommagée, et Marie conçut l'Homme-Dieu sans que sa virginité fut altérée. Gédéon exprima la rosée dont il remplit un vase, et Marie enfanta celui qui a rempli tout le monde de sa grâce. — Le mystère de la Conception que Gabriel fut chargé d'annoncer à Marie a été figuré encore par la mission qu'Éliézer serviteur d'Abraham remplit à l'égard de Rébecca fille de Bathuel. Abraham avait envoyé son serviteur afin de procurer à son fils une épouse qui fut vierge, et Rébecca en donnant à boire à Éliézer mérita d'être choisie pour l'épouse d'Isaac. Ainsi le Père céleste a envoyé son ange afin de chercher une mère vierge pour son divin Fils, et Gabriel trouva Marie cette fille très-pure qui satisfit à sa demande et consentit à sa proposition. Rébecca fournit à boire non-seulement au messager, mais encore à ses chameaux ; et Marie procure aux Anges et aux hommes la véritable fontaine de vie.

Gabriel, après avoir accompli sa mission, s'inclina avec respect devant celle qu'il vénérait comme sa Reine. Puis prenant congé d'elle, il disparut, joyeux de rapporter une réponse favorable au Dieu qui l'avait député. L'Époux divin était déjà venu, lorsque le paranymphe céleste se retira, le laissant consommer l'union dans la chambre nuptiale de l'épouse. Le messager se retira d'elle, mais le Roi des Anges, Fils unique du Très-Haut, resta avec elle. Auprès d'elle restèrent aussi de nombreux esprits pour rendre honneur à sa dignité et à leur Roi. Lorsque l'ambassadeur, triomphant du succès, retourna dans la patrie annoncer l'heureuse nouvelle, la milice céleste transportée d'enthousiasme célébra avec une allégresse extraordinaire cette fête nouvelle.

Maintenant, âmes chrétiennes, considérez la grandeur de cette présente solennité qui n'en a jamais eu de pareille dans tous les siècles, et goûtez avec délices la joie qu'elle doit vous causer. En effet, c'est un jour solennel pour Dieu le Père qui unit son Fils unique à la nature humaine par une alliance indissoluble; pour le Verbe éternel qui célèbre ses noces dans le sein de Marie, en attendant qu'il les rende publiques par sa naissance; pour le Saint-Esprit, l'auteur spécial de cette merveilleuse union dont il commence à faire ressentir les salutaires résultats au genre humain. C'est un jour solennel aussi pour notre glorieuse Reine qui fut alors adoptée et reconnue par le Père pour sa fille, par le Fils pour sa mère, et par le Saint-Esprit pour son épouse. C'est encore un jour solennel pour toute la Cour céleste qui vit le commencement de sa réparation; mais surtout pour l'humanité tout entière qui reçut le gage de sa rédemption et de sa réconciliation, qui fut élevée à la plus sublime dignité, et unie à la suprême majesté; car le Fils de Dieu, *qui n'a jamais pris la nature des anges, a pris aujourd'hui la nature des hommes* dans la race d'Abraham pour l'adjoindre à sa propre personne (Hebr. c. 2, v. 16). Aujourd'hui le Fils docile aux nouveaux ordres de son Père, *s'élança comme un géant pour parcourir la voie* de notre salut (Ps. 18, v. 6); il descendit du trône de sa gloire pour se renfermer dans le sein d'une vierge; il se fit semblable à nous, devint notre frère pour partager notre exil, et opérer notre délivrance. Aujourd'hui la lumière véritable est venue du ciel pour dissiper nos ténèbres; aujourd'hui le pain vivant qui donne la vie au monde a été préparé dans le sein de Marie pour être cuit plus tard sur la croix comme dans le four; aujourd'hui le Verbe s'est fait chair pour habiter parmi nous, et a mérité le nom d'Emmanuel ou *Dieu avec nous*, c'est-à-dire Dieu et homme ; aujourd'hui ont été réalisées les anciennes figures, les saintes Écritures, et les prédictions des prophètes qui demandaient avec des désirs inénarrables, et qui attendaient avec une impatience extrême ce jour présent ; c'est pourquoi l'avènement du Christ est appelé la plénitude des temps. Aussi ce jour est le principe et le fondement de toutes les solennités, le commencement de notre bonheur ; car Dieu qui, depuis le péché de nos premiers parents, était irrité contre le genre humain, oublie sa colère, en voyant son propre Fils revêtu de notre humanité. Voyez donc quelle œuvre admirable s'est accomplie en cette fête très-solennelle ; combien elle doit exciter votre amour et votre vénération ; avec quelle dévotion et quelle allégresse vous devez la célébrer. Que ce soit là le principal objet de vos méditations et de vos joies, en attendant qu'il plaise au Seigneur de vous communiquer de plus grands biens, si vous êtes fidèles et vigilants (1).

Prière.

O Jésus, Fils du Dieu vivant, vous qui, selon la volonté du Père céleste et avec la coopération de l'Esprit saint, êtes sorti du sein de votre Père comme le fleuve du paradis de délices ; vous qui, visitant les profondeurs de nos vallées et regardant l'humilité de votre servante, êtes descendu dans le sein d'une Vierge où, par une conception ineffable, vous avez revêtu notre chair mortelle ; je vous supplie, miséricordieux Jésus, par les mérites de cette Vierge votre mère, de répandre votre grâce sur moi votre très-indigne serviteur, afin que je vous désire ardemment,

(1) Voir note XXI à la fin du volume.

que je vous conçoive dans mon cœur par l'amour, et qu'avec le secours de cette même grâce, je produise les fruits salutaires des bonnes œuvres. Ainsi-soit-il.

CHAPITRE VI

NAISSANCE ET CIRCONCISION DE SAINT

Luc. c. 1, v. 39-80

Marie, réfléchissant aux paroles que l'Ange lui avait dites touchant sa cousine Élisabeth, voulait la visiter pour la féliciter et la servir ; car Jésus, que Marie portait dans son sein, avait hâte de sanctifier Jean avant qu'il vînt au monde. *Sortant* donc du lieu où elle demeurait dans une paisible contemplation et dans une oraison continuelle au milieu de ses occupations domestiques, elle quitta Nazareth avec la permission de Joseph, *pour aller* vers le midi *dans les montagnes*; car la Judée est située dans les montagnes au midi par rapport à la Galilée, d'où partait Marie. C'est dans ce pays élevé qu'était située la maison de Zacharie, et l'on y arrivait par des chemins escarpés à travers les rochers. Marie *partit en toute diligence,* pour ne pas rester exposée longtemps aux regards du monde, nous montrant ainsi qu'une vierge ne doit pas se prodiguer en public, ni s'y entretenir avec les hommes. Elle vint à Jérusalem, *cité de Juda*, non pas ville de la tribu de Juda, mais capitale du royaume de Juda ; car Jérusalem était dans la tribu de Benjamin ; et il paraît que Marie la traversa pour arriver à l'endroit où habitait Zacharie, et où Jean naquit, c'est-à-dire à quatre milles au delà de Jérusalem, presqu'à l'Occident, en tirant un peu vers le midi.

Mais pourquoi Marie, après avoir conçu le Verbe éternel, alla-t-elle visiter Élisabeth ? Saint Ambroise nous l'apprend (lib. 1 in Luc. cap. de abitu Mariæ in mont.) : « N'allez pas supposer, dit-il, que la sainte Vierge fût incrédule à l'oracle du ciel qu'elle avait reçu, qu'elle fût incertaine du message de l'Ange qui lui avait été envoyé, ou qu'elle doutât de l'exemple d'Élisabeth qui lui avait été allégué. Non ; mais la joie de savoir son désir accompli, et le zèle de servir sa chère cousine la pressent d'aller lui rendre visite. Regardez comment marche la Reine du ciel et de la terre ; elle n'est point portée sur quelque monture, mais elle va simplement à pied, accompagnée de quelques vierges qui demeuraient avec elle : elle entreprend ainsi un voyage long et difficile, car de Nazareth à Jérusalem, il y a trente quatre milles, et ensuite de Jérusalem jusqu'à la ville de Zacharie, quatre milles environ, c'est-à-dire deux lieues. Avec elle marchent la réserve dans les paroles et les actions, l'humilité, la pauvreté, et la suite convenable de toutes les vertus. Que dis-je ? Le Seigneur des vertus est lui-même avec elle; grand et honorable cortége bien différent de ceux du monde, où la pompe le dispute à la vanité. Elle n'était pas retardée par sa grossesse, comme il arrive aux autres femmes dans la même position ; car le Seigneur Jésus ne fut jamais un poids pour sa mère. Heureux celui qui aurait rencontré Marie dans ce voyage, et qui aurait entendu sortir de sa bouche une parole de salut ! (1).

Arrivée au terme, *Marie entra dans la demeure de Za-*

(1) Voir note XXII à la fin du volume.

charité et d'Élisabeth, sa parente (Luc. c. 1, v. 40). Visitant une famille religieuse, elle y manifesta sa douceur et sa modestie ; et la première elle *salua Élisabeth*, la félicitant du don qu'elle avait reçu du ciel. Mais pourquoi la Vierge fut elle la première à donner le salut ? Il y a deux raisons de cela ; une raison d'humilité, et une raison de condescendance : Marie d'abord était la plus humble, puis elle était supérieure à Élisabeth. Ces deux raisons trouvent leur explication dans les mœurs du pays, où les inférieurs saluent les supérieurs pour leur témoigner le respect et la déférence, les supérieurs saluent aussi les inférieurs pour marquer que toute bénédiction vient d'en haut.

La conduite de Marie dans ces circonstances nous offre plusieurs leçons que nous devons mettre en pratique. 1° *Marie se lève pour partir*: levons-nous également pour sortir de notre torpeur, éloignons-nous des convoitises terrestres où nous sommes restés comme endormis. 2° *Marie s'en va dans les montagnes* : montons nous aussi sur les hauteurs de la vie parfaite, aspirons vers les biens célestes, efforçons-nous de les atteindre. 3° *Marie part en toute diligence* : hâtons-nous d'accomplir des bonnes œuvres ; ne négligeons rien pour faire tout le bien que nous pouvons ; car, suivant saint Chrysostôme, rien ne ruine davantage la vie spirituelle que de différer toujours les actions vertueuses ; souvent même ce délai nous fait perdre tout mérite. Aussi un auteur dit sagement, qu'on ne doit jamais différer une bonne œuvre, de peur que si un accident survient tout à coup, on ne puisse plus l'exécuter. Au contraire, le mal qu'on est quelquefois obligé de faire au prochain doit toujours être différé, afin que si un accident survient, on ne soit plus obligé de l'exécuter. 4° *Marie vient dans la cité de Juda* ; nous aussi allons dans la cité de Juda, c'est-à-dire de la

NAISSANCE ET CIRCONCISION DE SAINT JEAN 97

confession ou louange divine, dans l'Église, afin de louer Dieu et de lui rendre nos hommages : allons dans la Jérusalem céleste, cette cité de la contemplation, pour confesser le nom du Seigneur, car Juda signifie *Celui qui confesse, qui loue.* 5° *Marie entra dans la maison de Zacharie :* nous aussi entrons dans la maison de Zacharie, en quittant les pensées vaines pour ne nous souvenir que des préceptes divins afin de les observer ; car Zacharie signifie *Celui qui se souvient du Seigneur.* 6° *Marie salua Élisabeth :* nous aussi saluons Élisabeth, en dédaignant les créatures pour chercher la satisfaction de nos désirs en Dieu qui *seul peut rassasier notre cœur* (Ps. 102, v. 5) ; car Élisabeth signifie *c'est mon Dieu qui me rassasie.* Mais de plus, nous devons communiquer au prochain la grâce que nous avons reçue, comme Marie le fit à l'égard d'Élisabeth et de son enfant.

Aussitôt que la Vierge eut salué Élisabeth, Jean fut rempli du Saint-Esprit, comme l'Ange l'avait promis. Ressentant alors la présence du Seigneur, il tressaillit d'allégresse dans le sein de sa mère, et il témoigna par certains gestes et mouvements le respect et la joie qu'il ne pouvait exprimer de bouche et de vive voix. Il s'agitait comme s'il eut voulu se lever, sortir du sein de sa mère, aller au devant de son Seigneur et le saluer. C'est alors que Jésus fit de Jean un prophète ; car, par ses tressaillements, l'enfant annonça l'arrivée du Sauveur, et commença le ministère de précurseur, comme si déjà il se fut écrié : *Voici l'agneau de Dieu, voici celui qui ôte les péchés du monde* (Joan. c. 1, v. 29). « Le Christ, dit saint Chrysostôme (hom. 7, Operis imperfecti), fit saluer Élisabeth par Marie, afin que la voix sortant de la poitrine de Marie, où habitait le Seigneur, et arrivant aux oreilles d'Élisabeth, descendît jusqu'à Jean pour le consacrer comme prophète, car dès que la mère eut entendu la salutation de la Vierge, l'enfant prophétisa, sinon par des paroles, du moins par des signes. Dis-nous, enfant, ô le plus grand de tous les prophètes, toi qui mériteras d'être appelé plus que prophète, dis-nous donc d'où te vient cette allégresse si grande ? Quoi ! tu n'es pas encore né et déjà tu prophétises ! Tu reconnais l'avènement du Seigneur, et ne pouvant lui donner une parole de salut, tu lui donnes un signe de joie, comme tu le peux. Si tu étais né, avec quel transport tu t'élancerais pour voir Celui au devant duquel tu t'efforces de courir par tes tressaillements ! »

Élisabeth fut ensuite remplie du Saint-Esprit par le moyen et par les mérites de Jean ; la mère n'en fut pas remplie avant son fils ; mais lorsque le fils en fut rempli, il en remplit sa mère : car Jésus-Christ étant descendu dans le sein de Marie avec la plénitude de la grâce, répandit, par la salutation de la Vierge, la grâce de sanctification en saint Jean avec une telle abondance qu'elle rejaillit jusque sur Élisabeth. Voilà pourquoi, transportée d'une sainte joie et pénétrée d'un feu sacré, elle embrasse Marie avec effusion et jette un grand cri d'allégresse Le fils, restant caché, apprend intérieurement à sa mère ce qu'elle doit faire extérieurement : car l'esprit de l'enfant qui ne pouvait encore élever la voix fit pousser un cri à sa mère ; elle le poussa soit pour exprimer sa vive affection, soit parce qu'elle connaissait les grands dons de Dieu, soit parce qu'elle portait dans son sein celui qui était la voix du Verbe. Élisabeth, comme excitée intérieurement par une grande force, répondit donc au salut de la Vierge avec un grand cri, plus grand par l'intensité de la dévotion, que par celle du son : car ce n'est pas le son mais la dévotion qui retentit aux oreilles de Dieu ; la dévotion est comme un grand cri qui monte jusqu'au ciel. Ainsi quand Dieu dit à Moïse qui se taisait : *Pourquoi cries-tu vers moi ?* (Exod. c. 14, v. 15), évidemment il ne parlait pas des éclats de la voix, mais des soupirs du cœur. Aussi, d'après saint Augustin (in Ps. 37) : le cri vers Dieu, c'est l'intention du cœur, c'est l'ardeur de la charité, parce qu'on demande toujours ce qu'on désire.

Et Élisabeth dit à Marie (Luc. c. 1, v. 42) : *Vous êtes bénie entre toutes les femmes,* c'est-à-dire par-dessus toutes les femmes, et entre celles qui sont bénies, vous êtes la première : car une aussi grande grâce n'a jamais été accordée et ne pourra jamais être accordée à aucune autre. Vous êtes donc bénie, et vous serez comblée encore de plus grandes bénédictions. *Béni soit aussi le fruit de votre sein,* parce qu'il apporte la bénédiction au monde. En tant qu'homme, il est béni de la bénédiction de la grâce, puisqu'il est rempli de tous les dons excellents ; en tant que Dieu, il est béni de la bénédiction de la gloire qu'il possède de toute éternité, et qu'il possèdera pendant toute l'éternité. Votre bénédiction, ô Marie, n'est pas la source de la bénédiction de votre fils ; si vous êtes bénie, c'est parce que votre fils *vous a prévenue de ses faveurs signalées* (Ps. 20, v. 4). L'arbre est béni, béni est aussi le fruit : le rejeton qui sort de la racine est béni, bénie est aussi la fleur qui s'élève de cette racine : Bénie est la mère, béni est le fils. Précédemment, Marie a été appelée bénie par l'Ange, parce qu'elle a réparé les ruines de l'Église triomphante ; maintenant elle est appelée bénie par Élisabeth, parce qu'elle a ressuscité l'Église militante qui était déjà comme morte. Selon la remarque de saint Bède (in cap. 1 Luc.), « Marie s'entend adresser les mêmes paroles de bénédiction par Élisabeth que par Gabriel ; pourquoi ? sinon parce qu'elle n'est pas moins digne de la vénération des anges que des hommes. » Remarquons que la bienheureuse Vierge produit cinq fruits le fruit de son sein, par la génération *qui nous a fait goûter le fruit de vie* (Brev. rom.) ; le fruit de son cœur qui est sa tendre compassion pour les affligés et pour les pécheurs ; le fruit de sa bouche qui est la prière ; le fruit de son œuvre qui est sa protection ; le fruit de son nom, c'est la dévotion que son nom béni inspire même aux plus grands coupables, de sorte que tous les hommes l'invoquent dans tous leurs dangers.

Élisabeth ajouta (Luc. c. 1, v. 43) : *Et d'où me vient ce bonheur que la Mère de mon Seigneur vienne vers moi ?* C'est-à-dire quels sont mes titres, quels sont mes mérites, quels sont mes services, à moi vieille et stérile, déshonorée dans l'opinion des hommes, pour que la Mère de mon Seigneur, c'est-à-dire une Vierge féconde et bénie, vienne avec tant d'humilité, d'affection et de déférence vers moi, sa servante et son esclave ? Assurément je n'y avais aucun droit : ce n'est point par quelque vertu ou par quelque perfection, ou par quelque noblesse, que j'ai pu devenir digne d'un si grand honneur, d'une si grande félicité ; c'est une pure grâce de Dieu. Ne devais-je pas plutôt aller vers vous, ô Marie ? Mais votre humilité et celle de votre divin Fils vous ont portée à venir vers moi. — Remarquons que Marie vient aux pécheurs par sa compassion, lorsque comme *Mer d'amertume,* elle leur donne l'amertume de la contrition ; elle vient aux opprimés par sa protection, lorsque comme *Reine* elle les délivre ; elle vient aux affligés par sa consolation, lorsque comme *Étoile de la mer* elle les réjouit de son doux éclat. C'est la pensée de saint Augustin, qui dit (serm. 2. de Annunt.) : « Sainte Marie, secourez les misérables, aidez les faibles, séchez les larmes de ceux qui pleurent. » — Oui, je le reconnais, ô Marie, vous êtes véritablement bénie avec le fruit de votre sein, et dans l'humilité de votre visite j'admire la grandeur de la vertu qui apparaît en vous. Votre arrivée et votre salutation ne me réjouissent pas seule, mais encore l'enfant qui dans mon sein manifeste par ses tressaillements ce qu'il ne peut exprimer par des paroles. Ainsi Élisabeth connut la miraculeuse Incarnation du Verbe et la divine Maternité de Marie; car le Saint-Esprit, dont elle était remplie, lui fit comprendre, par l'agitation de son enfant, qu'elle voyait présente la Mère de Celui dont Jean devait être le précurseur. Elle qui naguère rougissait de sa tardive grossesse parce qu'elle ignorait le secret divin, maintenant bénit le Seigneur; elle qui naguère se cachait parce qu'elle se sentait mère, se glorifie maintenant d'avoir conçu un prophète. Ce qu'elle a appris par une inspiration tout intérieure, elle l'annonce à toutes les personnes présentes, en disant : *Oh! Marie, vous êtes bien heureuse d'avoir cru* aux paroles de l'Ange, puisque vous avez conçu par la foi (Luc. c. 1, v. 45). *Aussi vous verrez s'accomplir successivement toutes les prédictions que le Seigneur vous a communiquées* par son céleste messager et par l'Esprit saint, qui lui-même sans intermédiaire a répandu ses clartés dans votre âme. Élisabeth montre clairement ici que l'Esprit saint lui avait révélé les paroles de l'Ange à Marie. Bienheureux donc ceux qui entendent et qui croient comme Marie ! Considère, ô homme, combien est puissante la vertu de la salutation de la bienheureuse Vierge Marie ; elle produit la joie, elle donne le Saint-Esprit, elle manifeste les secrets de Dieu et confère le don de prophétie. Ah ! saluons donc toujours Marie, avec l'espérance qu'elle nous rendra notre salutation avec de précieux avantages.

Après avoir entendu cette réponse inspirée d'Élisabeth, qui l'appelait Mère de son Seigneur, qui la proclamait bienheureuse, et qui louait sa grande foi, Marie ne put taire plus longtemps les dons qu'elle avait reçus ; et l'oracle que sa pudeur virginale et sa profonde humilité lui avaient fait cacher en silence, elle le dévoile alors au moment opportun. Voilà pourquoi elle fait éclater l'excès de sa joie dans ce cantique d'allégresse que lui dicta l'Esprit saint : *Mon âme glorifie le Seigneur*, etc. (Luc. c. 1, v. 46 et seq.). C'était la coutume chez les Hébreux dans les graves circonstances de composer et de consacrer des cantiques au Seigneur, quand il avait opéré des merveilles à leur égard. Or plus que personne, la sainte Vierge devait glorifier le Seigneur. A l'exemple des âmes humbles, elle n'avait pas publié immédiatement le sublime mystère qui lui avait été confié et qui la rendait si grande; elle le tint secret jusqu'à ce qu'Élisabeth l'eût manifesté. Voyant alors que l'Esprit-Saint avait instruit Élisabeth du mystère, elle comprit que Dieu voulait qu'il fut enfin révélé ; et c'est elle qui le révéla en glorifiant le Seigneur, c'est-à-dire en attestant et déclarant qu'il était grand dans ses œuvres: par là elle ne rendait pas plus grand Celui qui comme être infini ne peut pas plus recevoir d'augmentation que subir de dommage ; mais, c'est comme si elle disait : ô Élisabeth, vous me glorifiez des biens que vous admirez en moi, et mon âme glorifie son Seigneur et son Créateur, Dieu le Père à qui elle rapporte tous les biens comme à leur auteur ; aussi dans ce cantique, ce n'est pas seulement ma langue qui le loue, c'est mon âme qui célèbre sa grandeur et sa magnificence. — *Et mon esprit est ravi de joie en Dieu mon Sauveur*, c'est-à-dire dans le Fils par qui tout a été créé, et par qui le monde est réparé. Marie plus que toutes les autres créatures doit se réjouir dans ce Sauveur, parce que c'est surtout aux parents à se réjouir dans leurs fils ; et, s'il est le Sauveur de tous les hommes, il l'est bien plus spécialement de Marie, à cause des sublimes prérogatives qu'il lui a octroyées. L'esprit, c'est l'âme même dont souvent il désigne d'une manière plus spéciale la partie supérieure ou la faculté raisonnable. Ainsi on peut dire que nous vivons et que nous sentons par l'âme, que nous discernons et connaissons par l'esprit; en sorte que toutes les puissances de l'homme sont comprises sous ces mots d'âme et d'esprit. L'âme embrasse toutes les puissances inférieures dans leurs rapports avec le corps : l'esprit au contraire marque les puissances supérieures de l'âme qui la ravissent au dessus d'elle-même par la douceur de la contemplation. Marie consacrant donc à Dieu son âme et son esprit emploie toutes ses puissances à remercier et à louer le Seigneur pour tous les bienfaits qu'elle en a reçus, comme si elle disait, suivant le témoignage de saint Ambroise (lib. 1, in Luc.) : « Le don que Dieu m'a fait m'élève à une telle hauteur que ma langue ne pourra jamais l'exprimer ; mais pour lui rendre grâces, je lui offre mon âme tout entière ; à lui ma vie, ma sensibilité, mon intelligence pour observer ses commandements. » Car il doit honorer, exalter le Seigneur, Celui en qui éclatent sa grandeur et sa bonté ; comme le disciple doit glorifier son maître, et l'œuvre son auteur. Dieu est donc glorifié en nous, quand notre âme, créée à son image, se rend par les bonnes œuvres conforme à Jésus-Christ qui est l'image du Père, quand elle devient grande par ses vertus surnaturelles, quand nous vivons selon les préceptes divins, et que nous brillons par nos bonnes actions. C'est dans ce sens que l'apôtre a dit : *Glorifiez et portez Dieu dans votre corps* (I ad Cor. c. 6, v. 20). Or nous glorifions Dieu de trois manières dans ses bienfaits, savoir lorsque nous les lui attribuons, lorsque nous l'en remercions, et lorsque nous en profitons.

Remarquons aussi que dans ce cantique, Marie se répandit en louanges et en actions de grâces envers Dieu. Nous ne lisons pas dans l'Écriture qu'elle ait parlé d'autres fois en beaucoup de mots. Nous ne connaissons que sept circonstances dans lesquelles elle ait parlé, pour nous montrer par là qu'elle était remplie des sept dons du Saint-Esprit. Elle parla deux fois avec l'ange, lorsqu'elle lui dit d'abord : *comment cela se fera-t-il?* (Luc. c. 1, v. 34). Ensuite : *voici la servante du Seigneur* (Id. c. 1, v. 38) ; deux fois avec Élisabeth lorsqu'elle la salua (Id. c. 1, v. 40), puis lorsqu'elle lui dit : *mon âme glorifie le Seigneur* (Id. c. 1, v. 46) ; deux fois avec son divin Fils : la première fois, dans le temple, lorsqu'elle lui dit : *Mon fils, pourquoi avez-vous agi de la sorte* avec nous? (Id. c. 2, v. 48) ; la seconde fois, aux noces de Cana, où elle dit : *Ils n'ont point de vin* (Joan. c. 2, v. 3). Dans la même circonstance, elle parla une fois aux serviteurs pour leur dire : *Faites tout ce qu'il vous dira* (Id. c. 2, v. 5). Il est évident par tous ces exemples que Marie fut toujours brève dans ses discours : le cantique de louange qu'elle adressa au Seigneur fait seul exception. Les paroles que nous venons de citer, elle les prononça à quatre époques différentes et toujours parce qu'elles étaient d'une grande utilité ; car elles furent toutes suivies d'un miracle : ainsi, lors de l'Annonciation de l'ange, elles produisirent l'Incarnation du Verbe ; lors de la visite à Élisabeth, elles firent tressaillir d'allégresse le Précurseur dans le sein de sa mère ; aux noces de Cana, elles firent changer l'eau en vin ; dans le temple, elles firent obéir le Fils de Dieu à la voix de sa Mère. — Nous avons dit que les paroles précitées avaient été adressées par la bienheureuse Vierge à quatre personnes différentes, à l'Ange, à Élisabeth, à son Fils et aux serviteurs. Or il y a là d'utiles enseignements. Une jeune chrétienne et surtout une religieuse doit parler très-rarement, si ce n'est avec un ange, c'est-à-dire avec un prêtre angélique ; car *le prêtre est l'ange du Seigneur tout-puissant*, et encore cet entretien ne doit avoir lieu qu'au tribunal de la Pénitence. Ou bien elle ne doit converser qu'avec une sainte Élisabeth, c'est-à-dire avec une femme grave, prudente et sainte, pour lui demander quelquefois des consolations dans ses perplexités. Elle ne doit encore s'entretenir qu'avec le Fils de Dieu, dans l'oraison ou dans la lecture spirituelle ; ou enfin avec des serviteurs irréprochables pour leur demander des choses nécessaires.

Considérons maintenant la joie de Marie et d'Élisabeth : toutes les deux louent le Seigneur de leur grossesse miraculeuse et passent dans de continuelles actions de grâces des jours heureux. O toit béni où reposent et habitent de telles mères, qui portent dans leurs flancs sacrés deux fils tels que Jésus et Jean ! Oh ! si nous pouvions monter avec Notre-Dame sur les montagnes de Judée, considérer les doux embrassements et entendre les salutations respectueuses de la femme jusqu'alors stérile et de la vierge enceinte, nous chanterions avec l'accent le plus harmonieux le magnifique cantique : *Mon âme glorifie le Seigneur* ; transportés de joie et d'allégresse, nous adorerions avec l'enfant-prophète le Dieu conçu de la Vierge Marie. « Ah maintenant ! écrivait saint Anselme à sa sœur, gravissez les montagnes avec votre douce maîtresse. Voyez la femme âgée et la jeune vierge s'embrasser et se saluer ! Voyez comme le Seigneur est reconnu par son serviteur, le juge par son précurseur, le Verbe par celui qui est sa voix ! Voyez par quels tressaillements Jean, renfermé dans le sein d'une mère déjà vieille, prophétise Jésus, prisonnier dans les flancs sacrés d'une vierge délicate ! Bienheureuses mères, qui dans vos entrailles sentez se préparer le salut du monde entier, et s'accomplir la prédiction de cette joie perpétuelle qui doit remplacer les épaisses ténèbres de la tristesse. Accourez donc, ô ma sœur, accourez pour participer à cette grande allégresse ; prosternez-vous aux pieds de ces deux femmes bénies ; de leurs deux enfants embrassez l'un comme votre époux, et vénérez l'autre comme son plus tendre ami. » — Admirons et imitons les prodigieux exemples d'humilité que nous trouvons dans cette visite. Marie va à Élisabeth, Jésus-Christ à Jean, la maîtresse à la servante, le maître au serviteur ; et Marie ne dédaigne pas de servir Élisabeth ; peut-on trouver de plus grandes leçons d'humilité ? Et Marie qui possédait la plénitude de toutes les vertus, ne semble-t-elle pas ne se glorifier que de l'humilité, et la reconnaître comme la reine de toutes les autres, lorsqu'elle dit dans son cantique : *Voilà qu'il a regardé l'humilité de sa servante* (Luc. c. 1, v. 48). A l'exemple de Marie, n'ayons de nous-mêmes que d'humbles sentiments ; et, comme elle, faisons remonter tous nos biens vers Dieu comme vers leur source, sans rien nous attribuer.

Marie demeura trois mois environ avec Élisabeth (Luc. c. 1, v. 56). Étant venue pour la consoler et lui rendre ses devoirs, elle l'assista, la servit avec condescendance, respect et affection, en tout ce qu'elle put ; elle sembla oublier qu'elle était Mère de Dieu et Reine de l'univers, pour mettre le comble à son humilité. Dans elle, la contemplation n'abandonna pas l'action, et l'action ne diminua point la contemplation. Voilà pourquoi, dans la fête de l'Assomption de la bienheureuse Vierge, l'Église fait lire l'Évangile qui nous montre à la fois l'empressement de Marthe et la quiétude de Marie ; car la vie de la sainte Vierge fut en même temps active, comme nous le voyons dans sa visite à Élisabeth, et contemplative, parce qu'elle gardait dans son esprit et méditait dans son cœur tout ce qu'elle avait vu et entendu.

NAISSANCE ET CIRCONCISION DE SAINT JEAN

Elle resta avec Élisabeth jusqu'à la naissance du Précurseur de son Seigneur, afin de prodiguer ses soins charitables à la mère et à l'enfant : elle ne partit pas plus tôt, pour ne pas paraître trop souvent en route et en public, mais elle resta longtemps avec ceux pour qui elle était venue, afin de les faire croître davantage en grâce ; car si la première arrivée de Marie et du Seigneur lui-même remplirent du Saint-Esprit Élisabeth et Jean, de quelles grâces ne dut pas les enrichir le long séjour d'une si sainte Mère et d'un tel Enfant (1) ?

Élisabeth étant donc à son terme, accoucha d'un fils le huit des calendes de juillet, un vendredi (Luc. c. 1, v. 57). La bienheureuse Vierge s'empressa de servir en toute humilité le nouveau-né et la mère ; quoique dans une maison étrangère, elle préféra servir plutôt que d'être servie. *Les voisins ou commensaux, ainsi que les parents consanguins ou alliés d'Élisabeth, apprirent que le Seigneur avait fait éclater sa miséricorde sur elle* (Id. c. 1, v. 58), en effaçant l'opprobre de sa stérilité, et en lui donnant un fils annoncé par un ange et conçu par miracle. Ils la félicitaient d'un si grand don, suivant ce que Gabriel avait dit à Zacharie : *Beaucoup se réjouiront à sa naissance* (Luc. c. 1, v. 14). Cette joie présageait l'auréole de sainteté qui devait plus tard ceindre le front de Jean. Ainsi nous devons féliciter notre prochain et nous réjouir du bien qui lui arrive, contrairement aux envieux qui se réjouissent du mal d'autrui, et qui s'attristent de son bonheur. Notons qu'en l'illustre anniversaire de cet heureux événement, saint Jean l'Évangéliste quitta plus tard la prison de ce monde, pour entrer tout glorieux dans le palais du ciel, parmi les applaudisse-

(1) Voir note XXIII à la fin du volume.

ments des anges. Mais l'Église, tout occupée de célébrer en ce jour la naissance de saint Jean-Baptiste, a renvoyé la fête de saint Jean l'Évangéliste au troisième jour qui suit la Nativité du Sauveur, soit parce que c'est celui où une Basilique de Rome fut dédiée à l'ami privilégié de Jésus-Christ, soit parce que c'est celui où le même saint apôtre fut établi patriarche des Églises d'Asie. La solennité de saint Jean-Baptiste est au contraire restée à son jour naturel, parce que l'ange l'avait marquée d'avance comme devant être une époque de joie, à cause de la naissance du Précurseur. Mes très-chers frères, honorons donc aujourd'hui par de pieuses louanges, ces deux grands amis de Dieu, qui resplendissent de gloire parmi les chœurs des esprits célestes; prions-les de porter nos prières auprès du trône du Seigneur, afin que nous obtenions miséricorde et que nous trouvions grâce, au temps opportun. Mais pourquoi célébrons-nous la naissance de Jean-Baptiste plutôt que celle de tout autre saint? D'après saint Augustin (lib. 5 homiliarum hom. 44), la raison en est que les autres saints ont donné leur foi au Seigneur seulement après leur naissance, à l'âge où leur raison fut développée, mais aucun n'a rendu témoignage au Christ dès sa naissance. La nativité de Jean-Baptiste au contraire prophétisa l'avènement du Sauveur qu'il avait salué dans le sein de sa mère. On célèbre encore la nativité de Jean-Baptiste, parce qu'il fut donné par la grâce de Dieu, et qu'il vit le jour au commencement du règne de la grâce; parce qu'aussi il devait prêcher la grâce du Nouveau Testament, après en avoir été rempli dès le sein de sa mère. Il en est qui ont coutume d'allumer de grands feux à la fête de la nativité de saint Jean, pour montrer par là qu'en ce jour a brillé dans le monde comme un astre naissant Celui dont le Seigneur a dit:

une lampe ardente et luisante (1) (Joan. c. 5, v. 35).
Le huitième jour après la naissance du Précurseur, *on vint pour circoncire l'enfant*, selon le précepte de la loi (Luc. c. 1, v. 59). Comme dans la circoncision on donnait alors un nom à l'enfant, ainsi qu'on le fait aujourd'hui dans le baptême, l'Évangile ajoute : *Et ils lui donnaient le nom de son père qui était Zacharie.* C'était la coutume des anciens de donner le nom du père au premier-né, et surtout au fils après lequel on n'en espérait pas d'autres. C'est avec raison qu'on imposait un nom dans la circoncision, parce que cette cérémonie figure le retranchement des affections charnelles, sans lequel personne ne mérite de voir son nom inséré dans le livre de vie. *Mais la mère,* prenant la parole, dit : *Non, nous ne l'appellerons point Zacharie, mais Jean* (Luc. c. 1, v. 60). Dieu lui avait révélé ce nom qu'elle n'avait pu apprendre du père qui était muet. *On interrogea donc celui-ci par signe sur le nom qu'il voulait imposer à l'enfant ;* ce qui prouve que Zacharie était non-seulement muet, mais encore sourd (Luc. c. 1, v. 62). *Il demanda* par signe également *un pugillaire*, c'est-à-dire une tablette que l'on pouvait tenir à la main : car, selon l'usage des Romains, on portait cette tablette sur laquelle on écrivait ce qu'on voulait. Quelquefois aussi on appelait pugillaire le roseau, ou le stylet, ou le poinçon qui servait à écrire. *Zacharie écrivit donc ces paroles : Jean est son nom* (Id. c. 63). Il n'écrivit pas Jean sera, mais Jean est son nom, comme s'il disait : Déjà Dieu par son Ange a imposé ce nom à l'enfant ; ainsi je ne l'impose point, mais je déclare seulement qu'il est imposé. Remarquons que ce nom convenait bien au saint Précurseur pour plusieurs raisons : parce qu'il possédait la plénitude de la grâce, parce qu'il

---

(1) Voir note XXIV à la fin du volume.

inaugurait le temps de la grâce, et parce qu'il annonça le premier l'excellence de la grâce qui devait remettre les péchés, et conférer les dons spirituels.

Tous furent extrêmement surpris de voir le père et la mère s'accorder ainsi, sans concert préalable, sur le nom de l'enfant. A l'heure même, la bouche de Zacharie s'ouvrit, et sa langue se délia; car la foi lui rendit ce que la défiance lui avait enlevé. En donnant ainsi par écrit un témoignage de foi qu'il ne pouvait plus donner par la voix, il mérita de recouvrer l'usage de la parole qu'il avait autrefois mérité de perdre par une parole de doute. Cet événement prouve que la grâce du Nouveau Testament commençait à manifester son action. *Aussi Zacharie parlait et bénissait Dieu* pour les bienfaits signalés qu'il en avait reçus (Luc. c. 1, v. 64). Il n'est pas étonnant qu'il put alors parler puisque son supérieur, c'est-à-dire Dieu même, l'avait béni; et lui-même à son tour bénit Dieu, suivant cette invitation du prophète : *Prêtres du Seigneur, bénissez le Seigneur* (Daniel c. 3, v. 84). — *Tous les voisins furent saisis d'une grande crainte*, causée par l'admiration des prodiges qui avaient précédé, accompagné et suivi la naissance de Jean, comme étaient la fécondité d'une femme âgée jusqu'alors stérile, l'imposition d'un nom extraordinaire à son enfant, la restitution miraculeuse de la parole au père (Luc. c. 1, v. 65). La crainte pouvait être aussi causée par l'appréhension des châtiments : car en voyant un homme juste puni pour une simple hésitation, ils comprenaient combien il est dangereux d'offenser Dieu. — *Et le bruit de ces merveilles se répandit dans tout le pays des montagnes de la Judée* (Luc. c. 1, v. 65). *Et tous ceux qui les apprirent les gravèrent dans leur esprit* (Id. v. 66) ; car en réfléchissant sur d'aussi grandes choses, ils en attendaient de grands résultats : *Ils disaient entre eux* : A votre avis, *que sera* et quel sera *cet enfant* ? Comme s'ils disaient : sans doute, il sera très-grand et très-illustre. Peut-on être étonné de cette question au sujet d'un tel enfant? *La main du Seigneur*, c'est-à-dire la puissance divine, la vertu surnaturelle du Très-Haut, n'était-elle pas avec Jean dans les prodiges qui avaient été opérés à son égard ? N'était-il pas rationnel de conclure, de prévoir que cet enfant serait très-grand devant Dieu ?

Et Zacharie fut rempli du Saint-Esprit, alors tout inspiré, il proféra ce Cantique prophétique à la louange du Seigneur: *Béni soit le Seigneur Dieu d'Israël*, etc... (Luc. c. 1, v. 67 et seq.). D'après cela, comprenons combien la bonté divine est libérale pour répandre ses dons les plus excellents sur ceux qui sont prompts à les recevoir convenablement : car Zacharie, qui pour avoir conçu quelque défiance avait perdu la parole, en retrouva la faculté parfaite, avec l'esprit de prophétie, lorsqu'il reprit une entière confiance. *Où le mal avait abondé, la grâce a surabondé* (Rom. c. 5, v. 20). Dieu agit souvent ainsi vis-à-vis de nous : il nous rend plus qu'il ne nous avait ôté, et il guérit non-seulement le corps mais aussi l'âme de ceux qu'il avait frappés et châtiés. Écoutons saint Ambroise à ce sujet (lib. 7 in Luc., cap. de prophetatione Zachariæ) : « Voyez, dit-il, combien le Seigneur est généreux, comme il pardonne facilement les péchés, lui qui non-seulement restitue les biens enlevés, mais encore qui y ajoute des dons inattendus. Zacharie était muet naguère et maintenant il parle comme prophète. N'est-ce pas une grâce insigne de la part de Dieu que celui qui ne l'avait pas cru d'abord, le confesse ensuite? Ah ! ne perdons jamais confiance. Que le sentiment de nos fautes les plus invétérées ne nous fasse pas abandonner l'espoir des récompenses divines ; car Dieu ne dédaigne pas de changer ses desseins à notre égard, si nous consentons nous-mêmes à réparer nos fautes. »

Enfin Marie dit adieu à Élisabeth et à Zacharie, bénit Jean, et retourna dans sa demeure à Nazareth. Selon l'opinion la plus commune, elle ne partit qu'après la naissance du précurseur. Par l'exemple de Marie qui revint dans sa maison, après avoir assisté sa parente, apprenons à ne point rester chez les autres sans leur être utiles. Ah ! quelle peine dut éprouver Zacharie, que de larmes Élisabeth dut verser au départ de Marie, lorsque cette joie du monde, cette Étoile de la mer les quitta ! Que cette séparation dut aussi être cruelle pour Jean, lui que l'arrivée de Marie avait fait tressaillir avec tant d'allégresse ! Dans ce retour de Marie, tâchons de nous rappeler quelle fut sa pauvreté. Elle revient chez elle, où elle ne trouvera ni pain, ni vin, ni les autres choses nécessaires. Elle était restée trois mois chez sa cousine probablement au sein de l'abondance ; la voilà retombée dans l'état de pauvreté, où elle est obligée de gagner sa nourriture par le travail de ses mains. Compatissons à Marie, et apprenons d'elle à aimer la pauvreté.

Cependant l'enfant miraculeux, Jean, *croissait et se fortifiait selon l'esprit* (Luc. c. 1, v. 80), c'est-à-dire que son corps se développait à mesure que son âme s'enrichissait de grâce et de vertu : car la chair qui est faible doit être fortifiée par l'esprit qui est prompt. Pour rendre sa vie plus parfaite, *il demeurait dans les déserts* où il s'appliquait à l'oraison et à la contemplation. Il y resta depuis l'âge de sept ans, *jusqu'au jour où il devait paraître devant le peuple d'Israël*, sur l'ordre de Dieu, c'est-à-dire jusqu'au temps où *il vint au delà du Jourdain prêcher le baptême de la pénitence, en la quinzième année de l'empire de Tibère César* ; car ce fut alors que Jean sortit du désert pour enseigner les peuples (Luc. c. 3, v. 3). — Toutes les merveilles qui viennent d'être racontées, et tous les privilèges qui restent encore à rapporter, doivent nous faire concevoir la sublime grandeur de Jean-Baptiste.

Prière.

Glorieux saint Jean-Baptiste, vous qui avez été rempli du Saint-Esprit, avant d'être sorti du sein maternel; et qui avez connu le Seigneur avant de voir le jour, puissant protecteur, que la grâce a rendu si agréable à Dieu, veuillez accueillir un pécheur affligé de ce que l'iniquité l'a rendu si coupable envers Dieu. Puisque la bonté divine a daigné vous élever extraordinairement, illustre Précurseur du Christ, que votre bonté compatissante daigne aussi relever celui que sa propre faute a fait tomber profondément ; car si mon abaissement vient de mon iniquité, votre grandeur ne vient pas de votre seule vertu, mais de la grâce divine agissant avec vous. Misérable que je suis, je vous prie d'obtenir que, comme vous avez tressailli d'allégresse au premier avènement du Sauveur, je mérite aussi moi de tressaillir de joie à son second avènement, en partageant la gloire des Saints. Ainsi-soit-il.

CHAPITRE VII

GÉNÉALOGIE DU SAUVEUR (1

Matth. c. 1, v. 1-18

Après avoir décrit la naissance du Précurseur, nous arrivons naturellement à la généalogie du Sauveur qui pré-

(1) Voir note XXV à la fin du volume.

cède sa Nativité dans l'Évangile de saint Matthieu; car on y lit dès le début ces paroles (c. 1, v. 1) : *Livre de la génération temporelle de Jésus-Christ, fils de David, fils d'Abraham*. Saint Matthieu, écrivant en hébreu, a suivi l'usage des Hébreux qui avaient coutume de désigner les livres par les premiers mots ou par les premières matières qu'on y trouvait. Voilà pourquoi commençant par la généalogie du Christ, il appelle ou intitule son Évangile *Livre de la génération*. Il nomme, avant tous les autres, David et Abraham, comme étant les deux principaux ancêtres du Christ, l'un parmi les patriarches et l'autre parmi les rois, parce que ces deux grands personnages avaient seuls reçu dans l'Ancien Testament la promesse expresse d'avoir le Christ pour descendant; ils sont aussi nommés tous deux d'abord, pour montrer que la dignité sacerdotale provenant d'Abraham et la majesté royale provenant de David, appartenaient au Messie par droit de naissance. David est nommé avant Abraham qui est cependant plus ancien, parce que la royauté doit l'emporter sur l'ancienneté. De plus, si David qui fut un grand pécheur est nommé avant le juste Abraham, c'est pour indiquer que la naissance de Jésus-Christ est l'effet de la seule miséricorde; c'est encore parce que la promesse avait été faite plus clairement, et plus souvent d'une manière plus positive, plus solennelle, à David. C'est enfin pour ne pas intervertir l'ordre de la généalogie que saint Matthieu remonte directement de Jésus-Christ à David d'abord, puis de David à Abraham, afin de redescendre ensuite d'Abraham jusqu'à Joseph par toutes les générations intermédiaires. Si cependant il se borne à dire *Livre de la génération* et non pas *des générations*, c'est parce qu'il n'énumère successivement toutes les autres, que pour atteindre celle par laquelle Marie devint mère de Jésus appelé Christ. Il est appelé Jésus relativement à sa divinité, et Christ relativement à son humanité : Jésus est donc un nom propre, et Christ un nom commun : Jésus est un nom de gloire, et Christ un nom de grâce.

Maintenant d'où vient que saint Matthieu dresse la généalogie de Jésus-Christ en descendant? C'est pour montrer que le Christ est descendu jusqu'à nous par son humanité dont il fait spécialement l'histoire, et que Dieu dans sa bonté s'est revêtu de notre faiblesse. Commençant donc à Abraham, l'Évangéliste nous fait voir comment le Seigneur est venu dans le monde en prenant la chair issue des patriarches, et il arrive par la série des générations jusqu'à Joseph époux de Marie, cette Vierge de laquelle seule Jésus a reçu la vie temporelle, tandis qu'il tenait de Dieu son Père la vie éternelle. — Mais pourquoi saint Luc au contraire donne-t-il la généalogie du Christ en remontant? C'est pour marquer que les fils de la grâce montent par Jésus-Christ au royaume du ciel, et comment notre nature a été élevée jusqu'à Dieu. C'est pourquoi, partant du baptême de Jésus-Christ qui nous fait enfants de la grâce, il parvient jusqu'à Adam; car la génération spirituelle comprend tous les fils d'Adam qui veulent devenir fils de Dieu en Jésus-Christ. — Sur cette différence des deux Évangélistes, saint Hilaire (Canone I in Matth.) dit que saint Matthieu décrit la généalogie de Jésus-Christ suivant la succession de la royauté, et saint Luc selon l'ordre du sacerdoce, afin de prouver que le Seigneur par son origine appartenait aux deux tribus de Juda et de Lévi (1). De la sorte les deux Évangélistes ont prouvé chacun pour leur part que Notre-Seigneur Jésus-Christ, qui est Roi et Prêtre éternel, réunissait dans sa naissance charnelle la gloire propre aux

(1) Voir note XXVI à la fin du volume.

deux races royale et sacerdotale. Touchant cette double dignité de Jésus-Christ, saint Augustin (lib. Quæst. V t. et Novi Test. c. 49) a dit : « Sous l'ancienne loi, les rois et les prêtres, qui seuls étaient consacrés, figuraient d'avance le seul Roi et Prêtre éternel, Jésus-Christ ; car, remplissant à la fois ces deux fonctions, il nous gouverne et intercède pour nous, et nous fait ses propres membres, afin qu'en lui nous soyons également des Christs. »

Ainsi donc, saint Matthieu, commençant à Abraham et arrivant par Juda jusqu'à David, premier roi issu de la tribu de Juda, donne par ordre la généalogie de tous les personnages qui se sont succédé jusqu'à saint Joseph, pour démontrer que notre Sauveur descend selon la chair de la race d'Abraham, le plus grand des patriarches ; de la famille de David, le plus illustre des rois ; et de la tribu de Juda, la plus célèbre d'Israël ; car Jésus-Christ avait été promis à Abraham et à David ; en outre il avait été annoncé comme devant sortir de la tribu de Juda. — Or l'Évangéliste fait la généalogie de Jésus-Christ par trois séries composées chacune de quatorze générations : parmi ces générations successives, les unes ont existé avant la loi, les autres sous la loi, et la dernière, celle même du Christ, existait sous le règne de la grâce, qui commence à la Conception du Sauveur dans le sein de Marie. Cependant, durant ces trois époques, beaucoup furent sauvés par la foi en Jésus-Christ. Selon la remarque de saint Chrysostôme, lorsque les trois séries de quatorze générations furent écoulées, le peuple juif passa sous un nouveau régime : d'Abraham à David, il avait eu des juges ; de David à la captivité, des rois ; de la captivité jusqu'à Jésus-Christ, des pontifes. Mais de même que après ces quarante-deux générations le gouvernement du peuple juif fut changé, de même aussi l'état de l'humanité a changé depuis Jésus-Christ qui est devenu le Juge, le Roi, le Pontife universel. Jésus-Christ a perfectionné l'obéissance au Décalogue, et consommé la vérité de l'Évangile, par la foi en la Trinité, au moyen de laquelle *il nous a donné le pouvoir de devenir enfants de Dieu* (Joan. c. 1, v. 12) ; et si nous suivons le Décalogue et l'Évangile, Jésus-Christ, qui est le soleil de justice, se manifeste en nous par une lumière toute spirituelle. En traversant quarante-deux générations, nous sommes arrivés à Jésus-Christ qui nous a été promis en récompense, comme les Israélites étaient parvenus à la Terre promise, après avoir fait quarante-deux stations dans le désert. Les trois séries de quatorze générations embrassent trois époques, celle qui a précédé la loi, celle de la loi, et celle de la grâce : la première série depuis Abraham jusqu'à David comprend les patriarches, la seconde série depuis David jusqu'à la captivité de Babylone renferme les rois ; la troisième depuis la captivité de Babylone jusqu'à Jésus-Christ contient les chefs appelés de différents titres. Dans la première série sont compris d'abord ceux qui sont nés avant l'entrée en Égypte depuis Juda ; ceux qui sont nés en Égypte depuis Pharès ; enfin ceux qui sont nés après la sortie d'Égypte depuis Naasson.

Les trois séries de générations figurent la génération spirituelle de Jésus-Christ par la grâce dans trois espèces d'âmes, savoir dans l'âme pénitente, dans l'âme avancée, et dans l'âme parfaite. — La génération spirituelle de Jésus-Christ par la grâce dans l'âme pénitente se manifeste suivant les trois degrés de la pénitence, le commencement, le progrès et la consommation. Le commencement de la pénitence se compose de trois sortes d'actes : ceux qui précèdent, ceux qui constituent et ceux qui conservent la pénitence. Deux actes précèdent la pénitence, savoir : la confiance en la bonté divine figurée par Abraham, et l'espérance du pardon figurée par Isaac. Trois actes constituent la pénitence : la contrition, qui suppose une lutte intérieure pour détester le péché précédemment aimé, est figurée par Jacob, la confession par Juda, et la satisfaction par les frères de Juda. Trois actes aussi conservent la pénitence : la crainte qui éloigne du péché, est figurée par Pharès qui veut dire *division* ; le désir de la gloire éternelle est figurée par Zaram qui veut dire *Orient* ; l'horreur de l'enfer est figurée par Esron qui veut dire *flèche*. — Ensuite la génération spirituelle de Jésus-Christ dans l'âme se manifeste par le progrès de la pénitence ; et ce progrès comprend quatre dispositions qui correspondent à quatre générations : la première disposition qui est le choix du bien préférablement au mal, est figurée par Aram, qui veut dire *choisi* ; la seconde disposition qui est une volonté parfaite de faire le bien, est figurée par Aminadab, qui veut dire *spontané* ; la troisième disposition qui est la prudence pour discerner les choses utiles des choses nuisibles, est figurée par Naasson qui veut dire *sage* ; la quatrième disposition qui est la délectation dans le bien, est figurée par Salmon qui veut dire *sensible*. — La génération spirituelle dans l'âme est encore marquée par la consommation de la pénitence, et cette consommation comprend aussi quatre dispositions qui correspondent également à quatre générations. Ainsi la première disposition qui est la force contre les tentations du péché, est figurée par Booz qui veut dire *force* ; la seconde disposition qui est la docilité aux inspirations de la grâce, est figurée par Obed, qui veut dire *obéissant* ; la troisième disposition qui est la fermeté parmi les rigueurs de la peine, est figurée par Jessé qui veut dire *îles du Liban*, car les îles sont battués par les flots ; la quatrième disposition, qui est la constance de la persévérance finale, est figurée par David qui veut dire *main forte et puissante*. C'est ainsi que la première série de quatorze générations figure la génération spirituelle de Jésus-Christ par la grâce dans l'âme pénitente.

La deuxième série figure la génération spirituelle de Jésus-Christ dans l'âme avancée, suivant quatre degrés, dont le premier consiste à vouloir le bien, le second à fuir le mal, le troisième à exécuter les préceptes, et le quatrième à embrasser les conseils. — La volonté du bien comprend trois choses : la paix du cœur pour nous-mêmes, figurée par Salomon qui signifie *paisible* ; l'étendue de la charité pour le prochain, figurée par Roboam qui signifie *largeur du peuple* ; la soumission de la volonté à Dieu, figurée par Abias qui signifie *père et seigneur*, auquel on obéit par respect et par amour. — La fuite du mal comprend aussi trois choses : d'abord éviter le scandale, et c'est ce que désigne Aza, qui veut dire *celui qui ôte* ; puis ne pas juger témérairement, et c'est ce que désigne Josaphat, qui veut dire *celui qui juge* ; ensuite ne pas mépriser le prochain, et c'est ce que désigne Joram, qui veut dire *fier, élevé* ; en d'autres termes, il faut éviter le mal en effet, en pensée et en affection. — L'observation des préceptes soit dans l'adversité soit dans la prospérité correspond à quatre générations. Dans l'adversité, il faut deux choses : la force d'âme pour entreprendre des choses difficiles, et elle est représentée par Ozias c'est-à-dire le *fort du Seigneur* ; puis la patience pour vaincre les obstacles, elle est représentée par Joathan, c'est-à-dire *parfait*, parce que *la patience rend l'œuvre parfaite* (Jac. c. 1, v. 4). Dans la prospérité il faut aussi deux choses : la continence, pour ne pas nous délecter d'un bien éphémère, c'est ce qu'indique Achaz qui signifie *conti-*

nent ; la fermeté pour s'attacher au bien immuable, c'est ce qu'indique Ézéchias qui signifie le *Seigneur m'a affermi.*
— En outre l'accomplissement des conseils comprend quatre choses. Il faut oublier les choses terrestres de ce monde ; c'est ce que marque Manassès qui signifie *oubli ;* il faut accepter le joug du Seigneur comme une nourriture spirituelle ; c'est ce que marque Amon qui signifie *nourri ;* aussi Jésus-Christ a dit : *Venez à moi, vous tous qui êtes fatigués et accablés, et je vous procurerai la réfection, le soulagement nécessaire* (Matth. c. 11, v. 28). Il faut encore une ardente dévotion pour acquérir le mérite présent, c'est ce que marque Josias qui signifie *encens offert au Seigneur :* de plus il faut une fidèle préparation pour obtenir la récompense future, c'est ce que marque Jéchonias qui signifie *préparation.*

Enfin la troisième série de quatorze générations figure la génération spirituelle de Jésus-Christ par la grâce dans l'âme parfaite, suivant quatre degrés : ces quatre degrés de perfection sont ceux des religieux, des prélats, des fidèles qui mènent la vie active, et en général de tous les chrétiens qui persévèrent. En quittant la captivité de Babylone, c'est-à-dire l'état d'imperfection, on arrive à la perfection des religieux qui consiste en trois choses : dans l'obéissance prompte signifiée par Jéchonias qui veut dire *préparation ;* dans la pauvreté volontaire, ne cherchant que Dieu et signifiée par Salathiel qui veut dire *Dieu est mon seul désir ;* dans la discipline régulière signifiée par Zorobabel qui veut dire *dominant le désordre ;* car la discipline empêche le désordre du péché.—La perfection des prélats consiste en quatre choses, savoir : la sollicitude paternelle à l'égard des subordonnés qui est marquée par Abiud c'est-à-dire *celui-ci est mon père ;* la doctrine capable de stimuler les négligents, qui est indiquée par Éliacim, c'est-à-dire *celui qui ressuscite* ; la science suffisante pour éclairer les ignorants, qui est signifiée par Azor, c'est-à-dire *voyant la lumière* ; la sainteté de vie pour servir d'exemple aux autres, qui est représentée par Sadoc, c'est-à-dire *juste*. — La perfection de ceux qui mènent la vie active renferme quatre choses : une charité parfaite envers le prochain, comme l'indique Achim, c'est-à-dire *mon frère* ; un amour parfait envers Dieu, selon que le marque Éliud, c'est-à-dire *mon Dieu* ; une confiance parfaite en Dieu dans l'adversité, ainsi que l'indique Éléazar, c'est-à-dire *Dieu mon soutien* ; une humilité parfaite dans la prospérité qui nous fasse regarder tous les biens comme venant de Dieu ; c'est ce que marque Mathan, c'est-à-dire *don*. — La perfection commune de tous ceux qui persévèrent, suppose trois choses : la destruction des vices qui est marquée par Jacob, c'est-à-dire *celui qui supplante* ; l'accroissement continuel des vertus qui est représenté par Joseph, c'est-à-dire *celui qui augmente* ; la fermeté inébranlable de la foi qui est signifiée par ces mots *virum Mariæ*, car Marie rappelle cette Étoile de la mer qui se tient immobile au même pôle. — Or tous ces personnages qui viennent d'être énumérés figurent Jésus-Christ chacun à leur manière ; car à lui s'appliquent toutes les interprétations que comportent leurs noms.

Maintenant considérons les plus proches parents du Seigneur qui n'a pas dédaigné d'en avoir de pauvres et de pécheurs. Pourquoi n'a-t-il pas voulu naître de parents riches et illustres ? Parce que nous ne devons nous glorifier ni de nos parents, ni même de nos vertus et de nos œuvres, pour ne pas nous exposer à diminuer ou même à perdre complétement la récompense qui leur est attachée. Selon saint Chrysostôme (hom. 3, in Matth.). « ce qui fait éclater davantage la dignité du Christ, c'est d'avoir eu non pas des parents illustres et puissants, mais humbles et obscurs ; car les grands personnages paraissent d'autant plus glorieux et admirables qu'ils s'humilient et s'abaissent volontairement davantage. » Ainsi nous admirons Notre-Seigneur, parce qu'il n'a pas seulement daigné souffrir et mourir, mais encore parce qu'il s'est laissé crucifier et ensevelir. Nous devons aussi l'admirer dans sa génération, non-seulement parce qu'il a pris chair et s'est fait homme, mais encore parce que, sans rougir de notre abjection, il a consenti à prendre une telle parenté. Il a voulu sans doute nous apprendre par là que nous ne devons jamais rougir des défauts de nos parents, mais que nous devons chercher uniquement et toujours la noblesse et l'honneur provenant des vertus personnelles : car ce ne sont ni les vertus ni les défauts des parents qui rendent quelqu'un digne d'éloge ou de blâme ; ce n'est pas là ce qui véritablement élève ou abaisse. Bien plus, je ne sais pas si l'homme issu de parents vicieux, mais qui se rend recommandable par ses propres mérites, ne brille pas d'un plus grand éclat. Que personne donc ne s'enorgueillisse d'appartenir à des parents distingués, mais que considérant ceux de Notre-Seigneur, il comprime tout sentiment de vanité pour se glorifier seulement des vertus : que dis-je ? Il ne faut pas même se glorifier de ses vertus ; car c'est pour s'en être glorifié que le pharisien est descendu au dessous du publicain. — Gardez-vous donc de gâter le fruit de vos travaux, de répandre en vain des sueurs, d'entreprendre une course inutile ; et après mille peines, de perdre la récompense qui était due à vos labeurs. Notre-Seigneur connaît mieux que vous les mérites de vos vertus : n'allez donc pas vous enfler de superbe ; mais regardez-vous comme inutiles, afin d'être rangés plus tard parmi ceux qui ont su se rendre utiles; car si vous réclamez l'éloge, vous n'obtiendrez que le blâme, lors même que votre requête eût été fondée. Si vous avouez, au contraire, votre néant, vous obtenez l'éloge quoiqu'auparavant vous n'eussiez obtenu que le blâme. Il faut donc absolument que nous oubliions nos vertus passées ; cet oubli nécessaire est le plus sûr moyen d'en conserver le précieux trésor. En effet, si nous les portons continuellement dans notre mémoire comme pour les faire valoir, nous excitons imprudemment l'ennemi, le démon à nous combattre, à nous poursuivre, à nous tromper et à nous dépouiller. Au contraire, notre trésor sera en sûreté, si personne ne le connaît que celui-là seul aux yeux duquel les choses les plus secrètes ne peuvent échapper. Ne prenons pas l'habitude d'éventer ces sortes de biens, de peur que quelqu'un ne les pille ; c'est ce qui est arrivé au Pharisien ; il les publiait et le démon les a ravis. Gardons-nous bien de dire quelque chose avantageuse de nous-mêmes ; cela nous rendrait odieux aux hommes et abominables au Seigneur : mais plus ce que nous faisons est grand, plus nous devons parler modestement de nous-mêmes ; nous acquerrons ainsi une très-grande gloire devant Dieu et devant les hommes ; bien plus, nous obtiendrons du Seigneur non pas seulement la gloire, mais une riche récompense, et une rétribution éternelle ; car lorsque nous faisons de saintes actions, le Seigneur devient certainement notre débiteur ; et lorsque nous pensons n'avoir rien fait, nous méritons davantage pour cet humble sentiment, que pour les œuvres elles-mêmes que nous faisons. C'est pourquoi le bien de l'humilité surpasse le mérite de toutes les vertus, et sans l'humilité les vertus ne sont plus dignes de louange. Si donc vous voulez faire quelques grandes choses, n'allez pas croire qu'elles sont grandes, parce qu'elles cesseraient d'être grandes. Ainsi le centurion a dit (Matth., c. 8, v. 8) : « *Je ne suis pas digne que vous entriez dans ma demeure,* » et il en est devenu digne pour cela même, de manière que le Sauveur l'a préféré à tous les Juifs. Saint Paul a dit également (I ad Cor. c. 15, v. 9) : « *Je ne suis pas digne d'être appelé apôtre* », et il est devenu le premier des apôtres. Saint Jean a dit aussi (Marc, c. 1, v, 7.—Joan., c. 1, v. 27): « *Je ne suis pas digne de dénouer les cordons de ses souliers* », et il est devenu l'ami privilégié du divin Époux ; et cette main que le saint Précurseur n'avait pas jugée digne de dénouer les cordons des souliers du Sauveur, celui-ci l'a fait reposer sur sa propre tête. Saint Pierre a dit pareillement (Luc. c. 5, v. 8) : « *Éloignez-vous de moi, Seigneur, parce que je suis un pécheur* » ; et il est devenu le fondement de l'Église. Rien, en effet, ne nous rend plus agréables à Dieu, que de nous estimer peu de chose. L'humilité s'acquiert et se développe surtout par l'application continuelle à s'examiner et à se connaître soi-même. Celui qui est humble de cœur, et contrit, ne sera point enflé de superbe, ni rongé d'envie, ni transporté de colère ou de fureur, ni possédé de quelque autre passion violente. Aussi le Seigneur a dit (Matth. c. 11, v. 29): « *Apprenez de moi que je suis doux et humble de cœur, et vous trouverez le repos de vos âmes.* » Voulons-nous donc jouir d'un parfait repos, mettons dans le fond de nos âmes cette humilité qui est la source de tous les biens. Alors nous pourrons traverser la mer orageuse de ce monde, et arriver au port de salut où nous goûterons une éternelle tranquillité.

Prière.

Seigneur Jésus, mon espérance et ma confiance, souvenez-vous de ce que vous avez pris pour nous racheter. Souvenez-vous, ô Créateur de l'univers, qu'en prenant notre nature, vous avez daigné vous faire participant du limon dont nous avons été formés. Vous êtes venu, Seigneur, pour les pécheurs afin d'effacer tous les péchés. Que peut-on vous rendre, que peut-on vous faire qui soit digne d'une telle grâce ? Je vous loue, je vous remercie de tout mon cœur pour les immenses bienfaits que vous nous avez octroyés, en secourant le genre humain qui était perdu. Très-clément Seigneur, qui avez été compatissant pour nous, jusqu'à daigner vous faire homme, je vous en supplie, ne laissez pas périr en nous ce que vous avez voulu si miséricordieusement adopter, et faites que je vous rende, d'une manière qui vous soit agréable, le service qui vous est dû. Ainsi-soit-il.

CHAPITRE VIII

DOUTE DE JOSEPH QUI VEUT RENVOYER MARIE

Matth. c. 1, v. 18-25

Après avoir prouvé par la généalogie précédente que le Christ est vraiment homme, saint Matthieu montre ensuite que le Christ est également Dieu, par la manière prodigieuse dont il a été conçu. En disant (c. 1, v. 18) : *Voici maintenant quelle était la génération du Christ*, c'est comme si l'Évangéliste disait : N'allez pas croire que Dieu ait été engendré par le commerce de l'homme et de la femme, comme tous les personnages cités plus haut; non, sa génération a été toute miraculeuse, ainsi que nous allons le rapporter. *Marie, qui avait épousé Joseph*, était retournée dans sa maison à Nazareth, après avoir visité sa cousine Élisabeth. Joseph, venant alors de Judée en Galilée, voulut emmener chez lui son épouse, *avant qu'ils eussent eu commerce ensemble*, c'est-à-dire avant qu'ils eussent célébré leurs noces. D'après cette expression, ne pensez pas que plus tard ils aient eu commerce ensemble ; c'est une façon de parler semblable à celle-ci: Avant qu'il eût fait pénitence, il fut frappé de la mort, ce qui n'implique nullement qu'il ait ensuite fait pénitence. On peut entendre aussi *avant qu'ils se fussent réunis* dans une commune habitation, ou avant qu'ils demeurassent dans la même maison ; car jusqu'alors tous les deux avaient leur domicile particulier, parce que chez les Juifs il n'était pas permis à des époux de se réunir et d'habiter ensemble, si les noces n'avaient pas été célébrées. Or, *avant cette réunion, Joseph s'aperçut que Marie était enceinte*. — Mais qu'arriva-t-il ? Il ne découvrit point et ne reconnut point d'une manière évidente que c'était là l'œuvre du Saint-Esprit. Il eut beau chercher, il ne put pénétrer le secret d'un si grand mystère ; alors il fut en proie à la douleur et au trouble. Cependant *il ne voulut pas la traduire en public*, c'est-à-dire la dénoncer et la diffamer, parce qu'elle aurait été lapidée comme adultère (Matth. c. 1, v. 19). Ou bien *il ne voulut pas la conduire chez lui* pour habiter avec elle, parce que, ignorant la cause de ce grand miracle, il s'estimait indigne d'une pareille société. *Il résolut donc de la renvoyer sans bruit* à ses parents qui la lui avaient donnée. En effet Joseph avait lu *qu'un rejeton sortirait de la tige de Jessé* (Isai. c. 11, v. 1), et il savait que Marie sortait de cette tige. Il avait lu encore *qu'une Vierge concevrait* (Id. c. 7, v. 14), et il appliquait cette prophétie à Marie d'autant plus qu'après avoir conçu, un éclat tout divin illumina son front virginal, en sorte que les yeux éblouis de Joseph ne pouvaient la considérer sans une crainte respectueuse. Il voulut donc s'humilier devant cette grâce insigne, se jugeant indigne de demeurer avec une telle Vierge. Selon saint Jérôme (c. 1 in Matth.,) c'est un précieux témoignage en faveur de Marie, que Joseph, connaissant sa chasteté, et remarquant sa grossesse avec surprise, enveloppa du silence le fait dont il ignorait le mystère. « Éloge incomparable pour Marie ! s'écrie saint Chrysostôme (hom. 1 operis imperf.). Joseph croyait plus à la chasteté qu'à la grossesse de son épouse, et à la grâce qu'à la nature en elle. Il voyait qu'elle était enceinte, et ne pouvait soupçonner qu'elle fût coupable : car il croyait moins impossible que Marie conçût en restant vierge qu'en devenant adultère. »

Marie n'était pas non plus exempte d'inquiétude ; car en voyant Joseph fort troublé, elle l'était aussi beaucoup. Toutefois son humilité lui faisait garder le silence, elle tenait caché le don divin, préférant passer pour coupable plutôt que de révéler le glorieux secret, et de dire une parole suspecte de quelque jactance : mais elle conjurait le Seigneur d'apporter le remède convenable, et de dissiper la tribulation qui lui était commune avec son époux. Vous voyez combien grande était leur angoisse, et comment le Seigneur a permis cette cruelle épreuve pour enrichir leur couronne ; mais enfin il les tira d'embarras. Joseph, qui pensait à congédier Marie, délibérait sur ce grave dessein, comme on doit le faire longtemps dans les incertitudes et les doutes, si on ne veut pas pécher par témérité et par légèreté ; ce fut alors que Dieu lui députa son Ange, c'est-à-dire Gabriel, selon saint Augustin, et pour trois raisons, suivant saint Chrysostôme (hom. 1, operis imper.) Car il ne fallait pas qu'un homme juste fît une action injuste avec une intention droite ; il fallait de plus sauvegarder l'honneur de Marie, afin que son renvoi ne la rendît pas suspecte d'un crime ; en outre, lorsque Joseph connaîtrait la cause de cette grossesse, il traiterait la Vierge avec beaucoup plus de révérence. La Glose ajoute comme quatrième raison qu'un homme aussi recommandable par son équité, ne devait pas être livré plus longtemps à la perplexité.

Un Ange apparut donc à Joseph en songe, (Matth. c. 1, v. 20) et non pas dans une vision manifeste comme celle des prophètes inspirés, parce que le doute d'esprit, où il était plongé, était comme un sommeil d'infidélité. *Joseph, fils de David,* dit l'Ange, pour lui rappeler comme l'explique saint Chrysostôme (loco cit.) la promesse faite à David touchant le Christ. Selon la Glose, c'est comme s'il disait : Reconnais la promesse faite à David dont tu descends ainsi que Marie, et vois en celle-ci la prédiction réalisée. — *Ne craignez pas de prendre et de retenir chez vous Marie votre épouse,* pour avoir avec elle, non pas un commerce charnel, mais une habitation commune, pour lui rendre une assistance dévouée, avec cette affection mutuelle qui constitue le vrai mariage. A l'exemple de Marie et de Joseph, les chrétiens mariés peuvent d'un commun accord rester dans la continence, et néanmoins vivre dans le mariage non par l'union des corps mais par l'union des cœurs. Aussi Joseph est appelé l'époux de Marie, parce que tous deux se sont gardés l'amour réciproque comme de véritables époux et que d'ailleurs Marie n'est pas restée stérile. — Puis comme pour dire : Ne soupçonnez pas qu'il y ait ici l'intervention de l'homme, l'Ange ajoute : *Car ce qui est né en elle vier* '*t Saint-Esprit,* ou en d'autres termes : Ce

qui a été conçu en elle a été produit par la vertu divine.
Remarquons que les expressions *naître en elle* signifient être
conçu, et *naître d'elle*, venir au monde ; c'est ainsi qu'on
dit qu'il y a une double naissance, l'une dans le sein et
l'autre hors du sein de la mère, *in utero* et *ex utero* : Nous
naissons de la première manière, lorsque nous sommes conçus, et de la seconde manière, lorsque nous venons au monde.
— Ce fut donc alors qu'une révélation expresse fut faite par
l'Ange à Joseph. Celui-ci connaissait implicitement déjà qu'il
y avait quelque chose de divin dans la grossesse de la Vierge,
comme nous l'avons dit; mais il ne savait pas explicitement
la cause du fait, et le mode de la Conception, c'est-à-dire le
mystère; et c'est ce que l'Ange lui apprend clairement, en
disant : (Matth. c. 1, v. 21) *Elle enfantera un fils*, quand
sera venu le temps de la seconde Nativité, comme l'étoile
produit le rayon, l'arbre la fleur et la terre la plante. *Et
vous lui donnerez le nom de Jésus* c'est-à-dire Sauveur; car
*ce sera lui qui sauvera son peuple, en le délivrant de ses
péchés*; œuvre importante, parce qu'il n'est pas de servitude
comparable à celle du péché qui est la chose la plus méprisable. L'Ange montre ainsi que le Christ est vraiment
homme, puisqu'il est enfanté par une Vierge, et vraiment
Dieu, puisqu'il arracha son peuple au péché, comme Dieu,
seul peut le faire.

Joseph, assuré comment Marie est tout à la fois Vierge
et enceinte, *quitte aussitôt le sommeil* du doute, (Matth.
c. 1, v. 24) et suivant l'ordre que l'Ange lui avait donné, *il
retient son épouse*, reste vierge lui-même avec cette
Vierge qu'il sert fidèlement comme sa Dame. Apprenons
par là de saint Joseph à faire promptement ce que Dieu
nous avertit de faire. Et si vous avez promis quelque chose
au Seigneur, accomplissez-le tout de suite, si vous le pou-

vez ; mais si vous êtes empêché actuellement, n'oubliez pas que vous êtes tenu de l'exécuter dès que vous serez libre : vous devez même remplir sans retard les promesses qui ont été contractées sans époque déterminée. — Saint Chrysostôme a dit : « Joseph instruit du mystère céleste, s'empresse tout joyeux de suivre le conseil de l'Ange, et d'obéir à l'ordre de Dieu. Il retient Marie son épouse, et au comble de ses vœux, il s'applaudit d'apprendre du sublime messager qu'il a pour épouse la Vierge Mère du divin Sauveur. » — Joseph qui songe à renvoyer Marie, et qui, après l'avertissement de l'Ange, consent à la garder, figure l'homme qui, chancelant d'abord dans sa foi ou dans sa conduite, est ensuite raffermi par un zélé prédicateur ou confesseur dont il reçoit avec docilité les exhortations et les conseils.

Joseph n'avait point connu Marie quand elle enfanta son fils premier-né (Matth. c. 1, v. 25), parce que ce fut après la naissance de Jésus qu'il connut davantage la dignité de la Mère. « Assurément, dit saint Chrysostôme (hom. 1 operis imperf.), il ne connaissait pas auparavant quelle était la grandeur de Marie ; mais après qu'elle eut enfanté, il reconnut qu'elle était plus belle et plus excellente que le monde entier, puisqu'elle seule avait renfermé dans les limites de son chaste sein Celui que tout l'univers ne peut contenir. » — Par ces mots : *Joseph ne la connaissait pas*, on entend aussi qu'il n'avait pas eu commerce charnel avec elle, à cause de ce que l'Ange lui avait appris. Le mot *donec*, ici, doit être pris dans le sens de *jamais*; car il a plusieurs significations. Quelquefois il désigne un temps déterminé, après lequel on fait une chose; ainsi on dit qu'un homme n'a pas mangé jusqu'à telle heure, pour indiquer qu'il a mangé ensuite. D'autres fois le mot *donec* est pris dans le sens de *toujours*, lorsqu'il marque tous les temps, comme quand Dieu dit à son Fils (Ps. 109, v. 1) *Asseyez-vous à ma droite, jusqu'à ce que j'aie réduit vos ennemis à servir d'escabeau à vos pieds ;* c'est-à-dire restez toujours assis à ma droite. Enfin le mot *donec* est pris dans le sens de *jamais*, lorsqu'il exclut même le temps le plus court, comme dans le cas présent; car si Joseph n'avait pas connu Marie charnellement avant qu'elle eût enfanté, à plus forte raison il ne l'a pas connue ensuite. L'aurait-il pu, en voyant tous les signes et miracles qui accompagnèrent et suivirent la naissance du Sauveur, pour lui prouver la divinité de l'enfant?—Quelques interprètes de ce même passage prétendent que Joseph ne connaissait pas Marie de visage, car, disent-ils, la présence du Christ dans le sein de la Vierge fit briller d'un tel éclat le visage de la Mère, que Joseph ne pouvait regarder en face Celle sur qui le Saint-Esprit avait répandu sa plénitude. C'est ainsi qu'autrefois les enfants d'Israël ne pouvaient contempler la figure de Moïse, à cause de la clarté dont elle resplendissait, après qu'il eut conversé avec Dieu sur le Sinaï. Ainsi Joseph n'avait point vu face à face avant qu'elle eût enfanté, Celle qu'il avait épousée. Il demeure donc et reste joyeux avec son épouse bénie ; il la chérit d'un amour chaste vraiment ineffable, et lui prodigue toutes ses attentions: de son côté Marie est heureuse d'habiter avec Joseph en qui elle met toute sa confiance ; et tous deux vivent contents dans leur pauvreté. Nous les avons vus plongés dans la tribulation, les voilà maintenant remplis de consolation. Voulons-nous éprouver la même réaction ? Sachons conserver la patience parmi les afflictions.

Le Seigneur Jésus, comme les autres enfants, resta renfermé neuf mois dans le sein d'une mère, pour ramener en la société des neuf chœurs angéliques les hommes prisonniers dans ce monde, ou captifs dans les limbes. Sa bonté l'a réduit à cet état où sa patience le retient, et lui fai attendre le moment fixé pour sa naissance. Que nos cœurs soient touchés de ce qu'il a voulu descendre à une si profonde humilité ; affectionnons beaucoup cette vertu, et gardons-nous de jamais nous enorgueillir de notre élévation ou de notre réputation, quand le Seigneur de toute majesté s'est tant abaissé. Et comme nous ne pourrons jamais rendre dignement à Jésus-Christ ce bienfait d'être resté si longtemps pour nous dans le sein de sa Mère, sachons du moins le reconnaître ; remercions-le de tout notre cœur de ce qu'il a daigné nous choisir parmi tant d'autres pour nous attacher à son service dans la retraite. C'est là de sa part un pur bienfait, un grand bienfait que nous devons beaucoup agréer et estimer, sans l'avoir mérité ; car ce n'est pas pour nous punir, mais pour nous garantir, que nous sommes enfermés ici dans la citadelle inexpugnable de la religion, où les flèches empoisonnées d'un monde pervers et les flots tumultueux d'une mer orageuse ne peuvent nous atteindre, à moins de nous y exposer témérairement. Faisons donc tous les efforts possibles pour fermer l'entrée de notre âme aux choses caduques, afin de ne penser qu'à Dieu dans la pureté de notre cœur ; car la retraite extérieure sert de peu ou ne sert de rien sans la retraite intérieure. « A quoi sert, dit saint Augustin, que votre corps soit dans la solitude si votre esprit est dans la dissipation ? » « A quoi sert, dit saint Grégoire, de vivre dans un cloître si l'imagination s'égare dans le siècle ? »

Efforçons-nous aussi de rendre grâces à Dieu en toutes choses, et de le bénir de tout notre cœur ; car ce qui donne à nos vertus de la noblesse et de la valeur devant Dieu, c'est que, sous le joug de l'obéissance, dans l'exil, dans la pauvreté, dans le mépris, dans la maladie, dans les tribulations nombreuses de l'âme et du corps, nous voulions, nous sachions et nous puissions louer et bénir Dieu avec amour, le remercier avec joie, le glorifier par nos œuvres et porter nos désirs vers le ciel. « Heureux le fidèle, s'écrie saint Bernard, qui soumet tous ses sens et toutes ses passions à la justice et à la raison, de sorte qu'il souffre tout pour le Fils de Dieu ; ses lèvres ne connaissent point les murmures, mais ne prononcent que des paroles de reconnaissance et de louange. » L'homme en effet qui réfléchirait attentivement à cette sentence de l'apôtre (Rom. c. 8, v. 28) : *Tout contribue au bien de ceux qui aiment Dieu*, parviendrait à une grande quiétude d'esprit, et verrait se réaliser en lui cet oracle du Sage (Prov. c. 12, v. 21) : *Quoi qu'il arrive au juste, il n'en sera pas attristé.* « Car tout ce qui nous arrive, dit saint Augustin (in Ps. 86), nous arrive par la permission de Dieu et non par la puissance de notre ennemi. » Il pourrait dire aussi avec Job (c. 1, v. 21) : *Il m'est arrivé comme il a plu au Seigneur ; que son saint nom soit béni.* — Oui, n'en doutez pas, Dieu ne permet les afflictions et les malheurs, que pour le bien de ses serviteurs ; quelquefois c'est afin que l'homme dégoûté du monde méprise tous les avantages temporels, et que s'attachant au Seigneur, il soupire après les biens éternels. Car, selon la remarque de saint Augustin (in Ps. 9), « l'âme ne se convertit à Dieu que quand elle se détourne du siècle ; et rien n'est plus propre à la détourner du siècle que de voir les eaux de la douleur mêlées aux périls de la volupté. Si Dieu ne détrempait d'amertumes les joies présentes, nous l'oublierions bien vite. C'est encore la pensée du Psalmiste qui dit à Dieu (Ps. 15, v. 4) : *Vous avez multiplié leurs maux, et ils sont accourus vers vous.*

D'autres fois, Dieu envoie des tribulations à l'homme, afin qu'il connaisse mieux ses péchés, qu'il s'en repente et s'en corrige, et qu'il soit ainsi purifié et justifié. Suivant saint Augustin (in Ps. 24) : la tribulation est pour l'homme juste ce que la lime est pour le fer, le creuset pour l'or, et le fléau pour le grain. *Nous avons bien mérité ces châtiments*, disaient les frères de Joseph, *parce que nous avons péché contre notre frère* (Gen. c. 42, v. 21). — La tribulation fait aussi mieux connaître à l'homme sa faiblesse, lorsqu'il se voit sans secours. Après l'avoir expérimenté, le prophète royal le confessait au Seigneur en ces termes : *Au temps de ma prospérité j'ai dit que je ne m'éloignerais jamais de vous ;* mais pour me montrer mon impuissance, *vous avez détourné votre face de moi, et je suis tombé dans le trouble et l'affliction* (Ps. 29, v. 7). — La tribulation maintient l'humilité, et garde toutes les vertus, parce qu'elle nous empêche de présumer de nos mérites et de nous enfler de superbe. *De peur que je ne m'enorgueillisse des sublimes révélations*, dit saint Paul, *Dieu m'a donné pour me confondre et pour me tourmenter l'aiguillon de la chair, l'ange de Satan* (II ad Cor., c. 12, v. 7). — La tribulation nous fait voir quel grand mal c'est d'abandonner Dieu et d'en être abandonné, comme le fait observer Jérémie (c. 2, v. 19) en disant : *Sachez et voyez combien il est funeste et amer d'avoir quitté le Seigneur votre Dieu, et de ne posséder plus sa crainte.* — D'autres fois, au moyen de la tribulation, Dieu veut faire éclater la patience de quelque illustre personnage, afin de nous enseigner cette vertu par les exemples des saints. Nous en trouvons un parfait modèle dans Job lorsqu'il dit (c. 6, v. 10) : *Dans les douleurs extrêmes dont le Seigneur m'accablera sans ménagement, qu'il me reste du moins cette consolation de ne contredire jamais en rien ses saintes ordonnances.*

Quelquefois, Dieu frappe les uns pour effrayer les autres, afin de les porter par une crainte salutaire à changer de conduite ; c'est ce qu'exprime cette maxime du livre des Proverbes : *Le coupable châtié rendra le fou plus sage* (Prov. c. 19, v. 25). — Quelquefois aussi, le Seigneur afflige ceux qu'il sauve ensuite pour prouver sa gloire et manifester sa puissance. C'est ce que Jésus-Christ lui-même a déclaré en guérissant l'aveugle-né, et en ressuscitant son ami Lazare (Joan. c. 19 et 21). — Le Seigneur afflige encore pour que nous ressentions les effets de son amour, et que nous reconnaissions les marques de sa miséricorde ; car, d'après le second livre des Machabées (c. 6, v. 13), *c'est une preuve remarquable de la bonté divine de punir promptement les pécheurs, afin de ne pas les laisser longtemps agir à leur guise.* Suivant saint Jérôme (in cap. 8 Ezech.), c'est un grand malheur de ne pas obtenir miséricorde ici-bas par la voie des souffrances. Selon saint Augustin (in Ps. 88) : c'est un signe que Dieu est fort irrité contre un homme, quand bien loin de le punir de son péché, il le laisse précipiter sans frein dans le péché. — Par les afflictions, Dieu se preveut encore exciter en nous plus de confiance et d'espérance. Vous devez être dans la crainte, dit saint Augustin (loco cit.), lorsque vous êtes dans la prospérité. Ne vaut-il pas mieux être tenté et éprouvé, que de n'être pas tenté et d'être réprouvé ? C'est lorsque Dieu ne paraît pas irrité, qu'il l'est davantage, dit saint Bernard (Serm. 2 in Cant.) ; ce n'est pas lorsque j'ignore, mais c'est lorsque je ressens sa colère, que je suis particulièrement assuré de sa clémence ; car *après son courroux, il se souviendra de sa miséricorde* (Tob. c. 3, v. 13).

Le Seigneur afflige quelquefois, afin de montrer combien il est disposé à secourir l'homme qui l'invoque du fond de son cœur. *De la tribulation où j'étais plongé*, dit le saint roi David (Ps. 119, v. 1), *j'ai crié vers le Seigneur, et il m'a exaucé.* — D'autres fois Dieu envoie des afflictions, afin d'éprouver si l'homme l'aime sincèrement et s'il possède de solides vertus. La tribulation, dit saint Grégoire, fait connaître si une âme qui était dans le calme avait pour Dieu une véritable affection, car personne ne connaît ses forces dans la paix, et on ne peut exercer ses vertus sans combat. — Dieu afflige aussi l'homme pour lui faire gagner une couronne plus brillante par le mérite de la patience, comme Job et les martyrs en sont témoins. *Heureux l'homme*, déclare saint Jacques (c. 1, v. 12), *qui supporte la tentation, parce que, après avoir subi l'épreuve, il recevra la couronne de vie que Dieu a promise à ses vrais amis.* — En outre, d'après saint Chrysostôme, Dieu envoie la tribulation à l'homme comme un signe qu'il possède des trésors et qu'il a reçu des dons excellents que le démon cherche à lui ravir; car Satan ne l'environnerait pas de piéges, s'il ne le voyait entouré de quelque grand honneur : s'il a attaqué Adam, c'est parce qu'il a remarqué sa dignité, s'il a assailli Job, c'est parce qu'il a envié sa gloire.

Enfin, il y a des hommes que Dieu accable de maux et de calamités, non pour les purifier et les délivrer de leurs péchés, mais pour les punir et se venger par un commencement anticipé de leur damnation éternelle. C'est ce qui arrive aux réprouvés ; c'est ce qui est arrivé à Antiochus, à Hérode et à plusieurs autres. Aujourd'hui encore beaucoup de personnes souffrent, auxquelles paraissent convenir ces terribles paroles de Jérémie (c. 17, v. 18) : *Affligez-les, Seigneur, d'une double afflic-*

tion. Car pour les pécheurs impénitents, les douleurs d'ici-bas sont comme le prélude et le début des peines de l'enfer ; et la grandeur de leurs misères présentes est comme un signe des supplices incompréhensibles qui les attendent. Dieu agit bien autrement à l'égard de ses serviteurs : car dans sa miséricorde, il dispose tout pour leur avantage. Ainsi donc tout ce que le Seigneur fait ou permet est déterminé par sa justice ou sa miséricorde, de sorte que nous devons le louer en toutes choses. C'est pourquoi saint Augustin a dit : « La véritable humilité des fidèles consiste à ne s'enorgueillir de rien, et à ne se plaindre de rien, à n'être ni ingrat, ni murmurateur, mais à remercier Dieu dans tous ses jugements, et à le glorifier dans toutes ses œuvres qui sont ou justice ou miséricorde. »

En présence de toutes ces considérations, appliquez-vous à fortifier et à régler votre cœur de telle façon que vous acceptiez avec humilité, soumission, patience et joie, toutes les adversités et contrariétés qu'il plaira au Seigneur de vous envoyer. Exercez-vous ainsi dans la vie spirituelle avec une ferveur si grande que vous soyez heureux de tout endurer pour l'amour de Jésus-Christ : car par lui-même et par les siens, il nous a frayé et montré cette voie de la perfection, en nous laissant son exemple pour y marcher tous à sa suite. En effet, s'il a souffert c'est afin de nous apprendre que les élus et les fils du royaume céleste doivent souffrir dans le corps et dans l'âme ; car, d'après saint Paul (Heb. c. 12, v. 8), *ceux qui ne sont point affligés ne sont point les véritables enfants de Dieu*. Selon saint Augustin (in Ps. 38) : « celui qui n'est pas soumis à quelque peine, ne doit pas être compté parmi les enfants légitimes. » « Que personne, ajoute-t-il, n'attende autre chose que ce que l'Évangile lui promet : car ce que les saintes Écritures ont annoncé doit nécessairement être accompli jusqu'à la fin. Or elles ne nous annoncent dans ce monde que tribulations, persécutions, angoisses, surcroît de douleurs et multitude de tentations. Préparons-nous avec soin, pour ne pas succomber, quand il plaira à Dieu de nous les envoyer. Quelquefois cependant les pécheurs ne sont pas ou ne sont presque pas affligés en ce monde, parce qu'il n'y a chez eux aucun espoir d'amendement. Mais la souffrance est une nécessité pour tous ceux à qui la vie éternelle est réservée ; car, au témoignage de saint Paul (Heb. c. 12, v. 6), *Dieu châtie comme un père tout fils qu'il admet dans sa maison*, c'est-à-dire qu'il doit admettre dans son héritage éternel. Remarquez bien que l'apôtre dit *tout fils*, par conséquent le Fils unique lui-même qui était sans péché. Or le Père qui châtie le Fils unique qui n'a pas péché, pourra-t-il ne pas châtier le fils adoptif qui a péché ? Apprenons donc à souffrir par l'exemple de ce Fils unique qui a été châtié, quoiqu'il n'eût pas péché. Ainsi ne nous troublons point si nous voyons quelque homme juste et saint subir des traitements cruels et indignes; mais pensons à ce qu'a enduré le Juste et le Saint par excellence : il a méprisé tous les biens de ce monde, pour nous apprendre à les mépriser et à ne pas les chercher comme s'ils pouvaient nous rendre heureux ; il a de plus souffert tous les maux de ce monde, pour nous engager à les souffrir, et à ne pas les craindre comme s'ils pouvaient nous rendre malheureux.»Telles sont les paroles même de saint Augustin. — Concluons que la tribulation et l'affliction ici-bas nous sont utiles et avantageuses, que par conséquent elles ne doivent pas nous abattre et nous impatienter : mais plutôt que nous devons les désirer et les aimer, parce que souvent elles nous éloignent du mal et nous portent au bien. Au contraire, tout ce qui n'est pas souffrance, nous dévons le regarder et fuir comme un danger, parce qu'il entraîne au mal et nous éloigne du bien.

Prière.

Seigneur Jésus, vous le rempart inexpugnable de tous ceux qui espèrent en vous, soyez mon refuge dans la tribulation ; voyez les afflictions et les angoisses qui me pressent de toutes parts, ayez pitié de ma misère, et assistez-moi dans votre miséricorde. Considérez combien je suis faible, et protégez-moi comme un père compatissant, de sorte que soutenu par votre providence, je ne sois jamais privé de votre consolation et de votre grâce. Souvenez-vous, Seigneur, que je suis votre créature, et éloignez de moi les embûches de mes ennemis, afin que fortifié par votre secours je ressente la douceur de votre bonté, et que je paie pour mes péchés la dette d'une digne pénitence.

CHAPITRE IX

NAISSANCE DU SAUVEUR

Luc. c. 2, v. 1-20

En ce temps-là, lorsque Marie était enceinte, on publia un édit de César-Auguste, pour faire le dénombrement de tous les habitants de la terre, (Luc. c. 2, v. 1). c'est-à-dire que chaque citoyen de l'Empire devait être inscrit dans sa ville, pour payer le cens. Lorsque la naissance du Sauveur est proche, dit saint Grégoire, un recensement de l'univers est ordonné, parce qu'il allait paraître dans la chair, Celui qui devait inscrire ses élus pour l'éternité. Daignez, Seigneur Jésus, me compter quoique indigne parmi vos élus, et m'inscrire pour l'éternité ! — Le Christ étant notre Roi, nous devons lui rendre le tribut de la foi et de la justice par nos sentiments, nos paroles et nos œuvres. Nous lui devons un denier, c'est-à-dire nous lui devons l'hommage de notre âme qui reflète la lumière de son visage, et qui reproduit sa ressemblance ; nous lui devons aussi l'observation du décalogue qui porte l'empreinte de notre Roi et qui représente sa volonté : de même que personne ne pouvait se soustraire à l'obligation de l'impôt, de même personne ne peut se soustraire à l'obligation de la loi chrétienne.

Le premier empereur romain fut Jules César ainsi appelé, suivant saint Isidore, ou parce qu'il vint au monde par le moyen de l'opération dite césarienne, ou parce qu'il naquit à Césaria, ou parce qu'il taillait en pièces ses ennemis, (fortiter hostes cædebat). C'est de lui que les autres empereurs ont tiré leur nom de César. Après sa mort, il eut pour successeur comme second empereur son neveu Octave appelé Auguste, du mot latin *augere*, parce qu'il augmenta, agrandit beaucoup la république et l'empire romain : c'est aussi de lui que les autres empereurs ont pris leur nom d'Auguste. Octave ajoutant à son nom celui de son oncle se fit appeler César-Auguste. C'est à cause de lui que le mois dit auparavant *sextilis*, ou le sixième, a été appelé août, soit parce qu'Auguste avait vu le jour à cette époque de l'année, soit parce qu'il était alors revenu triomphant après la fameuse bataille d'Actium. Ce fut Auguste qui à Rome inaugura le gouvernement impérial ou monarchique absolu : il régna cinquante-sept ans, et jouit douze ans d'une paix profonde, vers le temps où naquit le Christ. Le Christ voulut naître alors au sein de cette paix qui lui faisait honneur comme à son maître : car il chérit tellement la paix qu'il daigne visiter continuellement ceux qui la cherchent avec amour comme le fruit de la charité. Il convenait aussi que la paix précédât la naissance de Celui que les prophètes avaient prédit comme un Roi pacifique, comme le Prince de la paix, et qu'elle annonçât l'avènement de Celui qui devait la prêcher aux hommes en vivant sur la terre, et la laisser à ses disciples en remontant au ciel. On doit tirer de là cette conclusion morale : que le Verbe éternel ne prend naissance que dans un cœur où règne la paix ; *il a choisi sa demeure dans la paix*, comme le Psalmiste le déclare (Ps. 75, v. 3).

L'univers étant donc pacifié dans toutes les parties, après plusieurs siècles de perturbations continuelles, se recueillait et se reposait en silence sous le tranquille gouvernement de César-Auguste. Cet empereur désireux d'entretenir la paix universelle par des lois équitables, porta un édit général qui ordonnait le dénombrement du monde entier. Il voulait connaître le nombre des provinces assujetties à la domination romaine, dans chaque province le nombre des villes, et dans chaque ville le nombre des personnes ; il saurait par là quels impôts étaient dus d'après les lois pour ne pas grever injustement les diverses contrées, et quel régime était plus convenable pour administrer les pays tributaires. Dans ce but, il avait décrété que les citoyens des villes, bourgs et villages, quel que fût le lieu de leur habitation, se rendraient à la cité sur le territoire de laquelle ils auraient leurs propriétés, ou bien auraient pris naissance ; que chacun se reconnaîtrait soumis à l'empire et obligé à l'impôt, en donnant au proconsul un denier. Car le nom et l'effigie de César étaient gravés sur cette pièce en argent, appelée denier, parce qu'elle avait la valeur de dix *as* ou dix sous ordinaires. Or ce paiement du denier légal était appelé *profession*, parce que chacun, quand il remettait au proconsul le denier légal, le plaçait sur sa tête, en professant verbalement qu'il était sujet de l'empereur. Ce paiement était appelé aussi *enregistrement*, parce qu'on inscrivait sur les registres publics le nombre exact de toutes les personnes contribuables. Il y avait ainsi une triple profession ; l'une de fait, lorsqu'on payait le cens par tête à l'empereur ; l'autre de vive voix, lorsqu'on s'avouait sujet de l'empire ; la troisième par écrit, lorsque le nom de chaque contribuable était inscrit.

Ce premier dénombrement fut fait par le gouverneur de Syrie, Cyrinus que César-Auguste avait envoyé pour gouverner la Syrie, avec la double qualité de proconsul et de juge. La Judée qui n'avait pas de gouverneur spécial, dépendait de celui de la Syrie, dont elle faisait partie. Ce dénombrement est représenté comme le premier, peut-être relativement à Cyrinus : car, la Syrie étant une province au milieu de laquelle la Judée est située, comme le centre même de la terre habitable, on dit que Cyrinus avait été chargé de commencer le dénombrement que les autres proconsuls devaient continuer dans les régions environnantes. Peut être aussi que ce dénombrement fut le premier universel et commandé pour tout l'univers, au lieu que tous les précédents avaient été partiels et ordonnés seulement pour quelque région. Peut-être encore que ce premier dénombrement ici mentionné, est celui des individus qui devait être fait dans chaque cité par le gouverneur ; tandis que le second, celui des cités, devait être fait dans chaque région par un délégué de l'empereur ; et le troisième, celui des régions, devait être fait à Rome en présence de César (1).

(1) Voir note XXVII à la fin du volume.

Ce fut alors que la Judée commença à devenir tributaire des Romains; et depuis cette époque le paiement de l'impôt paraît avoir eu lieu chaque année, puisque nous lisons dans l'Évangile ces paroles adressées à saint Pierre: *Votre maître ne paie-t-il pas les deux drachmes,* c'est-à-dire le tribut annuel? (Matth. c. 17, v. 23).

Tous allaient donc se faire enregistrer, chacun dans la ville dont il était originaire (Luc. c. 2, v. 3). Les neuf mois de la grossesse de Marie touchaient à leur terme, lorsque *Joseph partit de Nazareth, en Galilée,* où il demeurait; et *avec Marie son épouse qui était enceinte, il monta vers Bethléem de Judée, appelée la cité de David,* parce que ce roi y était né et y avait été sacré (Luc. c. 2, v. 4). Joseph et Marie qui étaient tous deux de la maison et de la famille de David, allèrent en cette ville où habitaient leurs parents et alliés, afin de s'y faire enregistrer comme les autres. Admirez ici comment le Seigneur, à cause de vous, fait inscrire son nom sur la terre, afin que votre nom soit inscrit au ciel. En cela, il nous donne un exemple de cette humilité parfaite qui a commencé dès sa naissance et qui continuera jusqu'à sa mort, où il s'est anéanti lui-même, en se soumettant au supplice de la croix. Considérez avec attention, dit saint Bède (in cap. 2, Luc.), combien grande et combien charitable fut l'humilité du Sauveur, qui non-seulement s'est incarné pour nous, mais qui a daigné s'incarner dans le temps où il allait être soumis au cens de César, afin de nous procurer la liberté par cette servitude volontaire. Remarquez aussi que la Bienheureuse Vierge Marie, quoiqu'elle eût déjà conçu le Roi du ciel et de la terre, voulut, comme son époux Joseph, obéir au décret impérial, afin de pouvoir dire avec son fils: *C'est ainsi que nous devons accomplir toute justice* (Matth. c. 3, v. 15);

et afin de nous apprendre à obtempérer aux puissances supérieures.

Ce long voyage cause de nouvelles fatigues à Notre-Dame; car il y a trente-cinq milles de Nazareth à Jérusalem, et cinq milles environ de Jérusalem à Bethléem ou Ephrata, qui est située vers le midi, sur le penchant de la montagne de Jérusalem. En voyant Marie aller ainsi d'une province à une autre, malgré son état de grossesse et l'approche de son terme, on reconnaît qu'elle n'avait point le corps appesanti. « La Vierge quoique enceinte, dit saint Augustin, conservait une joyeuse agilité; car la lumière qu'elle portait en son sein, ne pouvait être un poids pour elle. » — Ce n'est pas sans instruction pour nous que Joseph, afin de payer le cens à l'empereur, monte d'une province en une autre, de Galilée en Judée, et d'une ville en une autre, de Nazareth à Bethléem. En effet, Joseph qui signifie *accroissement*, figure tous ceux d'entre nous qui veulent croître spirituellement. Si nous voulons payer le tribut de dévotion au Roi éternel, comme Joseph, nous devons marcher dans la voie des vertus, et monter de Galilée en Judée, c'est-à-dire de la vie inconstante et légère du monde nous élever à la confession et à la louange de Dieu; car, Galilée signifie *transmigration ou passage, roue qui tourne, chose versatile;* et Judée signifie *confession, louange.* En allant ainsi, nous monterons de Nazareth à Bethléem, c'est-à-dire de la vie active où fleurissent les vertus, à la vie contemplative, où les âmes trouvent leur véritable nourriture; car Nazareth signifie *fleur*, et Bethléem, *maison du pain ou de réfection.* Comme Joseph monta avec Marie, et vécut avec Marie jusqu'à sa mort, nous devons aussi avoir toujours pour compagne la pénitence signifiée par le nom de Marie, *mer d'amertume.*

Joseph et Marie, arrivés à Bethléem, ne purent, à cause de leur pauvreté, trouver un logement, parce que l'affluence était très-considérable. Que nos cœurs soient ici touchés de compassion, à la vue de cette Vierge tendre et délicate, âgée de quinze ans, fatiguée d'un long voyage, n'osant se produire parmi les hommes, cherchant et ne trouvant point un lieu pour se reposer. Tout le monde rejette les deux époux ; ils se retirent alors dans un gîte situé sur la voie publique, à l'extrémité de la ville, près de ses portes. Il était pratiqué dans le creux du rocher, et n'avait point d'autre toit que la saillie du rocher. D'après saint Bède, cet abri, placé entre deux rues, a de chaque côté un mur et une issue sur chaque rue. Il est couvert pour soustraire aux intempéries de l'air les hommes qui, aux jours de fête, viennent y goûter les douceurs de la conversation et du repos. C'est la figure de l'Église qui est située entre le paradis et le monde, pour nous fournir un asile contre les débordements du siècle. — Les personnes qui venaient pour affaires à Bethléem, laissaient ordinairement à l'endroit dont nous parlons, les animaux qu'elles avaient amenés. Probablement, Joseph, qui était charpentier, avait fait une crèche pour l'âne et le bœuf qu'il avait conduits avec lui : car l'âne avait porté la Vierge enceinte, et le bœuf devait être vendu pour payer les frais du cens et du voyage. Peut-être aussi, Joseph avait amené seulement un âne qui mangeait à la même crèche avec un bœuf, que quelqu'autre avait amené pour le vendre. Peut-être même que d'autres personnes avaient conduit les deux animaux qui se trouvèrent en ce gîte. Quoi qu'il en soit, écoutons ici saint Chrysostôme (Hom. de Nativitate Domini ex Luca) : « O vous tous qui êtes pauvres, cherchez ici votre consolation; Joseph et Marie, la Mère du Seigneur, n'avaient ni serviteur, ni servante ; ils viennent seuls, sans monture, de Galilée et de Nazareth. Ils sont eux-mêmes leurs maîtres et domestiques tout à la fois. Chose étonnante ! Ils vont chercher un abri, non dans une maison de la ville, mais dans une hôtellerie près de la porte de cette ville ; car pauvres et timides, ils n'osent se mêler avec les grands et les riches.

C'est dans cette espèce de grotte que l'heure de l'enfantement arriva, à minuit du Dimanche. En effet, pendant la nuit du jour même où il avait dit autrefois (Gen. c. 1, v. 3) : *Que la lumière soit*, le Verbe divin, descendant des demeures célestes, *nous visita comme le soleil levant* (Luc. c. 1, v. 78), et alors la Vierge mit au monde son Fils, que l'Évangile appelle *premier-né*, pour marquer, non pas qu'elle en eut d'autres ensuite, mais qu'elle n'en avait pas eu d'autre auparavant ; car, selon Bède le Vénérable (in cap. 2 Luc.), on appelle premier-né, non pas celui qui a été suivi, mais celui qui n'a pas été précédé d'autres enfants. Puis le même auteur ajoute : Tout fils unique est premier-né, et tout premier-né est comme tel, fils unique. D'ailleurs, comme le Fils de Dieu a voulu naître dans le temps d'une mère selon la chair, pour avoir un grand nombre de frères adoptifs par la régénération spirituelle, c'est pour cela qu'on l'a plutôt appelé *premier-né* que Fils unique, aussi, le Vénérable Bède ajoute que Jésus-Christ est fils unique comme Dieu par la génération éternelle, et premier-né comme homme par l'Incarnation. Il naît dans la nuit, parce qu'il vient sans éclat, pour ramener à la lumière de la vérité ceux qui étaient plongés dans la nuit de l'erreur. — Dès que son Fils fut né, la Vierge mère l'adora comme Dieu, puis elle s'empressa de *l'emmaillotter dans des langes* qui étaient chétifs et vieux, comme semble l'indiquer le mot *pannus* ; ensuite *elle le coucha*, non pas dans un berceau doré, mais dans une *simple crèche*, entre deux vils animaux, un bœuf et un âne, *parce qu'elle n'avait pu trouver d'autre place dans l'hôtellerie* (Luc. c. 2, v. 7) (1). Telle fut l'extrême pauvreté et l'indigence du Christ ; que non-seulement il ne put naître dans sa propre maison, mais qu'il ne put pas même trouver dans une hôtellerie publique un endroit convenable, et que, à défaut d'autre place, il fallut le mettre dans une crèche. C'était l'accomplissement de cette parole : *Les renards ont leurs tanières, les oiseaux leurs nids, et le Fils de l'homme n'a pas où reposer sa tête* (Matth. c. 8, v. 20). L'étable même était tellement encombrée, qu'il rencontra seulement un espace très-resserré entre de vils animaux ; en sorte qu'il a pu dire comme le Psalmiste (Ps. 72, v. 23) : *J'ai été traité chez vous comme une bête de somme, comme un être dépourvu de raison et cependant je suis toujours resté avec vous.*

Jésus-Christ reposa d'abord dans le sein d'une Vierge, puis dans la crèche des animaux, ensuite sur le gibet de la croix, enfin dans un sépulcre qui ne lui appartenait pas. Quelle indigence ! Quels lits de repos ! Ainsi, dès sa naissance, il commença à nous enseigner par son exemple l'état de la perfection qui consiste dans l'humilité, la mortification et la pauvreté ; de façon qu'il put dire avec le Psalmiste (Ps. 87, v. 16) : *Je suis pauvre et souffrant depuis mon enfance.* Dans la crèche, il condamne les honneurs, les pompes et les vanités de ce monde, ainsi que les délices, les voluptés et les plaisirs de la chair, avec les richesses, les possessions et les superfluités de la terre. Aussi entendons saint Anselme qui s'écrie (in speculo Evangelici

---

(1) Voir note XXVIII à la fin du volume.

sermonis, c. 4) : « O admirable condescendance qui mérite tout notre amour! Dieu dont la gloire est immense n'a pas dédaigné de devenir un chétif vermisseau; le souverain Seigneur de tous a voulu paraître esclave avec nous. Ce n'était pas assez pour vous, grand Dieu, de vous rendre notre semblable; vous avez encore voulu devenir notre frère. Et vous, Maître de l'univers à qui rien ne manque, vous n'avez pas refusé de ressentir les rigueurs humiliantes de la dernière pauvreté, dès vos premiers pas dans la carrière de la vie mortelle : car, comme vous ne naissiez point pour vous, vous n'avez point trouvé pour vous de place dans une hôtellerie, vous n'avez pas eu de berceau pour y reposer vos membres tendres et délicats; mais une misérable crèche, dans une pauvre étable, a reçu votre faible corps enveloppé de haillons; telle est la première couche que votre mère a été contrainte d'emprunter à de grossiers animaux, pour vous qui soutenez la terre de votre main puissante. Consolez-vous donc, oui consolez-vous, chrétiens, qui vivez dans les privations, puisqu'un Dieu partage votre dénûment. Il n'est pas étendu sur un lit splendide et agréable, il n'est pas logé dans un palais somptueux et magnifique. Pourquoi donc, ô riches qui n'êtes que poussière, vous glorifiez-vous d'une couche élégante et moelleuse, lorsque le Roi des rois a ennobli par son choix le grabat des pauvres? Pourquoi avez-vous horreur d'une couche austère, lorsque le tendre Enfant qui possède tous les empires, a préféré à la soie et à la plume de vos lits, le foin et la paille des animaux? »

Après saint Anselme entendons saint Bernard dire sur le même sujet (serm. 5 in Natali Domini) : « Le Christ condamne par son enfance silencieuse les longues conversations, par ses larmes touchantes les ris excessifs, par ses rudes haillons les habits luxueux, par l'étable et la crèche ceux qui ambitionnent les places les plus honorables dans les assemblées. La grande nouvelle du Sauveur naissant est portée aux pauvres bergers qui veillent et qui travaillent, et non pas à vous, riches, qui cherchez en vous et non en Dieu la consolation. Le même saint docteur dit ailleurs : « Le Fils de Dieu vient au monde, et Lui, qui pouvait à son gré choisir l'époque la plus convenable, choisit la saison la plus rigoureuse, surtout pour le petit enfant d'une mère pauvre, qui avait à peine quelques langes pour l'emmaillotter, et une simple crèche pour le coucher. Quant aux chaudes fourrures qui lui étaient si nécessaires, il n'en est fait aucune mention. Or, si le Christ, qui est la vérité infaillible, a choisi ce qui était le plus pénible et le plus contraire à la chair, c'est que cela même doit être préféré comme le meilleur et le plus utile ; si quelqu'un prétendait enseigner ou persuader une autre doctrine, il faudrait le fuir comme un séducteur. Cependant, mes frères, l'enfant réduit à un tel état est celui-là même qu'Isaïe a promis autrefois (c. 7, v. 15), comme *sachant réprouver le mal et choisir le bien*. Il faut donc que les plaisirs de la chair soient un mal et que les mortifications du corps soient un bien, puisque celles-ci sont adoptées et que ceux-là sont rejetés par cet Enfant, la Sagesse même, par le Verbe revêtu d'une chair faible, d'un corps tendre, incapable de tout effort et de toute résistance. Hommes sensuels, fuyez donc la volupté, parce qu'avec la délectation elle fait entrer la mort dans l'âme ; faites pénitence, parce que la pénitence ouvre la porte du ciel. Telle est la leçon qui ressort et qui s'échappe de cette étable et de cette crèche. N'est-ce pas ce que vous disent clairement les membres délicats de ce Nouveau-né ? N'est-ce pas ce que vous annoncent hautement ses larmes et ses vagissements ? Oh ! Puissiez-vous, Seigneur, attendrir mon cœur qui est si dur ! Puisque le Verbe s'est fait chair, faites que mon cœur soit sensible comme la chair ! N'est-ce pas ce que vous avez promis, en disant par la bouche de votre prophète Ézéchiel (c. 36, v. 26) : *Je vous enlèverai ce cœur de pierre, et je vous donnerai un cœur de chair ?* » Ainsi parle saint Bernard.

Puisque vous avez contemplé la naissance du Roi des rois et l'enfantement de la Reine des Cieux, vous avez pu remarquer dans Jésus et Marie la pauvreté la plus stricte. Cette vertu est la pierre précieuse de l'Évangile, pour l'achat et pour l'acquisition de laquelle nous devons tout vendre et tout donner ; elle est la pierre fondamentale de l'édifice spirituel; elle est la voie qui conduit au salut, la base de l'humilité, et la racine de la perfection, racine dont les fruits sont très-abondants, quoique cachés. — Vous avez pu observer aussi dans Jésus et Marie l'humilité la plus profonde, puisqu'ils n'ont pas dédaigné l'étable, la crèche, les langes et les animaux, afin de nous donner l'exemple d'une parfaite humilité. Car sans l'humilité, point de salut, parce qu'aucune œuvre entachée d'orgueil ne peut être agréable à Dieu. Si nous pouvons acquérir, ou conserver, ou développer en nous quelques vertus, c'est à l'humilité que nous le devons ; et sans elle, toutes les autres vertus n'ont pas même l'apparence de vertu. — Vous avez pu considérer encore dans Jésus et Marie, et surtout dans le divin Enfant, des souffrances corporelles qui ne furent pas médiocres. Mais entre autres afflictions qu'il dut endurer, il en est une que nous devons mentionner. Ainsi, comme sa mère n'avait point d'oreiller ou autre coussin, lorsqu'elle le déposa dans la crèche, elle ne put, sans une vive amertume de cœur, lui mettre sous la tête qu'une dure pierre, recouverte sans doute du foin emprunté aux animaux. On dit que l'on voit encore cette pierre conservée comme un précieux souvenir. Efforcez-vous donc d'aimer et de pratiquer la pauvreté, l'humilité, la mortification corporelle, afin d'imiter le Christ en cela, selon votre faible pouvoir. « Jésus-Christ, dit saint Bernard (serm. 4 de Resurrectione), nous montre par trois exemples la voie que nous devons suivre. Ainsi, en rejetant les richesses de ce monde, il nous a donné l'exemple de la pauvreté qui rend l'homme léger et dégagé pour mieux marcher; en méprisant les honneurs de ce monde, il nous a donné l'exemple de l'humilité, qui rend l'homme modeste et petit pour mieux se cacher; en souffrant les peines de ce monde, il nous a donné l'exemple de la patience, qui rend l'homme ferme et courageux pour mieux résister. »

Maintenant examinons quels ont dû être les motifs de l'Incarnation ? D'abord, selon saint Anselme, notre Rédempteur a voulu, par le remède de son Incarnation, guérir l'aveuglement de notre âme ; car, nous qui ne pouvions regarder Dieu environné de son éclatante majesté, nous pouvons le considérer revêtu de l'enveloppe humaine, de telle sorte que nous le connaissions, que nous l'aimions, et qu'en le servant avec ardeur, nous nous efforcions de parvenir à sa gloire. Il a pris notre vie corporelle pour nous rappeler à la vie spirituelle ; il s'est rendu participant de notre mortalité, pour nous rendre participants de son immortalité; il est descendu jusqu'à notre bassesse pour nous élever jusqu'à sa grandeur. D'après saint Chrysostôme (hom. 2 In Matth.), le propre Fils de Dieu a daigné devenir fils de David, pour nous faire enfants de Dieu ; il a voulu avoir son serviteur pour aïeul, afin que Dieu fût à son tour notre père. Ce n'est pas sans cause ni sans effet qu'il s'est abaissé à une si profonde humilité ; c'est pour nous retirer d'un abîme d'humiliation. Il est né selon la chair, pour nous faire renaître selon l'esprit. Comme l'enfantement suit la conception, et comme le fruit remplace la fleur, il convenait que Jésus-Christ ayant été conçu à Nazareth, qui signifie *fleur*, naquît ensuite à Bethléem, qui signifie *maison du pain* ou *de réfection*. Chaque jour également, Jésus-Christ est conçu à Nazareth, et naît à Bethléem, lorsque quelque fidèle reçoit la fleur du Verbe divin dans son âme et devient la maison du pain éternel. Il convenait encore que Jésus-Christ naquît à Bethléem, c'est-à-dire *dans la maison du pain,* parce qu'*il est lui-même le pain vivant descendu du ciel* (Joan., c. 6, v. 51) et la nourriture spirituelle des élus. En outre, il naît à Bethléem, la plus petite cité de la Judée, pour n'avoir pas à se glorifier de la célébrité de sa ville natale. Il naît en voyage, et non dans la demeure de ses parents, pour nous montrer qu'il est étranger sur la terre et que son royaume n'est pas de ce monde; d'ailleurs ne dit-il pas : *Je suis la voie* qui conduit à la patrie céleste (Joan., c. 14, v. 6).

Jésus se retire dans une hôtellerie, pour nous apprendre que nous ne devons point chercher ici-bas des palais, mais seulement des gîtes comme voyageurs. Il choisit une étable pour le lieu de sa naissance, parce qu'il dédaigne la beauté des édifices et la gloire du monde. Il se fait petit, pour nous rendre grands comme des hommes parfaits, et afin que désormais personne sur la terre n'osât se glorifier de sa grandeur. Il se rend faible, afin que nous soyons forts et puissants pour les bonnes œuvres. Il devient pauvre, pour nous enrichir par son dénûment, et afin que personne ne s'applaudisse de ses possessions terrestres. Il se laisse emmailloter avec de vils langes, pour nous arracher aux étreintes de la mort, et nous revêtir de la robe primitive de l'immortalité. Si ses pieds et ses mains sont retenus et resserrés, c'est afin que nos mains soient libres pour l'exécution du bien, et que nos pieds soient dirigés dans le chemin de la paix. Il manque de place dans une hôtellerie, afin de nous préparer de nombreuses demeures dans la maison de son Père. S'il veut être couché dans une crèche étroite, c'est pour nous apprendre à ne pas rechercher les lits moëlleux et les magnifiques habitations ; c'est pour dilater nos âmes, en les remplissant des joies célestes ; c'est pour que nous lui ouvrions une demeure agréable dans notre cœur qu'il demande par ces paroles touchantes (Prov., c. 23, v. 26) : *Mon fils, donne-moi ton cœur.*

Si Jésus veut être ainsi déposé dans la mangeoire même des bestiaux, c'est pour que sa chair devienne la pâture des saintes âmes, et afin qu'il soit aussi comme la nourriture de créatures inintelligentes ; car par le péché l'homme est devenu comme un être sans raison, d'après cette parole du Psaume 48, v. 15 : *L'homme n'a pas compris l'honneur auquel il avait été élevé ; il s'est rabaissé au niveau des brutes, et s'est fait semblable à elles.* C'est pourquoi le Seigneur s'est fait comme l'herbe des champs qui est la pâture des animaux ; car *le Verbe s'est fait chair,* dit saint Jean (c. 1, v. 14), et *toute chair est comme l'herbe des champs,* dit Isaïe (c. 40, v. 6). Le bœuf qui représente le peuple juif, et l'âne qui figure le peuple gentil, ont vu le Seigneur au milieu d'eux ; par miracle, ils l'ont reconnu, ils l'ont adoré en restant les genoux courbés en sa présence et ils l'ont loué, selon leur pouvoir, en faisant retentir leurs voix. « Vous entendez les vagissements de l'enfant, dit saint Ambroise (in Luc.), mais n'entendez-vous pas aussi les mugissements du bœuf qui reconnaît le Seigneur ? » Car, selon la prophétie d'Isaïe (c. 1, v. 3), *le bœuf a reconnu son maître, et l'âne la crèche de son Seigneur.* Ce qui fait dire à saint Grégoire de Nazianze (Oratione in Nativitatem Domini) : « Ah !

9.

chrétien, vénère cette crèche; car, tandis que tu étais comme un animal sans raison, tu trouves pour aliment dans cette crèche le Verbe et la Sagesse même de Dieu. Comme le bœuf reconnais ton maître, et comme l'âne reconnais ton Seigneur dans la crèche, tâche d'être au nombre des animaux que la loi ancienne regardait comme purs, c'est-à-dire sois au nombre de ces chrétiens qui savent ruminer et méditer souvent la parole de Dieu, et qui peuvent servir aux saints autels et aux divins sacrifices ; autrement, tu seras compté parmi les animaux que la loi appelait immondes, et tu ne pourras servir ni comme nourriture, ni comme victime au Seigneur. » — Marie peut bien représenter notre Mère l'Église, et Joseph, époux de Marie, figurer l'évêque qui porte l'anneau comme un époux de l'Église. De même que Marie devint féconde par la vertu du Saint-Esprit, et non par le secours de Joseph, de même l'Église, par la seule grâce de Dieu, enfante des chrétiens qui montent vers Bethléem, leur cité céleste, et se déclarent les humbles sujets de l'Empereur universel. L'Église produit un fruit de salut en chaque âme vertueuse, qui exécute le bien qu'elle avait conçu ; cette âme enveloppe de langes ce fruit de salut, si elle soustrait sa bonne œuvre aux louanges humaines ; elle le couche dans la crèche, si au lieu de s'enorgueillir de sa bonne action, elle ne fait que s'humilier davantage.

Aussitôt que le Seigneur fut né, les Anges l'environnèrent pour lui rendre hommage. *Il y avait alors aux environs des bergers qui passaient la nuit dans les champs, où ils veillaient tour à tour à la garde de leur troupeau* (Luc. c. 2, v. 8). Ils étaient à un mille environ de la grotte, près d'une tour appelée la *tour du troupeau*, située entre Bethléem et Jérusalem, à l'endroit où Jacob, revenant de la Mésopotamie, s'était arrêté avec son troupeau, et avait enseveli Rachel son épouse. C'est là qu'on voit encore dans une église trois monuments élevés en l'honneur de ces heureux bergers. *Et tout à coup, un Ange du Seigneur vint à eux* (Luc. c. 2, v. 9), vers la quatrième veille de la nuit ; car on comptait quatre veilles de la nuit : il leur apparut avec une robe éclatante de blancheur, et avec un visage rayonnant de joie. On croit que c'était Gabriel, celui-là même qui avait annoncé à la Vierge l'Incarnation du Verbe en son sein. Aussi se réjouissait-il plus que les autres de voir l'accomplissement de sa promesse, et il s'empressait plus que tous de publier la naissance du Christ. *Les bergers furent environnés d'une lumière divine*, qui éclaira tout à la fois leurs corps extérieurement et intérieurement leurs âmes. C'était un signe que le Soleil de justice venait de se lever, que le jour de la foi commençait à luire pour les cœurs droits, et que la splendeur de la gloire ne tarderait pas à briller. L'Ange apportait justement la lumière, parce qu'il venait annoncer Celui qui est la lumière véritable venant en ce monde pour tout homme (Joan. c. 1, v. 9).

Mais pourquoi l'Ange apparaît-il à des bergers de préférence à d'autres hommes ? D'abord, parce qu'ils étaient pauvres ; car c'était pour eux que le Christ venait au monde, d'après cette parole qu'il a prononcée par la bouche du Psalmiste : *Je viens maintenant à cause de la misère des indigents et de l'affliction des pauvres* (Ps. 11, v. 6). Ensuite, parce qu'ils étaient simples ; *car le Seigneur aime à converser avec les gens simples*, comme nous l'apprenons par le livre des Proverbes (c. 3, v. 32). C'était aussi parce qu'ils étaient vigilants : car le Seigneur dit en ce même livre (c. 8, v. 17) : *ceux qui veillent pour moi le matin me trouveront*. C'était en outre à cause du sens mystique, pour signifier que l'enseignement doit être transmis aux fidèles par le canal des pasteurs et des prélats. *Et ils furent saisis d'une grande crainte,* parce qu'ils n'étaient pas accoutumés à ces visions angéliques, et qu'ils avaient été surpris par cette clarté soudaine ; mais l'Ange les rassura, en disant : *Ne craignez point ; car je viens vous apporter une bonne nouvelle qui sera le sujet d'une grande joie pour tout le peuple,* c'est-à-dire pour l'Église qui doit se recruter de tous les peuples, des Juifs et des Gentils : *il est né pour vous,* pour votre bien comme pour celui de tous ; *aujourd'hui,* c'est-à-dire dans ce jour naturel, en joignant la nuit qui précède au jour qui suit ; je dis *aujourd'hui* plutôt qu'en cette nuit, parce que cette nuit illuminée de la clarté divine ressemble au jour le plus brillant ; oui, *aujourd'hui* même, *il vous est né un Sauveur,* l'auteur et le dispensateur du salut, *celui qui est le Christ* comme homme et *le Seigneur* comme Dieu ; *il vous est né dans la cité de David,* à Bethléem, d'où cet illustre monarque était originaire (Luc. c. 2, v. 10). Le nom de Christ qui vient du grec, signifie *oint ou sacré.* Dans l'ancienne loi, on sacrait, par une onction particulière, les rois et les pontifes. Or, puisque Jésus est roi et pontife tout ensemble, c'est à bon droit qu'il est appelé Christ, c'est-à-dire *oint ou sacré.* Ce n'est point la main de l'homme, mais celle de Dieu le Père qui, de concert avec les deux autres personnes de l'adorable Trinité, a versé dans l'humanité du Sauveur, la plénitude de sa grâce.

D'après Bède le Vénérable (cap. 2 Lucæ), l'Ange n'informa pas les bergers, comme il avait informé Marie et Joseph : à Marie, il avait annoncé qu'elle concevrait ; à Joseph, que Marie avait conçu ; et il annonce aux bergers que le Seigneur est né. Pourquoi ces messages différents ? C'était pour instruire suffisamment les hommes, et pour servir continuellement son Créateur. — Et parce que les Juifs avaient coutume de demander des signes (Ep. 1. ad Corint. c. 1, v. 22), l'Ange ajoute aux bergers (Luc. c. 2, v. 12) : *voici le signe que je vous donne, vous trouverez*, en le cherchant, parce qu'il ne se montre pas, mais qu'il se cache, *vous trouverez un enfant*, c'est-à-dire Celui qui ne parle pas encore, quoiqu'il soit la Parole substantielle, le Verbe divin, *enveloppé de langes*, non d'étoffes précieuses, et *couché dans une crèche*, non dans un riche berceau ; voilà d'un côté l'extrême indigence avec les vils habits, et d'un autre côté l'incomparable humilité, par laquelle le Seigneur des seigneurs descend jusqu'à reposer sur la litière de deux animaux grossiers. Comme les pasteurs étaient des gens simples et pauvres, de condition basse et méprisable, il fallait pour qu'ils ne craignissent pas d'approcher, leur montrer ainsi dans le Christ les indices de l'enfance, de la pauvreté et de l'humilité. Tels sont les signes de son premier avènement, mais bien différents seront ceux de son second avènement.

Les faits précédents contiennent pour nous d'utiles instructions. Nous apprenons par qui et comment Jésus-Christ peut être trouvé. L'enfance à laquelle il est réduit, n'appelle que les cœurs purs et simples ; les langes dont il est enveloppé, ne demandent que des pauvres ; et la crèche où il est couché, n'attire que les âmes humbles. Ce triple état de Jésus-Christ correspond au triple vœu de religion : le premier représente la chasteté, le second la pauvreté, le troisième l'obéissance. — Quand le souverain Pasteur naquit, un Ange apparut aux bergers qui gardaient leurs troupeaux pendant la nuit, comme pour nous montrer quelles qualités conviennent aux pasteurs de l'Église, qu'ils doivent être humbles et vigilants. Dans le sens mystique, dit saint Bède (cap. 2 Lucæ), les bergers gardiens des troupeaux représentent les docteurs et les directeurs des âmes fidèles, qui veillent sur la conduite de leurs sujets, de peur qu'ils ne défaillent, et qui passent la nuit à garder leurs brebis, de peur qu'elles ne soient dévorées par les loups infernaux. La nuit figure le péril des tentations, que les pasteurs parfaitement vigilants savent toujours éloigner des âmes confiées à leurs soins. L'Ange, à son tour, se tient à leurs côtés pour les protéger, et la lumière divine les environne pour les diriger avec les ouailles dont ils sont chargés. — Suivant le même saint Père, ce ne sont pas seulement les évêques, les prêtres, les diacres ou les supérieurs des monastères, qui peuvent être appelés pasteurs ; mais encore tous les fidèles qui sont chargés de la plus petite famille, peuvent bien être appelés pasteurs, en ce qu'ils sont obligés de veiller avec la plus grande sollicitude. Quiconque même est chargé habituellement d'un ou deux de ses frères au moins, doit remplir à leur égard les fonctions de pasteur, en leur distribuant l'instruction nécessaire comme une nourriture spirituelle. Bien plus, chaque individu, le simple particulier lui-même, est pasteur par rapport à lui-même ; car tous nous avons un petit troupeau spirituel à paître, à conduire, à garder en veillant même la nuit sur lui ; c'est le troupeau de nos bonnes actions et de nos bonnes pensées, que nous devons gouverner avec une sage direction, entretenir avec les aliments célestes des saintes Écritures, et défendre avec une attention continuelle contre les embûches des esprits immondes.

Les bergers étaient dans l'étonnement de ce qu'ils avaient vu et entendu ; et, de crainte qu'un témoignage isolé ne parût pas une autorité suffisante, cette première nouvelle ne tarda pas à recevoir une confirmation imposante : car, *à l'Ange qui* comme principal héraut avait annoncé la naissance du Christ, *se joignit aussitôt une troupe nombreuse de la milice céleste* (Luc. c. 2, v. 13) ; sous ce nom sont compris les Anges qui combattent pour le salut des hommes contre les puissances de l'enfer, et leur multitude est justement désignée comme une armée, lorsque le Roi céleste naît pour les conduire au combat comme leur chef. Aussi ils unissent leurs voix pour louer Dieu de cette naissance, qui, comme ils le savent, doit procurer le salut des hommes, et réparer la chûte des Anges : et, d'un commun accord, ils entonnent ce cantique (Luc. c. 2, v. 14) : *Gloire à Dieu dans les hauteurs des cieux !* Sans doute, sa gloire brille partout, mais elle éclate surtout dans le ciel empyré, qui est l'heureux séjour des Anges et des Saints ; c'est donc comme s'ils disaient : ici-bas, beaucoup méprisent Dieu, mais dans le ciel, tous les habitants le glorifient. *Et paix sur la terre aux hommes*, non pas quels qu'ils soient, mais *de bonne volonté* ; c'est-à-dire à ceux qui reçoivent le Christ nouveau-né, avec une grande satisfaction, loin de le persécuter ; car il n'y a aucune paix pour l'impie, mais il y a une grande paix pour ceux qui aiment la loi du Seigneur, comme l'atteste le Saint-Esprit (Ps. 118, v. 165). « La véritable paix pour le chrétien, dit le Pape saint Léon (sermone 6 de Nativitate Domini), consiste à ne pas s'opposer à la volonté de Dieu, et à ne se plaire que dans le service de Dieu ; car, être en paix avec Dieu, c'est vouloir ce qu'il commande, et ne vouloir pas ce qu'il défend ; aussi la paix est annoncée aux hommes de bonne volonté, c'est-à-dire aux hommes qui sont bons. En effet l'homme est bon par la volonté plutôt que par les autres facultés de son âme, parce que la volonté détermine les autres facultés à agir, de façon que sa bonté ou sa malice rejaillit sur toutes les autres puissances spirituelles, comme la cause influe naturellement sur tous ses effets. Mais pour les hommes mauvais, c'est-à-dire dont la volonté est mauvaise, il n'y a point de paix ; il n'y en a pas pour les impies (Isaïe c. 48, v. 22). — D'après la parole des anges, il est évident que la paix qui, suivant la prédiction des prophètes, devait accompagner l'avènement du Christ, était la paix intérieure de la bonne volonté ; parce que, selon la maxime du livre des Proverbes (c. 12, v. 21) : *Quoi qu'il lui arrive, le juste n'en sera pas contristé ;* et la paix temporelle dont jouissaient tous les peuples, soumis à la domination romaine lorsque le Christ naquit, n'était que la figure de cette paix intérieure. Oui, *gloire à Dieu et paix aux hommes* ; car par la naissance du Christ, le Père est glorifié, la paix est rétablie entre Dieu et l'homme, entre l'Ange et l'homme, entre le Juif et le Gentil. Aux paroles que les Anges avaient entonnées, saint Hilaire, comme on le croit, ajouta les paroles qui complètent cette hymne, et le pape Anastase II ordonna de la chanter à la messe les jours de dimanche et de fête, parce que c'est un cantique de joie et d'allégresse (1).

Cassiodore, commentant ce verset du psaume (117, v. 24): *Voici le jour que nous a fait le Seigneur*, dit (De gaudio Natalis Dominici): « Sans doute Dieu a créé tous les jours, mais il a fait surtout celui qui a été consacré par la naissance de Jésus-Christ ; livrons-nous donc à la joie et à l'allégresse, en ce jour où le démon a été vaincu et le monde sauvé. » — Ce n'est pas sans instruction pour nous, qu'une troupe d'Anges se réunit à celui qui annonçait la naissance de Jésus-Christ, pour confirmer le témoignage du premier. « Lorsqu'un Ange porte la bonne nouvelle, dit saint Bède (in cap. 2 Lucæ), une multitude d'esprits célestes fait éclater un concert de louanges au Créateur ; c'est ainsi qu'ils remplissent leur office envers Dieu, et qu'ils donnent l'exemple aux hommes, car ils nous apprennent à louer Dieu par nos sen

---

(1) Voir note XXIX à la fin du volume.

timents, nos paroles et nos œuvres, dès que nous entendons quelque sainte exhortation, ou que nous nous rappelons quelque pieuse réflexion. Cette manifestation commune des Esprits bienheureux montrait encore que la naissance de Jésus-Christ devait conduire les hommes à l'unité de foi, d'espérance et de charité, pour la glorification de la Divinité. Les Anges, faisant retentir leurs hymnes d'allégresse, s'élèvent dans les cieux, où ils vont porter la grande nouvelle à leurs concitoyens. C'est une fête générale ; toute la cour céleste, transportée de joie, fait monter vers le trône du Père éternel les accents de louange et les actions de grâce ; puis tous les chœurs angéliques descendent sur la terre, pour contempler à leur tour l'auguste face du Seigneur leur Dieu : ils rendent hommage au divin Enfant et à sa Mère ; ils expriment leurs respectueux sentiments par d'harmonieux accords. En apprenant de telles merveilles, quel esprit bienheureux aurait pu rester dans les cieux, et ne pas visiter son Seigneur qui daignait s'humilier si profondément sur la terre ? Aucun d'eux n'aurait pu se laisser entraîner à un tel excès d'orgueil ; car, au témoignage de saint Paul (Ep. ad Heb., c. 1, v. 5), *lorsque Dieu envoya son Fils unique sur la terre, il enjoignit à tous ses Anges de l'adorer.*

« Jésus-Christ, dit saint Augustin (De humilit. Christi nasc.), naît dans une étable, il est enveloppé de langes et couché dans une crèche : car Marie sa mère n'a point un palais de cèdre où elle puisse enfanter le Créateur, ni un berceau d'ivoire où elle puisse déposer le Rédempteur. Comme une exilée et une étrangère, elle met au monde le Maître de l'univers dans une maison qui ne lui appartient pas, et comme une femme pauvre, elle l'emmaillote avec de viles bandelettes, et le place dans la crèche des animaux. Elle adore aussitôt son enfant comme son Dieu. O heureuse étable ! ô crèche bénie! où le Christ est né et où est couché le Très-Haut. Les phalanges célestes assistèrent à l'enfantement divin et félicitèrent la divine Mère ; des myriades d'Anges firent retentir leurs applaudissements ; tandis que le Christ vagissait dans l'étable, la joie éclatait dans le ciel ; tandis que le Christ pleurait dans la crèche, l'armée céleste, triomphant à cause de lui, célébrait la gloire de Dieu dans les hauteurs des cieux, et proclamait la paix pour les hommes de bonne volonté sur la terre, parce que la Bouté suprême avait vu le jour ici-bas. Et parce que la paix véritable était descendue du ciel, les Anges satisfaits chantaient : *Gloire à Dieu dans le ciel.* Ils tressaillent de voir naître leur Roi, et Marie frémit de se voir Mère de Dieu ; ils se livrent sans crainte à l'allégresse au sujet du Christ, tandis qu'Elle, se tenant à ses côtés, est partagée entre la crainte et l'allégresse. » Ainsi parle saint Augustin.

Ensuite les bergers se disent les uns aux autres (Luc, c. 2, v. 15) : *Allons jusqu'à Bethléem,* dont on nous a parlé, *et voyons-y* de nos propres yeux *cette parole,* c'est-à-dire cet événement mémorable, cette chose importante *que le Seigneur a pu seul accomplir, qu'il a réalisée sans doute, et qu'il nous a découverte par révélation.* C'est comme s'ils disaient : Allons voir l'Enfant qui est né, et qui nous a été signalé par la parole de l'Ange. Dans l'Écriture sainte, le mot latin *verbum* ou *sermo* se prend souvent pour une chose ou un événement considérable digne d'être rapporté et mentionné : c'est ainsi que le prophète Isaïe (c. 39, v. 2), parlant d'un prince visité par un autre, dit : *Il n'y avait pas dans son palais de chose notable (verbum) qu'il ne lui montrât.* On peut encore interpréter ainsi les expressions des bergers : Allons voir comment ce Verbe qui était dès le commencement avec le Père, s'est fait chair, car, lorsqu'on voit la chair de Notre-Seigneur, on voit le Verbe, Fils de Dieu, qui s'est fait chair, d'après le décret éternel de la Trinité tout entière ; et ainsi en se faisant homme mortel, Jésus-Christ nous prouve qu'il était invisible comme Dieu.

Les bergers vinrent donc en grande hâte, pressés d'abord par la joie extrême et par le vif désir de voir l'Enfant nouveau-né, et pressés aussi par la volonté de retourner promptement à leur troupeau qu'ils laissaient à l'abandon. Apprenons de ces bergers à chercher Jésus-Christ avec sollicitude et avec dévotion, car nul ne le peut trouver s'il le cherche avec langueur ; et cet empressement, selon saint Bède (in cap. 2, Luc.), ne consiste pas dans la rapidité de la marche, mais dans l'ardeur de la foi et dans le progrès de la vertu. *Ils trouvèrent Marie et Joseph avec l'Enfant qui était couché dans la crèche* (Luc. c. 2, v. 16). Comme le monde jouissait d'une paix profonde, les portes restaient constamment ouvertes, à cause des nombreux voyageurs qui arrivaient pour obéir à l'édit de César ; c'est pourquoi les bergers purent entrer pendant la nuit et pénétrer jusqu'à l'Enfant. Ils trouvèrent Jésus-Christ avec la Vierge Marie et le juste Joseph dans l'étable ; ce qui nous apprend que pour trouver Jésus, il faut avoir par rapport à soi-même la pureté de cœur, signifiée par Marie ; à l'égard du prochain la justice signifiée par Joseph ; et vis-à-vis de Dieu l'humble révérence figurée par cette pauvre étable. On trouve Jésus-Christ par l'entremise de Marie et de Joseph, c'est-à-dire par le moyen de la contemplation et de l'action que représentent Rachel et Lia, toutes deux épouses de Jacob appelé aussi Israël, c'est-à-dire *voyant Dieu. Les bergers, voyant* des yeux du corps cet Enfant nouveau-né dans la chair, *connurent* par les yeux de la foi *le Verbe* éternel, c'est-à-dire le Fils de Dieu, *selon ce qui leur avait été révélé* (Luc., c. 2,

v. 17). C'est ainsi que la vue de son humanité les conduisit à la connaissance de sa divinité, parce qu'ils furent éclairés extérieurement et intérieurement tout à la fois pour découvrir le Verbe incarné. Aussi en l'adorant, ils racontaient ce que les Anges leur avaient appris, et *tous ceux qui les entendirent furent saisis d'admiration* (Luc., c. 2, v. 18), touchant le mystère de l'Incarnation et la déclaration des bergers.

La conclusion morale de tout ce qui précède, c'est que, si l'on veut spirituellement trouver le Christ, trois choses sont nécessaires, savoir : lui parler par la méditation des Écritures, passer à lui par la contemplation des créatures, et courir vers lui par la jouissance des grâces divines ; ou bien encore, pour trouver Jésus-Christ, nous devons lui parler par la confession et l'aveu de nos fautes, passer à lui par le renoncement et le mépris des choses temporelles, et courir vers lui par la ferveur et l'empressement de nos désirs ; c'est ainsi que nous parviendrons jusqu'à Bethléem ou *maison du pain* par le goût des choses divines : nous trouverons alors Jésus-Christ dans la crèche, c'est-à-dire au fond de notre cœur, où il nous fera jouir de sa présence, lui qui fait ses délices d'habiter avec les enfants des hommes. Dans un sens moral et analogique tout à la fois, Bethléem qui signifie *maison du pain*, nous désigne la patrie céleste, où réside le pain vivant dont Jésus-Christ a dit (Luc., c. 14, v. 15): *Heureux celui qui mangera ce pain dans le royaume de Dieu.* Pour parvenir à cette Bethléem d'en haut, il faut monter par trois degrés différents ; d'abord, passer du vice à la vertu, puis avancer de vertu en vertu, enfin aller de ce monde à Dieu notre Père, c'est-à-dire aller de la mort à la vie. Suivant le conseil de saint Bède (in cap. 2 Lucæ), tâchons, à l'exemple des bergers, de parvenir jusqu'à Bethléem, la cité de David, en nous proposant l'Incarnation du

Christ comme le digne objet de nos pensées, de nos affections et de nos hommages. Rejetant toutes les convoitises charnelles, hâtons-nous aussi, par toute l'ardeur de nos désirs, de parvenir jusqu'à cette Bethléem céleste, ou maison du pain vivant, laquelle n'a pas été construite par les hommes, mais par Dieu même, pour subsister éternellement ; et rappelons-nous avec amour que le Verbe incarné y est monté avec son corps, et y siége à la droite de son Père éternel; c'est là que nous devons le suivre par la pratique continuelle des vertus ; appliquons-nous sans relâche à mortifier nos passions et nos sens, afin que nous méritions de voir, assis comme un Roi sur le trône de sa gloire, Celui que les bergers ont vu couché comme un enfant dans la crèche des animaux. Les négligents et les paresseux ne pourront jamais arriver à ce grand bonheur que peuvent atteindre seulement les fidèles imitateurs du Christ. Et comme les bergers qui le virent et qui le connurent aussitôt, empressons-nous d'accueillir avec dévotion les merveilles que nous entendons dire du Sauveur, pour qu'un jour nous puissions en obtenir une vue complète et une parfaite connaissance.

Marie, la Vierge très-prudente, *conservait,* dans le trésor de son cœur, le souvenir de *tous les prodiges* concernant le message de l'Ange, la sanctification du Précurseur, la naissance du Sauveur, le cantique des Esprits célestes et la visite des pieux bergers ; et dans son esprit, elle conférait ces prodiges avec les prédictions des livres saints. Ainsi cette excellente disciple du Saint-Esprit conservait toutes les choses qu'elle avait apprises, les confiait à sa mémoire, et n'en livrait aucune à l'oubli ; mais elle les repassait souvent, et les comparait attentivement, de sorte qu'elle était comme une arche vivante, renfermant les précieux secrets des révélations divines. Elle gardait donc avec soin le souvenir de toutes ces merveilles, pour les enseigner et les raconter plus tard à ceux qui devaient les consigner par écrit et les prêcher dans le monde entier. C'est d'Elle en effet que les Apôtres ont appris les diverses circonstances de la vie de Jésus avant leur vocation ; car ils consultaient Marie comme leur maîtresse. Comme elle avait lu les Écritures, étudié les prophéties, elle rapprochait ce qu'elle avait vu et entendu touchant le Seigneur, de ce qui en avait été écrit et annoncé par les auteurs inspirés ; elle examinait avec prudence de quelle manière les oracles précédents s'étaient accomplis en cet Enfant nouveau-né, et plus elle voyait clairement la réalisation de ces oracles, plus elle croyait fermement à la divinité de ce même Enfant. Ces méditations qui lui étaient si délectables, devaient être très-utiles à l'Église. En effet, selon saint Jérôme (Serm. de Assumptione B. Mariæ), si la sainte Vierge, après l'ascension de son divin Fils, resta quelque temps encore sur la terre, ce fut pour compléter l'instruction des apôtres ; parce qu'elle pouvait leur exprimer et rapporter plus exactement que personne, ce qu'elle avait considéré et touché familièrement ; car, selon le même saint docteur, mieux nous connaissons une chose, mieux aussi nous pouvons la faire connaître.

Attentive à ne rien dire ni rien faire qui pût trahir sa pudeur virginale, Marie, non moins réservée dans ses discours que dans ses actes, ne voulait pas divulguer les secrets du Christ dont elle était dépositaire ; mais elle les cachait dans son cœur, et les approfondissait en silence, attendant avec respect et résignation le temps et la manière convenable que Dieu avait déterminés pour les communiquer au monde. Cependant elle ne cessait de comparer les choses dont elle voyait l'accomplissement en elle-même, avec les choses dont elle avait lu la prédiction dans les Écritures. Ainsi elle avait lu dans Isaïe (c. 7, v. 14) : *Voici qu'une Vierge concevra et enfantera un fils*, et elle voyait qu'elle avait conçu et enfanté sans perdre sa virginité. Elle avait lu (Isaïe c. 1, v. 3) : *Le bœuf a connu son possesseur, et l'âne a connu la crèche de son maître*, et elle voyait le Fils de Dieu qui était son propre fils couché dans une crèche au milieu de ces animaux. Elle avait lu (Isaïe, c. 2, v. 1) : *Une tige sortira de la racine de Jessé, etc.*, et elle voyait qu'elle était issue de la race même de David. Elle avait lu : *Cet enfant sera appelé Nazaréen*, et elle voyait qu'elle l'avait conçu à Nazareth par l'opération du Saint-Esprit. Elle avait lu (Mich. c. 5, v. 2) : *Bethléem, terre de Juda, de toi sortira le Chef qui gouvernera mon peuple*, et elle voyait qu'elle avait mis son fils au monde dans la ville de Bethléem. Rapprochant ainsi les prophéties dont elle était témoin, la mère de la divine Sagesse y trouvait en tout un parfait accord, et un aliment continuel pour sa foi. Oh! quelle joie devait inonder le cœur de Marie, lorsqu'elle se reconnaissait être véritablement la Mère d'un Dieu ! Car proclamer simplement que la Vierge Marie est Mère de Dieu, au sentiment de saint Anselme, c'est dire en son honneur tout ce qu'il y a de plus grand après la Divinité (lib. de Excellentia Mariæ).

Les bergers se retirèrent ensuite pleins de joie, et s'en retournèrent garder leur troupeau (Luc. c. 2, v. 20), *glorifiant* dans leur cœur *et louant* de leur bouche le *Très-Haut*, comme le seul auteur *de tout ce qu'ils avaient appris* des Esprits célestes et de tout ce *qu'ils avaient contemplé* de leurs propres yeux, *selon ce que l'ange leur avait annoncé*. C'est-à-dire, ils glorifiaient et louaient Dieu de ce qu'ils avaient trouvé toutes choses comme elles leur avaient été révélées. Ils témoignaient ainsi toute leur gratitude au Seigneur, pour l'insigne bienfait qu'il avait accordé généralement à tout le monde, et manifesté spécialement à eux-mêmes. Mais ils ont prouvé surtout leur dévouement, en ce que, après avoir visité le Sauveur avec piété, ils ont repris leurs travaux avec ardeur. En cela, ils ont donné l'exemple aux pasteurs de l'Église qui, comme eux, doivent veiller pendant que les autres dorment ; puis aller passer quelque temps à Bethléem pour contempler les choses divines et étudier les saintes Écritures ; ensuite, après y avoir recueilli le pain céleste de la vraie doctrine, revenir à leur ministère pour paître leurs ouailles. Ils sont représentés, dans la vision d'Ézéchiel, par les animaux mystérieux *qui allaient et revenaient* (c. 1, v. 14).

Maintenant à votre tour, chrétiens, allez voir le Verbe qui s'est fait chair pour vous ; et fléchissant les genoux, adorez le Seigneur votre Dieu, vénérez son auguste Mère, et saluez respectueusement saint Joseph. Ensuite baisez les pieds de l'enfant Jésus qui est couché dans la crèche, et priez Notre-Dame de vous le donner ou de vous permettre de le prendre. Recevez-le, et retenez-le dans vos bras. Considérez son visage avec attention, embrassez-le avec amour, et pressez-le avec joie sur votre cœur. Vous pouvez faire tout cela sans crainte et avec confiance, parce qu'il est venu pour sauver les pécheurs, qu'il a daigné converser avec eux, et qu'il a fini par leur laisser sa chair pour nourriture. Aussi le doux Jésus vous permettra de le toucher, selon vos désirs, si c'est l'amour et non la présomption qui vous anime. Cependant n'approchez jamais sans une crainte respectueuse, parce qu'il est le Saint des Saints ; rendez-le ensuite à sa mère, et remarquez avec quel zèle et avec quelle convenance elle l'allaite, le traite et lui prodigue tous les soins que réclame son enfance. Tenez-vous prêts à servir Jésus et à aider Marie, si vous le pouvez. Que ces grands mystères soient le sujet habituel de vos affections, de vos joies et de vos méditations ; demeurez, tant que vous pourrez, auprès de Notre-Dame et de l'enfant Jésus; ne vous lassez point de considérer les *traits de celui que les Anges se plaisent à contempler sans cesse* (Ep. 1 Petr. c. 1, v. 12) : mais que ce soit toujours avec les sentiments d'une crainte respectueuse, comme je l'ai déjà dit, de peur que la présomption ne vous fasse éprouver quelque refus ; car vous devez croire que vous êtes indignes de demeurer dans une si noble société.

Saint Anselme nous dit à ce sujet (De excellentia Mariæ) : « Accompagnez dévotement Marie jusqu'à Bethléem ; pénétrant avec elle dans l'étable, assistez à la naissance de l'enfant Jésus ; voyez-le couché dans la crèche, et répétez avec des transports d'allégresse les paroles d'Isaïe (c. 9, v. 6) : *Un petit enfant nous est né, Dieu nous a donné son propre Fils.* Couvrez de vos baisers ce divin berceau ; que l'amour tempère le respect, et que l'affection chasse la crainte, afin de redoubler vos embrassements et d'appliquer vos lèvres sur les pieds sacrés de ce doux Enfant. Rappelez-vous la visite des bergers, admirez l'armée des Anges qui accourent, et mêlant vos humbles prières à leurs célestes concerts, chantez avec eux de cœur et de bouche : *Gloire à Dieu dans les hauteurs des cieux, et paix sur la terre aux hommes de bonne volonté.* Saint Augustin nous dit également (Hom. 16, de Nativ. Domini) : « A la lecture de l'Évangile, nous avons entendu la voix des anges qui annonçaient aux bergers la naissance de Jésus-Christ, par ces paroles : *Gloire à Dieu dans les hauteurs des cieux, et paix sur la terre aux hommes de bonne volonté.* Ces compliments et ces félicitations ne s'adressent pas à la femme seule qui vient d'enfanter, mais à tout le genre humain en faveur duquel la Vierge a mis au monde le Sauveur. Disons donc, nous aussi, dans l'excès de notre allégresse, redisons avec foi et avec amour, de cœur et de bouche : *Gloire à Dieu dans les hauteurs des cieux, et paix sur la terre aux hommes de bonne volonté.* Méditons ces paroles angéliques, ces louanges divines, et que la joie bien comprise de cette bonne nouvelle augmente notre foi, fortifie notre espérance, embrase notre charité. » Saint Grégoire de Nazianze nous dit aussi (In Christi Nativit.) : « Allez avec les bergers adorer l'enfant Jésus, joignez votre voix à celles des anges, et formez un chœur avec les archanges. Tressaillez d'allégresse, sinon comme Jean dans le sein de sa mère, du moins comme David à la réception de l'arche d'alliance. Vénérez cette heureuse naissance qui a fait cesser l'esclavage de notre naissance terrestre. » — Après avoir entendu les pressantes invitations que nous adressent les saints Docteurs, allons chaque jour visiter Jésus dans sa crèche spirituelle, c'est-à-dire sur l'autel où il repose, afin de nous rendre dignes de participer avec les saintes âmes à sa chair sacrée qui est le vrai froment des élus.

Nous devons distinguer trois naissances en Jésus-Christ : sa naissance divine par laquelle le Père l'engendre dans l'éternité ; sa naissance humaine, par laquelle sa Mère l'enfante dans le temps ; et sa naissance spirituelle, par laquelle la grâce le produit dans nos âmes. Ces trois naissances correspondent aux trois substances qui sont en Jésus-Christ, la divinité, la chair et l'esprit. Selon la divinité, il naît toujours de son Père ; selon la chair il naît une fois seulement de sa Mère ; et selon l'esprit, il naît souvent par la grâce. Dans sa naissance divine, il a un père et n'a pas de mère ; dans sa naissance humaine, il a une mère et n'a pas de père ; dans sa naissance spirituelle, il a un père et une mère, comme lui-même l'a certifié en disant (Matth., c. 2, v. 50) :

Quiconque fait la volonté de mon Père qui est dans les cieux, celui-là est mon frère, et ma sœur et ma mère. L'Église nous représente ces trois naissances de Jésus-Christ dans la fête de Noël. Elle représente la première par la messe de minuit, parce que la naissance divine nous est entièrement cachée ; la seconde par la messe de l'aurore, parce que la naissance temporelle nous est en partie cachée, quant au mode, et en partie manifestée, quant à ses effets ; la troisième par la messe du jour, parce que la naissance spirituelle de Jésus-Christ est manifestée dans nos âmes où notre affection le conçoit, où notre action le produit, où notre progrès l'entretient (1).

Maintenant tournez vos regards respectueux vers la cité de Bethléem ; car, bien que petite, elle n'en est pas moins le chemin pour retourner à la patrie véritable, le paradis. Cette ville peu étendue fut d'abord appelée Ephrata ; mais ayant été désolée par une affreuse famine, elle fut ensuite favorisée d'une telle abondance qu'on la nomma Bethléem, ou *maison du pain*. Parmi les principales cités de Juda, celle-ci n'est pas la moindre, à cause de l'excellence de sa dignité. Bethléem, en effet, fut témoin d'abord des mystères qui précédèrent l'avènement du Christ ; car c'est là que David reçut l'onction royale, que Samuel offrit un sacrifice solennel, que Booz et Ruth célébrèrent leur union ; c'est là que furent ainsi figurés d'avance l'union de la divinité et de l'humanité, le sacrifice véritable et le règne immuable de Notre-Seigneur. Bethléem fut aussi témoin des joies qui accompagnèrent l'avènement du Christ. Oh ! qui peut justement apprécier combien furent grandes, la joie des anges qui le louèrent, la joie des bergers qui le visitèrent, la joie des mages qui l'ado-

(1) Voir note XXX à la fin du volume.

rèrent, la joie des peuples qui crurent en lui ! Bethléem fut encore témoin des immolations qui suivirent l'avènement du Christ, quand l'impie Hérode fit massacrer les saints Innocents. Enfin Bethléem est heureuse surtout d'avoir donné naissance à cet illustre et salutaire rejeton qui devait être le chef et le dominateur d'Israël, peuple de Dieu. Ce qui fait dire à saint Bernard (Serm. in Vigilia Nativitatis Domini) : « Tu étais petite, ô Bethléem ! mais le Très-Haut t'a exaltée par dessus toutes les autres villes, lorsqu'il s'est fait petit enfant dans tes murs. A cette nouvelle, quelle cité n'envierait la noblesse de ton étable et la gloire de ta crèche ? Partout *on raconte des choses admirables de toi, ô cité de Dieu !* car partout on chante avec le Prophète royal, que *tu as donné naissance à un Homme-Dieu, et que le Très-Haut lui-même a fondé ta grandeur* » (Ps. 86, v. 3 et 5).

Bethléem est située sur une montagne longue, mais étroite, qui s'étend de l'Orient à l'Occident : à son extrémité orientale, sous une roche qui dépendait d'une hôtellerie voisine, s'est levé pour nous *le soleil de justice, le Christ notre Dieu* (Breviar. roman.); et à quatre ou cinq pieds de là, vers l'Occident, était la crèche où fut déposé Jésus nouveau-né (1). Dans cette ville, sainte Hélène, mère de l'empereur Constantin, a fait construire, en l'honneur de la bienheureuse Vierge Marie, une magnifique basilique qui inspire une grande dévotion ; et dans la crypte de cette basilique, on voit un très-bel autel en marbre, à l'endroit même où la Vierge enfanta le Sauveur. Cette église renferme encore une très-jolie chapelle, à l'endroit où était placée la vénérable crèche ; elle possède aussi le tombeau des saints Innocents,

---

(1) Voir note XXXI à la fin du volume.

celui de saint Jérôme, et ceux des saintes Paule et Eustochium, qui y reposent. Saint Jérôme choisit cette ville chérie de Dieu pour s'y consacrer au service du Seigneur. Foulant aux pieds la gloire du monde pour l'amour de Jésus-Christ, sainte Paule et sa fille sainte Eustochium, avec plusieurs autres vierges, vinrent en ce saint lieu fonder un monastère, où elle se livrèrent uniquement à la prière et à la contemplation. Beaucoup d'autres chrétiens encore qui avaient quitté leur patrie, leur famille et leur fortune pour visiter la Terre sainte, y fixèrent également leur habitation pour mieux satisfaire leur piété ; quoique l'affluence et le tumulte des hommes ne soient pas favorables au recueillement religieux, ils préférèrent subir quelques inconvénients extérieurs, plutôt que d'abandonner les villes spécialement sanctifiées par le séjour privilégié du Sauveur ; et ils ne voulaient pas s'éloigner de Jérusalem, de Bethléem et de Nazareth, qui respirent encore la bonne odeur de la présence corporelle de Jésus-Christ. En effet, c'est à Nazareth qu'il a été conçu par l'opération du Saint-Esprit, dans le sein de la bienheureuse Vierge Marie : c'est à Bethléem qu'il est né ; c'est à Jérusalem qu'il a été crucifié pour notre salut, qu'il est mort et qu'il a été enseveli. A sept milles environ de Bethléem, où le second Adam vit le jour, est située vers le midi la ville d'Hébron, où le premier Adam fut formé d'une terre rouge dans le champ appelé *Damascène* ; à une petite distance de là est une double caverne où Adam et Ève furent inhumés, ainsi que les trois grands patriarches, Abraham Isaac et Jacob avec leurs épouses (1).

La naissance du Christ qui venait pour délivrer l'homme de la servitude, avait été figurée par le songe de l'échanson de Pharaon. Tandis que cet officier était en prison, il vit

(1) Voir note XXXII à la fin du volume.

sortir de terre une vigne, garnie de trois branches qui produisirent des fleurs, puis des fruits ; exprimant alors le jus du raisin dans la coupe de Pharaon, il l'offrit à ce prince qui en but. Joseph interpréta cette vision, suivant laquelle l'échanson fut délivré trois jours après. Ainsi, lorsque le genre humain gémissait dans une triste captivité, le Christ croissait en Marie comme la vigne dans une terre privilégiée, et présentait comme trois branches distinctes, la chair, l'âme et la divinité. Ces trois branches peuvent encore représenter les trois personnes de la sainte Trinité. Le troisième jour après que Jésus-Christ eut répandu sur la croix et offert au Roi céleste la précieuse liqueur de son sang, le genre humain fut affranchi de la captivité ; car cette liqueur enivra tellement le Roi céleste qu'il remit aux hommes toutes leurs offenses. Jésus-Christ nous a laissé ce vin délicieux dans l'adorable Sacrement, afin qu'il soit offert tous les jours au Roi céleste pour les péchés du monde qui l'offense tous les jours. Aussi lorsque le Christ naquit, les vignes d'Engaddi fleurirent comme pour montrer que la véritable vigne avait paru. — En outre la manière dont le Christ naquit avait été figurée dans la verge d'Aaron qui produisit les fleurs et les fruits de l'amandier. De même que cette verge poussa miraculeusement, ainsi Marie conçut miraculeusement. La verge d'Aaron produisit son fruit sans le suc de la terre, la sainte Vierge conçut son Fils sans le secours de l'homme. Sous l'écorce de l'amande se trouvait une noix pleine de saveur, sous la chair du Christ se cachait la douceur suprême de la Divinité. Dans la verge d'Aaron, nous voyons la verdeur des feuilles, la suavité des fleurs, et la fécondité des fruits ; dans Marie, nous trouvons la verdeur de la virginité, la suavité de la piété, et la fécondité d'une abondance perpétuelle.

Le Christ n'a pas annoncé sa venue seulement aux Juifs, mais encore aux païens, *parce qu'il a voulu sauver tous les hommes* (Ep. 1. ad Timot. c. 2, v. 4). En effet, à cette époque, Octave qui dominait sur tout le monde connu, et que les Romains considéraient comme un Dieu, consulta la Sybille, prophétesse, pour savoir s'il devait y avoir dans le monde un plus grand prince que lui. Or le jour même que le Christ naissait en Judée, la Sybille contemplait à Rome un cercle d'or qui environnait le soleil; et dans ce cercle se tenait une Vierge très-belle qui portait sur son sein un très-bel enfant. La Sybille, montrant ce prodige à César Octave, lui déclara qu'un Roi plus puissant que lui venait de naître (1).

Méditez donc avec joie le grand objet de cette solennité : aujourd'hui est né le Christ, ce Roi éternel, Fils du Dieu vivant; un Enfant nous est né, un fils nous a été donné ; le Soleil de justice qui était dans les nuées, a clairement brillé : aujourd'hui l'Époux de l'Église, le Chef des Élus, est sorti de sa couche nuptiale ; le plus beau des enfants des hommes a montré sa face tant désirée: aujourd'hui a lui ce jour de notre rédemption, de notre réparation, de notre éternelle félicité ; la paix a été annoncée aux hommes, comme l'Église le chante, en répétant l'hymne que les anges entonnèrent en ce saint jour : *aujourd'hui*, comme nous le lisons dans l'office, *les cieux ont fait couler le miel sur toute la terre* (Breviar. roman.) : aujourd'hui *notre divin Sauveur a manifesté sa bénignité et son humanité* (Ep. ad Titum, c. 3, v. 4) ; parce que, selon la remarque de saint Bernard (serm. 1 in Nativ. Domini), si la puissance a brillé dans la création de l'univers, et si la sagesse se manifeste dans le gouvernement du

---

(1) Voir note XXXIII à la fin du volume.

monde, la bénignité de la miséricorde apparut surtout dans l'humanité du Sauveur. Aujourd'hui Dieu est adoré dans la ressemblance de la chair de péché : aujourd'hui nous sommes engendrés avec le Christ, parce que la naissance du Christ est l'origine du peuple chrétien : aujourd'hui s'accomplissent deux miracles qui surpassent toute intelligence, et que la foi seule peut saisir : un Dieu naît et une Vierge enfante. Voilà la source des autres nombreux miracles qui jaillit aujourd'hui. Enfin, toutes les prophéties concernant l'Incarnation deviennent plus claires désormais ; les mystères qui n'étaient auparavant qu'indiqués et ébauchés sont maintenant expliqués et accomplis. Comparez, approfondissez toutes ces merveilles, et dites-nous si ce jour n'est pas justement consacré à la joie, à la jubilation et aux transports d'allégresse (1).

Prière

Doux Jésus, qui, ayant reçu de votre humble servante une humble naissance, avez voulu être enveloppé de chétifs langes et couché dans une vile crèche, Seigneur très-clément, par votre ineffable nativité, faites-moi trouver une nouvelle naissance dans une sainte vie ; que, caché sous le pauvre habit de ma profession religieuse, comme si j'étais enveloppé de langes, et que resserré dans les exercices de la discipline régulière, comme si j'étais couché dans une crèche, je puisse atteindre la perfection de la véritable humilité. Et vous qui avez daigné devenir participant de notre humanité et de notre mortalité, accordez-moi de devenir participant de votre divinité et de votre éternité. Ainsi soit-il.

(1) Voir note XXXIV à la fin du volume.

CHAPITRE X

CIRCONCISION DE NOTRE SEIGNEUR

Huit jours après sa naissance, l'enfant fut circoncis, selon le précepte de la loi (Luc. c. 2, v. 21) (1). Comme c'était en cette cérémonie que l'on donnait le nom aux enfants, *on donna au Seigneur celui de Jésus*, qui signifie *Sauveur*. Déjà ce nom avait été imposé par Dieu, et indiqué par l'ange, avant que la Vierge eut conçu le Verbe par l'opération du Saint-Esprit. Le bienheureux patriarche Abraham avait inauguré le rit de la circoncision, quand il avait reçu le complément de son nom. Car, avec le sceau de la circoncision, il mérita le changement de son nom en un plus excellent, de sorte que celui qui s'appelait auparavant *Abram*, c'est-à-dire *père élevé*, fut ensuite appelé *Abraham*, c'est-à-dire *père de nombreuses nations*, en récompense de sa foi. Sa vénérable épouse mérita pareillement une augmentation de nom, en sorte que celle qui s'appelait auparavant *Saraï*, c'est-à-dire *ma princesse* ou *princesse de sa famille*, s'appela désormais *Sara*, c'est-à-dire *princesse de toutes les femmes* ayant la vraie foi. C'est donc de là qu'était venue la coutume de donner un nom aux enfants, dans la cérémonie de leur circoncision ; et c'est ce qu'on observa pour l'enfant Jésus. Commençant ainsi par pratiquer l'humilité qui est la racine et la gardienne des vertus, Jésus reçut le sceau de la circonci-

(1) Voir note XXXV à la fin du volume.

sion ; et il ne différa pas plus longtemps de verser son sang précieux pour notre propre rédemption, afin de prouver qu'il était notre véritable Sauveur, annoncé par tant de prophéties et de figures aux anciens pères, et semblable à eux en tout, hormis l'ignorance et le péché (1).

Deux grandes choses furent faites en ce jour. La première c'est qu'alors fut manifesté au monde ce nom de Jésus, décrété par Dieu de toute éternité et transmis par l'ange avant l'Incarnation ; car l'ange Gabriel député vers Marie lui avait dit : *Vous concevrez dans votre sein, et vous mettrez au monde un fils que vous nommerez Jésus*, lors de sa circoncision, parce que Dieu son père lui a imposé ce nom. C'est pourquoi Isaïe avait dit longtemps auparavant (c. 62, v. 2.) : *Vous recevrez un nom nouveau que la bouche du Seigneur a prononcé*. Suivant Origène, le nom de Jésus est doux et glorieux, très-digne de toute notre adoration et de notre amour. Ce nom qui est au dessus de tout nom, ne pouvait pas convenablement être prononcé et apporté dans le monde par les hommes d'abord, mais il devait leur être transmis et annoncé par un être supérieur d'une nature plus excellente. Il est comme naturel et inné au Verbe incarné, dont la mission propre et spéciale est d'être Sauveur. Il avait été donné précédemment à d'autres personnages, qui avaient été sauveurs de leurs concitoyens en certaines circonstances particulières, mais il fut donné extraordinairement d'une manière nouvelle au Christ, qui en a seul accompli toute la signification comme sauveur de tous les hommes. C'est à bon droit que le Christ a été nommé Jésus ou Sauveur par excellence. En effet, si l'on considère d'abord la puissance qu'il a de sauver, ce nom lui convient

(1) Voir note XXXVI à la fin du volume.

de toute éternité, selon que Dieu son père l'a décrété. Si l'on considère ensuite la disposition où il est de sauver, ce nom lui convient depuis le premier instant de sa conception; aussi ce fut alors que l'ange le révéla. Si l'on considère enfin l'acte par lequel il mérita de nous sauver, ce nom lui convient depuis la première effusion de son sang; aussi ce fut dans la circoncision qu'il lui fut donné publiquement. Suivant saint Chrysostôme (hom. 1 in Matth.), le nom de Jésus qui lui fut appliqué dès le sein de sa mère, n'était pas nouveau pour lui, mais ancien; car, s'il fut alors appelé Jésus ou Sauveur selon la chair, il était déjà sauveur selon la divinité.

Considérons que la dignité du nom de Jésus lui vient de quatorze titres différents; il a été ordonné et consacré de toute éternité; il est tombé de la bouche divine, il a été désiré par les patriarches et anciens pères; il a été prédit par les prophètes; il a été figuré par Josué, dit *Jesus Nave*: il a été annoncé par l'Ange à Marie puis à Joseph; il a été proclamé par la bienheureuse Vierge; il a été donné par Joseph dans la circoncision; il a été publié par les Anges; il a été prêché par les Apôtres; il a été attesté par les Martyrs; il a été glorifié par les Confesseurs; il a été savouré par les Vierges; enfin il est vénéré par tous les fidèles. Selon saint Augustin (tractat. 3, in Epist. Joan.), il y a une différence entre le nom de Jésus et celui de Christ. Le nom de Jésus est un nom propre, et le nom de Christ est un nom commun. Le nom de Christ est un nom de grâce, mais le nom de Jésus est un nom de gloire. Ainsi, entre le nom de Christ et celui de Jésus, il y a la même différence qu'entre la grâce et la gloire. Selon saint Bède (in cap. 2. Luc.), comme le Christ reçut le nom de Jésus dans la circoncision corporelle, ainsi les élus sont participants de ce nom, dans leur circoncision spirituelle ; de façon que, comme ils sont dits chrétiens à cause du Christ, ils seront également *sauvés* à cause du Sauveur : et ce nom leur a été destiné par Dieu de toute éternité, bien avant qu'ils fussent entrés par la foi dans le sein de l'Église.

Le nom de Jésus surpasse tout autre nom (Philip. c. 2, v. 9) ; *parmi tous les noms donnés aux hommes, il n'en est point d'autre sous le ciel, par lequel nous puissions être sauvés* (Act. Apost. c. 4, v. 12). Selon saint Bernard (serm. 15 in Cantic.), ce nom est un miel dans la bouche, une mélodie dans l'oreille, une joie dans le cœur. Ce nom pour l'âme a toutes les propriétés d'une huile excellente, il éclaire lorsqu'il est annoncé, il nourrit lorsqu'il est médité, il adoucit et fortifie lorsqu'il est invoqué. Ce nom, dit saint Pierre Chrysologue, a fait marcher les boîteux, il a rendu la vue aux aveugles, l'ouïe aux sourds, la parole aux muets, la vie aux morts; la vertu de ce nom a chassé des corps la puissance des démons qui les tourmentaient. Jésus, dit saint Anselme (In meditation.), est un nom doux, un nom délectable, un nom consolant pour le pécheur, un nom d'heureuse espérance. O Jésus, soyez donc pour moi Jésus ! Le nom de Jésus a une admirable vertu, selon cette parole de l'Apôtre (Ep. I ad Corint. c. 6, v. 11) : *Vous êtes purifiés, vous êtes sanctifiés, vous êtes justifiés au nom de Notre Seigneur Jésus-Christ.* En effet le nom de Jésus a la vertu de purifier, en effaçant la tache du péché ; il a la vertu de sanctifier, en pardonnant la coulpe ; il a la vertu de justifier, en remettant la peine. Or, comme dans tout péché il y a trois choses, savoir la tache, la coulpe et la peine, ces trois choses sont détruites par le nom de Jésus. C'est pourquoi saint Jean a dit : *Vos péchés vous sont remis à cause de son nom* (Epist. I, c. 2, v. 12). *A ce nom, tout genou fléchit au Ciel, sur la terre et dans les enfers.* (Ep. ad Philip. c. 2 v. 10). *Quiconque invoquera le nom du Seigneur sera sauvé* (Rom. c. 10, v. 13). C'est en parlant de ce nom que le Seigneur dit lui-même *Tout ce que vous demanderez à mon Père, en mon nom, il vous l'accordera* (Joan. c. 16, v. 23). Nous devons donc employer ce nom dans toutes nos prières et présenter toutes nos suppliques au nom du Christ ; c'est pourquoi l'Église termine toutes ses oraisons par cette formule ou quelque autre semblable : *Par le Christ, Notre-Seigneur.....* Celui-là ne demande pas au nom du Christ, qui demande une chose contraire à la volonté divine, à son salut, ou à celui du prochain ; il est même certain que sa demande est contraire à ce saint nom. Jésus est donc appelé proprement et véritablement Jésus, parce que c'est en ce seul nom que nous pouvons obtenir le salut éternel : Aussi il dit de lui-même : *Je suis l'alpha et l'oméga, le principe et la fin* (Apocal. c. 1, v. 8). En effet, de même que toutes choses ont été produites par le Verbe éternellement proféré, toutes choses sont aussi réparées, relevées et complétées par le Verbe uni à la chair (1).

Le second mystère accompli en ce jour, c'est que le Seigneur Jésus a commencé à répandre pour nous son sang précieux, puisque sa chair a été coupée avec le couteau de la circoncision. Il voulut de bonne heure souffrir pour nous, car bien qu'il n'eût jamais commis le péché, il commence cependant aujourd'hui à porter la peine que nos péchés méritaient. Ce n'est pas seulement dans l'âge viril, mais c'est dès la plus tendre enfance qu'il voulut répandre son sang pour nous. Aujourd'hui même l'enfant Jésus verse des larmes, à cause de la douleur qu'il ressent en sa chair ; car

(1) Voir note XXXVII à la fin du volume.

il eut une chair véritable et passible comme les autres hommes. Mais en le voyant pleurer, pensez-vous que sa Mère pût s'empêcher de pleurer? Oui certes, elle mêle ses larmes aux siennes. Compatissons à leur commune douleur, et pleurons avec celui qui a pleuré amèrement aujourd'hui. Il est vrai que dans ces solennités, nous devons concevoir une grande joie à cause du salut qu'il nous a procuré; mais nous devons aussi concevoir une vive affliction à cause des angoisses qu'il a endurées pour nous. Lorsque nous le voyons tant souffrir pour les péchés des autres, nous devons être fortement excités à souffrir quelque chose pour nos propres péchés. « Qui ne rougirait, dit saint Bernard, d'éviter les moindres peines pour ses fautes personnelles, quand il sait que le Christ a supporté de si cruelles douleurs non pour ses propres offenses, mais pour celles d'autrui? »

Il faut remarquer que Jésus a répandu son sang pour nous, six fois différentes : premièrement, dans la circoncision, où il commença l'œuvre de notre rédemption; secondement, dans sa prière et son agonie au jardin des Olives, où il manifesta le désir de notre rédemption; troisièmement dans sa flagellation; quatrièmement dans son couronnement d'épines, où il mérita la grâce de notre rédemption, car *nous avons été guéris par ses meurtrissures*, d'après la prédiction d'Isaïe (c. 53, v. 5); cinquièmement dans son crucifiement, où il offrit le prix de notre rédemption, car il payait alors la dette qu'il n'avait pas contractée, suivant la parole du Psalmiste (Ps. 68, v. 5); sixièmement enfin, lorsqu'on lui ouvrit le côté, et ce fut là le signe du sacrement de notre rédemption; car le sang et l'eau qui sortirent de son côté, figuraient que nous devions être purifiés par l'eau du baptême qui tire toute son efficacité du sang de Jésus-Christ. Ces six circonstances réunies dans lesquelles le Sauveur consomma l'ouvrage de notre rédemption, par l'effusion de son sang, nous marquent six conditions que nous devons réaliser pour nous assurer l'effet de cette rédemption. Ainsi, notre volonté doit être circoncise par le retranchement du péché, notre esprit doit être éprouvé par l'angoisse, notre chair doit être domptée par la mortification, notre âme doit être ornée de vertus, nos membres doivent être liés par la loi divine, notre cœur doit être blessé de l'amour divin. Vous voyez donc combien de fois le Christ a versé son sang pour notre rédemption : où sont maintenant vos larmes, vos gémissements, vos actions de grâces pour une si abondante effusion de sang ? *Venez, adorons-le, prosternons-nous devant lui, pleurons en présence du Seigneur qui nous a faits* et qui nous a rachetés si généreusement (Psalm. 94, v. 6); car, comme le dit saint Bernard, « bien qu'une seule goutte de ce sang très-précieux eût suffi pour racheter l'univers entier, le Christ a voulu le verser en abondance, pour montrer son amour et exciter notre reconnaissance par la grandeur du bienfait ; car *il a payé surabondamment notre rachat*, selon la parole du Roi-Prophète (Psal. 129, v. 7). »

Comme nous l'avons dit, la cérémonie religieuse de la circoncision remonte à Abraham. C'est lui qui, le premier, après avoir témoigné sa foi inébranlable en un seul Dieu, reçut la circoncision comme un signe propre à distinguer les fidèles des infidèles. Car, avant d'être circoncis, Abraham avait cru qu'il aurait un fils, ainsi que le Seigneur l'avait promis, et, en signe de cette confiance, il reçut la circoncision comme marque qu'il était justifié par sa foi. La circoncision a donc été donnée d'abord pour récompenser la foi d'Abraham, afin que, comme il différait des autres nations par la foi, il en différât aussi par le sceau de la circoncision. Elle fut aussi établie, afin que le peuple descendant d'Abraham fût reconnu par la marque particulière de la circoncision, comme la nation privilégiée de Dieu, distinguée de toutes les autres, et comme la postérité légitime de celui qui avait reçu la circoncision pour récompense de sa foi. Elle fut encore prescrite, afin que si des Juifs étaient tués sur le champ de bataille, on pût facilement les distinguer des Gentils, pour les ensevelir comme appartenant à une race sainte. C'est pourquoi la circoncision ne fut point pratiquée dans le désert où les Juifs vivaient loin des Gentils. Enfin elle fut instituée pour remédier au péché originel, et pour réprimer la concupiscence charnelle. En outre la circoncision était une préparation à la grâce de la foi; car elle est une certaine profession de la loi mosaïque que l'on devait observer, comme le baptême est une profession de la loi évangélique, et on était disposé à cette seconde profession par la première. C'est pourquoi la circoncision fut un précepte de l'Ancien Testament ; et parce qu'elle était le signe du Christ promis à Abraham, elle dut être observée jusqu'à la naissance du Sauveur ; mais lorsque cette naissance eut accompli la promesse, la circoncision, qui en était le signe, dut être abrogée. On exécutait cette cérémonie avec des couteaux de pierre, qui représentaient Jésus-Christ comme devant être la vraie Pierre fondamentale.

Le Christ voulut être circoncis pour plusieurs raisons, comme s'il eut été obligé d'observer cette cérémonie. 1° Il voulait se déclarer descendant d'Abraham, qui le premier avait reçu le précepte de la circoncision avec la promesse du Christ futur. 2° Il voulait suivre l'exemple des Patriarches, donner satisfaction aux Juifs, leur ôter tout scandale apparent et tout prétexte de ne pas croire en lui et de ne pas le recevoir. 3° Il voulait montrer qu'il approuvait la loi ancienne, et qu'il regardait la circoncision établie par Dieu comme sainte, juste et bonne. 4° Il voulait nous recommander par son exemple les vertus d'obéissance et d'humilité, en observant le précepte d'une loi qui ne l'obligeait pas. 5° Il voulait remplir le commandement qu'il avait donné aux autres, et ne pas déprécier le remède propre à purifier la chair de péché, lui qui était venu non pas, il est vrai, dans la chair de péché, mais dans la ressemblance de la chair de péché. 6° Il voulait, en acceptant le joug de la loi, délivrer les autres qui ne pouvaient en supporter le poids ; car, d'après saint Paul (Ep. ad Galat. c. 4, v. 4 et 5), *le Christ s'est soumis librement à la loi, pour racheter ceux qui lui étaient nécessairement assujettis.* 7° Il voulait répandre son sang pour nous dès sa plus tendre enfance, et commencer de bonne heure à souffrir. 8° Il voulait prouver qu'il avait une vraie chair humaine, et confondre les hérétiques qui ont prétendu qu'il n'avait pas un corps véritable mais fantastique. 9° Il voulait réprouver la concupiscence charnelle, et recommander la chasteté qui consiste à retrancher tous les actes sensuels. 10° Il voulait, en la recevant, supprimer la circoncision corporelle pour lui substituer la circoncision spirituelle ; car, selon la parole de l'Apôtre, *la fin de la loi, c'est le Christ qui justifie tout fidèle croyant* (Ep. ad. Rom. c. 10, v. 4).

Aujourd'hui donc la circoncision légale a cessé, et en sa place nous avons le baptême qui procure une plus grande grâce et cause une moindre peine ; car le sacrement de baptême qui est survenu a rendu vaine la cérémonie de la circoncision : ainsi les fleurs tombent et sèchent quand les fruits naissent et mûrissent. Selon saint Grégoire (lib. 4. Moral., c. 2), « ce que l'eau du baptême opère en nous aujourd'hui, était produit autrefois dans les enfants par la foi de leurs pères, dans les adultes par la vertu du sacrifice, et dans les descendants d'Abraham par le mystère de la circoncision. » Mais, suivant la remarque de saint Bède (in cap. 2 Luc.), « si la circoncision au temps de la loi fournissait un remède contre la blessure du péché originel, comme le baptême en ce temps de la grâce, il y a cette immense différence que la porte du ciel n'était pas encore ouverte aux Juifs circoncis, comme elle est ouverte maintenant aux fidèles baptisés. Sans le mérite de la Passion du Sauveur, le baptême n'aurait pas de lui-même cette vertu, et avec ce mérite la circoncision aurait eu toute la vertu du baptême. La circoncision se pratiquait précisément sur la partie du corps où domine surtout la concupiscence, par laquelle se propage le péché originel; car il convenait d'appliquer le remède là où le mal siège principalement. »

La circoncision de la chair figure la circoncision de l'esprit par laquelle notre âme est purifiée des vices; et nous devons ainsi pratiquer la circoncision spirituelle en toutes choses, à l'intérieur comme à l'extérieur, de manière que nous soyons entièrement affranchis des inclinations mauvaises. Car le Christ a été circoncis pour apprendre aux hommes qu'ils doivent retrancher d'eux-mêmes toutes les superfluités des passions et des péchés. Selon saint Bernard (serm. de Circumcisione), « nous devons effectuer en nous une double circoncision, l'une intérieure et l'autre extérieure. La circoncision extérieure doit consister en ce que nos habits ne soient point recherchés, que nos actes ne soient point répréhensibles, et que nos discours ne soient point excessifs. La circoncision intérieure doit consister également en trois choses, en ce que nos pensées soient saintes, nos affections pures et nos intentions droites. » Nous devons donc être circoncis de cœur, c'est-à-dire éloignés des pensées coupables et impures, des jugements faux et téméraires, des intentions et volontés iniques ou injustes ; de telle sorte que nous craignions de penser en la présence de Dieu ce que nous rougirions de dire ou de faire en la présence des hommes; car les pensées sont devant Dieu ce que les paroles et les faits sont devant les hommes. De plus, nous devons être circoncis de la langue, c'est-à-dire nous abstenir de toute parole honteuse, calomniatrice, mensongère, oiseuse et superflue ; car, au jour du jugement, *nous rendrons compte de toute parole inutile* (Matth. c. 12, v. 36), même proférée par ignorance, ainsi que de la plus légère pensée. Nous devons encore être circoncis dans tous nos sens et membres du corps, de manière que nous évitions toutes les actions illicites, tous les plaisirs défendus, tous les vains amusements, et non-seulement les péchés, mais toutes les occasions de péché ; car celui qui ne fuit pas l'occasion finit par tomber. Telle est cette circoncision qui enlève tous les vices et fait disparaître toutes les fautes.

La circoncision se pratiquait avec raison le huitième jour après la naissance ; parce que c'est au huitième jour qu'aura lieu la résurrection générale, lorsque l'homme circoncis dans tous ses membres, c'est-à-dire délivré de toutes ses passions, lavé des moindres taches et entièrement renouvelé, ressuscitera pour l'immortalité. Le huitième jour est aussi le premier, parce que c'est en ce jour que le monde a commencé, que le Christ est ressuscité, et c'est en ce même jour qu'arrivera la résurrection universelle. Il y a dans cette vie six époques pendant lesquelles nous devons travailler pour Dieu et afin de gagner le repos éternel. Durant la septième époque qui n'appartient plus à cette vie, nous dormons dans le tombeau jusqu'au temps de la résurrection générale. La huitième époque est le jour même de cette résurrection, et de cette vie bienheureuse qui n'aura point de fin. Alors les saints non-seulement circoncis, mais affranchis de tous les péchés purs et immaculés, recevront un nom et un héritage éternels.

Celui-là donc est parfaitement circoncis à l'intérieur et à l'extérieur, qui écarte de lui toute pensée, parole et action vaine ou mauvaise. Il sert peu à l'homme de n'être circoncis qu'en partie, car, comme dit le pape saint Pie: (1) « Il est inutile de jeûner, de prier et d'exercer les autres actes de religion, si l'on ne garde son esprit de l'iniquité et sa langue de la médisance. Cela ne profite aucunement pour la vie éternelle, quoiqu'il puisse profiter pour la vie temporelle. » Saint Bède dit également (in cap. 2, Luc.) : « Lorsque quelqu'un entend parler de la circoncision, qu'il n'aille pas croire qu'il suffit d'avoir circoncis un seul membre, par exemple de s'abstenir de la fornication seulement, ou d'user du mariage avec modération, ou même de se maintenir dans une virginité honorable, sans pratiquer les autres vertus, comme s'il n'était pas nécessaire de réprimer tous nos sens, tant intérieurs qu'extérieurs. Ainsi celui-là seul est vraiment circoncis, qui bouche ses oreilles pour ne pas entendre le mal, et qui ferme ses yeux pour ne pas voir le péché ; qui veille sur sa langue pour qu'elle ne défaille pas dans ses paroles, et qui veille sur son âme pour qu'elle ne s'appesantisse pas dans l'ivresse et la débauche; qui s'éloigne de toute mauvaise société, et qui se détourne de toute voie perverse ; qui châtie son corps en tout et le réduit en servitude, mais qui principalement garde son cœur avec un soin continuel, parce que c'est de lui que procède la vie. Une bonne action qui se fait en secret n'a pas moins besoin d'être circoncise, afin que, quand je jeûne, quand je prie, quand je fais l'au-

(1) Le passage qui est ici attribué au pape saint Pie 1ᵉʳ n'est point authentique.

môhe, je ne cherche pas à me satisfaire moi-même et à contenter mon amour-propre. C'est pourquoi l'Apôtre recommande instamment cette circoncision intime du cœur qui *reçoit l'éloge, la récompense non des hommes mais de Dieu* (Ep. ad Rom., c. 2, v. 29). » — De tout ce que saint Bède vient de dire, nous devons conclure qu'il faut éviter tout péché, soit intérieur, soit extérieur, et être circoncis spirituellement dans tous nos sens.

L'homme est circoncis, toutes les fois qu'il revient du péché à la pénitence. Les huit jours qui précédaient la circoncision charnelle, figurent les huit illuminations des grâces divines qui préparent la circoncision spirituelle de l'âme pénitente. D'abord le pécheur se tourne vers Dieu, puis il reconnaît sa faute, il s'en repent, il s'en accuse, il s'en punit lui-même, il la déteste, et se propose de l'éviter ; enfin il est justifié par l'infusion de la grâce qui chasse le péché ; c'est ainsi qu'après les huit illuminations précédentes la circoncision est opérée par la complète justification de l'âme pénitente. Cette circoncision spirituelle n'est autre chose que l'amputation des vices faite avec le couteau de la pénitence : car, comme la circoncision du corps consistait à couper une partie superflue de la chair, la circoncision de l'esprit consiste à retrancher les vices et les péchés qui sont en nous les seules choses superflues, puisque toutes les autres choses que Dieu a créées en l'homme sont très-bonnes. Et si cette circoncision ne se fait pas dans l'esprit, l'esprit est un fils de perdition, selon cette sentence de la Genèse: *l'enfant mâle qui ne sera pas circoncis sera exterminé du milieu de mon peuple* (c. 17, v. 14). Les huit jours qui précédaient la circoncision, peuvent encore figurer les sept dons du Saint-Esprit ou les sept vertus principales, avec la persévérance finale figurée par le huitième jour. Et, comme les péchés ne peuvent être effacés que par le Christ, car *il est l'Agneau de Dieu qui efface les péchés du monde* (Joan., c. 1, v. 29), la circoncision se faisait avec des couteaux de pierre qui représentaient le Christ, *la pierre fondamentale* (Ep. I ad Corint., c. 10, v. 4), comme nous l'avons dit. Voilà donc ce que signifiait la circoncision, et sans cela elle n'eût été sans valeur, comme une cérémonie inutile ; aussi, c'est pour nous faire remarquer cette signification que Jésus-Christ a voulu recevoir la circoncision : car, comme c'est pour nous qu'il est né, qu'il a été baptisé et qu'il a souffert, c'est aussi pour nous et non pour lui qu'il a été circoncis. Efforçons-nous donc d'opérer cette première circoncision spirituelle, figurée par la circoncision corporelle, afin d'obtenir cette autre circoncision spirituelle, qui, à la huitième époque, au jour de la résurrection, nous affranchira éternellement de toute faute, de toute peine et de toute corruption. Il y a donc trois circoncisions. Celle qui se faisait sur le corps, était sacramentelle et figurative ; les deux autres sont la réalisation de la figure et la fin même du sacrement, savoir, la circoncision du péché qui se fait chaque jour dans l'âme, et la circoncision du péché et de toute peine due au péché qui aura lieu dans l'âme et dans le corps, au jour de la résurrection.

Prière.

O très-clément Jésus, qui, après être né de la Vierge, avez voulu être circoncis selon la loi, faites, miséricordieux Sauveur, qu'étant votre serviteur je sois circoncis dans mes pensées, mes paroles et mes œuvres, afin qu'en elles il n'y ait rien de contraire à votre volonté. Faites que tous mes sentiments soient conformes à vos jugements infaillibles, que tous mes discours soient réglés suivant vos préceptes équitables, et que tous mes actes soient dirigés vers l'accomplissement de vos ordonnances suprêmes. Seigneur, je vous consacre mon cœur, ma langue, mes sens et mes membres ; ils s'efforcent de vous servir mais par eux-mêmes ils ne peuvent opérer aucun effet surnaturel. Produisez vous-même ce que seuls ils ne peuvent produire, et affermissez dans le bien la volonté d'un pécheur comme moi, vous qui aimez à exaucer les désirs des justes, vos serviteurs. Ainsi soit-il.

CHAPITRE XI

MANIFESTATION DE NOTRE SEIGNEUR AUX TROIS MAGES

Matth. c. 2, v. 1-12.

Le treizième jour après sa naissance, l'Enfant Jésus se manifesta aux nations dans la personne des Mages qui étaient Gentils. Depuis longtemps déjà, Balaam, prophète de la Gentilité, avait prédit qu'une étoile sortirait de Jacob, et qu'un homme extraordinaire s'élèverait d'Israël. Ainsi l'apparition d'un astre nouveau avait été donnée comme le signe du Christ naissant. Les Mages, voyant donc cette nouvelle étoile, connurent, par une inspiration divine, que c'était celle que Balaam avait annoncée, et ils partirent aussitôt pour aller adorer l'Enfant nouveau-né. Ils descendaient de Balaam, et ils étaient les successeurs et les héritiers de sa foi comme de sa race. On les appelait Mages, non parce qu'ils exerçaient l'art magique, mais parce qu'ils possédaient une science remarquable, qu'ils étaient distingués par leur sagesse et versés dans l'astronomie ; car les Perses appelaient Mages ceux qui étaient nommés Scribes chez les Hébreux, Philosophes chez les Grecs, et Sages chez les Latins. Les Mages n'étaient donc pas des magiciens, mais des docteurs qui devinrent les prémices de notre foi : ils sont aussi appelés Rois, parce qu'en ce temps les Philosophes et les Sages avaient coutume de régner. C'est pourquoi Sénèque (Epist. 90) parlant de la félicité des anciens temps, dit que le souverain bonheur des peuples consistait en ce que le plus sage pouvait seul devenir le plus puissant. Dans cet heureux siècle qu'on appelle l'âge d'or, le commandement était plutôt une fonction qu'un honneur, et un roi pouvait sans art et sans difficulté se trouver dans un palais. Ainsi, pour donner un exemple d'un philosophe qui était alors comme un roi, Sénèque rapporte de Diogène le cynique, qu'un jour ayant vu un enfant boire de l'eau dans le creux de sa main, il brisa de suite le vase qu'il avait tiré de sa besace pour cet effet, en s'adressant à lui-même ce reproche: Jusqu'à présent, que j'ai été fou de porter un fardeau inutile! Et pour se loger et dormir, il ne se réserva qu'un tonneau. Quelle différence entre les maîtres de ce temps-là et les monarques de notre époque ! Les derniers font tout le contraire des premiers : ils courent après les richesses, les honneurs et les plaisirs ; ils seront aussi dans l'autre vie traités plus sévèrement que les Gentils.

Les Mages vinrent d'Orient (Matth. c. 2, v. 1), c'est-à-dire des contrées qui sont à l'Orient par rapport à Jérusalem et à la Judée ; car selon saint Chrysostôme (Hom. 2. Operis imperf.) le commencement de la foi devait venir des contrées où naît la lumière, puisque la foi est la lumière des âmes. Suivant saint Bernard (Serm. 3, in Epiphania Domini) ce n'est pas sans raison que nous viennent de l'Orient ceux qui nous annoncent le lever si désiré du nouveau Soleil de justice, et qui par cette joyeuse nouvelle illuminent tout le monde. Les Mages venaient des frontières des Perses, des Mèdes et des Chaldéens, où coule le fleuve Saba qui a donné le nom de Sabée à cette contrée voisine de l'Arabie. Il y a deux Arabies ; l'une, qui touche à la Judée vers l'Orient par rapport à Jérusalem, est celle d'où les Mages semblent être venus ; l'autre Arabie, qui touche à l'Inde, est distante de Jérusalem presque d'une année de chemin, et par conséquent les Mages n'auraient pu franchir cet espace en moins de treize jours. D'après Remi d'Auxerre, ceux qui prétendent que les Mages venaient de l'Arabie la plus lointaine allèguent que l'Enfant nouveau-né pouvait bien les conduire en peu de temps près de son berceau. Mais s'ils étaient les successeurs de Balaam, la contrée qu'ils habitaient n'était pas éloignée de la Terre promise, en sorte qu'ils pouvaient sans miracle arriver à Jérusalem en un court intervalle de temps.

Aussitôt que les Mages virent l'étoile, ils comprirent, par la lumière du Saint-Esprit, ce qu'elle signifiait, et ils se mirent à chercher le Christ, Dieu fait homme, que l'inspiration divine leur disait être indiqué par l'apparition de l'étoile. Cette étoile différait en plusieurs manières des autres: 1° d'abord, quant à la substance; la matière des autres étoiles est la quintessence céleste, tandis que la matière de celle-ci était une substance corruptible : 2° quant à la cause efficiente ; les autres étoiles ont été créées de Dieu par le Verbe, sans l'aide d'aucune créature, tandis que celle-ci fut formée par le Verbe avec le ministère d'un Ange: 3° quant à la durée ; les autres étoiles existent depuis le commencement du monde et dureront jusqu'à sa fin ; celle-ci au contraire apparut en même temps que le Christ naissait, et s'éteignit presque aussitôt : 4° quant à la position ; les autres étoiles sont placées dans le firmament, et celle-ci se tenait dans l'atmosphère voisine de la terre : 5ª quant à la grandeur ; selon Ptolémée, les étoiles qui nous apparaissent au firmament, sont plus grandes que la terre ; celle-ci n'avait peut-être pas plus de deux ou trois coudées d'étendue : 6° quant au mouvement ; les autres se meuvent circulairement de l'orient à l'occident, celle-ci allait en ligne droite du levant au midi : 7° les autres marchent continuellement et ne s'arrêtent jamais, celle-ci marchait avec les Mages, et se reposait avec eux ; 8° tantôt elle se montrait, tantôt elle se cachait ; ainsi lorsque les Mages entrèrent à Jérusalem, elle disparut, et lorsqu'ils prirent congé d'Hérode, elle reparut ; 9° les autres ne luisent que la nuit, mais celle-ci brillait en plein midi ; la lumière du jour ne l'obscurcissait pas, et saint Chrysostôme dit qu'elle faisait pâlir les rayons du soleil (Hom. 2, Operis imperfecti): 10° les autres n'indiquent que la distinction des saisons et des années, celle-ci marquait la naissance du Créateur : 11° les autres influent sur les corps inférieurs, celle-ci n'avait d'autre effet que d'annoncer le Sauveur naissant : 12° les autres ont été créées pour le service de toutes les nations, et celle-ci ne fût produite que pour le service du Christ : 13° les autres sont visibles à tous ceux qui sont dans leur hémisphère, et celle-ci n'était visible qu'aux trois Mages : 14° les autres ne se meuvent qu'en vertu de la loi générale qui régit tous les astres, celle-ci était conduite par l'Ange qui avait annoncé la naissance du Christ aux bergers.

Le Seigneur Jésus a fait en ce jour de grandes et nombreuses choses, surtout en faveur de son Église : premièrement, il l'a prise pour fiancée en la personne des Mages, car elle est composée en majeure partie de Gentils convertis. Le jour de sa naissance, en la personne des bergers, il s'était montré aux Juifs dont quelques-uns seulement ont reçu le Verbe divin; mais aujourd'hui il se manifeste aux Gentils qui ont rempli l'Église ; car l'éclat de l'étoile figurait d'avance la grâce de Dieu, et l'élection des trois Mages préparait la vocation des Gentils. Les Mages furent donc les prémices des Gentils dont ils présageaient la conversion au Christ. C'est pourquoi cette solennité est proprement la fête de l'Église et des fidèles chrétiens. Secondement, aujourd'hui Jésus-Christ a sanctifié l'Église son épouse, et se l'est véritablement unie par le baptême qu'il daigna recevoir, à pareil jour, dans sa trentième année. Aussi nous chantons avec joie dans l'office: *Aujourd'hui l'Église est unie à son Époux céleste qui l'a purifiée de ses souillures dans le Jourdain* (Brev. rom. in die Epiph.). Car c'est par le baptême qui tire toute sa vertu du baptême de Jésus-Christ, que l'âme est unie à Jésus-Christ, et l'Église n'est que l'assemblée des fidèles baptisés. Troisièmement, c'est à pareil jour, un an après son baptême, que Jésus-Christ opéra son premier miracle, en changeant l'eau en vin aux noces de Cana ; or, comme nous le verrons plus tard, ce miracle a un rapport frappant avec les noces spirituelles que le Christ a célébrées avec l'Église. Ainsi, comme le chante l'Église dans son office, *trois actions merveilleuses ont rendu ce saint jour digne de toute notre vénération.* (Brev. rom. ibidem). C'est pourquoi saint Maxime, évêque de Turin, (De tribus apparitionibus) dit que dans les anciens livres liturgiques, on l'appelait *le jour des Épiphanies*, c'est-à-dire des *manifestations* du Christ, car le mot Épiphanie signifie *manifestation.* Cependant les trois manifestations célébrées en ce jour étaient aussi distinguées par des noms particuliers; car on appelait spécialement *Épiphanie*, celle qui avait eu lieu dans l'air, par le moyen de l'étoile ; *Théophanie*, celle qui était venue de Dieu le Père, au baptême du Sauveur ; *Bethphanie*, celle qui avait été faite dans une maison, aux noces de Cana, car le mot *beth* signifie *maison.* C'est donc avec raison, conclut saint Maxime, que nous proclamons trois mystères en un seul jour, nous qui confessons un seul Dieu en trois personnes ineffables. Origène ajoute qu'à pareil jour le Seigneur rassasia quatre mille hommes avec sept pains et quelques petits poissons. Oh ! qu'il est vénérable ce jour choisi par le Seigneur pour l'accomplissement de tant de choses merveilleuses! Aussi, l'Église, considérant tous les bienfaits signalés que son divin Époux lui a octroyés aujourd'hui veut se montrer reconnaissante; elle se réjouit, s'applaudit avec transport, et célèbre avec magnificence cette fête solennelle (1). Parlons maintenant du premier mystère que nous honorons en ce jour ; les autres viendront plus tard à leur rang.

Selon la prophétie de Michée, *Jésus était donc né à Bethléem de Juda* (Matth. c. 2, v. 1), c'est-à-dire dans la tribu de Juda, et non à Bethléem de Galilée, dans la tribu de Zabulon ; *au temps du roi Hérode*, c'est-à-dire en la trentième année de son règne. Ce qui prouve que le temps assigné pour la naissance du Christ était arrivé déjà ; car le patriarche Jacob (Genes. c. 49) avait prédit que le Christ naîtrait à l'époque où le peuple juif perdrait le sceptre de l'autorité, et cesserait d'avoir un chef ou un roi pris dans son sein. Ce qui fut accompli en la personne d'Hérode Ascalonite, origi-

(1) Voir note XXXVIII à la fin du volume.

naire d'Idumée, qui fut le premier roi étranger du peuple juif. Ce fut alors que les Mages, représentant toute l'Église qui devait se composer des Gentils convertis, vinrent des contrées orientales à Jérusalem ; et dans cette cité royale, ils s'informèrent du Christ enfant : *Où est le roi des Juifs qui est né ?* disaient-ils. (Matth. c. 2, v. 2). Voilà donc le titre de Roi qui est donné maintenant au Messie par les Mages et qui lui fut ensuite refusé par les Juifs, quand ils dirent à Pilate : *N'écrivez pas qu'il est roi des Juifs ;* mais ce titre fut alors confirmé par l'Écriture et par la bouche de Pilate, lorsqu'il répondit : *Ce que j'ai écrit est écrit.* (Joan. c. 19, v. 21 et 22).—Les Mages ajoutèrent : *Nous avons vu en Orient son étoile,* c'est-à-dire celle qui lui est propre, qu'il a créée pour se manifester lui-même ; *et nous sommes venus* en personne l'*adorer* humblement et uniquement. Ainsi, après que les bergers étaient venus pour le reconnaître, les rois venaient pour le vénérer, et plus tard les vieillards viendront pour le féliciter. Les premiers représentent les prélats, les seconds figurent ceux qui mènent la vie active, et les troisièmes ceux qui s'adonnent à la vie contemplative ; les premiers voient et prêchent le Christ, les seconds le vénèrent et l'adorent, les troisièmes l'embrassent et le retiennent avec amour.

Suivant quelques auteurs, lorsque les Mages entrèrent en Judée, l'étoile disparut, afin qu'ayant perdu le guide de leur route, ils fussent forcés d'avancer jusqu'à la ville royale de Jérusalem, pour s'informer du Roi nouveau-né. Selon d'autres interprètes, lorsque les Mages furent entrés à Jérusalem pour s'informer de l'Enfant, ils cessèrent d'apercevoir l'étoile qui les conduisait, parce qu'en recherchant le secours humain, ils méritèrent de perdre le secours divin ; car ceux qui préfèrent le premier à l'autre sont justement privés de ce dernier. Cette étoile peut donc signifier la lumière de la grâce qui abandonne les bons quand ils consultent les méchants. Mais que l'étoile ait disparu avant ou après l'entrée des Mages à Jérusalem, Dieu a permis cet événement pour plusieurs causes. 1° Il voulait que les Mages, avertis d'abord par un signe céleste, fussent confirmés dans leur recherche par l'oracle prophétique, d'après la réponse des docteurs résidant à Jérusalem. 2° Il voulait que la naissance du Christ fût connue dans la cité royale, et que l'accomplissement de la prédiction sur le lieu où le Messie devait naître fût démontré. 3° Il voulait, par le zèle des Mages, condamner la négligence des Juifs qui ne firent aucune démarche pour trouver le Christ que les Gentils cherchaient avec empressement. 4° Il voulait que, si les Juifs refusaient de recevoir le Christ, ils ne pussent alléguer leur ignorance touchant son avènement, puisque les Mages leur en désignaient l'époque et qu'eux-mêmes en indiquaient le lieu aux Mages. Cette disparition de l'étoile figurait encore que les Gentils devaient religieusement accepter la foi du Christ, tandis que les Juifs devaient en majeure partie la rejeter, et persister dans leur incrédulité. Ces Mages étaient très-affermis dans la foi et dans la crainte du Christ; car ils n'ignoraient pas l'édit impérial, condamnant à mort quiconque donnerait le titre de roi à un autre qu'à celui qui tenait sa couronne de l'Empereur romain; et cependant ils ont le courage d'appeler le Christ Roi. « Eh quoi donc ! s'écrie saint Chrysostôme (Hom. 2, Operis imperfecti), les Mages ne savaient-ils pas qu'Hérode régnait à Jérusalem? Ne comprenaient-ils pas que quiconque, pendant la vie du roi, donne à un autre le titre de roi ou lui rend hommage encourt la peine de mort? » Mais en considérant le Roi futur, ils ne redoutaient point le Roi présent ; ils n'avaient pas encore vu le Christ, et déjà ils étaient prêts à mourir pour le Christ. « O bienheureux Mages, ajoute le même saint docteur, vous ne craignez pas, en face d'un monarque très-cruel, de confesser le Christ souverain monarque, avant même que vous ayez contemplé son visage! »

Or le roi Hérode apprenant ce qui se disait de l'Enfant nouveau-né, *en fut troublé* (Matth. c. 2, v. 3) ; il craignait de le voir un jour régner à sa place, après avoir été lui-même dépossédé comme étranger. Saint Augustin dit à ce sujet: (Serm. 2, de Epiphania Domini) « Si cet enfant couché dans une crèche a fait trembler les monarques superbes, quelle terreur ne causera-t-il pas lorsqu'il siégera sur son tribunal, comme Juge suprême ? Tremblez donc, ô princes de la terre, devant Jésus assis à la droite de Dieu son Père, puisqu'un roi impie a tremblé devant lui lorsque sa Mère le tenait encore sur ses genoux. » Hérode ne se troubla pas seul, mais tous les habitants de Jérusalem s'émurent avec lui de ce prodige extraordinaire ; car ils voulaient faire leur cour à celui qu'ils redoutaient comme leur maître. Souvent la complaisance et la servilité du peuple sont en raison de la tyrannie et de l'impiété de son chef ; c'est ainsi que les mauvais princes sont environnés de ministres impies et adulateurs. « Jérusalem tout entière, dit saint Chrysostôme (Hom. 2, Operis imperfecti), se trouble avec Hérode ou par adulation ou par frayeur. » Ce monarque et ses sujets se troublent également, parce que l'iniquité ne peut se réjouir de voir l'avènement de la justice. On peut aussi, en prenant la partie pour le tout, entendre par Jérusalem les favoris et les courtisans d'Hérode ; car lorsque les principaux personnages d'une ville font quelque acte public, on dit communément que toute la ville le fait ; c'est ce qui arriva dans la circonstance actuelle, où les grands de Jérusalem, qui étaient attachés au gouvernement partagèrent, la crainte du roi.

Et il convoqua tous les princes des prêtres et les scribes du peuple, c'est-à-dire les sages des Juifs, *pour apprendre d'eux où devait naître le Christ* (Matth. c. 2, v. 4). Comme Hérode voulait faire mourir le Christ, il s'empressa de se faire bien informer sur le lieu de sa naissance par ceux qui connaissaient les prophéties relatives au Messie et les générations descendant de David. *Ils lui répondirent: A Bethléem de Juda* c'est-à-dire à Bethléem, située dans la terre de Juda, *comme il est écrit dans la prophétie* de Michée (Matth. c. 2, v. 5). Selon la remarque de saint Augustin (Serm. 6 de Epiphania), les Juifs qui firent connaître aux autres l'endroit où le Christ devait naître, sans y aller eux-mêmes, ressemblaient à ceux qui aidèrent Noé à construire l'arche ; ils fournirent aux autres un moyen de salut dont eux-mêmes ne profitèrent point pour échapper au déluge. Le même saint docteur compare les Juifs à ces pierres milliaires qui indiquent la route au voyageur et restent elles-mêmes immobiles. Ils ont indiqué la source de vie aux autres, ajoute-t-il, et ils sont morts eux-mêmes de soif. Les scribes et les prêtres qui montrèrent, d'après les prophéties, le lieu où le Christ devait naître, et qui cependant ne l'adorèrent point, mais le persécutèrent plutôt, figurent ces docteurs qui par leur saine doctrine annoncent le Christ, et qui le combattent par leur mauvaise conduite.

Alors Hérode, ayant appelé secrètement les Mages, s'enquit d'eux avec grand soin du temps auquel l'étoile leur était apparue (Matth. c. 2, v. 7). Connaissant déjà le lieu de la naissance du Christ par la réponse des Juifs, il voulut encore savoir des Mages l'époque de cette naissance, afin de pouvoir ainsi plus sûrement le faire périr. Comme il était un prince étranger, il se défiait des Juifs auxquels il cacha son cruel projet. *Envoyant les Mages à Bethléem* (Matth. c. 2, v. 8), il leur tint ce langage hypocrite et traître : *Allez, et cherchez soigneusement l'Enfant nouveau-né, puis, lorsque vous l'aurez trouvé, venez me l'annoncer, afin qu'à mon tour j'aille l'adorer;* promesse fallacieuse de vénération, pour mieux tromper les Mages, en les engageant à retourner par Jérusalem. Le fourbe, dit saint Chrysostôme (Hom. 2, Operis imperfecti), promettait de vénérer le Christ, et il méditait de lui donner la mort ; c'est ainsi qu'il cachait ses perfides desseins sous des dehors respectueux. Ainsi font tous les méchants ; plus ils veulent nuire gravement à quelqu'un en secret, plus ils lui témoignent extérieurement de déférence et d'amitié. Hérode, dit Raban-Maur, par l'expression de sa figure comme par ses paroles, feignit de vouloir adorer celui que, dans son cœur jaloux, il se proposait de faire périr. Il dissimulait ainsi afin que les Mages fussent plus portés à revenir vers lui, et de peur que les Juifs n'essayassent de lui soustraire leur Roi futur ; il est en cela le type des hypocrites qui feignent de chercher Dieu pour le servir et ne méritent jamais de le trouver. De même qu'Hérode, sous une apparence de religion, résolut de tuer le Christ, ainsi les hypocrites le font mourir, autant qu'ils le peuvent, *en crucifiant de nouveau en eux-mêmes le Fils de Dieu*, comme l'atteste saint Paul (Heb. c. 6, v. 6). La sainteté simulée est une double iniquité, selon saint Grégoire ; et, d'après saint Chrysostôme (Hom. 7, in Matthœum), ceux qui reçoivent indignement la sainte communion ressemblent à Hérode ; car ils font semblant d'adorer Jésus-Christ auquel ils donnent la mort, dans leur cœur, comme l'assure l'Apôtre, en disant : *Celui qui mange ce pain et qui boit ce vin indignement, se rend coupable du corps et du sang de Jésus-Christ* (Ep. I ad Cor. c. 11, v. 27).

Après avoir entendu le roi Hérode (Matth. c. 2, v. 9), sans soupçonner sa mauvaise intention, les *Mages partirent* de Jérusalem pour aller vers Bethléem, suivant l'indication de la prophétie. Et lorsqu'ils furent sortis de la capitale tout à coup l'étoile qu'ils avaient vue en Orient, et qui avait momentanément disparu, se montra de nouveau à leurs yeux étonnés ; parce qu'en laissant le secours des hommes, ils méritèrent de recouvrer le secours de Dieu. A l'endroit même où l'étoile réapparut aux Mages, on a bâti une église pour conserver la mémoire du fait. Cette étoile les précédait pour leur marquer la route, jusqu'à ce que, étant arrivée sur le lieu où était l'Enfant, elle s'arrêta. Elle s'arrêtait en quelque sorte sur la tête de l'enfant, comme pour les avertir par sa position et leur dire : Ici, se trouve le Roi dont je vous ai attesté la naissance. Car elle indiquait par sa position Celui qu'elle ne pouvait indiquer par la parole. Ainsi guidés par l'étoile et poussés par la joie qui les transportait, les Mages parvinrent au pauvre réduit où était né le Seigneur Jésus.

Ici se présente une difficulté, lorsque les Mages étaient en Orient, avaient-ils vu cette étoile demeurant immobile au dessus de la Judée ; ou bien l'avaient-ils vue se mouvoir en Orient pour les accompagner jusqu'en Judée ? D'après l'opinion commune admise par saint Chrysostôme (Hom. 6, in Matthæum), cette étoile s'était levée en Orient d'où elle avait amené les Mages à Jérusalem, en les précédant. D'après saint Fulgence au contraire, les Mages avaient vu cette étoile immobile au dessus de la Judée, comme un signe qui les avertissait d'aller en ce pays, et ils étaient venus à Jérusalem, parce que cette ville en était la capitale ; puis lorsqu'ils en sortirent, l'étoile les précéda d'une manière sensible jusqu'à ce qu'ayant accompli sa mission, elle revint à son premier état.

Les Mages, entrant dans la maison, trouvèrent l'Enfant avec Marie, sa Mère (Matth. c. 2, v. 11) qui, probablement assise, le tenait sur ses genoux, *et ils furent ravis de joie*, parce que leurs désirs n'avaient pas été vains, ni leurs peines inutiles. Ils sont contents, dit saint Chrysostôme (Hom. 6, in Matth.), parce qu'ils ont enfin trouvé l'objet de leurs vœux et de leurs recherches, parce qu'ils sont devenus les messagers de la vérité, parce qu'ils n'ont pas affronté sans succès les fatigues d'un long voyage que l'espérance de voir le Christ leur avait fait entreprendre. Oh! que Marie est heureuse d'être toujours avec Jésus! Car Jésus n'est point né sans Marie qui était le ministre de son Incarnation : Jésus n'est point trouvé sans Marie qui était chargée de son éducation ; Jésus n'a point été crucifié sans Marie qui était associée à sa Passion. Joseph n'est point ici mentionné, parce que, selon saint Chrysostôme, on ne parle pas encore des fonctions propres au père nourricier. Ou bien, selon saint Hilaire et Raban-Maur, Dieu voulut qu'à cette heure Joseph fut absent, pour ne pas donner occasion aux Mages de croire qu'il était le père de l'Enfant et que cet Enfant auquel ils étaient venus apporter leurs offrandes avec leurs adorations n'était pas Dieu.

Étant donc entrés et s'étant prosternés tant de cœur que de corps, les Mages fléchissent humblement les genoux devant l'Enfant Jésus, et l'adorent comme le vrai Dieu incarné auquel ils rendent le culte suprême ; car s'ils l'honorent comme Roi, ils l'adorent aussi comme Dieu ; et s'ils voient son humanité, ils reconnaissent en outre sa divinité. Ils se prosternent pour témoigner leur humilité, vertu sans laquelle il n'y a point de véritable adoration ; car le véritable adorateur doit déposer tout faste et toute confiance en lui-même, afin de manifester à Dieu sa soumission intérieure par son abaissement extérieur, et afin de s'abandonner au Seigneur comme une victime toute dévouée, en lui présentant un cœur contrit et humilié. O bienheureuse Vierge, qui pourra comprendre la joie dont vous fûtes remplie, en voyant adoré déjà comme Dieu celui que vous veniez d'enfanter? Oh! que la foi des Mages fut grande! Car semblait-il croyable que ce petit Enfant, enveloppé de chétifs langes, assisté d'une pauvre Mère, logé dans un réduit abject, sans société, sans famille, sans aucune pompe, fut véritablement Roi et Dieu? Et cependant ils croient à sa royauté et à sa divinité, puisqu'ils lui rendent leurs adorations et leurs hommages. Tels étaient les modèles et les prémices que nous devions avoir. Or il est évident qu'une révélation surnaturelle leur fit connaître la nature divine du Christ; car, en voyant cet Enfant qui était emmaillotté sur les genoux d'une femme obscure, et qui n'avait aucun insigne de la dignité royale, il n'est pas vraisemblable qu'ils l'eussent environné de la plus profonde vénération, s'ils n'avaient pas reconnu en lui quelque chose qui le rendait supérieur à l'homme.

« Les Mages, dit saint Bernard (Serm. 2, in Epiphania), offrent leurs adorations et leurs présents à un enfant à la mamelle. Mais, ô Mages, où est la pourpre qui doit décorer ce Roi? sont-ce ces vils langes qui l'emmaillottent? Si cet Enfant est Roi, où est son diadème? Ah! vous l'avez vu vraiment *avec le diadème dont sa Mère l'a couronné* (Cantic. c. 3, v. 11), c'est-à-dire avec l'enveloppe de notre mortalité dont il a dit lui-même en ressuscitant (Psal. 29, v. 12) : *Vous avez brisé mon enveloppe, et vous m'avez revêtu de joie.* » Plus loin, le même saint docteur ajoute : « Étrangers, pourquoi venez-vous adorer Jésus-Christ? car nous n'avons pas trouvé tant de foi en Israël. Quoi donc! Cette étable qui lui sert de demeure, cette crèche qui devient son berceau, la vue de cette pauvre Mère qui allaite son petit Enfant ne vous choquent pas, ne vous scandalisent point ? Que faites-vous, ô Mages, que faites-vous ? Vous adorez, dans un misérable réduit, et sous des haillons grossiers, un Enfant à la mamelle. Est-il donc un Dieu ? Mais assurément *Dieu réside dans son sanctuaire, Dieu règne dans le ciel* (Psal. 10, v. 5) ; et vous le cherchez dans le réduit des animaux, sur les genoux d'une femme ! Que faites-vous ? vous lui offrez de l'or : il est donc Roi ? et où est son palais, son trône, sa cour ? son palais est-ce cette étable ? son trône est-ce cette crèche ? Joseph et Marie composent-ils toute sa cour ? Comment des hommes sages sont-ils devenus assez insensés pour adorer un Enfant qui semble méprisable par son âge et par le dénûment de ses parents ? Ils se sont justement faits insensés pour devenir sages ; car le Saint-Esprit leur a d'avance enseigné ce que l'Apôtre prêcha plus tard (Ep. 1 ad Corin. c. 3, v. 18) : *Celui qui veut être sage, qu'il commence par devenir fou.* N'était-il pas à craindre, mes frères, que les Mages ne fussent scandalisés, et ne se crussent les jouets d'une illusion devant un spectacle si peu digne d'un Roi ? De la cité royale où ils avaient présumé trouver ce Roi, on les envoie dans la petite ville de Bethléem ; ils entrent dans une étable, et trouvent un Enfant dans des langes. Loin d'être choqués de ces insignes de la pauvreté, loin d'être scandalisés à la vue de cet Enfant que sa Mère allaite, ils se prosternent devant lui, le vénèrent comme Roi, l'adorent comme Dieu. A coup sûr, celui qui les avait conduits les avait instruits lui-même, celui qui les avait avertis extérieurement, au moyen d'une étoile, les avait éclairés intérieurement de la vérité. »

Après avoir entendu saint Bernard, écoutons sur le même sujet saint Augustin (Serm. 10, ad patres) : « Cet Enfant, dit-il, n'était pas assis sur un trône, ni revêtu de la pourpre, ni ceint d'un diadème éclatant : ce n'était donc ni le faste de sa cour, ni la terreur de son armée, ni la renommée de ses batailles et de ses triomphes qui faisaient venir les Mages des contrées lointaines auprès de son berceau pour lui présenter leurs vœux suppliants. On voyait couché dans la crèche le Nouveau-né dont la petitesse et l'indigence ne semblaient pas commander le respect : toutefois sous ces humbles apparences étaient cachées des grandeurs que la terre n'avait point appréciées, mais que le ciel avait révélées à ces illustres personnages. » Saint Chrysostôme commente de la manière suivante ces paroles évangéliques (Hom. 2, Operis imperf.): « *Et étant entrés dans la demeure, ils trouvèrent l'enfant avec Marie sa Mère* ; sa Mère, dit-il, non pas couronnée d'un diadème, non pas resplendissante d'or, ou reposant sur une couche magnifique, mais ne possédant qu'un simple vêtement qui ne servait pas à parer, mais à garantir son corps ; car quels vêtements pouvait avoir l'épouse d'un charpentier qui était en voyage et loin de son pays ? Si donc les Mages fussent venus pour voir un roi de la terre, ils auraient ressenti plus de peine que de joie d'avoir affronté sans motif les fatigues d'une si longue route ; mais, parce qu'ils cherchaient le Roi du ciel, quoiqu'ils n'aperçussent aucune marque de sa royauté si ce n'est dans le témoignage de l'étoile, ils sont heureux de contempler cet Enfant qui paraissait extérieurement si chétif, et si faible, mais que le Saint-Esprit leur montrait intérieurement si terrible et si puissant. »

« Ce n'est pas sans raison, dit saint Léon, pape (Serm. de Epiph.), que les trois Mages, conduits par une étoile miraculeuse pour adorer Jésus au berceau, ne jouissent pas du spectacle d'un Dieu commandant aux démons, ressuscitant les morts, rendant la vue aux aveugles, faisant marcher les boiteux et parler les muets, ou accomplissant quelque autre acte de sa puissance souveraine: non, ils ne voient qu'un Enfant silencieux et paisible, entouré de soins maternels, et qui ne montre en sa personne aucun signe de sa puissance, mais un grand miracle d'humilité. Toute la vie du Seigneur, qui a été un triomphe sur le démon et sur le monde, n'a été aussi qu'un acte continuel d'humilité depuis le commencement jusqu'à la fin. Tous ses jours ont été marqués par la douleur et la persécution ; dès son enfance, il souffre par le pressentiment de sa Passion, et dans sa Passion il conserve la douceur de son enfance. Aussi le grand art de la sagesse chrétienne ne consiste pas dans l'éloquence de la parole, dans la subtilité du raisonnement, dans la recherche de la louange et de la gloire, mais bien dans cette humilité véritable et volontaire que le Seigneur Jésus a pratiquée avec courage, et qu'il nous a constamment enseignée depuis sa naissance jusqu'à sa mort ignominieuse sur la croix. » C'est ainsi que s'exprime saint Léon. Voulez-vous donc, vous aussi, triompher du démon et du monde, faites tous vos efforts pour pratiquer, à l'exemple de Jésus-Christ, la patience et l'humilité, parce que, avec le secours de ces vertus, vous pourrez surmonter facilement vos ennemis tant visibles qu'invisibles.

Et les Mages, ayant trouvé l'enfant, *ouvrirent leurs trésors* (Matth. c. 2, v. 11); ce qui nous apprend que nous ne devons point ouvrir nos trésors sans attendre que nos ennemis soient passés, pour les offrir à Dieu seul en secret du fond de notre cœur. *Et ils offrirent chacun à l'enfant Jésus, de l'or, de l'encens et de la myrrhe.* C'était une coutume chez les anciens de ne paraître jamais devant le Seigneur, ou devant un roi les mains vides et sans apporter quelque présent. Or, les Arabes, qui étaient très-riches en or et en toutes sortes de parfums, composaient leurs dons de ces objets précieux, comme le firent les Mages. Quoiqu'en cela ces trois Sages suivissent l'usage de leur pays, ils n'agissaient pas sans une inspiration d'en-haut, car, par ces présents symboliques, ils exprimaient de sublimes mystères et manifestaient une foi profonde ; ils professaient ainsi leur croyance à la Trinité qu'ils adoraient en Jésus-Christ; ils témoignaient aussi que Jésus-Christ était Dieu, Roi et Homme, et qu'ils vénéraient sa puissance royale, sa majesté divine et son humanité mortelle. Les Mages en effet reconnaissaient ces trois titres dans le Sauveur, lorsqu'ils demandaient, comme nous l'avons vu, *Où est celui qui vient de naître Roi des Juifs ; car nous sommes venus pour l'adorer;* s'il venait de naître, il était donc Homme, et s'ils venaient l'adorer, il était donc Dieu celui qu'ils appelaient Roi des Juifs. Aussi, ils confessèrent sa puissance royale, en lui offrant l'or, qu'on paie comme tribut aux rois ; car, à cause de sa supériorité sur les autres métaux, l'or est un don digne des rois ; l'or montre donc que cet Enfant est Roi, puisqu'il convient à sa dignité. Ils confessèrent en outre la majesté divine en lui offrant de l'encens, qu'on brûle en l'honneur de Dieu dans les sacrifices ; l'encens montre donc que cet Enfant est Dieu et de plus qu'il est Prêtre, parce que cette oblation appartient au sacerdoce. Ils confessèrent encore son humanité mortelle en lui offrant de la myrrhe qui sert à embaumer les corps ; et Jésus-Christ, qui était Roi et Prêtre, a voulu mourir pour le salut de tous. « Ainsi, dit saint Augustin (Serm. de Epiphan.), on offre à cet Enfant le tribut de l'or comme au Roi souverain, le sacrifice de l'encens comme au Dieu véritable, et l'aromate de la myrrhe comme à Celui qui doit mourir un jour pour le genre humain. »

Chacun des Mages, comme nous l'avons dit, offrit les

trois sortes de présents, ainsi que l'exigeait leur signification mystérieuse ; car personne ne peut être appelé vraiment chrétien s'il ne confesse que le Christ est Dieu, qu'il possède la royauté, qu'il a subi la mort, en un mot qu'il réunit ces trois qualités figurées par les trois sortes de présents. « Les Mages, assure Remi d'Auxerre, n'offrirent pas au Christ chacun un présent, mais chacun trois présents, de façon qu'ils proclamèrent également par ce triple hommage sa divinité, sa royauté et son humanité tout à la fois. » — Voilà les parfaits modèles que doivent imiter tous les chrétiens sincères. A leur exemple, offrons à Jésus de l'or, en croyant qu'il est le monarque suprême, Roi de l'univers ; de l'encens, en témoignant qu'il est le vrai Dieu, créateur du monde ; de la myrrhe, en déclarant qu'il s'est fait homme et passible pour nous. C'est ainsi qu'une foi sainte ne cesse d'offrir ces trois présents au Christ, tant qu'elle le reconnaît comme vraiment Dieu, vraiment homme et vraiment mort pour nous. D'après saint Hilaire (Can. 1, in Matth.), « l'offrande des trois présents manifeste la connaissance de profonds mystères par rapport à Jésus-Christ, savoir de sa mort comme Homme, de sa résurrection comme Dieu et de sa judicature comme Roi. » Quant à moi, Seigneur Jésus, marchant sur les traces de vos serviteurs, je vous adore siégeant sur le trône de la gloire d'où vous dominez avec Dieu votre Père l'univers entier, et je vous offre avec gratitude cette foi dont vous m'avez éclairé, pour croire que vous êtes le Roi immortel de tous les siècles, Dieu de Dieu, né d'une Vierge et mort pour nos péchés.

Après avoir offert à Jésus-Christ ce qui lui appartient, offrons-lui ce qui nous appartient aussi. Quand nous croyons qu'il est Roi, Dieu et Homme, nous lui attribuons ce qu'il possède : mais ce que nous possédons, nous le tenons du

Seigneur, et nous devons lui en faire une triple offrande qu'il aura pour agréable. Offrons d'abord notre âme qui est désignée par l'or ; car de même que l'or l'emporte sur les autres métaux par sa valeur et son éclat, de même notre âme ne le cède à rien devant Dieu par son prix et sa beauté. Offrons aussi notre corps qui est figuré par la myrrhe ; car l'amertume de la myrrhe marque l'amertume que doit causer à notre corps la mortification ou la souffrance. Offrons encore pour le corps et pour l'âme une vie sainte et irréprochable qui est indiquée par l'encens ; car comme l'encens n'exhale point son parfum, s'il n'est consumé par le feu, ainsi notre vie ne rend point d'odeur pour Dieu, si elle n'est éprouvée par la tribulation. De plus, nous devons offrir à Jésus-Christ l'or de notre amour, en pensant à ce qu'il a souffert pour notre salut, l'encens de nos louanges, en le remerciant de ses bienfaits, la myrrhe de notre compassion, en méditant sur sa mort. Dans le sens moral, l'Église possède aussi de l'or, c'est la sagesse parfaite, la doctrine pure et la foi véritable ; de l'encens, ce sont les oraisons ferventes, les pieuses pensées et les bons exemples; de la myrrhe, ce sont l'amertume de la pénitence, la mortification de la chair et les bonnes œuvres. L'or est offert par les docteurs, l'encens par les martyrs et les confesseurs, la myrrhe par les pécheurs pénitents ; car toute offrande est comprise dans ces trois sortes de présents ; c'est ainsi que les dons des Mages expriment tout ce que l'Église croit, prescrit et observe. — D'après saint Bernard (Serm. 3, in Epiphan.), « nous offrons de l'or au Sauveur, lorsque pour la gloire de son nom nous abandonnons tous les biens de ce monde ; mais il ne suffit pas de mépriser toutes les choses de la terre, si nous ne cherchons les choses du ciel avec un ardent désir, et c'est alors que nous offrons le parfum de l'encens qui figure les prières des saintes âmes. En outre, il faut non-seulement fouler aux pieds le siècle présent, mais encore réduire la chair en servitude et la châtier ; si notre renoncement au monde est joint à la mortification du corps, il n'y a pas de doute que notre prière, ainsi portée sur ces deux ailes, pénètrera jusque dans les cieux, et montera devant Dieu comme la fumée de l'encens : c'est de cette manière qu'avec l'or et l'encens nous offrirons aussi la myrrhe au Seigneur. »

En résumé, les Mages honorèrent le Christ de trois manières, en lui offrant leur corps, lorsqu'ils se prosternèrent; leur âme, lorsqu'ils l'adorèrent ; et leur fortune, lorsqu'ils donnèrent des présents : l'offrande ne pouvait être plus complète, car l'homme ne possède pas autre chose que son corps, son âme et sa fortune. Les Mages sont au nombre de trois pour plusieurs raisons ; soit parce que ceux qui embrassent la foi chrétienne doivent confesser l'indivisible Trinité ; soit parce que ceux qui adorent Dieu doivent avoir les trois principales vertus qui sont la foi, l'espérance et la charité ; soit parce que ceux qui désirent voir Dieu doivent employer toutes leurs pensées, paroles et actions, c'est-à-dire leur mémoire, leur intelligence et leur volonté, à fuir le mal et à pratiquer la vertu. « C'est avec raison, dit saint Grégoire (lib. 26, Moral., c. 26), que les saints sont appelés rois parce qu'au lieu de consentir et de succomber aux mouvements déréglés de la chair, ils savent les dompter et les régir à leur gré. » Selon saint Isidore, les rois sont ainsi nommés, parce qu'ils doivent régir suivant les règles; par conséquent, on mérite le nom de roi en faisant le bien, et en faisant le mal on n'est plus digne de porter ce titre. Les Rois Mages partent de l'Orient pour signifier qu'ils aban-
rospérité humaine consistant dans trois sortes de

biens temporels, savoir les richesses, les honneurs et les plaisirs. L'étoile qui leur apparaît, représente la Vierge Marie dont le nom signifie *Étoile de la mer*: elle se manifeste à des Rois et à des Mages, elle se montre à ceux qui sont maîtres de leurs passions et amis de la sagesse ; elle les dirige à travers les écueils et les tempêtes de ce monde vers le port du salut qui est le Christ ; et lorsqu'ils l'ont trouvé, ils lui rendent leurs hommages, lui offrent leurs présents, savoir l'or de la charité, l'encens de la prière et la myrrhe de la mortification.

Le même jour où Jésus naquit en Judée, la nouvelle en fut donnée aux Mages en Orient; car ils virent alors une nouvelle étoile où paraissait un enfant dont la tête était surmontée d'une croix toute resplendissante d'or ; ils entendirent une voix qui leur disait : Allez en Judée, c'est là que vous trouverez un Roi nouveau-né. Ils s'empressèrent de partir pour la Judée, ne craignirent pas de pénétrer en ce pays, et y offrirent leurs présents à l'Enfant Roi du Ciel (1). Ces trois généreux Mages avaient été figurés autrefois par les trois courageux soldats qui coururent à la citerne de Bethléem pour désaltérer David, leur roi ; (II Reg. c. 23) car comme ces trois braves, sans redouter l'armée des ennemis, traversèrent avec intrépidité leur camp et puisèrent l'eau tant désirée ; ainsi, les trois Mages, sans appréhender la puissance d'Hérode, entrèrent hardiment à Jérusalem et s'informèrent du nouveau Roi. Les trois soldats allèrent à Bethléem pour y chercher l'eau naturelle de la citerne, mais les trois Mages y vinrent pour y trouver l'eau spirituelle de la grâce que leur fournit le céleste

(1) Voir note XXXIX à la fin du volume.

Échanson. Cette citerne de Bethléem figurait donc qu'en ce même lieu naîtrait un jour Celui qui devait procurer à tous les hommes altérés l'eau spirituelle de la grâce nécessaire pour la vie éternelle.

Salomon dans toute sa gloire fut également la figure de ce nouveau Roi aux pieds duquel les Mages vinrent déposer leur offrande (III Reg. c. 10). En effet Salomon siégeait sur un trône fait de l'ivoire le plus éclatant, et revêtu de l'or le plus pur : tous les rois de la terre aspiraient à le voir, et lui envoyaient les présents les plus précieux ; la reine de Saba lui en apporta de si nombreux et de si magnifiques que jamais on n'en avait vu de semblables. Or, ce trône de Salomon représentait la Bienheureuse Vierge Marie dans laquelle résida Jésus-Christ, la Sagesse incarnée. Ce nouveau trône de l'Enfant-Jésus était aussi formé de l'ivoire le plus éclatant et de l'or le plus pur : car l'ivoire par sa blancheur et sa froideur désigne la chasteté et la pureté virginale ; mais comme l'ivoire en vieillissant tourne au rouge, ainsi la virginité gardée longtemps équivaut au martyre. L'or, qui par sa valeur intrinsèque l'emporte sur tous les autres métaux, signifie la charité qui est la mère de toutes les vertus. C'est donc avec raison que Marie est appelée Tour d'ivoire, à cause de sa chasteté virginale, et Maison d'or, à cause de son excellente charité : elle réunit en sa personne ces vertus incomparables, parce que devant Dieu la virginité n'est rien sans la charité. Le trône de Salomon était élevé sur six degrés, et Marie domine sur les six états des Saints, puisqu'elle est Reine des Patriarches, des Prophètes, des Apôtres, des Martyrs, des Confesseurs et des Vierges. Douze figurines de lionceaux ornaient les degrés du trône de Salomon, et représentaient soit les douze Apôtres qui servaient Marie comme la Reine du Ciel, soit les douze Patriarches qu'elle comptait parmi ses aïeux. Le sommet du trône par sa forme ronde indiquait la parfaite innocence de Marie qui était sans tache et sans défaut : et les deux bras qui garnissaient le trône de chaque côté figuraient le Père et le Saint-Esprit qui soutenaient sans cesse la Mère du Fils de Dieu.

Lorsque les Mages eurent rendu leurs hommages et leurs adorations au divin Enfant, ils lui baisèrent les pieds avec amour et respect ; puis, après avoir reçu sa bénédiction, ils s'inclinèrent et se retirèrent le cœur comblé de joie. Comme ils délibéraient sur le chemin à prendre, *Dieu leur fit savoir en songe qu'ils ne devaient point retourner vers Hérode* (Matth. c. 2, v. 12). Nous apprenons par là que quand on a connu la vérité, on ne doit point revenir à l'erreur, et qu'il ne faut pas lier société avec les impies. Sénèque lui-même, quoique philosophe païen, (De Beneficiis), ne dit-il pas que quitter l'erreur pour embrasser la vérité n'est pas de l'inconstance, et qu'il n'y a pas de honte à changer de résolution, quand c'est pour le bien ? A l'exemple de Moïse qui, sans proférer une parole, criait vers le Seigneur, les Mages du fond de leur cœur conjuraient en silence le Très-Haut de leur manifester sa volonté touchant leur retour auprès d'Hérode ; et, par leur pieuse ferveur, ils méritèrent de recevoir une réponse divine soit par une révélation intérieure, soit par le ministère d'un Ange. Alors ils descendirent vers la mer, montèrent sur un navire, s'en allèrent par Tharsis, *et rentrèrent ainsi dans leur pays par un autre chemin* ; parce que, dit saint Jérôme (Hieron. in Matth.), ils ne devaient pas se mêler aux Juifs incrédules. A la nouvelle de leur départ, dit Arnobe le Jeune (Com. in Ps. 47), Hérode furieux fit brûler tous les vaisseaux Tharsis, accomplissant ainsi cette prophétie de

David : *Tu briseras dans ta colère les vaisseaux de Tharsis.* (Psalm. 47, v. 8) « Considérez, dit saint Chrysostôme, la foi des Mages; ils ne se scandalisent pas et ne se disent pas à eux-mêmes: Si cet Enfant est le Très-Haut, pourquoi fuir, pourquoi dissimuler notre départ ? La vraie foi ne cherche pas à connaître les raisons et les motifs de celui qui commande, elle ne sait qu'une chose, se soumettre et obéir. » A l'exemple des Mages, allons dévotement vers Dieu, et dans toutes nos œuvres soyons attentifs à ce qu'il demande de nous, afin de ne pas revenir vers le démon, mais de retourner dans notre patrie céleste par les sentiers des vertus, en suivant le Christ *qui est la voie, la vérité et la vie.* Apprenons de là à mettre dans le Christ notre salut et notre espérance, et à quitter les voies que nous avions prises avant notre conversion. « Puisque notre vie est changée, dit saint Augustin (lib. 4, de Trin. c. 12), nous ne devons pas revenir par où nous sommes venus ; nous ne devons plus marcher dans nos anciennes voies, mais dans des voies nouvelles. »—« En revenant dans leur pays par un autre chemin, les Mages nous donnent une grande leçon, dit saint Grégoire (Homil. 10, in Evang.). En effet, notre patrie véritable, c'est le paradis ; la connaissance de Jésus-Christ doit nous y faire rentrer, mais par un chemin différent de celui que nous avions suivi en le perdant. Nous en avons été chassés à cause de notre orgueil, de notre désobéissance, pour avoir convoité les choses terrestres, et pour avoir mangé du fruit défendu ; nous ne pouvons y rentrer que par notre repentir, notre obéissance, notre mépris des créatures, et la mortification de nos sens. Enfin, nous retournons dans notre patrie par une autre route, parce que la pénitence doit nous amener au paradis d'où la concupiscence nous a éloignés. » Pour confirmer cette explication que saint

Grégoire nous donne, le Souverain Pontife, dans la procession de ce jour, ne rentre point au chœur par le même côté qu'il était sorti. Les Mages revenus dans leur pays glorifièrent Dieu avec plus d'ardeur qu'auparavant, et le firent connaître à un grand nombre de Gentils (1).

On peut croire que Marie, si zélée pour la pauvreté, comprenant la volonté de son divin Fils, répandit en peu de jours dans le sein des pauvres tout l'or que les Mages avaient apporté : car, lorsqu'elle vint au temple, bientôt après, elle n'avait pas même de quoi acheter un agneau pour l'offrir à la place de son Enfant ; mais elle se contenta d'offrir, comme les pauvres, deux tourterelles ou colombes. Nous voyons ici la pauvreté doublement recommandée ; d'abord, parce qu'en ce jour Jésus avec sa Mère reçut l'aumône comme un pauvre ; ensuite, parce que non-seulement il ne chercha point les biens terrestres, mais qu'il refusa même de garder ceux qui lui étaient donnés. C'est ainsi qu'il allait croissant dans l'amour de la pauvreté, et de plus, si vous y faites bien attention, dans la pratique de l'humilité. En effet, il est des chrétiens qui se plaisent à s'estimer vils et méprisables à leurs yeux, mais qui ne voudraient pas paraître tels aux autres : ce n'est pas ainsi qu'agit l'Enfant Jésus, le Maître de tous; il ne craignit point de montrer aux autres sa misère et son indigence, non-seulement à quelques personnes vulgaires, mais aux rois eux-mêmes et à toute leur suite, malgré la gravité des circonstances ; car il était à craindre que les Mages venus de si loin pour visiter le Roi des Juifs qu'ils croyaient aussi être un Dieu, ne fussent ébranlés dans leur foi en le voyant dans un tel état, et que, s'imaginant être joués, ils ne

(1) Voir note XL à la fin du volume.

retournassent dans leur pays sans croire en lui et sans l'honorer. Malgré ces considérations, le divin amateur de l'humilité n'abandonna point son état d'humiliation, afin de nous apprendre à ne point sortir de notre abaissement extérieur, sous prétexte de quelque bien apparent, et à ne point craindre de paraître vils et abjects aux yeux des autres.

Après le départ des Mages, Marie, cette Reine du monde, demeura dans l'étable, avec Jésus son fils et Joseph, son époux, jusqu'à ce que le quarantième jour eût été accompli, pour se conformer aux prescriptions légales, comme si elle eût été une femme ordinaire, et que Jésus eût été un enfant semblable aux autres. Qui pourrait peindre le zèle et les soins dont cette tendre Mère entourait le divin Enfant? Oh ! avec quelle sollicitude, avec quel empressement, elle veillait à ce qu'il ne manquât pas de la moindre chose ! Avec quel profond respect, quelle précaution et quelle pieuse timidité elle touchait Celui qu'elle savait être son Seigneur et son Dieu ! Qu'elle le lève ou qu'elle le couche, elle fléchit le genou devant lui. Avec quelle joie, quelle confiance et quelle autorité maternelle elle le prend dans ses bras, le couvre de ses baisers, le presse doucement contre son cœur! car elle met toutes ses complaisances en Celui qu'elle regarde comme certainement et véritablement son propre Fils. Avec quelle attention et quelle convenance elle enveloppe de langes et dispose dans la crèche ses membres délicats ! car si elle était très-humble, elle était aussi très-prudente. Aussi elle lui rendit soigneusement tous les devoirs et tous les services à chaque instant du jour et de la nuit, qu'il fût éveillé ou qu'il reposât, non-seulement lorsqu'il était tout petit enfant, mais encore lorsqu'il eut grandi. Avec quelle douce satisfaction, elle le nourrit de son lait ! cette satisfaction ne saurait être comparée à celle que peuvent éprouver les autres mères. Le Fils qu'elle avait conçu sans concupiscence et enfanté sans douleur, elle l'allaitait d'une céleste rosée. Vierge avant l'enfantement, vierge dans l'enfantement, elle restait vierge après l'enfantement. Saint Augustin (Serm. 9, de Natali Domini) adresse à la Vierge-Mère ces douces paroles : « O Marie! allaitez le Christ qui est votre Seigneur et le nôtre, allaitez Celui qui est le pain vivant descendu du ciel, allaitez Celui qui vous a faite digne de le porter dans votre chaste sein, Celui qui par son Incarnation vous a procuré l'avantage de la fécondité, et qui par sa naissance ne vous a point enlevé le don de la virginité. » « Qu'ils étaient affectueux, dit saint Anselme (lib. de Excellentia B. Virginis, c. 4), les sentiments de Marie, quand elle portait dans ses bras et qu'elle suspendait à son sein ce divin Enfant! Et quand elle voyait ses pleurs, ou qu'elle entendait ses cris, avec quel empressement elle cherchait à éloigner de lui tout ce qui pouvait l'incommoder! ». Et saint Bernard (Serm. de Nativitate Domini) nous représente saint Joseph tenant sur ses genoux l'Enfant Jésus, qui lui sourit avec tendresse.

Nous aussi, considérons Marie auprès de la crèche, et joignons-nous à cette Vierge-Mère pour nous réjouir avec l'Enfant Jésus, parce qu'une vertu toute spéciale s'échappe de lui. Que l'âme chrétienne et surtout que l'âme religieuse aille chaque jour depuis la Nativité jusqu'à la Purification, adorer Jésus dans l'étable et vénérer sa sainte Mère, en méditant affectueusement sur la pauvreté et la mortification, sur l'humilité et la douceur dont ils nous donnent l'exemple. A la vue de Marie qui demeure ainsi patiemment de longs jours dans une grossière étable avec Jésus et Joseph, pourrions-nous trouver dur et pénible de garder le cloître et la solitude ? Considérons maintenant quelle est la grandeur de cette solennité, et livrons-nous à la joie, parce que ce jour est vraiment l'origine de notre foi. « Reconnaissons, mes très-chers frères, dit saint Léon, pape, (Serm. 2, in Epiph.) reconnaissons dans les Rois Mages qui adorent Jésus dans la crèche, les prémices de notre vocation à la foi, et célébrons avec allégresse le principe de toutes nos espérances. Honorons ce très-saint jour, où l'auteur de notre salut s'est manifesté ! Et celui que les Mages vinrent saluer tout petit enfant dans l'étable, adorons-le régnant au ciel dans toute sa puissance. Comme les Mages lui offrirent les présents symboliques de leurs trésors, offrons-lui les hommages sincères de nos cœurs qui soient dignes de lui. De la sorte, nous devons toujours réaliser le mystère de cette présente fête, que nous ne cesserons de célébrer véritablement, si le Seigneur Jésus-Christ se manifeste dans toutes nos actions. Afin de prouver d'une manière éclatante la naissance du Sauveur, saint Chrysostôme résume en ces termes les nombreuses merveilles qui l'ont précédée, accompagnée et suivie. (Hom. 1, ex variis locis in Matthæum) « Un Ange apparaît dans le temple à Zacharie, et lui promet qu'Élisabeth lui donnera un fils, malgré sa vieillesse ; le prêtre qui ne croit point à la parole de l'Ange perd l'usage de la parole ; cependant la femme stérile conçoit, et bientôt Jean tressaille de joie dans le sein de sa mère. Une Vierge enfante aussi, et un Ange annonce à des bergers que le Sauveur du monde vient de naître ; alors les bergers se réjouissent avec les Anges qui font entendre leurs concerts; cette admirable naissance remplit le ciel et la terre d'une joie immense ; enfin une étoile miraculeuse apparaît aux Rois Mages, leur apprenant que le Roi des Juifs, le Désiré des nations, le Maître du ciel et de la terre est arrivé.

Prière

O bon Jésus, qui, étant né d'une Vierge, vous êtes révélé aux Mages conduits par une étoile jusqu'à votre berceau, et qui les avez ramenés dans leur pays par une autre voie, Sauveur miséricordieux, que la lumière de votre grâce dissipe les ténèbres de ma conscience ; et, par votre joyeuse manifestation, accordez-moi une parfaite connaissance de vous-même et de moi-même, en sorte que je vous contemple et vous trouve au dedans de mon âme, et que, dans ce sanctuaire intime, j'offre à votre suprême majesté la myrrhe d'une sincère componction, l'encens d'une prière fervente et l'or d'une pure charité ; enfin, puisque, c'est en suivant la voie de l'erreur et du péché, que j'ai abandonné la patrie de la félicité céleste, faites que je la regagne, sous votre conduite, en suivant la voie de la grâce et de la vérité. Ainsi-soit-il.

CHAPITRE XII

PRÉSENTATION DE JÉSUS-CHRIST AU TEMPLE

Luc. c. 2, v. 22-39

Quarante jours après la naissance de Jésus, *lorsque le temps où elle devait se purifier fut accompli* (Luc. c. 2, v. 22), Marie sortit de l'étable avec Joseph et l'Enfant pour exécuter les prescriptions légales, quoiqu'elle n'y fût pas obligée, puisqu'elle avait conçu sans impureté. Dans la circoncision, l'enfant était lavé de la tache originelle que ses parents lui avaient communiquée, et dans la purification, la mère était lavée des souillures qu'elle avait contractées par l'acte même de la conception ; mais rien de cela n'avait rapport à Jésus et à Marie. Cependant, après que l'Enfant eût été circoncis à Bethléem *ils le portèrent à Jérusalem afin de le présenter au Seigneur dans son temple, conformément à la loi, et afin d'offrir en sacrifice deux tourterelles ou deux pigeonneaux.* (Luc. c. 2, v. 24). — Pour bien comprendre ce que nous disons ici, il faut savoir qu'il y avait deux préceptes relativement à la naissance d'un enfant. Le premier, qui était général pour tous, ordonnait de porter l'enfant au temple et d'offrir pour lui un sacrifice, au jour fixé pour la purification de la mère (Levitic. c. 12). Or, d'après la loi de la purification, la femme qui, ayant usé du mariage, mettait au monde un enfant mâle, était regardée comme impure pendant sept jours, de sorte qu'elle ne pouvait ni communiquer avec les hommes, ni entrer dans le temple, ni toucher les choses saintes ; le huitième jour, l'enfant était circoncis et la mère pouvait communiquer avec les hommes ; mais pendant les trente-trois jours qui suivaient, elle ne pouvait encore entrer dans le temple, ni toucher aux choses saintes ; durant tout ce temps elle ne devait pas sortir de sa maison, etc. Après ces trente-trois jours et les sept qui précèdent, c'est-à-dire quarante jours après ses couches, elle venait au temple présenter son enfant, et offrir des sacrifices pour elle et pour lui au Seigneur. Si elle avait mis une fille au monde, la société des hommes et l'entrée du temple lui étaient interdites pendant un nombre double de jours. Le second précepte, qui était spécial pour les premiers-nés tant des hommes que des animaux, ordonnait de les consacrer entièrement au Seigneur. Car, depuis le temps où le Seigneur avait tué les premiers-nés des Égyptiens, en épargnant ceux des Israélites, il avait enjoint aux Israélites de lui consacrer désormais tous leurs premiers-nés. En sorte que, comme il avait exigé l'offrande des prémices des fruits, il avait pareillement exigé le sacrifice des premiers-nés des hommes et des animaux purs. Mais pourquoi cela ? sinon pour nous montrer que nous devons consacrer au Seigneur toutes les premières choses, spécialement tout ce que nous avons de meilleur et de plus cher.

Ces deux prescriptions furent observées à l'égard de Jésus-Christ, qui a daigné s'assujettir à la loi, en sa double qualité de nouveau-né et de premier-né de la femme. Quoiqu'il fût en tout égal à son Père céleste, le Maître de l'humilité parfaite ne se contenta pas de se soumettre à une humble Vierge, il voulut encore se soumettre à la loi, et cela pour plusieurs motifs : 1° pour donner son approbation à cette même loi ; 2° pour montrer qu'en l'observant il lui avait donné son accomplissement, et qu'elle était abrogée désormais, puisqu'elle n'avait été portée que par rapport à lui ; 3° pour ôter aux Juifs toute occasion de le calomnier ; 4° pour affranchir les hommes de l'esclavage de cette loi ; 5° afin de nous donner l'exemple de l'obéissance et de l'humilité.

La Bienheureuse Vierge n'était pas non plus assujettie à la loi et n'avait pas besoin de purification comme les autres mères, puisqu'elle avait conçu sans user du mariage, par l'opération surnaturelle du Saint-Esprit : elle voulut néanmoins s'assujettir à cette loi pour plusieurs raisons : 1° pour se conformer en cela aux autres femmes, comme son Fils s'assimilait en tout aux hommes ses frères. C'est ce qui fait dire à saint Bernard (Serm. 3, in Purificat.) : « La loi n'est vraiment point obligatoire pour vous, ô bienheureuse Vierge, et la purification ne vous est point nécessaire ; mais la circoncision n'était pas non plus nécessaire à votre divin Fils ; rendez-vous semblable aux autres mères, comme lui-même a voulu se rendre semblable aux autres enfants » ; 2° d'après le vénérable Bède, Marie s'est soumise à la loi, comme Jésus-Christ, spontanément, sans y être obligée, afin de nous délivrer d'un joug onéreux ; 3° par cette observation de la loi, Marie a voulu ne pas laisser un sujet de scandale aux Juifs ; car on ignorait encore qu'elle eût conçu par la seule opération du Saint-Esprit ; en sorte que si elle n'eût pas gardé le précepte de la purification, elle eût fourni au peuple une occasion de pécher et de murmurer contre elle; 4° en accomplissant la purification, Marie a voulu mettre fin à cette loi abrogée par l'avènement du Christ qui est notre purification, en nous justifiant au moyen de la foi ; 5° elle a voulu encore nous donner un modèle d'humilité en sa personne. Car elle s'humilia dans les choses mêmes auxquelles elle n'était point obligée, afin qu'en sa qualité de Mère du Docteur universel, elle pût également nous instruire ; mais comme elle ne pouvait, à cause de son sexe, le faire publiquement par ses discours, elle voulut le faire du moins par ses exemples.

Ainsi, quoiqu'elle n'en eût pas besoin, Marie a voulu accomplir les cérémonies de la purification, parce qu'elle observait soigneusement toutes les prescriptions de la loi ; aussi elle a été figurée par l'Arche d'alliance qui contenait les commandements divins. Car là, sur deux tables de pierre, étaient gravés les dix préceptes du Décalogue que Marie gardait fidèlement ; là, était aussi le livre de la Loi que Marie méditait assidûment. De plus l'Arche possédait la verge d'Aaron, cette verge qui avait fleuri miraculeusement comme Marie lorsqu'elle donna au monde le fruit béni de ses chastes entrailles. L'Arche renfermait encore l'urne d'or avec la manne tombée du ciel, symbole de celle que Marie a offerte à tous les hommes comme le véritable pain de vie. L'Arche était faite d'un bois incorruptible, et Marie n'éprouva jamais la corruption dans son corps virginal. L'Arche avait sur les côtés quatre cercles d'or, et Marie brillait par les quatre vertus cardinales qui sont le principe et la source de toutes les autres. L'Arche était transportée à l'aide de deux bâtons qui représentaient la double charité en Marie. L'Arche était revêtue d'or en dedans et en dehors, de même que Marie était ornée de toutes les vertus intérieures et extérieures. Marie était également figurée par le chandelier d'or qui éclairait à Jérusalem dans le temple du Seigneur ; les sept lampes ardentes qui s'élevaient sur ce chandelier signifiaient les sept œuvres de miséricorde qui ont éclaté dans Marie, cette Reine de miséricorde, cette Mère de toute bonté. En la fête de la Purification ou Chandeleur, lorsque nous portons à la main un cierge allumé, nous honorons ce divin candélabre avec la lumière qui en jaillit. Car en ce jour Marie présentait au Seigneur la vraie lumière lorsque le vieillard Siméon acclama Celle qui devait éclairer les nations. En effet, la mèche, la cire et le feu du cierge que nous portons représentent la chair, l'âme et la divinité du Christ, Fils de Marie. Il fut offert au Seigneur pour le genre humain, comme un flambeau ardent qui a dissipé la nuit ténébreuse où nous étions plongés. Cette offrande avait été figurée encore par le jeune Samuel. En effet, Dieu donna miraculeusement ce fils à Anne qui était toujours demeurée stérile, et, par un prodige non moins étonnant, il rendit Marie mère sans qu'elle cessât d'être vierge. Anne offrit au Seigneur ce fils qui devait protéger les Juifs, et Marie offrit son Fils qui devait sauver le monde ; mais les Juifs rejetèrent ensuite le fils d'Anne, et ils condamnèrent à une mort ignominieuse le Fils de Marie ; c'est ce que le vieillard Siméon avait prédit à la Vierge-Mère, en lui annonçant qu'à l'occasion de ce Fils un glaive de douleur transpercerait son âme.

Les parents de Jésus allèrent donc à Jérusalem pour satisfaire à la loi ; car malgré les craintes qu'Hérode leur inspirait, ils n'osèrent pas transgresser le précepte qui commandait de porter l'Enfant au temple. Tout paraissait encore tranquille, parce qu'en attendant le retour des Mages, Hérode n'avait pas encore révélé la malice de son cœur. Notre-Seigneur Jésus-Christ se soumettant ainsi avec sa sainte Mère aux prescriptions de la loi, nous apprend avec quel soin et avec quelle ardeur nous devons observer les préceptes de son Évangile, puisque lui-même se montre si docile aux ordonnances qu'il avait imposées par son serviteur Moïse. *Ils apportèrent donc au temple le Maître du temple afin de satisfaire pour lui aux prescriptions légales.* (Luc. c. 2, v. 27). Lorsqu'ils furent entrés, ils achetèrent deux tourterelles, ou deux petits de colombe, afin de les offrir pour lui au Seigneur, selon l'usage des pauvres : et, comme ils étaient en effet très-pauvres, il est à croire qu'ils achetèrent de préférence deux petits de colombe, qui se trouvent plus facilement et à plus bas prix, et c'est sans doute pour ce motif qu'ils sont indiqués en dernier lieu dans la loi. L'Évangéliste ne parle pas de l'agneau qui était l'offrande des riches. Remarquez ici avec admiration que Notre-Seigneur se choisit des parents si pauvres qu'ils n'avaient pas même un agneau à offrir pour lui, mais seulement deux tourterelles ou deux petits de colombe qui étaient l'offrande ordinaire des pauvres. La loi prescrivait que le jour où une femme devenue mère irait au temple présenter son enfant au Seigneur, elle offrirait pour elle et pour lui un agneau d'un an et sans tache en sacrifice d'holocauste, et de plus une tourterelle ou un petit de colombe en sacrifice d'expiation. Celles qui ne pouvaient sacrifier un agneau, devaient donner deux tourterelles ou deux petits de colombe ; de ces deux oiseaux, l'un devait être entièrement consumé comme holocauste à la place de l'agneau, et l'autre, immolé en expiation, était réservé en partie au prêtre qui priait pour la femme et la délivrait de son impureté légale. C'est cette dernière offrande que Notre-Seigneur choisit pour lui-même ; et, quoiqu'il fût infiniment riche, il a daigné se faire extrêmement pauvre pour nous, afin de nous communiquer par cette pauvreté volontaire ses immenses trésors, nous rendre riches par la foi, et ses cohéritiers au royaume céleste. Car, de même qu'il s'est revêtu de notre mortalité, afin de nous associer à son immortalité, de même il a pris notre pauvreté, afin de nous faire partager ses richesses éternelles. A l'exemple de notre divin Maître, embrassons la pauvreté volontaire, *sachons nous contenter de la nourriture et du vêtement*, comme dit l'Apôtre (I ad. Timot. c. 6, v. 8.).

Pourquoi la loi du Lévitique permet-elle d'offrir en sacrifice au Seigneur deux petits de colombe et non pas simplement deux colombes, comme elle permet d'offrir deux tourterelles, et non deux petits de tourterelle? Saint Bernard nous en donne la raison en ces termes (Serm. 9, Super cantic.): « Quoique le Saint-Esprit soit ordinairement figuré par la colombe, cependant, comme cet oiseau est assujetti aux passions charnelles, il n'était pas convenable de l'offrir à Dieu en sacrifice, à moins que ce ne fût à l'âge où il est encore exempt de passions. Mais l'âge de la tourterelle n'est pas marqué, parce qu'elle est chaste à tout âge: elle ne contracte qu'une seule union, et quand cette union est rompue, elle n'en forme pas d'autre, désapprouvant ainsi les hommes qui convolent à de nouvelles noces. Quand elle a perdu son conjoint, elle garde la viduité jusqu'à la mort avec courage ; vous la voyez toujours solitaire, vous l'entendez toujours gémir, vous ne la trouvez jamais dans les bocages frais et verdoyants, comme pour nous apprendre à fuir les occasions séduisantes et les plaisirs dangereux : elle se retire habituellement sur le sommet des rochers, et se tient sur la cîme des grands arbres, comme pour nous enseigner que, si nous voulons persévérer dans la continence, il faut mépriser les choses terrestres et rechercher les choses célestes. » Ce sont là les paroles mêmes de saint Bernard.

Alors apparut Siméon, prêtre illustre entre tous les autres, *homme juste* pour pratiquer tout bien, *et timoré* pour éviter tout mal : (Luc. c. 2, v. 15) ou encore, *juste* relativement au prochain et *timoré* vis-à-vis de Dieu ; car la justice existe difficilement sans cette crainte filiale du Seigneur qui en est la gardienne comme elle l'est de toutes les autres vertus, parce que plus l'homme aime Dieu avec ardeur, plus il évite avec soin ce qui peut lui déplaire. En effet, la justice accompagne toujours les œuvres de ceux dont l'esprit est pénétré de la crainte de Dieu, selon ce témoignage du Psalmiste (Ps. 111, v. 1) : *Heureux l'homme qui craint le Seigneur*, et d'après cette maxime de Salomon (Eccl. c. 7, v. 19) : *Celui qui craint Dieu, ne néglige rien.* C'est à bon droit que Siméon est qualifié d'homme juste ; et il l'était par rapport au prochain, puisqu'il cherchait non-seulement son propre salut, mais encore celui de tout le peuple ; car *il attendait la consolation d'Israël*, il désirait et il espérait l'avènement du Messie, et l'accomplissement de sa Mission dans un sens élevé et véritable. Les hommes imparfaits et charnels n'attendaient à l'arrivée du Libérateur annoncé, que la consolation temporelle et la délivrance du joug d'Hérode qui les opprimait ; mais les hommes supérieurs et parfaits comme Siméon attendaient la consolation spirituelle et la destruction de l'empire du démon qui dominait le genre humain. En effet, la Consolation d'Israël, c'est-à-dire *de celui qui voit Dieu*, c'était l'Incarnation du Seigneur, après laquelle soupiraient les saints patriarches, affligés par le souvenir douloureux de la chute originelle. C'était cette Consolation qu'attendait avec une foi vive Siméon dont le nom signifie *obéissant*, ce vieillard que son âge avancé pressait de quitter la terre, mais qui était retenu par son désir ardent de voir le Seigneur dans la chair. *Et l'Esprit-Saint* que la présence du souverain bien rendait un Esprit sanctificateur, *résidait en Siméon*, avec la plénitude de la grâce ; car ce saint vieillard ne possédait pas seulement la grâce habituelle comme tous les justes, mais encore les grâces spéciales d'illumination et de consolation. L'Évangéliste, avant de dire de Siméon que le Saint-Esprit habitait en lui, a soin de déclarer d'abord qu'il *était juste et timoré* ; car Dieu n'habite que dans les cœurs de ceux qui le craignent et observent sa justice, selon ce qu'il atteste lui-même par la bouche du prophète Isaïe (c. 62, v. 2) : *Sur qui se reposera mon esprit, si ce n'est sur l'homme humble et pacifique qui garde avec crainte ma parole ?* Ce saint homme dans ses ferventes prières avait donc reçu secrètement du Saint-Esprit qui demeurait en lui, une réponse intérieure relativement à l'arrivée du Messie, et il comprit qu'il ne mourrait pas avant d'avoir vu des yeux du corps le Christ qu'il apercevait déjà des yeux de l'âme. Il est donc évident qu'il avait demandé cette faveur, puisqu'il espérait l'obtenir, et qu'il attendait toujours avec confiance la Consolation d'Israël A. cette époque, les hommes les plus éclairés pensaient communément que les temps marqués pour l'avènement du Christ approchaient, selon les signes que les Patriarches et les Prophètes en avaient donnés. Aussi le vieillard Siméon redoublait de ferveur dans les prières qu'il adressait à Dieu pour ce sujet ; alors *inspiré* (Luc. c. 2, v. 27), c'est-à-dire averti par une révélation et conduit par un ordre du Saint-Esprit qui était en lui, *il vint au temple*, afin de voir le Christ ou l'Oint du Seigneur, avant de mourir, selon la réponse et la promesse qu'il avait reçues du Saint-Esprit. Oh ! de quel ardent désir était embrasé cet heureux vieillard que son âge avancé invitait à sortir de ce monde ! Mais il y était retenu par l'assurance surnaturelle *qu'il ne verrait pas la mort*, c'est-à-dire qu'il ne la subirait pas, *avant d'avoir vu le Christ du Seigneur*, le Messie promis à la terre. C'était là l'unique objet de ses vœux, de ses affections et de ses pensées : je sais qu'il viendra, je sais que je le verrai, répétait-il souvent ; mais quand viendra-t-il? Quand le verrai-je? Venez, ô Seigneur Jésus, venez briser mes liens, et laissez-moi aller en paix rejoindre mes pères. Pendant qu'il s'entretenait ainsi en lui-même, et que ses désirs s'enflammaient de plus en plus, il entendit intérieurement la voix du Saint-Esprit qui lui disait : « Celui que tu cherches et que tu attends est présent ; lève-toi vite, va promptement au temple et tu le verras. »

Docile à l'inspiration céleste, Siméon s'achemine en toute hâte vers le temple, où il voit le Seigneur qu'il reconnaît aussitôt par l'esprit prophétique ; car la même grâce du Saint-Esprit qui lui avait montré de loin le Messie futur, lui fit discerner de suite le Sauveur envoyé de Dieu. Transporté d'allégresse et d'amour, il accourt à sa rencontre ; et prosterné à deux genoux, il adore entre les bras de sa sainte Mère, le Fils du Très-Haut : puis étendant ses mains suppliantes, il dit à Marie : Remettez-le dans mes bras ; cet honneur m'est réservé, et je ne suis resté sur la terre, que pour lui rendre cet hommage ! Marie, comprenant la volonté de son divin Fils, le remet au saint vieillard, qui, comblé de joie et de bonheur, le reçoit avec tendresse, l'embrasse et le presse avec affection contre son cœur. Heureuses mains, qui ont pu toucher et servir ainsi le Verbe de vie ! Dès que Siméon eut reçu l'enfant, il se leva debout, il sembla avoir dépouillé toutes les infirmités de la vieillesse, et recouvré toutes les forces de la jeunesse. Le Dieu incarné faisait ainsi éclater sa puissance, autant qu'il faisait paraître son humilité : un vieillard contenait dans ses bras Celui que le ciel et la terre ne peuvent contenir ; cet homme âgé, qui naguère pouvait à peine se soutenir lui-même, soutenait alors avec facilité l'Enfant divin ; il portait avec joie Celui par lequel lui-même était porté, et qui, par sa parole toute-puissante, porte l'univers entier ; il portait le Christ dans son humanité, tandis que le Christ le portait par sa divinité. C'est ce qui fait dire élégamment à l'Église dans sa liturgie (Breviar. roman.) : *Le vieillard portait l'enfant, et l'enfant dirigeait le vieillard.* Heureux Siméon, qui mérita non-seulement de voir, mais encore de porter le Verbe incarné ! O mortel privilégié qui fut digne de jouir d'une Consolation, que les Patriarches et les Prophètes avaient toujours souhaitée et n'avaient jamais reçue ! Aussi, nous ne devons pas douter qu'il n'ait trouvé dans les doux embrassements de Jésus-Christ des jouissances délicieuses, et qu'il ne fut favorisé de dons extraordinaires. La splendeur ineffable du divin Enfant rejaillit sur l'illustre vieillard auquel furent alors dévoilés les secrets de l'avenir. *Non moins heureux cependant sont ceux qui ont cru sans avoir vu*, comme Jésus-Christ l'a déclaré (Joan. c. 20, v. 29).

Siméon bénit et loua Dieu (Luc. c. 2, v. 28), le remerciant de ce qu'il avait daigné accomplir sa promesse, et lui montrer le Rédempteur. Ce fut à ce moment qu'animé de l'esprit prophétique, il entonna son admirable cantique (Luc. c. 2, v. 29) : *Nunc dimittis Domine servum tuum in pace, quia viderunt oculi mei salutare tuum*, etc... Soyez béni, mon Dieu, de ce que vous avez réalisé vos promesses, et comblé mes désirs ; je suis content de voir le Christ mon Sauveur que vous avez envoyé pour notre salut ; car Jésus signifie *salut ou Sauveur*. En lui, les yeux de mon corps ont contemplé un homme, mais les yeux de mon âme ont reconnu un Dieu. *Vous pouvez dès maintenant laisser votre serviteur s'en aller en paix*, et passer de cette vie misérable dans le sein paisible d'Abraham. Je mourrai désormais tranquille, puisqu'il est venu Celui qui doit me racheter par sa Passion prochaine. Ce bon vieillard, qui comprenait combien était grand le bonheur de voir le Christ, avait craint de mourir avant de l'avoir contemplé, mais après qu'il l'eut considéré, il ne désirait plus qu'une seule chose, sortir de ce monde pour se reposer dans le sein d'Abraham. Depuis qu'il savait que son Sauveur était né il souhaitait rejoindre la société de ses ancêtres dans les limbes. Pourquoi, direz-vous peut-être, Siméon parle-t-il d'aller dans la paix, puisque tous ses ancêtres continuaient d'habiter dans les ténèbres ? Sachez qu'il ne demandait que la tranquillité immuable du cœur, et non pas la jouissance intuitive du Seigneur qui devait être le fruit de la Passion du Christ. Voilà comment Siméon fut un homme parfait qui supportait la vie avec patience, et désirait la mort selon Dieu. D'après la remarque de saint Bède, la perfection existait donc aussi bien sous l'Ancien que sous le Nouveau Testament.

Quiconque veut recevoir dans ses mains et presser dans ses bras Jésus-Christ, puis s'en aller en paix, qu'il s'efforce de prendre le Saint-Esprit pour guide ; qu'il vienne dans Jérusalem en portant toutes ses pensées dans les cieux ; qu'il pénètre dans le temple, en suivant tous les exemples des saints en qui le Seigneur habite; et soupirant après les tabernacles éternels, qu'il attende l'arrivée du Seigneur. C'est ainsi qu'il méritera de recevoir comme dans ses mains, et de presser pour ainsi dire dans ses bras le Verbe de Dieu par la ferveur de sa foi et de son espérance, par l'ardeur de son amour et de sa charité; alors il pourra s'en aller en paix, sans voir la mort éternelle, parce qu'il a vu la Vie: mais il s'estimera très-heureux de voir la mort temporelle de la chair, celui qui se sera efforcé de voir préalablement Jésus-Christ par les yeux intérieurs du cœur. Il s'en ira dans la paix, dit saint Bernard, celui qui a Jésus-Christ dans son cœur ; car Jésus est lui seul notre véritable Paix. Mais toi, âme misérable, où iras-tu, si tu ne prends pas Jésus-Christ pour guide ? Siméon, dont le nom signifie *obéissant*, est l'image du bon religieux ; ce religieux fervent habite dans Jérusalem qui signifie *pacifique*, parce qu'il demeure dans la paix intérieure et extérieure ; car il est juste envers le prochain et timoré à l'égard de Dieu ; il attend la Consolation d'Israël qui est la vision divine, puisqu'Israël signifie *voyant Dieu* ; et le Saint-Esprit réside en lui par le bienfait de sa grâce. Ainsi disposé, il reçoit Jésus afin de jouir de ses doux embrassements, et, de concert avec Siméon, il le bénit de cette faveur signalée ; il désire ensuite quitter ce monde, afin de posséder Dieu parfaitement en paix, à l'imitation de l'Apôtre qui disait : *Je désire être séparé de mon corps pour être uni au Christ* (Epist. ad Philip. c. 1, v. 23).

De ce qui précède, nous pouvons encore tirer plusieurs instructions. Siméon, qui mérite de tenir Jésus dans ses bras, nous montre que nous pouvons également saisir le Seigneur au moyen des œuvres vertueuses qui sont comme les bras de notre âme. En voyant le vieillard recevoir l'Enfant, apprenons à nous dépouiller du vieil homme de péché, pour nous revêtir de l'homme nouveau de la grâce. Jésus-Christ, qui porte le monde, a voulu, en se laissant porter lui-même, nous donner un exemple d'humilité. Siméon, en bénissant Dieu, nous enseigne à remercier le Seigneur de tous les biens qu'il nous accorde. — Nous pouvons ajouter que, dans son magnifique cantique, Siméon exalte sous quatre titres différents Jésus-Christ qu'il désigne par ces quatre noms de Paix, de Salut, de Lumière et de Gloire. Jésus-Christ en effet est la Paix puisqu'il est notre Médiateur ; le Salut, puisqu'il est notre Rédempteur; la Lumière, puisqu'il est notre Docteur; la Gloire, puisqu'il doit être notre Rémunérateur. Ces quatre titres composent un éloge parfait de Jésus-Christ, et forment un abrégé complet de l'histoire évangélique. En effet, tout ce qui se rattache à l'Incarnation de Notre-Seigneur est compris sous le nom de *Paix;* car, selon la parole de l'Apôtre (Ep. ad Ephes. c. 2, v. 14): *Il est notre Paix, lui qui a joint ce qui était séparé* ; soit lorsqu'il a réuni en sa seule personne la nature divine et la nature humaine ; soit lorsque communiquant la paix à ceux qui étaient éloignés de lui, comme à ceux qui en étaient proches, il a fondu en un seul peuple chrétien les Juifs et les Gentils ; soit enfin lorsqu'il a réconcilié Dieu avec l'homme. Tout ce qui concerne les prédications, les vertus et les miracles de Jésus-Christ est compris sous le nom de *Lumière ;* car n'a-t-il pas dit de lui-même (Joan. c. 8, v. 12) : *Je suis la lumière du monde ?* Tout ce qui regarde sa Passion et notre Rédemption est compris sous le nom de *Salut.* Enfin, tout ce qui se rapporte à sa Résurrection et à son Ascension est compris sous le nom de *Gloire.* Parce que ce cantique renferme la plénitude des louanges en l'honneur du Christ, et la consolation dernière du vieillard mourant, l'Église termine l'office de la journée par ce même cantique qu'elle récite seulement le soir à la fin des complies.

Joseph son père putatif et nourricier, qui mérita d'être appelé le père même du Christ, parce qu'il prit soin de son enfance, *et Marie sa Mère* propre et véritable *admiraient tout ce qu'ils entendaient dire* de l'Enfant Jésus, non qu'ils en doutâssent, mais parce qu'ils s'en réjouissaient (Luc. c. 2, v. 33). Marie se rappelait avec bonheur les paroles de l'Ange dans l'Annonciation, celles d'Élisabeth dans la Visitation, lorsque Jean tressaillit de joie, et celles de Zacharie à la Nativité du Précurseur. Joseph ainsi que Marie rappelaient dans leur esprit l'enthousiasme et le chant des esprits célestes à la naissance du Sauveur, l'arrivée des bergers et l'adoration des Mages dans l'étable de Bethléem, la rencontre et le cantique de Siméon dans le temple de Jérusalem, et plus ils réfléchissaient à ces merveilles, plus ils étaient pénétrés d'admiration. « En effet, dit saint Ambroise (lib. 2 in Luc. cap. de Simeone) l'Incarnation du Fils de Dieu fut attestée non-seulement par les Anges et les Prophètes, par les pasteurs et par les parents, mais encore par les vieillards et par les justes. Chaque âge et chaque sexe, d'accord avec les événements miraculeux, viennent lui rendre témoignage et confirmer notre foi ; car nous voyons une vierge qui conçoit, une femme âgée et stérile jusqu'alors qui enfante, un muet qui parle, Élisabeth qui prophétise, un enfant qui tressaille d'allégresse dans le sein de sa mère, les Rois Mages qui adorent, un vieillard qui attend le Sauveur, et une veuve qui publie son avènement.

Par la vertu de l'Enfant qu'il tenait dans ses bras, *Siméon bénit Marie et Joseph* (Luc. c. 2, v. 34), avec affection et avec joie, en rendant grâces à Dieu. Quoiqu'ils l'emportassent en sainteté, il les surpassait par l'autorité du sacerdoce qui lui donnait le droit de bénir le peuple ; car c'était la coutume d'après la Loi, que quand les parents présentaient un enfant au temple, le prêtre les bénissait avec leur enfant. C'est pourquoi Siméon bénit les parents qui présentaient le Christ ; *il les bénit*, c'est-à-dire il les dit heureux, et les proclama bénis, ou bien il leur souhaita toute sorte de bénédictions et de biens du côté de Dieu. La tradition ne nous a pas conservé la formule de cette bénédiction, mais elle devait consister en paroles de louanges et de remercîments ; car nous disons que la créature bénit le Créateur, lorsqu'elle chante ses louanges et ses bienfaits. Ordinairement les enfants sont bénis à cause de leurs parents ; ici, au contraire, les parents sont bénis à cause de leur Enfant. Remarquez que Joseph participa à la bénédiction commune comme s'il eût été vrai père, quoiqu'il fût simplement père nourricier de Jésus ; mais comme Marie était sa propre Mère, quoiqu'elle fût demeurée vierge, et que l'Enfant lui appartenait particulièrement, Siméon s'adressa spécialement à elle pour lui dévoiler les secrets de l'avenir ; car Celui qu'il tenait dans ses bras lui faisait connaître qu'il ne provenait point de Joseph, mais de Marie, par une opération divine ; aussi le vieillard inspiré non-seulement la bénit, mais encore il lui prédit ce que l'esprit prophétique lui révélait touchant la destinée de cet Enfant. *L'Enfant que voici, dit-il, a été établi, envoyé de Dieu pour la ruine et la résurrection d'un grand nombre en Israël* (Luc. c. 2, v. 34), c'est-à-dire pour l'abaissement des superbes qui prétendent être Justes, mais dont Jésus-Christ a dit lui-même : *Si je n'étais pas venu et si je ne leur avais parlé, ils seraient moins coupables* (Joan. c. 15, v. 22); et pour l'élévation des humbles, qui, ne s'estimant pas justes, ont mis en lui toute leur confiance, et ont obtenu par son intermédiaire la vie spirituelle de la grâce avec le pardon de leurs péchés. Siméon ajoute: *d'un grand nombre en Israël*, parce que beaucoup de Juifs abandonnèrent la vérité et tombèrent dans l'aveuglement, tandis que d'autres plus simples embrassèrent l'Évangile et sortirent de l'ignorance.

Le saint vieillard dit encore que cet Enfant sera le signe de l'alliance et de la réconciliation entre Dieu et l'homme, mais aussi un *sujet de contradiction*, d'abord pour les Juifs, puis pour les gentils ou païens, ensuite pour les hérétiques qui ne croient pas tel ou tel dogme. Remarquons ici, avec Origène (Hom. 17, in Luc.), que tout ce qui est fidèlement rapporté par les Évangélistes touchant Jésus-Christ a été faussement contredit par les incrédules, comme lui-même s'en plaint par la bouche du Psalmiste. *De faux témoins se sont élevés contre moi, et l'iniquité s'est menti à elle-même* (Ps. 26, v. 12). Jésus-Christ peut bien être attaqué, mais il ne pourra jamais être vaincu. Beaucoup même parmi les chrétiens le contredisent par leurs mœurs et leurs œuvres, quoiqu'ils le reçoivent par leur foi et leur langage; car, comme dit l'Apôtre, *ils confessent Dieu par leurs discours, mais ils le nient par leurs actions* (Ep. ad Tit. c. 1, v. 16). C'est donc seulement comme cause occasionnelle que le Sauveur est venu dans le monde pour la ruine des incrédules et des superbes ; tandis qu'il est venu à dessein pour la résurrection des croyants et des humbles. De plus, il est venu non-seulement pour la perte des uns et pour le salut des autres, mais aussi pour produire en même temps dans le même sujet et la mort et la vie, c'est-à-dire la ruine des vices et la résurrection des vertus ; car les vertus ne peuvent naître si les vices ne sont pas détruits préalablement. « La vertu, dit saint Bernard, ne peut subsister avec le vice, dans le même cœur ; pour qu'elle y soit maîtresse, il faut que le vice en soit banni. Otez de votre âme les superfluités, et bientôt les pensées salutaires y croîtront. » Jésus-Christ est donc venu sur la terre pour détruire l'empire des vices et fonder le règne des vertus; c'est en ce sens qu'on dit *qu'il a été envoyé pour la ruine et la résurrection*. Par son humilité il a terrassé notre orgueil, par sa pauvreté volontaire notre avarice, par sa chasteté notre luxure, par sa bonté notre envie, par sa sobriété notre gourmandise, par sa patience notre colère, par ses veilles et ses travaux notre paresse ; et c'est ainsi qu'établissant le règne de la vertu sur les débris du vice, le Sauveur est venu dans ce monde pour opérer la ruine et la résurrection dans les mêmes individus ; car, selon saint Chrysostôme, lorsque l'orgueilleux devient humble, lorsque le voluptueux devient chaste, et l'avare libéral, le péché meurt dans la même personne où la vertu prend naissance.

En conséquence, Jésus-Christ a été placé dans le monde comme un but pour la flèche, de sorte que chacun peut librement décocher contre lui ses traits. Aussi, prophétisant la Passion du Christ, Siméon dit à Marie (Luc. c. 2, v. 35) : *Et votre âme sera transpercée d'un glaive*, c'est-à-dire que le supplice de sa Passion causera dans vous le tourment de la compassion. Quelle dut être immense, en effet, la douleur de cette tendre Mère en voyant crucifier son divin Fils, quoiqu'elle ne doutât pas qu'il dût triompher de la mort et ressusciter pour sa gloire ! Aussi saint Jérôme (Serm. de Assumptione Mariæ) assure que Marie en souffrant dans la partie supérieure d'elle-même a subi un plus cruel supplice que les Martyrs qui souffrent seulement dans la partie inférieure; ainsi les douleurs qu'elle ne ressentit point à la naissance du Christ, elle les endura dans la Passion du divin Crucifié. « La nature, dit saint Anselme, qui avait relâché de ses droits, en épargnant à Marie les douleurs communes à toutes les mères au jour de l'enfantement, les revendiqua avec usure au temps de la Passion de notre divin Sauveur. » Cela se fera, déclare le saint vieillard Siméon, *de telle sorte que les pensées cachées dans le cœur de plusieurs seront mises à découvert*. En effet la Passion de Jésus-Christ manifesta les révélations faites aux Prophètes, en éclaircissant les prédictions qu'ils avaient annoncées, et en accomplissant les mystères qu'ils avaient indiqués. C'est ce que signifiait le voile du temple lorsqu'à la mort du Christ il fut déchiré, de manière à laisser apercevoir à tous les regards le Saint des Saints. Ou bien encore, la Passion de Jésus-Christ dévoila les dispositions intimes des bons et des méchants, parce que les uns consentirent à croire tandis que les autres refusèrent de se soumettre. « Avant la passion de Jésus-Christ, dit saint Bède (in eum locum), on ne pouvait distinguer avec certitude ceux qui le recevraient de ceux qui le rejetteraient : mais, après sa mort, les fidèles chrétiens se séparèrent ouvertement des Juifs infidèles. » Selon le sens mystique que le même auteur expose, le glaive de la tribulation ne cessera jusqu'à la fin du monde de transpercer l'âme de l'Église notre mère, qui entend les impies et les réprouvés contredire le signe de la foi, qui déplore la ruine d'un grand nombre, et qui découvre les pensées des cœurs, en voyant germer l'ivraie où elle avait semé le bon grain. Suivant une autre explication que donne Origène, la Passion du Sauveur fit découvrir les péchés secrets, au moyen de la confession qui a été instituée, afin d'en obtenir la rémission dans le sacrement de Pénitence par les mérites du sang versé sur la Croix.

Remarquons ici que dans ces expressions de saint Luc: *Ut revelentur ex multis cordibus cogitationes*, la particule *ut* ne marque pas la cause, ou la fin précisément, mais simplement la conséquence, ou l'effet ; car la manifestation des cœurs n'a pas été la cause, ou la fin de la Passion de Jésus-Christ, mais elle en a été la conséquence, ou l'effet. Les Évangélistes emploient ainsi le mot *ut,* souvent pour marquer non pas l'intention qu'on s'est proposée dans telle action, mais l'événement qui est résulté de telle action. C'est en ce sens qu'ils disent : *Hoc factum est, ut adimplerentur Scripturæ,* c'est-à-dire *cela se fit de telle sorte que les Écritures furent accomplies,* et non pas afin que les Écritures fussent accomplies : car la prophétie n'est pas la cause de l'événement, mais l'événement au contraire est la cause de la prophétie.

A l'heure même où Siméon parlait du Christ qu'il tenait en ses bras (Luc. c. 2, v. 38) *survint Anne la prophétesse,* amenée non par hasard ou par une disposition purement humaine, mais par inspiration et révélation divine, comme nous l'avons dit de Siméon. Cette sainte femme, adorant l'Enfant Jésus, glorifiait Dieu, le louait et le remerciait des immenses bienfaits que produisaient l'Incarnation et la Naissance du Sauveur. Puis rendant témoignage au Fils de l'Éternel, *elle parlait de lui, à tous ceux qui attendaient la rédemption* de Jérusalem et d'Israël, et leur annonçait que le Rédempteur et le Sauveur du genre humain, désiré depuis si longtemps, était enfin arrivé pour les racheter et les délivrer. A tous les fidèles qui, gémissant sous le joug étranger d'Hérode, soupiraient après l'affranchissement temporel et spirituel de la ville et du peuple, elle promettait que le Christ déjà venu allait les affranchir prochainement du joug de cet usurpateur ainsi que de la tyrannie du démon. Elle était bien digne de rendre témoignage au Fils de Dieu incarné, cette femme recommandable dont l'Évangile rappelle la noble origine, loue la continence admirable, mentionne l'âge vénérable, et signale la religieuse conduite. De plus elle est appelée prophétesse, afin de rendre son témoignage plus authentique, car le don de prophétie ne peut venir que de Dieu. C'est à bon droit, dit Origène (Hom. 17, in Lucam), que cette sainte femme possède l'esprit prophétique, car elle avait mérité cette faveur insigne par sa chasteté constante et par ses longs jeûnes. Puisque Jésus-Christ était venu pour sauver les personnes de tout sexe, de tout âge, de tout rang et de tout état, il convenait que toutes les classes vinssent lui rendre témoignage. Or dans l'un et l'autre sexe, il y a trois conditions différentes savoir : les vierges, représentées par Marie et par Joseph ; les veufs représentés par Anne et par Siméon, tous deux avancés en âge ; enfin les gens mariés, représentés par Élisabeth et Zacharie. Ainsi chaque condition vint rendre témoignage à Celui qui devait être le salut de tous. « Notre divin Sauveur, dit saint Anselme (In Evang. secundum Lucam), fut présenté au temple et reçu par une sainte veuve, afin de nous apprendre que ses fidèles serviteurs doivent avancer dans la sainteté, et fréquenter la maison du Seigneur, pour mériter de recevoir Jésus-Christ : il fut aussi reçu et glorifié par le vieillard Siméon, pour nous montrer qu'il aime en nous une vie grave, et une sage conduite. Réjouissez-vous donc avec ces deux personnages si respectables Siméon et Anne, accourez comme eux au devant de la Mère et de l'Enfant ; que l'affection et l'amour éloignent de vous toute timidité et toute crainte ; recevez dans vos bras ce divin Enfant, et répétez avec l'Épouse des Cantiques : *Je le tiens et je ne le lâcherai pas* (Cant. c. 3, v. 4). Joignant votre voix à celle du saint vieillard, chantez avec allégresse (Luc. c. 2, v. 29) : *C'est maintenant, Seigneur, que vous pouvez laisser aller en paix votre serviteur, selon votre promesse*, etc. »

La rencontre inopinée de ces diverses personnes dans le temple, au moment de la Présentation du Sauveur, ne s'est point faite sans un dessein mystérieux de la divine Providence, qui par là voulait nous instruire. Cherchons la raison morale pour laquelle ces quatre personnes se sont ainsi trouvées réunies. Siméon, dont le nom signifie *écoutant*, et à qui le Saint-Esprit avait révélé intérieurement la venue du Sauveur, nous montre avec quel zèle empressé nous devons écouter la parole de Dieu. Anne, dont le nom signifie *grâce*, et qui demeurait continuellement dans le temple, nous apprend que nous devons prier sans cesse. Joseph, dont le nom signifie *accroissement*, et qui entoure de tous ses soins l'Enfant Jésus, nous marque que nous devons toujours croître dans la pratique des bonnes œuvres. Enfin Marie, dont le nom signifie *illuminée*, et qui porta Jésus-Christ dans son sein, nous enseigne que nous devons être parfaitement unis à Dieu par la conformité de sentiment et de volonté. Ces quatre personnes qui offrent successivement le Christ à son Père céleste portaient aussi dans leur cœur quatre lumières différentes ; Siméon portait la lumière de la sainte méditation, Anne celle de la dévotion intérieure, Joseph celle du progrès spirituel, et Marie celle de la sublime contemplation. Ce sont ces quatre choses que le Psalmiste indique par ces paroles dont l'application est facile : *Memor fui Dei, et delectatus sum, et exercitatus sum et defecit spiritus meus. Je me suis souvenu de Dieu, et j'ai été rempli d'ardeur, je me suis exercé à la vertu, et mon esprit a été ravi* (Ps. 76, v. 4). Remarquons sous un autre rapport les cinq personnages qui figurent dans cette fête de la Présentation du Seigneur : l'Enfant Jésus représente les âmes innocentes ; Marie, c'est-à-dire *amertume* par cette signification, représente les âmes pénitentes; Joseph, c'est-à-dire *accroissement*, représente les âmes avancées dans la vertu; Siméon figure les âmes parfaites dans la vie active, et Anne, les âmes parfaites dans la vie contemplative. Ainsi sont figurés tous ceux qui se rendent dignes d'être présentés au temple du Dieu vivant dans la céleste Jérusalem.

Enfin Siméon remet l'Enfant Jésus à Marie qui le reçoit avec bonheur, et tous ensemble s'acheminent vers l'autel, formant une procession que l'Église renouvelle aujourd'hui dans tout l'univers. Les deux vénérables vieillards Joseph et Siméon ouvrent joyeusement la marche; Marie les suit portant dans ses bras le Roi des rois; Anne marche respectueusement à ses côtés, et tous célèbrent avec une indicible allégresse et un amour extrême les louanges du Seigneur. Ceux qui composent cette auguste procession sont peu nombreux, mais qu'ils sont illustres, puisqu'ils représentent le monde entier! car il y a parmi eux des hommes et des femmes, des jeunes et des vieux, des vierges et des veuves. A titre de parents, Marie et Joseph offrent l'Enfant; en qualité de prophètes, Siméon et Anne le glorifient par leurs cantiques inspirés. Et nous aussi, en ce saint jour, allons au temple pour assister au sacrifice solennel, en tenant à la main le cierge béni, qui figure l'Enfant Jésus; allons processionnellement l'offrir tout allumé sur l'autel, en mémoire de cette lumière ineffable que Marie et Joseph portèrent en leurs mains à pareil jour. Dans ce cierge il y a trois choses qui signifient trois choses en Jésus-Christ: la chair que la Vierge Marie lui a fournie sans aucune souillure est signifiée par la cire que l'abeille produit d'une manière très-chaste; la mèche qui est recouverte de cire signifie l'âme très-pure du Sauveur qui est voilée sous l'enveloppe grossière du corps; et le feu signifie la divinité, car *notre Dieu est un feu qui consume*. Ces trois choses qui sont dans le cierge peuvent aussi nous représenter les trois personnes qui sont en la Trinité.

Lorsqu'ils furent arrivés à l'autel, Marie fléchissant les genoux avec respect offrit sur l'autel son Enfant bien-aimé à Dieu le Père, et remercia le Seigneur de la faveur incomparable qu'il lui avait accordée en la rendant mère sans cesser d'être vierge et en lui donnant pour fils le Fils même du Très-Haut. La loi obligeait les parents de présenter leurs enfants au temple pour trois raisons différentes : pour consacrer à Dieu leur nouveau-né, pour le confier à la garde divine, et pour rendre grâce au Seigneur du don qu'il leur avait octroyé. Les deux premiers motifs n'existaient pas pour Jésus-Christ ; car dès l'instant où il avait été conçu dans le sein de Marie, il avait été pleinement consacré à Dieu et confié à sa garde en vertu de l'union hypostatique ; le troisième motif seul conduisit donc la bienheureuse Vierge au temple pour rendre grâce au Père éternel du privilége spécial qu'il lui avait concédé, préférablement à toutes les autres mères, de concevoir et d'enfanter miraculeusement le Fils du Très-Haut. Quelles furent alors les prières et les paroles de Marie ? La tradition ne nous en a rien appris, mais nous pouvons supposer qu'elle dit à Dieu, sinon de bouche, au moins de cœur : O Père éternel, ô Dieu trois fois saint, je vous présente votre propre Fils que vous avez engendré de toute éternité, et que j'ai enfanté dans le temps ; je vous le présente, quoiqu'il vous soit continuellement présent. O Seigneur de toute sainteté, je vous offre comme un sacrifice nouveau cet Enfant qui est votre Fils et le mien, ce Dieu fait homme qui bientôt s'offrira lui-même à vous pour le salut du monde. O merveilleuse oblation, qui n'est jamais sa pareille dans tout le cours des siècles ! Aussi saint

Bernard s'écrie dans un transport d'admiration (Serm. 3, de Purificatione) : « O Vierge sainte, allez présenter au Seigneur votre divin Fils, ce fruit béni de vos chastes entrailles ; offrez pour la réconciliation de nous tous cette victime sans tache et d'agréable odeur. » — Jésus-Christ voulut être ainsi présenté à Dieu son Père qui ne le perd jamais de vue, afin de nous servir de modèle : car, de même qu'étant Dieu il s'est incarné, non pour lui, mais pour nous, afin de nous rendre par sa grâce comme des dieux ; et de même qu'il a voulu être circoncis dans sa chair, non pour lui, mais pour nous, afin que nous soyons circoncis dans notre cœur ; de même aussi, il a voulu être présenté au Seigneur pour nous, afin de nous apprendre à nous présenter à la Majesté suprême.

Ensuite les prêtres sont mandés, et le souverain Maître est racheté comme un esclave ordinaire, moyennant cinq sicles d'argent, parce qu'il était premier-né de sa mère ; car tout premier-né devait être racheté par cette sorte de monnaie équivalente à vingt oboles. La loi ordonnait que parmi les enfants mâles tous les premiers-nés fussent offerts dans le temple pour y être consacrés au Seigneur et remis au prêtre. Dans la tribu de Lévi seulement, les premiers-nés n'étaient jamais rachetés, parce qu'ils étaient destinés à servir pendant toute leur vie au culte du Seigneur et au ministère du temple. Pour les onze autres tribus, les prêtres exigeaient que les premiers-nés fussent rachetés moyennant une somme, et qu'ensuite ils fussent rendus à leur famille. Les prêtres faisaient également offrir à Dieu les premiers-nés des animaux purs qu'ils immolaient ; mais ils faisaient racheter pour une somme d'argent ou échanger pour un animal pur, ou mettre à mort tous les premiers-nés des animaux impurs. Or un animal était estimé pur lorsqu'il pouvait être sacrifié ou mangé. Les animaux pouvaient être impurs de deux manières ; les uns, comme l'âne, ne pouvaient être sacrifiés, quoiqu'ils fussent purs par leur nature, et ils étaient ou rachetés moyennant une somme ou échangés pour un agneau ; les autres, comme le chien, ne pouvaient être ni sacrifiés, ni rachetés, ni échangés, mais ils étaient rejetés et tués comme n'ayant aucune valeur ni utilité pour le temple. Jésus-Christ, qui était de la tribu de Juda, dut donc être racheté, et il le fut en effet. Marie reçut alors des mains de Joseph les oiseaux indiqués, et, fléchissant les genoux, les offrit sur l'autel à Dieu le Père. Comme elle était très-pauvre, elle n'offrit que deux tourterelles ou deux petits de colombe, l'un en sacrifice d'holocauste pour son fils, et l'autre en sacrifice d'expiation pour le péché, se soumettant ainsi à la loi commune des femmes pécheresses, quoiqu'elle fût exempte de toute souillure. Lorsqu'elle eut fait l'offrande et donné la rançon prescrite, la bienheureuse Mère reprit son Fils et regagna sa demeure avec lui. « Cette oblation paraît peu considérable, dit saint Bernard (Serm. 3, de Purificat.), puisque l'Enfant Jésus est présenté par deux personnes, racheté par deux oiseaux, et rapporté aussitôt à la maison. Un temps viendra où il ne sera plus offert dans le temple entre les bras de Siméon, mais hors de la ville, sur les bras de la croix. Un temps viendra où il ne sera pas racheté par un sang étranger, mais où lui-même rachètera le monde par son propre sang, parce que Dieu le Père l'a envoyé pour la rédemption de son peuple. Le premier sacrifice est celui du matin, le second sera celui du soir. »

Dans le sens mystique, ces premiers-nés de la loi ancienne figuraient le Fils unique du Très-Haut qui a daigné descendre sur la terre pour être par sa dignité le premier-né de toute créature, et par son innocence un homme consacré parfaitement à Dieu. Dans le sens moral, ces premiers-nés signifient les premiers débuts d'une bonne action que notre cœur produit par le secours de Dieu. Nous devons en effet offrir à Dieu comme nos premiers-nés, tout ce que nous trouvons de bon et de juste dans nos œuvres, et l'attribuer non pas à nos mérites, mais à sa grâce, en répétant avec le Psalmiste (Psal. 113, v. 9) : *Ce n'est point à nous, Seigneur, non, ce n'est point à nous, mais à votre nom seul que la gloire est due.* Si nous avons le malheur de produire quelque acte impur, c'est-à-dire d'enfanter quelque péché consommé, détruisons-le, en arrachant la funeste racine par un complet amendement ; ou substituons-lui quelque acte irréprochable, en évitant le mal et pratiquant le bien ; ou encore rachetons-le avec cinq sicles, en faisant de bonnes œuvres et de dignes fruits de pénitence au moyen des cinq sens de notre corps. En outre, si dans le troupeau de nos œuvres, nous trouvons quelque agneau d'innocence, ou quelque vertu principale comme la charité, la chasteté, l'humilité, la patience, et autre semblable, ayons soin de l'offrir à Dieu en rapportant tout ce qu'il y a de bon dans notre vie, non pas à notre opération, mais à l'assistance de Celui qui a dit dans l'Évangile (Joan. c. 15, v. 5): *Sans moi vous ne pouvez rien faire* ; car, ajoute saint Paul (Ep. ad Philip. c. 2, v. 13) : *C'est lui qui nous fait vouloir et accomplir le bien.* Mais si nous sommes réduits à une telle pauvreté, que nous ne puissions trouver dans toute notre vie ni l'agneau de l'innocence, ni les riches trésors des principales vertus, offrons-lui du moins deux tourterelles ou deux petits de colombe, c'est-à-dire les deux sentiments de componction, la crainte et l'amour, qui nous fassent gémir et soupirer chaque jour, non-seulement pour effacer nos propres péchés et les péchés des autres, mais encore pour acquérir les vertus nécessaires et obtenir la patrie céleste. De ces deux sentiments nous offrons l'un en expiation, lorsque nous pleurons sur les fautes commises, et l'autre en holocauste, lorsque nous aspirons aux biens éternels.

Dans cette fête nous devons remarquer trois choses pour notre instruction : ce que marquent la Purification de Marie, le transport de Jésus et l'oblation des victimes. Quant à la Purification de Marie, rappelons-nous que Marie, signifiant *étoile de la mer* ou *mer d'amertume*, représente l'âme qui marche soit dans les clartés de la vie contemplative, soit dans les douleurs de la vie active. Or, dans l'un et l'autre état, la purification est indispensable. En effet, l'âme, dans la vie contemplative, doit être exempte de tout orgueil, ce qui s'obtient par la crainte ; et, dans la vie active, elle doit être exempte de toute négligence, ce qui s'obtient par la peine et le travail. En effet, personne ne peut parvenir à Jérusalem qui *signifie vision de la paix*, c'est-à-dire au séjour du bonheur, s'il n'a préalablement accompli les jours de sa purgation : car celui qui n'est pas entièrement purifié, ou pur, comme il l'était à l'époque du baptême, ne peut arriver à cette Jérusalem céleste, ni pénétrer dans le temple éternel. Or cette purification ne peut s'effectuer ici-bas que par les rigueurs de la pénitence ou par les tribulations endurées avec patience, et dans l'autre vie par les souffrances du purgatoire. — Quant au second point, le transport de Jésus, considérons que ce divin Enfant fut alors porté à Jérusalem, et ensuite en Égypte ; apprenons de là que notre intelligence doit tantôt s'élever vers la contemplation des choses éternelles, signifiée par Jérusalem, la *vision de la paix*, et tantôt s'abaisser vers la considération de nos propres défauts, désignée par l'Égypte, qui veut dire *ténèbres*. En outre nous pouvons distinguer cinq lieux où

Jésus-Christ fut porté ou conduit ; Jérusalem, l'Égypte, le désert, le sommet d'une montagne et le pinacle du temple. Ces cinq lieux marquent cinq états où nous pouvons trouver Jésus-Christ : Jérusalem, c'est la vie contemplative qui possède la vision de la paix ; l'Égypte, c'est la vie active qui est remplie de chagrins et d'angoisses ; le désert, c'est la religion où l'on s'exerce au jeûne et à la mortification ; le sommet de la montagne, c'est le faîte de la prélature, et le pinacle du temple, c'est la chaire de l'enseignement. Dans tous ces divers états qui composent l'Église, on peut trouver Jésus, c'est-à-dire le Salut. Considérons que Jésus fut porté à Jérusalem et en Égypte par Marie et Joseph, c'est-à-dire par la foi et par la charité, comme l'indiquent ces deux noms qui signifient l'un, *Étoile de la mer*, et l'autre, *accroissement*. Il fut conduit dans le désert par le Saint-Esprit ; mais il y transporté par le diable sur le sommet de la montagne et sur le pinacle du temple : c'est ce qui doit faire trembler les prélats et les docteurs ; car ils doivent craindre que le diable n'ait aussi contribué à leur élévation.

Quant au troisième point, il faut remarquer que l'oblation se faisait indifféremment de tourterelles ou de colombes. La tourterelle, qui vit solitaire et demeure chaste, désigne la vie contemplative ; la colombe au contraire, qui aime la société et qui devient féconde, désigne la vie active. Ces deux espèces d'oiseaux ne chantent pas, mais gémissent, chacune à sa façon. Les deux tourterelles ont chacune leur gémissement, qui convient aux âmes contemplatives : car les contemplatifs gémissent aussi de deux manières ; d'abord par amour, selon cette parole de l'Apôtre (Ep. ad Roman. c. 8, v. 23) : *Nos cœurs gémissent, en attendant que nous soyons adoptés comme enfants de Dieu* ; ensuite par dévotion, selon ces autres paroles du même apôtre (Ep. ad Rom. c. 8, v. 26) :

L'Esprit-Saint forme en nous des prières exprimées par des gémissements inénarrables. — Les deux petits de colombe ont aussi chacun leur gémissement qui convient aux âmes actives ; car elles gémissent également pour deux motifs ; pour leurs propres péchés d'abord, suivant ces paroles d'Isaïe (c. 59, v. 11) : *Nous gémissons, en méditant comme la colombe* ; et ensuite pour les péchés des autres, suivant ces paroles de Jérémie en ses Lamentations (Thren. c. 1, v. 4) : *Toutes les portes sont renversées, et les prêtres gémissent sur les ruines de Jérusalem.* Telles sont les quatre sortes de gémissements que doivent offrir ceux qui n'ont point d'agneau, c'est-à-dire qui n'ont pas leur propre innocence à présenter au Seigneur. — De tout ce que nous venons de dire sur la Purification de Marie, le transport de Jésus et l'oblation des oiseaux, voici la conclusion morale : l'âme fidèle qui veut arriver à la perfection doit d'abord se purger ou purifier de l'orgueil dans ses pensées, et de la négligence dans ses actions ; puis s'élever à la contemplation de Dieu, et de temps en temps descendre à la considération d'elle-même ; ensuite, pour remonter, elle doit gémir d'amour et de dévotion, et pour redescendre, elle doit gémir de contrition et de compassion. Comme la vie contemplative et la vie active sont toutes deux agréables au Seigneur, l'Évangile ne spécifie pas si on présenta pour l'Enfant Jésus deux tourterelles ou deux petits de colombe ; mais il est dit d'une manière indéterminée, qu'on présenta *un couple de tourterelles ou deux petits de colombe.* D'après tout ce qui précède, nous avons pu admirer la pauvreté de Jésus et de ses parents qui ne purent présenter à Dieu que l'offrande des pauvres. Admirons aussi son humilité qui se manifeste toujours de plus en plus. En effet, à sa naissance, il se montre comme un homme pauvre ; dans sa circoncision, il se donne comme pauvre et pécheur ; et maintenant il paraît comme pauvre, pécheur et esclave ; comme pauvre, en présentant la simple offrande des pauvres ; comme pécheur, en faisant offrir un sacrifice d'expiation pour lui et pour sa mère ; comme esclave, en faisant payer le prix de sa rançon.

Après que l'Enfant eut subi la cérémonie de la Circoncision, et que la Mère eut accompli le temps de la Purification, *ils portèrent Jésus à Jérusalem pour l'offrir au Seigneur dans son temple*, comme nous l'avons vu (Luc. c. 2, v. 22). Jésus et Marie nous donnent ici l'exemple des trois principales dispositions avec lesquelles nous devons entrer dans le temple matériel de Dieu. Nous devons être comme eux purs de tout péché et circoncis de cœur, portés entre les bras de notre mère l'Église, et dirigés par les motifs d'une intention droite. D'abord, pour entrer dans la maison du Seigneur, nous devons être purs de tout péché, à l'exemple de la Bienheureuse Vierge qui ne voulut pas y entrer avant d'avoir accompli le temps de sa Purification, et à l'exemple de Jésus qui voulut aussi subir auparavant la cérémonie de la Circoncision. Ce n'est pas que Marie eut besoin d'être purifiée, puisqu'elle avait conçu sans souillure ; ce n'est pas non plus que Jésus eut besoin d'être circoncis, puisqu'il était né d'une vierge ; mais l'un et l'autre voulurent se soumettre à la loi, pour nous apprendre que nous devons être purifiés et circoncis de tous les vices, avant d'entrer à l'église, si nous voulons que notre offrande y soit agréable au Seigneur ; car, selon le Vénérable Bède (in illud Lucæ : Postquam impleti sunt dies purgationis), personne n'est digne de se présenter à Dieu, s'il n'est purifié et circoncis des vices. De là, nous pouvons conclure que, avant de se présenter au temple du Seigneur, quiconque a la conscience souillée d'un péché mortel doit se confesser de sa faute, ou du moins, s'il ne peut le faire, s'exciter au repentir ; et que ceux qui heureusement ne se sentent pas coupables de quelque péché mortel certain doivent cependant se purifier de toutes leurs fautes, même légères, en produisant un acte de contrition générale ; car nous ne savons jamais si nous sommes dignes d'amour ou de haine aux yeux du Seigneur. C'est dans ce but que l'Église a établi la coutume de placer de l'eau bénite à l'entrée des temples, afin que cette aspersion purifie de leurs fautes même légères ceux qui n'ont pas conscience d'avoir commis quelque péché mortel. Sous l'ancienne loi, il y avait également, à l'entrée du tabernacle, des bassins remplis d'eau, afin que les prêtres, avant d'y pénétrer, se lavassent les pieds et les mains en forme de purification.

En second lieu, de même que Jésus-Christ fut porté dans le temple entre les bras de Marie sa mère, nous aussi, nous devons y être portés entre les bras de notre sainte mère l'Église, afin que, si nous nous y présentons dignement, elle puisse dire avec le prophète Osée (c. 11, v. 3) : *Je les portais dans mes bras*. Mais l'Église ne porte point dans ses bras les hérétiques qui sont égarés de la foi, les schismatiques qui sont séparés de la charité, et tous les excommuniés qui sont retranchés de l'unité ; tous ceux-ci qui ne sont plus dans le sein de l'Église ne sont pas dignes d'entrer dans le temple du Seigneur, car, comme dit saint Cyprien (De simplicitate prælatorum): « Celui-là ne peut se glorifier d'avoir Dieu pour père, qui ne veut pas reconnaître l'Église pour mère. » C'est donc inutilement et indignement qu'ils entrent dans l'Église matérielle, ceux qui n'appartiennent pas à l'Église mystique.

En troisième lieu nous devons aller au temple dans un but louable et avec une intention droite, c'est-à-dire pour y offrir au Seigneur nos vœux et nos prières; non point par feinte ou dissimulation, comme font les hypocrites ; non par ostentation ou vaine gloire, comme ceux qui se parent magnifiquement pour se montrer aux hommes ; non par un motif de sensualité ou de volupté, comme ceux ou celles qui se présentent à l'Église pour voir et pour être vus, pour plaire ou pour convoiter ; non par manière de récréation ou de passe-temps, comme ceux qui s'y rendent pour parler, pour rire ou s'amuser ; non pour cause d'intérêt ou d'avarice, comme certains ecclésiastiques qui y vont afin de ne pas perdre leurs prébendes, ou afin de recevoir des rétributions qu'ils ne pourraient toucher s'ils n'étaient point présents. En effet, tous ceux qui n'ont pas une intention convenable ne sont pas dignes d'entrer dans le temple sacré, parce qu'ils n'y viennent point pour se présenter au Seigneur. Aussi n'y étant point conduits par le Saint-Esprit comme le saint vieillard Siméon, ils n'y voient point Jésus-Christ et ne peuvent le saisir et l'embrasser avec toutes les affections de leur âme. Remarquons ici avec le Vénérable Bède (in eum locum), que si Jésus-Christ voulut être porté à Jérusalem et offert au Seigneur après la circoncision, ce fut pour nous apprendre que suivant cette maxime inspirée (Psal. 36, v. 27) : *Evitez le mal et faites le bien*, il faut commencer par nous éloigner de tout péché, avant de nous livrer à toutes les bonnes œuvres, afin de pouvoir dire : *Nos yeux, Seigneur, sont continuellement levés vers vous*, pour écouter votre voix. — (Psal. 24, v. 15) *Nous sommes la bonne odeur de Jésus-Christ.* (Ep. II ad. Corin. c. 2, v. 15) *Nous avons étendu nos mains pour exécuter vos ordres, nous avons dirigé nos pas pour suivre vos commandements.* — (Psal. 118, v. 48). — *Soit que nous mangions, soit que nous buvions, soit que nous fassions toute autre chose, nous agissons toujours pour la gloire de*

Dieu. (Ep. I ad Cor., c. 10, v. 31). *Que vos paroles sont douces à ma bouche qui les prononce!* (Psal. 118, v. 103). Et enfin : *Mon cœur et ma chair ont tressailli d'allégresse à la pensée du Dieu vivant* (Psal. 83, v. 3). Parmi les divers motifs qui portèrent Jésus-Christ à venir dans le temple, son but principal fut de sanctifier les temples par sa présence, de même qu'il voulut être baptisé pour sanctifier les eaux. En effet, comme le baptême de Jésus-Christ ne sanctifia pas seulement les eaux du Jourdain, qui touchèrent sa chair sacrée, mais encore toutes celles qui devaient servir au baptême des chrétiens; ainsi, la présentation de Jésus-Christ sanctifia non-seulement le temple de Jérusalem, mais encore tous ceux qui devaient être consacrés en son nom. Aussi, c'est une loi de veiller à ce que toutes les Églises soient honorées de la présence corporelle de l'Homme-Dieu dans l'adorable sacrement de l'Eucharistie. C'est encore pour cette raison que l'on y conserve les reliques des Saints, et que les Anges y rendent leurs hommages au Saint des Saints. C'est pourquoi chaque église mérite toute notre vénération, et nous ne devons en approcher qu'avec un profond respect et une grande dévotion; car, comme dit le Psalmiste : *La sainteté convient spécialement à la demeure du Très-Haut* (Psal. 92, v. 5).

Tout ce que nous venons de dire peut également s'appliquer à notre âme, ce temple spirituel où notre pieuse dévotion attire chaque jour le Verbe éternel; aussi l'Apôtre nous dit (Ep. I ad Corint., c. 3, v. 17) : *Vous devez être saints, parce que vous êtes le temple de Dieu.* Or, comme la noblesse d'une chose provient des principes qui la constituent, la noblesse de ce temple spirituel résulte de quatre causes différentes, savoir: de la dignité de son auteur, de l'excellence de sa nature, de la beauté de sa forme et de la sublimité de sa fin. La noblesse de ce temple spirituel ressort premièrement de la dignité de son auteur, parce que l'âme humaine a été créée immédiatement par Dieu lui-même ; car pour la produire, il n'a pas appelé quelque créature, mais la Trinité s'y est déterminée elle-même en disant (Genes. c. 1, v. 26) : *Faisons l'homme à notre image et à notre ressemblance.* Dieu n'adressa point ces paroles aux Anges, dit saint Augustin (Lib. de Genes. ad litteram), mais le Père éternel les adressa aux deux autres personnes qui lui sont consubstantielles, pour montrer que notre âme est l'œuvre spéciale de la Trinité tout entière. La noblesse de ce temple spirituel découle secondement de l'excellence de sa nature, parce que notre âme n'a point été produite d'une matière préexistante, mais elle a été tirée du néant. Car parmi toutes les choses créées, aucune n'était assez distinguée pour concourir à la formation de l'âme raisonnable : ni la terre, ou quelque autre élément, ni le ciel, ou quelque corps céleste, comme le soleil, la lune et les étoiles, n'étaient dignes d'entrer dans la composition de l'âme raisonnable qui leur est bien supérieure. C'est pourquoi elle dut être créée de rien. Troisièmement, la noblesse de ce temple spirituel provient de la beauté de sa forme, puisque l'âme raisonnable a été faite à l'image de Dieu, car Dieu n'a pas voulu imprimer en notre âme l'image de quelque autre créature, mais la ressemblance de sa propre substance, en sorte qu'elle fût comme un reflet de la très-sainte Trinité. Certes, Dieu ne pouvait ennoblir davantage l'âme raisonnable qu'en se l'assimilant, et en la rendant une copie de lui-même. Comme la ressemblance est la principale cause de l'amour, il voulut que l'âme ne pût trouver son image dans aucune autre créature, mais en lui seul, afin qu'en lui seul aussi elle fixât toutes ses affections. Quatrièmement, la noblesse de ce temple spirituel résulte de la grandeur de sa destinée, puisque Dieu n'a d'autre donné à l'âme humaine d'autre fin que lui-même ; il ne l'a créée que pour établir en elle sa demeure, selon la parole du Psalmiste (Psal. 131, v. 13) : *Le Seigneur a choisi Sion*, c'est-à-dire l'âme contemplative, *pour son habitation*. Comme il l'a choisie dans ce but, il en désire l'accomplissement avec ardeur, ainsi qu'il le déclare par ces paroles des Proverbes : *Mon fils, donne-moi ton cœur* (Prov. c. 23, v. 26). *Mes délices consistent à demeurer avec les enfants des hommes* (Ibid., c. 8, v. 31). Aussi, lorsque le Seigneur trouve une âme préparée à le recevoir dignement, comme s'il était au comble de ses vœux, il vient à elle en disant avec le Psalmiste : *C'est ici le lieu de mon repos pour l'éternité ; je l'habiterai parce que je l'ai choisi* (Psal. 131, v. 14).

Ame chrétienne, si, d'après les considérations précédentes, tu comprenais ta noblesse, jamais tu ne commettrais le péché ! ô mon âme, s'écrie saint Bernard (in Meditat.), si tu connaissais ta grandeur, combien tu abhorrerais le péché ! En effet la seule pensée approfondie des glorieux priviléges de l'âme conduit naturellement à détester le péché, de telle sorte qu'elle suffirait pour en détourner, sans avoir égard aux récompenses ou aux peines éternelles ; car l'âme qui a le sentiment de sa dignité et de sa supériorité ne peut avoir que du mépris pour les choses caduques et périssables, bien loin de se souiller et de se dégrader en leur prostituant son estime et son affection. Ce noble et saint orgueil est si naturel à l'âme généreuse, qu'un philosophe païen, Sénèque, disait (De peccati fœditate) : « Quand même je saurais que les dieux dussent me pardonner un crime et que les hommes dussent l'ignorer éternellement, je ne voudrais pas encore le commettre, à cause même de la bassesse à laquelle il me réduirait. » — Notre âme, est-il temple spirituel, qui, pour être agréable à Dieu, doit être orné et peint des différentes couleurs des vertus ; il doit réunir dans une combinaison harmonieuse, le blanc de la chasteté, le rouge de la patience, le jaune de la joie intérieure, le vert du progrès dans la vertu, le bleu du désir du ciel, l'or de la charité et le noir de l'humilité. C'est dans ce temple ainsi décoré que nous devons introduire l'Enfant Jésus, le Verbe incarné, afin d'offrir pour lui au Seigneur deux tourterelles ou deux petits de colombe, c'est-à-dire le double amour et de Dieu et du prochain; ou bien la solitude de la contemplation et le ministère public de l'action ; ou encore la pureté du cœur et du corps représentée par les tourterelles qui sont très-chastes ; et la multiplicité des bonnes œuvres figurée par les colombes qui sont très-fécondes. Nous devons également, comme Siméon, porter dans nos bras et couvrir de nos baisers le divin Enfant ; nous devons en même temps le bénir et le remercier de tous les bienfaits qu'il nous a prodigués, afin de nous donner un avant-goût des célestes douceurs. Soupirant alors après la fin de notre exil, attendons l'heureux moment où nous pourrons jouir éternellement du Verbe divin ; et répétons avec le saint vieillard ce cantique d'allégresse (Luc., c. 2, v. 29) : *Maintenant, Seigneur, laissez aller en paix votre serviteur, selon votre promesse.*

La solennité de ce jour tire son éclat des divers événements qui s'y sont accomplis, et de trois spécialement : le premier est le transport et la présentation de Jésus-Christ au temple ; le second est la purification et l'oblation de Marie ; le troisième est la consolation et le cantique de Siméon. Ces trois différents objets ont fait donner à cette fête trois dénominations différentes ; elle est appelée par les Grecs *Hypapanie,* c'est-à-dire *rencontre* et par les Latins

Présentation, en mémoire du premier événement ; elle est aussi nommée *Purification,* en souvenir du second événement ; elle est encore appelée *Chandeleur* ou *Fête des Lumières,* à cause des cierges bénits que nous tenons allumés dans nos mains, pour figurer le Sauveur entre les bras du vieillard Siméon (1).

Le temple consacré à Dieu dans lequel se passèrent les susdits événements était construit sur le mont Moria, où Abraham voulut immoler autrefois au Seigneur son fils Isaac ; où Jacob vit pendant son sommeil une échelle mystérieuse qui s'élevait jusqu'au ciel ; où David, apercevant l'Ange qui décimait son peuple, se prosterna la face contre terre, et obtint de Dieu le pardon qu'il mérita par sa pénitence. Sur cette montagne était l'aire que ce saint roi acheta d'Ornan le Jébuséen, pour y bâtir la maison du Seigneur au lieu même où il avait obtenu miséricorde. Salomon ayant achevé l'édifice que son père avait préparé en ce saint lieu, y offrait des sacrifices, lorsque *la gloire du Seigneur y apparut au milieu d'une nuée, et lorsque le feu du ciel descendit sur l'autel pour y consumer l'holocauste* (III Reg., c. 8, v. 10). Pendant que Salomon, les genoux en terre et les mains vers le ciel, conjurait le Seigneur d'exaucer tous ceux qui viendraient l'invoquer en ce même lieu, le Seigneur lui apparut, disant : *J'ai entendu votre demande, car j'ai choisi et sanctifié cette maison pour être la mienne* (II Paral., c. 7, v. 12 et 16). Cependant Héliodore, envoyé du roi Antiochus, voulut la profaner et la dépouiller, mais il fut flagellé par les Anges, accablé de coups et couvert de blessures. D'après la tradition chrétienne, c'est en ce lieu que la bienheureuse Marie fut admise parmi les jeunes

---

(1) Voir note XLI à la fin du volume.

vierges attachées au service du Seigneur ; elle s'y exerça aux jeûnes, aux veilles, aux oraisons et aux saintes lectures ; elle s'y occupa à méditer les divines Écritures, à confectionner les ornements sacrés, à préparer les vêtements sacerdotaux. C'est en ce lieu qu'au moment où le saint prêtre Zacharie offrait l'encens au Seigneur, l'Ange Gabriel vint lui annoncer que sa prière avait été exaucée et qu'il serait père de Jean, précurseur du Christ. C'est là que Jésus-Christ Notre-Seigneur, comme nous venons de le dire, fut offert à Dieu son père par ses parents, reçu par le saint vieillard Siméon et annoncé par la sainte veuve Anne à tous ceux qui attendaient la rédemption d'Israël. C'est là que le divin Enfant, âgé de douze ans, fut retrouvé par Marie et Joseph au milieu des docteurs qu'il étonnait par la profondeur de ses questions et par la sagesse de ses réponses. Ce fut sur le pinacle de ce temple que le démon transportant Jésus-Christ, lui proposa pour le tenter de se jeter en bas. C'est de ce temple que le Sauveur chassa les vendeurs et les acheteurs, renversa les tables des changeurs et les sièges des marchands de colombes, leur reprochant de transformer la maison de Dieu en une caverne de voleurs. C'est là que, pendant son séjour à Jérusalem il instruisait les Juifs, malgré la haine dont ils le poursuivaient. C'est là qu'il délivra la femme adultère de tous ses accusateurs, et que, pendant les jours qui précédèrent sa Passion, il venait enseigner le peuple, se retirant chaque soir à Béthanie. C'est le voile de ce temple qui, à la mort de l'Homme-Dieu, se déchira depuis le haut jusqu'en bas, laissant à découvert le Saint des Saints. C'est du sommet de ce temple que fut précipité l'apôtre saint Jacques le Mineur, premier évêque de Jérusalem, au moment où il prêchait l'Évangile ; et il reçut la couronne, du martyre, après avoir été assommé par la massue d'un foulon. C'est entre le temple et l'autel placé dans le parvis extérieur, vers le midi, que fut tué Zacharie, fils de Barachie.

Cet ancien temple qui, au temps de la captivité de Babylone, avait été détruit et incendié par les Chaldéens, fut également consumé et renversé par les Romains, à l'époque de la dispersion des Juifs. Longtemps après, il fut remplacé par un nouveau temple en rotonde qui est extérieurement formé de huit murailles, et supporté intérieurement par trois rangs de colonnes en marbre, au milieu desquels s'élève une coupole. Au dedans de l'édifice, sur l'entablement des colonnes, on lit ces mots : *Écoutez, Seigneur, les louanges et les prières de votre serviteur, qui vous supplie en ce jour d'avoir les yeux continuellement ouverts sur cette maison et les oreilles attentives aux demandes qu'on vous y adresse* (III Reg., c. 8, v. 28 et 29). Au dehors, le long des murailles, sont écrites en gros caractères diverses sentences qui peuvent être lues de tous les côtés de la ville. Ainsi, en face de la cité, on lit : *Que la paix éternelle qui vient du Père éternel repose sur cette maison.* En face du temple des chevaliers : *la maison du Seigneur est solidement fondée sur la pierre ferme* (Luc., c. 6, v. 48). Vis-à-vis de Béthanie : *C'est vraiment ici la maison de Dieu et la porte du ciel* (Gen., c. 28, v. 17). En face du mont des Oliviers : *Heureux, ô Seigneur, sont ceux qui habitent dans votre maison* (Psal. 83, v. 5). Vis-à-vis de la vallée de Josaphat : *Que la gloire de Dieu soit exaltée dans ce lieu qui lui est consacré* (III Reg., c. 10, v. 9). Du côté du cloître du temple : *Tous chanteront la gloire du Très-Haut en cette sainte demeure* (Psal. 28, v. 9). Du côté de la montagne de Sion : *Le temple du Seigneur est saint ; c'est le lieu où il est honoré, c'est l'édifice qu'il s'est construit* (I Ep. ad Corint., c. 3). Vis-à-vis de la cité encore : *Nous irons avec joie dans la maison du Seigneur* (Psal. 12, v. 1). Cette église qu'on appelle spécialement le *Temple du Seigneur* (Templum Domini), s'élève dans la partie inférieure de la ville à la jonction des murs de l'Orient et du Midi. Elle était desservie par des chanoines réguliers qui vivaient avec un abbé, sous la règle de saint Augustin (1).

Lorsque Marie et Joseph *eurent accompli toutes les prescriptions légales*, sans en rien omettre, quoiqu'ils n'y fussent pas obligés, ils quittèrent Jérusalem *pour se retirer en Galilée dans leur ville de Nazareth* (Luc., c. 2, v. 39). Selon la remarque de saint Théophile, Bethléem était bien la ville de leur origine, mais Nazareth était le lieu de leur domicile. Suivez-les donc en esprit sans les quitter, rendez-leur tous les services possibles, et entourez de vos soins l'Enfant Jésus.

Prière

Aimable Jésus, Vous que le juste Siméon désirait voir depuis longtemps et qu'il put embrasser avec tant de bonheur, lorsque vous vous donnâtes si miséricordieusement à lui dans le temple; venez aussi, très-doux Sauveur, combler mes vœux et remplir mon attente, montrez-vous à moi, livrez-vous à moi avec clémence et bonté ; et par votre grâce purifiante éloignez de moi tout ce que vous y trouverez d'impur. Ornez mon cœur comme votre temple, afin que vous daigniez y habiter ; c'est là que je vous embrasserai et que je vous presserai avec toutes les puissances et affections de mon âme. Ah ! faites que je ne cesse de soupirer après

---

(1) Voir note XLII à la fin du volume.

vous, source de lumière qui êtes dans Dieu le Père, et que je ne quitte pas cette terre avant de vous avoir contemplé par les yeux du cœur, comme le digne objet de tout amour et de tout désir, comme le seul principe de la vie et de la récompense éternelle. Ainsi soit-il.

CHAPITRE XIII

FUITE DU SEIGNEUR EN ÉGYPTE ET MASSACRE DES INNOCENTS

Matth., c. 2, v. 13-18

Quand Marie et Joseph se dirigèrent vers Nazareth, ils ignoraient encore les desseins de Dieu ; et cependant ils commençaient à craindre pour Jésus, lorsque *l'Ange du Seigneur apparut en songe à Joseph, lui commanda de se lever, de prendre avec lui l'Enfant et la Mère, et de fuir en Égypte ; car Hérode allait bientôt chercher l'Enfant pour le faire mourir* (Matth., c. 2, v. 13).

La parfaite humilité doit avoir pour ornement et pour cortége spécial trois vertus : la pauvreté pour dédaigner les richesses qui sont les aliments de l'orgueil, la patience pour endurer les mépris avec égalité d'âme, et l'obéissance pour exécuter les ordres d'autrui. Voilà pourquoi, sur une révélation du Ciel, Jésus est transporté en Égypte comme un pauvre étranger ; il est en quelque sorte massacré dans chacun des enfants tués à son occasion ; et lorsqu'il revint dans sa patrie, il obéit si bien à ses parents, qu'il ne s'en sépara jamais un seul instant jusqu'à ce que, âgé de douze ans, il resta dans Jérusalem où sa Mère le chercha avec une grande inquiétude et le retrouva avec une grande joie.

Joseph, se levant à la voix de l'Ange, réveille Marie, et lui communique tout ce qu'il vient d'apprendre. Elle se lève sans mettre de retard et se dispose à entreprendre le voyage; car, à cette nouvelle, ses entrailles sont émues, et elle ne voudrait pas, par la moindre négligence, compromettre la vie de son divin Fils. Voyez cette tendre Mère prendre l'Enfant qui dormait, écoutez l'Enfant qui, troublé dans son sommeil, pousse des cris plaintifs. Ah ! compatissons à leurs souffrances, si nous n'avons pas perdu toute pieuse sensibilité ! Pensons à la douleur de cette Vierge, aussi délicate que jeune, nouvellement mère, lorsqu'elle fut contrainte de fuir dans un pays lointain, à travers des chemins difficiles et inconnus, lorsqu'elle dut transporter son petit Enfant durant de longues marches, et aller au milieu d'un peuple idolâtre! Ce fut pendant la nuit que Marie et Joseph partirent pour l'Égypte; car la nuit était bien plus favorable à la fuite que le jour, afin de cacher leur tentative, et pour éviter le péril qui les menaçait, si on les avait vus s'éloigner, et si on avait pu les dénoncer au roi. Il est vrai qu'ils avaient reçu l'avertissement céleste, mais ils ne devaient pas cependant omettre de faire tout ce que leur conseillait la prudence humaine. Voilà donc Jésus-Christ qui s'enfuit pendant la nuit, en sorte que la fuite déjà difficile par elle-même le devenait davantage à cause de l'obscurité. Mais pourquoi s'enfuit-il en Égypte ? Pour éclairer l'esprit, guérir le cœur des Égyptiens avant les autres peuples. « Comprenez le grand mystère qui est ici renfermé, dit saint Augustin (Serm. de Epiph.) ; autrefois Moïse avait répandu les ténèbres sur la face de l'Égypte impie, aujourd'hui Jésus-Christ vient dans ce même pays rendre la lumière à ceux qui étaient plongés dans les ténèbres. » « Pourquoi, demande aussi saint Chrysostôme (Hom. 2, Oper. imper.), Jésus-Christ se réfugie-t-il de préférence en Égypte? Le Seigneur, qui n'est pas toujours irrité, s'est souvenu des maux immenses dont il avait affligé autrefois le royaume des Pharaons, et, comme signe de réconciliation, comme gage d'amitié perpétuelle, il y envoie son propre Fils cicatriser d'un seul coup les dix plaies d'Égypte. Quel changement admirable opère alors la droite du Très-Haut! Ce peuple, qui jadis avait persécuté le peuple choisi, donne maintenant asile au Fils unique de Dieu! En outre, si l'enfant Jésus est envoyé en Égypte, c'est afin de porter le flambeau de la foi d'abord en ce pays où le feu de l'impiété avait été plus ardent, pour nous faire concevoir par là des espérances encore plus brillantes relativement aux autres nations. Dieu veut aussi nous apprendre que, dès les premiers pas sur le chemin de la vie, nous devons nous préparer aux tentations et aux embûches du démon. Jésus-Christ y est exposé dès son berceau, afin que, loin de nous troubler, si nous sommes environnés de nombreuses tribulations et de mille dangers, nous soyons excités par l'exemple du Sauveur à tout supporter courageusement, avec la certitude que les plus grandes afflictions sont les compagnes inséparables des vertus. » A ces raisons que vient d'exposer saint Chrysostôme, nous pouvons ajouter que, si Jésus-Christ va dans l'Égypte plutôt qu'ailleurs, c'est pour montrer qu'il est le véritable Moïse; que, comme Moïse, après avoir soustrait le peuple de Dieu à la tyrannie de Pharaon, le fit passer de l'Égypte dans la Terre promise, de même Jésus-Christ, après avoir arraché le peuple fidèle à l'empire du démon, le délivre de l'enfer et le conduit au royaume céleste.

Cette fuite de Jésus-Christ en Égypte peut fournir plusieurs excellentes leçons pour notre âme.

1° Considérons que Jésus-Christ dans sa personne a réuni la prospérité et l'adversité. En effet, lorsqu'il naquit, il fut adoré comme Dieu par les bergers ; et, quelques jours après, il fut circoncis comme un pécheur ; les Mages vinrent ensuite lui rendre d'illustres honneurs, et cependant il restait au milieu des animaux dans une vile étable où il pleurait comme un faible enfant: quand il fut présenté au temple, Siméon et Anne célébrèrent ses louanges, et aussitôt un Ange avertit Joseph de le transporter en Égypte comme un exilé. Si nous parcourons la vie de Jésus, nous y trouverons beaucoup de semblables contrastes qui peuvent tourner à notre instruction. « Le Seigneur qui est miséricordieux, dit saint Chrysostôme (Hom. 2, in Matth.), mélange notre vie de tristesse et de joie, comme il l'a fait pour tous les Saints, qu'il n'a jamais laissés dans des consolations ou des tribulations continuelles; car dans le cours de la vie des justes, il sème, avec une admirable variété, tour à tour la prospérité et l'adversité. N'est-ce pas ce qu'il fait dans le sujet qui nous occupe ? Saint Joseph voyant que son épouse était enceinte, tombe dans le trouble le plus profond ; mais un Ange vint dissiper ses soupçons et bannir ses craintes. Bientôt après, voyant naître l'Enfant qui était annoncé, il est rempli d'une vive allégresse; mais, hélas ! cette joie est remplacée tout à coup par une terrible inquiétude, lorsque toute la capitale est émue, et que le roi est furieux. Cette tristesse disparaît et la joie renaît à l'apparition de l'étoile, et à l'arrivée des Mages. Le péril et l'appréhension ne tardent pas à revenir, car Hérode veut tuer l'Enfant ; il faut s'enfuir et s'exiler dans des régions lointaines. » — De ces réflexions exprimées par saint Chrysostôme, il suit, Chrétiens, que, si vous êtes consolés, vous devez vous attendre à la tribulation ; et, si vous êtes dans la tribulation, vous devez vous attendre à être consolés. Par conséquent ne vous laissez jamais aller à l'orgueil et à l'abattement ; car, si Dieu nous accorde quelque consolation, c'est pour soutenir notre espérance afin que nous ne tombions point dans la défaillance ; et, s'il nous envoie la tribulation, c'est pour conserver en nous l'humilité, et nous maintenir dans une crainte salutaire, par la vue de nos misères.

2° Considérons que, relativement aux consolations qui nous sont accordées, et aux bienfaits qui nous sont octroyés, nous ne devons pas nous préférer à ceux qui ne les reçoivent pas ; comme aussi, celui qui en est privé ne doit pas pour cela perdre courage et porter envie à celui qui en est favorisé. Car, les Anges ne s'adressent-ils pas à Joseph plutôt qu'à Marie, quoiqu'elle lui soit de beaucoup supérieure ? De plus, si Dieu ne vous donne pas tout ce qui serait selon votre volonté, gardez-vous bien d'être ingrat et murmurateur ; car, quoique Joseph fût si grand aux yeux du Seigneur, c'est seulement en son sommeil que les Anges lui parlent.

3° Considérons comment Dieu permet que ses serviteurs soient tourmentés par les persécutions et les afflictions. Ainsi, quelle ne dut pas être l'anxiété de Joseph et de Marie, lorsqu'ils apprirent qu'Hérode cherchait l'Enfant Jésus pour le faire mourir ? Pouvaient-ils éprouver une plus grande peine ? En outre, n'étaient-ils pas contraints de fuir dans une terre éloignée, qu'ils ne connaissaient pas, et à travers des chemins difficiles, eux si peu capables de voyager, Marie à cause de son jeune âge, et Joseph à cause de son âge avancé ; de plus ils étaient obligés de porter l'Enfant Jésus : enfin, il fallait aller et demeurer dans un pays étranger, sans avoir aucune ressource ni provision. Ah ! chrétiens, si vous êtes dans la peine, ayez de la patience, et ne comptez pas jouir d'un privilège que Notre-Seigneur ne s'est pas réservé à lui-même, et qu'il n'a pas accordé à sa propre Mère.

4° Considérez la bonté de Notre-Seigneur. Voyez combien il est de bonne heure en butte à la persécution, forcé d'abandonner le pays où il vient de naître, et avec quelle patience il cède à la fureur de celui qu'il pouvait anéantir en un clin d'œil. Mais si sa patience est grande, son humilité n'est pas moindre : car Celui qui fuit ainsi devant la face d'un tyran, quel est-il ? C'est Celui qui a les Anges pour ministres : il est le Dieu tout-puissant, et il fuit comme un simple mortel devant le misérable Hérode, Lui qui est l'unique refuge de tous les hommes malheureux. O profonde humilité ! ô patience sublime ! il ne veut pas se venger de son persécuteur, ni lui être nuisible, il préfère éviter ses embûches par la fuite. A l'imitation du Sauveur, tâchons de ne pas opposer de résistance à nos ennemis ou à nos persécuteurs, ne cherchons point à en tirer vengeance ; mais supportons-les paisiblement, en laissant leur fureur s'exhaler ; bien plus, prions pour eux, ainsi que Jésus-Christ nous l'enseigne ailleurs. Si le Seigneur, pour échapper à la mort, se laisse emporter en Égypte, c'est pour apprendre aux élus que souvent les méchants les chasseront de leur demeure, ou les condamneront à l'exil. C'est ainsi qu'il a donné l'exemple aux plus faibles pour les amener à la patience : car il fuit non par crainte, mais afin de nous enseigner par son exemple, que, dans un péril de mort, la fuite est permise, si le bien public n'en souffre pas ; qu'elle est même obligatoire, si l'intérêt commun l'exige, comme cela est arrivé pour l'apôtre saint Paul.

Dans le sens moral, cette fuite de Jésus en Égypte figure la fuite du juste qui, pour ne pas perdre son âme, s'éloigne du danger du péché, et se réfugie dans l'état de pénitence, où il doit persévérer jusqu'à la mort d'Hérode, c'est-à-dire jusqu'à ce que les attaques du démon aient cessé. Le Seigneur fuyait devant son esclave ou plutôt devant l'esclave de Satan, non parce qu'il redoutait la mort, mais parce qu'il attendait le moment opportun ; car comment aurait-il fui la mort Celui qui était descendu sur la terre pour l'endurer ? Et comment aurait-il appréhendé les embûches du démon, Celui qui était venu en ce monde pour les démasquer ?

Voilà donc nos saints personnages partis pour l'Égypte : contemplez cette jeune mère délicate et cet homme vénérable déjà vieux qui portent tour à tour le petit Enfant Jésus, sur une route obscure, à travers les bois et les forêts, sans rencontrer d'habitation ; contemplez-les effectuant ainsi un long voyage ; car il ne fallut probablement pas moins de deux mois à Marie et à Joseph pour accomplir ce trajet, qu'un homme à cheval ne peut guère parcourir en moins de douze ou quinze jours. Suivant la tradition, ils traversèrent le même désert où les enfants d'Israël avaient séjourné pendant quarante ans. Mais quelles étaient leurs ressources pour la nourriture ? Où et comment s'abritaient-ils pour se reposer pendant la nuit ? Car dans cette vaste solitude, ils rencontraient bien rarement quelque habitation. Ah ! Chrétiens, unissons-nous à leurs privations et à leurs souffrances qui durent être extrêmes et continuelles, pour eux et pour l'Enfant Jésus : accompagnons ces augustes pèlerins, aidons-les à porter leur précieux fardeau, et rendons-leur tous les services qui sont en notre pouvoir. Pourrait-il nous paraître onéreux de faire pénitence pour nos propres péchés, lorsque nous voyons de si saints personnages supporter tant de travaux non pour leurs péchés mais pour les nôtres ?

« Dans vos méditations, dit saint Anselme, ne laissez pas

l'Enfant Jésus fuir en Égypte, sans y aller à sa suite : considérez-le suspendu au sein de sa glorieuse Mère qui le nourrit de son lait virginal, et à laquelle il prodigue ses caresses filiales. Que ce spectacle procure de joie, de douceur et de plaisir ! Contemplez Celui qui est immense, enlaçant ses petits bras autour du cou de sa Mère, et dites : Que je suis heureux de voir *celui que les rois ont souhaité de voir et n'ont pas vu* (Luc, c. 10, v. 24). Il mérite bien d'être vu, puisqu'*il surpasse en beauté tous les enfants des hommes* (Psal. 44, v. 3). Réfléchissez aux sentiments et aux pensées qui occupaient cette tendre Mère, lorsqu'avec un bonheur inexprimable elle tenait sur ses genoux et entre ses bras le Dieu si grand qui s'était fait si petit, et qu'avec une douce joie elle recevait ses caresses et ses baisers ; lorsque avec une pieuse compassion elle essayait d'apaiser ses cris et ses vagissements, et qu'avec une ingénieuse affection elle l'entourait de tous les soins que réclamaient les diverses circonstances. Rappelez-vous ensuite la tradition qui rapporte comment les trois saints voyageurs tombèrent sur la route entre les mains des voleurs, et comment ils furent délivrés par le fils du chef des voleurs. Après qu'ils eurent été arrêtés, ce jeune homme, considérant Jésus sur le sein de Marie, vit une beauté si majestueuse briller sur le visage de l'Enfant, qu'il n'hésita pas à le regarder comme un être supérieur à l'homme : son cœur s'enflamma d'amour, et il l'embrassa. O le plus fortuné des enfants, dit-il, si jamais j'ai besoin de ta miséricorde, ne m'oublie pas, et souviens-toi de ce jour où je te délivre des mains de mes compagnons, qui sans moi t'eussent mis à mort. Ce voleur, dit-on, est celui-là même qui, ayant été crucifié à la droite du Sauveur, reprit l'autre qui blasphémait. *Comment ! lui dit-il, ne crains-tu pas Dieu, toi qui es condamné au même supplice?*

Quant à nous, c'est avec justice que nous souffrons ce châtiment, mais celui-ci n'a commis aucun mal (Luc, c. 23, v. 40 et 41). Puis se tournant vers le Seigneur, il vit éclater en lui la majesté qui l'avait autrefois ravi dans l'Enfant ; se souvenant alors de la demande qu'il lui avait adressée : Seigneur, lui dit-il, *ne m'oubliez pas lorsque vous serez arrivé dans votre royaume* (Luc, c. 23, v. 43). Pour exciter notre amour envers le divin Enfant, je ne crois pas inutile de rapporter cette tradition ; mais je n'ose pas en garantir la vérité », ajoute saint Anselme, en terminant le récit que nous venons de reproduire.

Hérode, voyant que les Mages ne revenaient pas lui apporter des nouvelles de l'Enfant, crut que l'apparition de l'étoile avait été pour eux une cause de déception, et que la honte leur avait fait prendre une autre route ; il cessa donc ses recherches à l'endroit de l'Enfant. Peut-être aussi en fut-il détourné ou empêché par les nombreuses occupations qui absorbaient toute son attention. Mais, peu de temps après, il apprit ce qui s'était passé dans le temple, ce que Siméon avait dit, et ce que Anne avait prophétisé ; comme la renommée de l'Enfant allait croissant, il en fut tout troublé, et sa crainte ne fit qu'augmenter. *Il comprit alors que les Mages*, n'étant point venus le trouver, *l'avaient trompé, et il entra dans une grande fureur* (Matth., c. 2, v. 16), soit parce qu'il croyait sa majesté offensée, soit parce qu'il appréhendait de perdre sa couronne. Il résolut aussitôt de massacrer les enfants de Bethléem pour envelopper dans leur ruine Celui qu'il ne pouvait connaître ; car il espérait qu'en les faisant tous périr, l'Enfant qu'il cherchait ne pourrait lui échapper. Il ne songeait pas, l'insensé, que le Seigneur se joue des desseins et des prévoyances de l'homme : tandis qu'il se préparait à exécuter son horrible projet, César-Auguste l'invita par lettre à se rendre à Rome. En passant par la Cilicie, Hérode apprit que les Mages s'étaient embarqués sur des navires de Tarse : furieux, il fit brûler et anéantir les vaisseaux de cette ville, sur lesquels il croyait que les Mages étaient retournés secrètement chez eux ; et ainsi fut réalisée la prophétie de David : *Dans le feu de ta colère tu détruiras les navires de Tarse* (Psalm. 47; v. 8). Étant revenu de Rome à Jérusalem, *il envoya des sicaires, avec ordre de tuer dans Bethléem de Juda et dans le pays d'alentour, tous les enfants mâles âgés de deux ans et au dessous*, sans épargner même ceux d'un jour ou d'une nuit, selon le temps que les Mages lui avaient indiqué depuis l'apparition de l'étoile ; car il croyait comprendre en cet ordre tous les temps où l'Enfant pouvait être né et tous les lieux où il pouvait être caché. Les innocentes créatures qui furent immolées en cette occasion furent ensevelies la plupart à trois milles de Bethléem, vers le midi de la ville.

Parmi les opinions divergentes, la plus commune et la plus accréditée, c'est qu'Hérode fit massacrer les enfants, l'année d'après la naissance de Jésus-Christ. En effet, dit-on, il avait appris des Mages que l'étoile miraculeuse leur était apparue le jour même où le Seigneur était né ; et, en comptant à partir de cette époque, il savait que le Seigneur était âgé d'un an et quelques jours ; c'est pourquoi il décréta la mort de tous les enfants qui dépassaient cet âge, jusqu'à ceux qui avaient deux ans, et aussi la mort de tous les enfants qui n'atteignaient pas cet âge, jusqu'à ceux même qui n'avaient qu'un jour ou qu'une nuit ; car il craignait que, pour cacher l'époque véritable de sa naissance, l'Enfant auquel les astres obéissaient, ne transformat son extérieur de manière à paraître un peu plus ou moins âgé qu'il ne l'était réellement. Ainsi donc, vraisemblable que le massacre des saints Innocents eut lieu un an et quatre jours après la naissance du Seigneur.

Alors s'accomplit cette parole du prophète Jérémie (Matth., c. 2, v. 17 et 18. Jerem., c. 34, v. 15) : *Un grand cri a retenti (in Rama), des plaintes et des lamentations ont éclaté de toutes parts.* Rama n'est pas ici un nom propre de lieu, mais un nom commun qui signifie *en haut*; de sorte que ce passage veut dire : Un grand cri s'est fait entendre dans les airs, d'où il s'est répandu au loin et au large ; car la foule qui le poussait était très-grande ; il était formé par les plaintes des enfants et par les lamentations des mères ; les nombreux parents qui étaient témoins de cette cruauté inouïe, ne pouvaient retenir leur vive douleur qui éclatait en sanglots et en gémissements. Chez les enfants, la douleur finissait avec la vie ; mais chez les mères, elle renaissait par le souvenir ; c'est pourquoi le Prophète dit que les lamentations étaient réitérées (*ululatus multus*). Il dit aussi : *Un grand cri a été entendu jusqu'en haut,* pour signifier peut-être que la mort des Innocents portait ce cri jusqu'au ciel, où leur sang réclamait vengeance contre les meutriers, suivant cette parole de l'Écriture : *La voix du faible opprimé pénètre les nues* (Eccli. c. 35, v. 21). — Quoique Bethléem fût située dans la tribu de Juda qui descendait de Lia, et Jérusalem dans la tribu de Benjamin qui provenait de Rachel, l'Écriture dit cependant que Rachel pleurait comme ses propres enfants ceux de Juda, c'est-à-dire de Bethléem. Pourquoi cela ? D'abord parce qu'elle avait été ensevelie à Ephrata près de Bethléem, et que sa sépulture en cet endroit la rendait comme la mère de Bethléem et de ses habitants. C'est peut-être aussi parce que Juda et Benjamin étaient deux tribus unies entre elles et voisines l'une de l'autre, en sorte que le territoire de Benjamin s'étendait jusqu'à Jérusalem. Aussi Hérode avait ordonné que le massacre comprît non-seulement Bethléem, mais encore le pays environnant; de façon que l'arrêt barbare atteignit beaucoup d'enfants de Rachel dans la tribu de Benjamin. C'est ce qu'insinue l'Évangéliste, pour nous faire comprendre l'énormité du crime commandé par la monstrueuse cruauté d'Hérode. « La férocité d'Hérode ne connut pas de bornes, dit Raban-Maur ; pour assouvir sa fureur, Bethléem ne lui suffisait pas, il lui fallut encore le pays environnant (1). »

Rachel pleura donc ses enfants, sans vouloir être consolée, parce qu'ils n'étaient plus, c'est-à-dire parce qu'ils avaient été enlevés de la terre, et délivrés de tout mal ; car elle savait qu'ils devaient jouir d'une vie éternelle. Rachel dont le nom signifie *la brebis* ou *celle qui voit le principe*, représente l'Église dont toute l'application tend à contempler le Seigneur, et qui, après avoir erré sur la terre comme une brebis perdue, sera transportée sur les épaules du divin Pasteur dans le bercail du Ciel. L'Église aussi pleure ses enfants, parce qu'elle gémit de voir les fidèles persécutés. Mais elle ne veut pas recevoir de consolation, parce qu'ils ne sont pas morts véritablement ceux qui par leur trépas ont triomphé du monde ; elle ne désire point qu'ils reviennent avec elle recommencer le combat périlleux contre le monde ; elle se réjouit au contraire de ce qu'ils jouissent du bonheur éternel dans le royaume du Christ où ils portent la couronne du martyre. L'Église pleure donc les bons comme martyrs, parce qu'elle les voit injustement tourmentés ; mais parce qu'elle les regarde comme bienheureux, elle ne veut pas être consolée

---

(1) Voir note XLIII à la fin du volume.

temporellement, mais éternellement. En outre elle pleure les méchants comme impénitents, parce qu'elle les voit courir à leur damnation ; et elle ne veut pas être consolée parce qu'elle les voit perdus sans ressource.

Remarquons ici qu'il y a trois sortes de martyrs : les premiers sont martyrs de fait et de volonté, comme saint Étienne ; les seconds sont martyrs non de fait, mais de volonté, comme saint Jean l'évangéliste ; les troisièmes sont martyrs de fait, mais non pas de volonté, comme les saints Innocents, en qui Jésus-Christ a suppléé par sa grâce à ce qui leur manquait du côté de la volonté, parce qu'ils étaient morts à sa place. Aussi, immédiatement après la Nativité du Sauveur, l'Église célèbre les fêtes consécutives de ces différents Saints, suivant l'ordre de dignité plus ou moins grande de leur martyre ; d'abord la fête de saint Étienne, puis celle de saint Jean, et enfin celle des saints Innocents : c'est ainsi que Jésus-Christ, le Bien-aimé de l'Église, comme il est dépeint dans le Cantique des cantiques, se montre éclatant de blancheur en saint Jean, étincelant de pourpre en saint Étienne, et l'élu entre mille dans les saints Innocents. — Les saints Innocents, n'ayant pas l'usage de raison, ne pouvaient rendre un témoignage formel à Jésus-Christ ; mais s'ils n'ont pas témoigné par leur parole, ils l'ont fait par leur mort ; en sorte que, dans une acception large, ils peuvent être appelés Martyrs ou témoins de Jésus-Christ ; car d'après son étymologie grecque, le mot martyr signifie témoin. Ce ne sont pas des témoins proprement dits, puisqu'ils ne sont pas morts pour la foi ou pour la justice ; néanmoins ils ont confessé Jésus-Christ en quelque manière ; ils ont attesté, certifié sa naissance et son existence, *non pas en parlant, mais en mourant* (Breviar. roman.), puisqu'ils ont été massacrés à cause de lui ; et on ne les tuait en masse que pour envelopper Jésus-Christ dans leur nombre. — On peut être martyr pour plusieurs causes : pour la justice, comme Abel ; pour la loi de Dieu, comme les Machabées ; pour avoir soutenu la vérité, comme Isaïe et Jérémie ; pour avoir réprimandé le vice, comme Jean-Baptiste ; pour le salut du peuple, comme Jésus-Christ ; pour le nom et la foi de Jésus-Christ, comme Étienne ; pour la liberté de l'Église, comme Thomas de Cantorbéry ; à cause de Jésus-Christ ou à la place de Jésus-Christ, comme les Innocents. Aussi l'Église célèbre solennellement la fête de ces derniers ; elle s'abstient cependant de faire entendre certains chants d'allégresse comme le *Gloria in excelsis* et l'*Alleluia*. « Tous les enfants qui furent massacrés dans Bethléem, dit saint Chrysostôme (Hom. 2, in Natali Innocentium), sont morts innocemment pour Jésus-Christ ; ils sont ainsi devenus les premiers témoins de Jésus-Christ, et méritent tous les honneurs du martyre. » « Heureux enfants ! s'écrie saint Augustin (Serm. de Innocentibus), vous êtes à peine nés, vous n'avez jamais été tentés, vous n'avez pas encore combattu, et vous êtes déjà couronnés comme vainqueurs ! » Puis il ajoute : « Non jamais le féroce tyran n'aurait pu par sa faveur procurer à ces enfants bénis des avantages comparables à ceux qu'il leur a procurés par sa haine ; car plus l'iniquité avait été cruelle envers eux, et plus la grâce divine a été généreuse à leur égard. Et lorsqu'en leurs personnes Hérode poursuivait Jésus-Christ, il préparait à notre Roi une armée formée par ses compagnons d'enfance que décoraient les insignes de la victoire. »

Considérons ici, Chrétiens, comment Jésus encore tout petit enfant commence à souffrir en lui-même et dans les siens ; et si nous l'aimons un peu, empressons-nous de compatir à ses douleurs. « O Jésus ! s'écrie saint Anselme » (in Speculo

Evangelici sermonis, c. 4), votre plus tendre enfance elle-même n'a pas été à l'abri des persécutions. Vous ne pouviez encore trouver de nourriture que sur le sein de votre mère, et déjà un Ange apparaissant à Joseph qui dormait, lui disait (Matth., c. 2, v. 13): *Levez-vous, prenez l'Enfant et sa Mère, fuyez en Égypte, et demeurez-y jusqu'à ce que je vous dise d'en revenir, car Hérode va chercher l'Enfant pour le faire périr.* Depuis ce temps, ô bon Jésus! vous avez commencé à endurer la persécution; et vous ne l'avez pas endurée seulement en vous-même tout jeune enfant, mais encore dans tous ces tendres enfants dont plusieurs mille ont été massacrés entre les bras même de leurs mères pour assouvir l'infâme barbarie du roi Hérode. » — Hérode est la figure de ces impies qui prétendent pouvoir anéantir la religion chrétienne en versant le sang des fidèles; et les saints Innocents sont la figure de tous les martyrs qui sont humbles et innocents comme les enfants. La religion fondée sur Jésus-Christ ne sera jamais anéantie; parce que les persécutions, comme dit saint Léon, loin de l'affaiblir la fortifient. Selon la pensée du Vénérable Bède et de saint Bernard, (Beda in eum locum, Ber. serm. 3, de Epiphania) si quelqu'un s'oppose à ce qui peut procurer le salut ou l'avancement spirituel du prochain, l'établissement ou la propagation de l'Église, il ressemble aux Égyptiens qui tâchaient d'exterminer dès le berceau les enfants israélites, ou plutôt à Hérode même qui cherchait à tuer Jésus-Christ dès sa naissance. Aussitôt que le Sauveur naît, la persécution commence, pour signifier que les élus de Dieu trouveront des persécuteurs dans tous les siècles, comme Jésus-Christ l'a déclaré, en disant (Joan., c. 15, v. 20): *S'ils m'ont persécuté, ils vous persécuteront aussi;* et l'Apôtre par ces paroles: (Ep. II ad. Tim. c. 3, v. 12). *Tous ceux qui veulent vivre avec piété en Jésus-Christ, souffriront persécution.* Les enfants qui sont massacrés pour le Seigneur, nous apprennent par leur exemple qu'on mérite d'obtenir la couronne du martyre par l'humilité, selon cette sentence de Jésus-Christ (Luc, c. 14, v. 11). *Quiconque s'humilie sera exalté.* Or l'innocence des enfants figure l'humilité des âmes simples, dont le Sauveur a dit : (Marc, c. 10, v. 14.) *Laissez venir à moi les petits enfants ; car le royaume des cieux appartient à ceux qui leur sont semblables).* Le massacre des enfants, auquel échappe Jésus-Christ, prouve que les persécuteurs peuvent bien ôter la vie aux corps des martyrs, mais qu'ils ne peuvent aucunement enlever aux fidèles Jésus-Christ, pour qui ils endurent la persécution ; car, comme saint Paul l'enseigne : (Ep. ad Rom. c. 14, v. 8). *Soit que nous vivions, soit que nous mourions, nous sommes toujours au Seigneur.*

Quand Marie et Joseph, avec l'enfant Jésus, entrèrent en Égypte, toutes les idoles de cette contrée croulèrent dans leurs temples, ainsi que l'avait prophétisé Isaïe : (c. 2, v. 28). Comme autrefois, lorsque les Israëlites sortirent de l'Égypte, il n'y eut pas en tout ce pays une seule maison où le premier-né ne fut frappé de mort par l'Ange du Seigneur ; de même, lorsque Marie et Joseph avec l'Enfant Jésus mirent le pied sur le sol égyptien, il n'y eut pas un temple qui ne vit tomber son idole. C'est ainsi qu'on avait vu jadis l'idole de Dagon renversée par terre devant l'Arche du Seigneur. C'est également ainsi que les vices sont abattus dans toute âme où le Seigneur fait son entrée, après que le péché en est sorti. D'après l'Histoire Scolastique, quand Jérémie avait été conduit captif en Égypte, il avait annoncé qu'une Vierge enfanterait miraculeusement, et qu'alors toutes les idoles de l'Égypte seraient détruites avec tous les dieux. En souvenir de cette prophétie, les Égyptiens firent sculpter l'image d'une Vierge avec un enfant, et lui rendirent leurs hommages. Or cette prédiction s'accomplit lorsque Jésus-Christ avec sa Mère arriva dans l'Égypte; car toutes les idoles tombèrent et par leur chute, semblèrent attester que la Vierge avait enfanté.—Cet événement avait été figuré dans ce que l'Histoire Scolastique nous rapporte de Moïse et de Pharaon. Le roi d'Égypte, avait une couronne sur laquelle était gravée l'image d'Hammon, dieu des Égyptiens. La fille du roi, ayant adopté le jeune Moïse, résolut un jour de le présenter à Pharaon; celui-ci, par mode d'amusement, pose la couronne sur la tête de l'enfant qui la jette par terre et la brise. Comme le roi furieux voulait le tuer, on lui fit observer que l'enfant avait agi sans réflexion. Ainsi Moïse, par la permission de Dieu, échappa à la colère de Pharaon, de même, par la providence de Dieu, Jésus-Christ échappa au glaive d'Hérode. Moïse vint au monde pour tirer de l'Égypte les enfants d'Israël, et Jésus-Christ s'est fait homme pour délivrer les hommes de l'enfer. Moïse mit en pièces le dieu de l'Égypte ainsi que la couronne des Pharaons, et Jésus-Christ a réduit à néant les dieux de l'Égypte ainsi que toutes les idoles.—Cette ruine des idoles avait encore été figurée par la statue que le roi Nabuchodonosor vit en songe (Daniel, c. 2): Une pierre, sans le secours d'aucun bras, se détacha de la montagne, alla heurter contre les pieds de cette statue, la mit en pièces, la réduisit en poussière, et devint ensuite elle-même une grande montagne. Cette pierre était la figure de Jésus-Christ qui est né de la Vierge Marie, sans l'intervention d'aucun homme, qui par son séjour en Égypte a détruit toutes les idoles, quelle qu'en fut la matière, et qui, après avoir détruit l'idolâtrie, a établi sa religion dans le monde entier. Jésus-Christ est ainsi devenu une montagne si grande et si haute, qu'il remplit le ciel et la terre de son immensité.

La fuite de Jésus-Christ en Égypte, à cause de la persécution d'Hérode, figure la dispersion des Apôtres parmi les Gentils, devant la persécution que les Juifs avaient soulevée contre eux. Le retour du Sauveur en Judée, après la mort d'Hérode, figure la conversion d'Israël, vers la fin des temps. Selon Remi d'Auxerre, Joseph portant Jésus, conduisant Marie, fuyant la persécution d'Hérode et passant en Égypte, représente les Apôtres qui prêchèrent l'Évangile, fondèrent l'Église, éprouvèrent la persécution des Juifs, et transportèrent parmi les Gentils la foi de Jésus-Christ et de l'Église, après avoir abandonné les Juifs à cause de leur incrédulité. De plus, le temps que Joseph resta en Égypte représente celui qui doit s'écouler depuis l'Ascension du Seigneur jusqu'à l'avènement de l'Antechrist; et la mort d'Hérode figure l'extinction de la haine des Juifs contre les chrétiens, vers la fin des siècles. — Par son séjour en Égypte, Jésus-Christ dissipa dans ce pays les ténèbres de l'ignorance, manifesta la vanité et le néant des idoles, rétablit le culte et l'adoration du vrai Dieu. Le feu de la foi qu'il avait allumé, s'étendit de telle sorte qu'il gagna bientôt les déserts ; car par la présence du Seigneur dont ils furent honorés, ils ne tardèrent pas à paraître des lieux plus excellents que le paradis et plus illustres que le ciel même. « Maintenant, dit saint Chrysostôme (hom. 8, in Matth.), si vous venez visiter les solitudes de l'Égypte, elles vous sembleront plus dignes que le paradis ; car elles sont peuplées par des légions nombreuses d'anges revêtus de corps mortels. Vous verrez toute cette contrée remplie par l'armée du Christ, et vous y admirerez le troupeau royal du souverain Pasteur qui fait briller sur la terre la vie des Esprits bienheureux. Les chœurs si variés des astres qui scintillent au firmament, frappent moins nos regards étonnés, que les innombrables cellules des anachorètes qui rendent l'Égypte si célèbre. Ces saints personnages consacrent les veilles de la nuit à la méditation et aux chants divins ; ils emploient les heures du jour à la prière et aux travaux manuels ; ils retracent ainsi dans leur genre de vie les vertus et les exercices dont les hommes apostoliques leur ont laissé la règle et l'exemple. »

Arrivés dans la province de la Thébaïde, Joseph et Marie se rendirent dans une ville appelée Héliopolis ; là, ils louèrent une maisonnette où ils demeurèrent sept ans, comme étrangers et voyageurs ; ils y vécurent dans la pauvreté et l'indigence. Mais durant tout ce temps quels furent leurs moyens de subsistance ? Étaient-ils réduits à la mendicité ? On rapporte de Marie que la quenouille et l'aiguille étaient ses deux ressources, pour se procurer les choses nécessaires à elle-même et à son Enfant. Ainsi, Notre-Dame se livrait à ce double travail, d'abord pour en retirer quelque salaire ; ensuite pour pratiquer la pauvreté qu'elle chérissait tant. Que de dédains ne durent pas essuyer de tels exilés ! A combien d'injustices ne furent-ils pas exposés ! Mais le Seigneur n'était-il pas venu pour affronter les contradictions, au lieu de les fuir ? Ne vous semble-t-il pas voir l'Enfant Jésus, tourmenté quelquefois par la faim, demander du pain à sa mère qui ne pouvait satisfaire son besoin ? Ah ! comme les entrailles de Marie durent être douloureusement émues en face de ces rigueurs de la pauvreté ! Elle tâchait de consoler et de fortifier son enfant par de douces paroles, en attendant que son travail lui eut fourni le pain nécessaire. Quelquefois aussi, elle devait retrancher quelque chose de sa propre nourriture, afin de le réserver à Jésus. Mais, si Marie ne pouvait gagner ses aliments que par des œuvres ma nuelles, comment faisait-elle pour trouver des vêtements ? Il est bien probable qu'elle n'avait rien en double, rien de superflu, rien qui respirât le luxe, car tout cela est contraire à la pauvreté qu'elle avait embrassée ; aussi, quand même elle eût pu se procurer tous les objets précieux, elle n'aurait pas voulu en faire l'acquisition, parce qu'elle aimait trop la pauvreté. Marie employait-elle son temps, comme le font beaucoup d'autres personnes, à des ouvrages frivoles ? Non certes ; car de tels ouvrages ne se font point sans péril et sans faute, pour plusieurs raisons que nous exposerons plus tard. Contemplons maintenant Notre-Dame au milieu de ses diverses occupations et de ses travaux continuels; avec quelle diligence ! avec quelle exactitude ! avec quelle patience ! avec quelle humilité ! elle remplit sa tâche ! Cependant elle ne néglige pas les soins qu'elle doit à son Fils et à sa maison ; elle veille à tout et pourvoit à tout ; néanmoins elle prolonge autant qu'elle peut ses prières et ses oraisons pendant la nuit. Ah ! compatissons de tout notre cœur aux fatigues de Marie, et comprenons combien la Reine du ciel a souffert avant d'entrer dans le royaume de Dieu. N'oublions pas non plus saint Joseph qui de son côté travaillait comme un ouvrier infatigable, à son métier de charpentier. Quelle ample matière à notre pieuse compassion ! Demeurons quelque temps par la méditation en la compagnie de ces saints personnages; demandons-leur ensuite la permission de nous retirer ; mettons-nous à genoux pour recevoir la bénédiction de l'Enfant Jésus d'abord, puis de sa digne Mère, et ensuite de son père nourricier ; saluons-les les larmes aux yeux et la douleur dans l'âme, en pensant qu'ils sont bannis loin de leur patrie, et que ce bannissement va se prolonger l'espace de sept années, pendant lesquelles ils devront gagner leur vie à la sueur de leur front.

Prière

Seigneur Jésus-Christ, qui, dès votre plus tendre enfance, avez voulu souffrir la persécution et l'exil, et qui alors avez laissé tuer des enfants pour vous, accordez à un misérable comme moi d'endurer patiemment pour vous des maux semblables et même la mort, s'il le faut; faites que je méprise toute prospérité mondaine, et que je ne redoute aucune adversité temporelle. O bienheureux Enfants, premières fleurs et prémices des martyrs, vous que l'innocence et que le martyre ont rendus dignes de former le cortége et la cour du Dieu et du Roi nouveau-né, daignez suppléer par votre grâce et votre extrême innocence à mon infirmité et à ma misère, pour m'obtenir du très-doux Sauveur le pardon et la rémission de mes péchés. Ainsi soit-il.

CHAPITRE XIV

NOTRE-SEIGNEUR REVIENT D'ÉGYPTE ET JEAN COMMENCE SA VIE PÉNITENTE

Matth., c. 2, v. 19-23

Hérode étant mort (Matth., c. 2, v. 19), Dieu rappela son Fils de l'Égypte où il était exilé depuis sept ans environ : car, d'après le calcul des historiens, Jésus-Christ était venu au monde en la trentième année du règne d'Hérode, qui mourut après avoir gouverné trente-huit ans la Judée. Ce retour de Notre-Seigneur était l'accomplissement de ce que

Dieu avait dit par l'organe du prophète : *J'ai rappelé d'Égypte mon Fils* Osée (c. 11, v. 1), c'est-à-dire Celui qui m'est consubstantiel. Ces paroles ont un double sens littéral ; car elles furent réalisées premièrement, à l'égard du peuple juif que Dieu nomme souvent son enfant; mais elles furent vérifiées beaucoup plus parfaitement en Notre-Seigneur Jésus-Christ qui est Fils de Dieu par nature, tandis que les autres hommes le sont seulement par adoption.—Donc, en la première année du règne d'Archélaüs, fils aîné d'Hérode, Notre-Seigneur était âgé de huit ans, *lorsqu'un Ange apparut à Joseph pendant son sommeil: « Levez-vous, lui dit-il, prenez l'Enfant et sa Mère, retournez dans le pays d'Israël*, c'est-à-dire en Judée ; *car ceux qui cherchaient l'Enfant pour lui ôter la vie, sont morts* (Matth., c. 2, v. 20). C'était Hérode, ainsi que les scribes et les pharisiens, qui avaient été ses complices et fauteurs pour faire périr Jésus-Christ. D'après l'historien Josèphe (lib. 1, de Capt., c. 21), Hérode en mourant fit tuer plusieurs nobles d'entre les Juifs, pour forcer ainsi ces derniers dont il savait être détesté, à pleurer du moins à sa mort. Quelques-uns disent que l'Ange, annonçant la mort d'Hérode à saint Joseph, ne parlait pas d'une mort naturelle, mais d'une mort civile en quelque sorte qui avait enlevé le pouvoir à ce tyran. Saint Jérôme (Hieron. in eum locum.) fait remarquer que, d'après les paroles de l'Ange, Hérode n'avait pas seul résolu la mort du Seigneur, mais qu'il avait été secondé dans ce criminel projet par des prêtres et des scribes. Cette apparition de l'Ange à Joseph, pendant qu'il dormait, n'est pas dépourvue de toute signification mystique ; car, d'après Remi d'Auxerre, elle signifie que les esprits célestes se manifestent surtout à ceux qui se reposent des embarras terrestres et des préoccupations mondaines.

Joseph donc se leva (Matth., c. 2, v. 21) comme un serviteur obéissant, *prit l'Enfant et sa Mère*, comme un père vigilant et un époux obséquieux; *puis partit pour revenir dans la terre d'Israël.* Ils marchent tous trois à travers le désert par où ils étaient venus en Égypte. Allons en leur compagnie, rendons-leur nos devoirs, offrons-leur nos services : dans la route, unissons-nous à leurs souffrances, considérons-les, accablés de lassitude, ne se donnant presqu'aucun repos, ni le jour ni la nuit. O Enfant tendre et délicat, Roi du ciel et de la terre, comme vous vous êtes assujetti de bonne heure pour nous à la peine et à la fatigue! C'est ce que vous aviez annoncé par la bouche du prophète, en disant : *Je suis pauvre et soumis aux travaux depuis ma jeunesse* (Psal. 87, v. 16). Les privations rigoureuses, les œuvres difficiles, les dures tribulations, Jésus-Christ a tout supporté ; il s'est en quelque sorte haï lui-même pour notre amour ; les fatigues seules de ce long voyage d'Égypte en Judée auraient pu suffire pour opérer notre rédemption.

Vers les confins du désert que traversait la sainte Famille, déjà le jeune Jean-Baptiste avait commencé sa vie pénitente, quoiqu'il n'eût encore commis aucun péché; puisqu'il était venu dans le désert à l'âge de sept ans. Tout près de là, à l'endroit même où les Israélites revenant d'Égypte avaient passé le Jourdain, Jean administra le baptême plus tard. Mais avant de prêcher aux autres la pénitence, il se retira le plus tôt possible dans une âpre solitude, pour y mener dès son plus jeune âge une vie austère ; car il voulait y puiser plus facilement cette haine des séductions mondaines qu'il devait communiquer à ses auditeurs; il voulait aussi s'y livrer plus librement à la contemplation de la divine sagesse qu'il devait manifester par sa parole. A son exemple, *il est avantageux de porter le joug du Seigneur dès l'adolescence* comme dit le prophète Jérémie (Th. c. 3, v. 27). Tandis que notre nature est jeune et tendre, nous devons la façonner au bien, et nous devons pratiquer d'avance ce que nous devrons enseigner plus tard aux autres: apprenons surtout à ne pas nous ériger en maîtres de notre prochain, avant de nous exercer à la pratique de la perfection.

Jean demeurait dans le désert, où l'air est plus pur et l'horizon plus étendu, où Dieu se communique davantage à l'homme : en attendant l'époque où il devait baptiser et prêcher, il vaquait à la prière et conversait avec les Anges; loin de tout commerce dangereux, il menait une vie irréprochable, afin qu'ensuite il pût donner à tous les autres les avertissements nécessaires, sans craindre pour soi-même de malignes critiques, et afin qu'il pût rendre de Jésus-Christ un témoignage plus digne de foi, en l'annonçant comme le Messie ; car personne ne peut convenablement rendre témoignage d'un autre, s'il ne peut préalablement rendre témoignage de lui-même. Il s'éloigne donc de la foule et du tumulte, pour ne pas ternir le pur éclat de sa conduite ou de sa réputation, et pour ne pas contracter quelque tache de faute ou de scandale; car s'il fut resté dans le monde, il aurait pu être souillé par les relations sociales presque toujours dangereuses ; s'il s'enfuit du monde, c'est donc pour mieux conserver son innocence, pour mieux préserver sa vertu de toute parole ou action coupable. « En effet, dit saint Chrysostôme (Hom. 30, Operis imperf.), comme il est difficile qu'un arbre planté sur un chemin public conserve ses fruits jusqu'à leur maturité, il n'est pas moins difficile qu'un homme placé au milieu du monde, sauvegarde son innocence jusqu'à la mort. Certains arbres sont, il est vrai, plantés dans un jardin, de manière que leur tronc est garanti des passants ; mais il n'en est pas ainsi des branches qui se prolongent au-dessus du chemin : voilà l'image de certains religieux qui, bien que renfermés dans le cloître, veulent s'occuper des affaires séculières. »

Qu'il est grand, qu'il est admirable ce jeune Jean-Baptiste! Il est le premier solitaire, le patriarche et le modèle de ceux qui veulent vivre dans l'état religieux. « Dès la plus tendre jeunesse, dit saint Pierre Chrysologue, ce bienheureux enfant, dirigé par le Saint-Esprit, vient dans le désert; et la faiblesse de l'âge n'arrête point celui que fortifie la puissance du Seigneur. Jean quitte le monde, abandonne sa patrie, fuit les hommes et oublie ses parents, pour s'élever par le regard de la contemplation jusqu'au trône de la Divinité. Quel spectacle merveilleux de voir un homme qui, à peine sur le seuil de la vie, méprise les biens et dédaigne les plaisirs de la terre, pour passer la carrière de sa vie dans la société de Dieu! Les cavernes des montagnes, les arbres des forêts et les profondeurs des vallées servaient de demeure et d'abri à ce patriarche enfant. S'élevant au dessus de son extrême jeunesse et peu soucieux de sa noble origine, Jean se consacre entièrement au service du Seigneur; par la vie prodigieuse dont il donne le premier exemple, il devient le type des moines, le prince des anachorètes et le fondement principal de tout institut religieux. » C'est pourquoi saint Chrysostôme (Hom. de Joanne Baptista.) a dit : « De même que les Apôtres sont les chefs des prêtres, de même Jean-Baptiste est le chef des moines; tel est l'enseignement écrit de la tradition hébraïque dont on a gardé le souvenir jusqu'ici. Considérez votre dignité, ô moines qui avez Jean-Baptiste pour chef et pour modèle ! Peu de temps après sa naissance, il mène la vie monastique au milieu des déserts qui lui fournissent toute sa nourriture; il attend dans la solitude la venue de Jésus-Christ, il ne veut point converser avec les hommes, mais s'entretenir avec les Anges. Voilà la vie vraiment heureuse: mépriser le commerce des hommes, rechercher la compagnie des Anges, quitter la ville et choisir la solitude pour y jouir de Jésus-Christ. Les yeux qui désirent contempler Jésus-Christ, ne trouvent rien de digne d'être vu que Jésus-Christ. Heureux les religieux qui sont les imitateurs de *Jean, le plus grand parmi les enfants* des femmes, selon le témoignage du Sauveur lui-même (Luc, c. 7, v. 28). » D'après ces paroles de saint Chrysostôme, nous pouvons comprendre combien sont malheureux les moines qui, au lieu de marcher sur les traces de Jean leur chef, sortent de leur retraite et vont dans les villes s'entretenir avec les hommes; pour eux la solitude est une prison, et le monde un paradis. Saint Jérôme pensait bien différemment, lorsqu'il disait « Que d'autres pensent et disent ce qu'ils voudront; pour moi le monde n'est qu'une prison, la retraite est un paradis ! » (ad Rusticum de institut. monach.).

Que le moine connaisse donc bien la signification du nom qu'il porte. Le mot moine, en latin *monachus*, vient du grec *monos* qui veut dire *seul*, et de *achos* qui signifie *triste*. Le moine en effet doit rester dans une solitude et une tristesse salutaires, tout occupé de son propre office, sans se mêler d'un office étranger. S'il prétend remplir la fonction de docteur, qu'il écoute le conseil de Hugues de Saint-Victor : « L'austérité de votre costume, la modestie de votre visage, la sainteté de votre vie doivent servir d'enseignement aux autres hommes; et vous les instruirez mieux si vous fuyez le monde que si vous le cherchez ». « Le religieux, dit saint Grégoire, doit toujours considérer la réserve que son habit commande en tout, dans ses pensées, ses paroles et ses actions, de sorte qu'il renonce parfaitement à toutes les choses mondaines; il faut que les vertus représentées par son costume aux yeux des hommes soient reproduites par sa conduite aux yeux du Seigneur. Ainsi ne vous glorifiez pas de ce que vous entrez dans la solitude ou en religion, ni de ce que vous y demeurez depuis longtemps, si vous n'y menez une vie sainte et régulière ; car alors au lieu de profiter à votre avancement spirituel, l'état érémitique ou l'état religieux vous causerait de grands dommages. » « C'est ainsi, dit saint Jérôme (Epist. ad Paulinum de institutione monachi.), qu'on ne mérite pas des éloges pour être venu à Jérusalem, mais pour y avoir vécu dignement. »

Saint Augustin, s'adressant à des solitaires, leur dit (In uno e serm. ad fratres in erem.): « A quoi sert que vous soyez venus dans cette retraite, si vous êtes tels que vous pouviez être dans le siècle ? Habiter cette solitude n'est pour vous d'aucun profit, lorsque le mal règne dans vos âmes avec toute sa tyrannie, lorsque la colère vous emporte, quand vous agissez pour plaire aux hommes plutôt qu'à Dieu, quand vous vous estimez dignes de tout éloge pour être sorti du monde, et que vous restez esclaves des diverses passions qui tiennent le monde renfermé en vous-mêmes ; de sorte que vous qui pensiez assister les séculiers par vos prières, vous auriez besoin d'avoir les séculiers eux-mêmes pour intercesseurs ; car peut-on croire qu'une âme que la concupiscence a rendue comme la propriété du monde, puisse en même temps devenir la demeure de la Divinité? Ah ! mes frères, *réfléchissez sérieusement à votre vocation* (Ep. I, ad Corint. c. 1, v. 26). Venir dans la solitude, c'est assurément un acte de grande perfection ; mais ne pas vivre dans la solitude, selon l'état de perfection où l'on est entré, c'est un sujet de grande damnation. A quoi sert que notre corps soit dans un lieu calme, si notre cœur est dans une agitation continuelle? A quoi sert, je vous le demande, que l'habitation soit silencieuse, si les habitants sont troublés par les vices, et tourmentés par les passions ? A quoi sert que la sérénité règne au dehors, si la tempête bouleverse notre intérieur ? Non, nous ne sommes pas venus dans le monastère pour y être servis, pour y vivre dans l'oisiveté, y nager dans l'abondance ; non certes, nous ne sommes pas venus ici pour goûter le repos et la sécurité ; mais nous sommes venus pour engager le combat, soutenir la lutte, livrer la guerre à nos défauts, mettre un frein à notre langue, et non-seulement pour ne causer d'injures à personne, mais aussi pour supporter patiemment toutes celles qui nous sont faites. » Après avoir entendu cette exhortation de saint Augustin, nous pouvons nous écrier: Hélas ! où sont aujourd'hui les religieux qui s'étudient à passer du bien au mieux, à monter de vertus en vertus ? C'est pourquoi saint Bernard dit (Epist. I) : « Vous trouverez plus facilement plusieurs séculiers qui se convertissent du mal au bien, qu'un seul religieux qui s'élève du bien au mieux. C'est un phénomène très-rare que celui d'un religieux qui dépasse un peu le degré de perfection qu'il a une fois atteint. Et cependant il n'y a pas de milieu ; il faut avancer ou reculer, monter ou descendre ; si vous prétendez vous arrêter, vous ne manquerez pas de tomber, et vous roulerez dans l'abîme. » Puis il ajoute : « Incontestablement, il n'est pas bon, celui qui ne se propose pas de devenir meilleur, et dès que vous ne voulez plus devenir meilleur, vous cessez d'être bon. »

Marie et Joseph, avec l'Enfant Jésus, traversant le Jourdain, vinrent dans la terre d'Israël, comme l'Ange le leur avait ordonné ; mais le messager céleste n'avait pas déterminé d'endroit ni désigné de ville afin qu'il eût l'occasion de revenir vers Joseph pour le tirer de son doute. Ce nouvel avertissement et cette nouvelle visite ne pouvaient que donner plus de certitude et fournir plus de consolation au saint vieillard. Le retour de Jésus en sa patrie nous fait souvenir que nous devons aussi hâter notre voyage vers la patrie céleste. Cependant *Joseph apprenant qu'Archélaüs, fils aîné d'Hérode, avait succédé à son père sur le trône de Judée, n'osa pas aller en ce pays* (Matth. c. 2, v. 22) ; car Archélaüs avait hérité de la cruelle politique d'Hérode qui avait exercé la plus violente persécution sur Bethléem et sur la contrée voisine. Le nom de Judée comprend quelquefois tout le territoire occupé par les douze tribus, comme dans ce verset 1 du Psaume 75 : *Dieu est connu dans toute la Judée.* D'autres fois il désigne le seul territoire réservé à la tribu de Juda, comme dans ce passage du Prophète : *Que la Judée et Jérusalem ne craignent pas* (Zachar. c. 8, v. 15). Enfin il marque le territoire habité par les deux tribus de Juda et de Benjamin, comme ici, où il est dit qu'Archélaüs régnait en Judée. Le royaume qu'avait gouverné Hérode, était déjà partagé et sous la domination de différents princes. Pour l'éclaircissement de ce fait, il faut savoir que, selon l'opinion la plus probable, Hérode, sur son lit de mort, fit un testament d'après lequel il instituait Archélaüs son successeur, mais à condition qu'il se ferait couronner par l'Empereur romain. Archélaüs vint donc à Rome pour recevoir le diadème : mais ses deux frères Hérode Antipas et Philippe y vinrent aussi pour revendiquer leur part de l'héritage paternel. Quant à leurs trois autres frères, Antipater, Alexandre et Aristobule, leur père les avait fait tuer, avant sa fin misérable. Après la mort d'Hérode l'Ancien, l'Empereur et le Sénat des Romains, pour briser l'orgueil des Juifs en leur ôtant toute facilité de se révolter, détruisirent leur régime politique, et divisèrent leur royaume en quatre parties appelées Tétrarchies : deux, la Judée et l'Abilène, furent données à l'aîné qui était

Archélaüs ; la troisième, la Galilée, échut à Hérode Antipas sous lequel Jean fut décapité, et Notre-Seigneur crucifié ; la quatrième, formée de l'Iturée et de la Trachonite fut attribuée à Philippe dont Hérode Antipas enleva la femme. Ainsi Archélaüs était *Diarque*, tandis que ses deux frères étaient seulement *Tétrarques*. Outre Hérode Ascalonite qui était le plus ancien, et son fils Hérode Antipas, il y eut un troisième Hérode surnommé Agrippa qui avait pour père Aristobule, fils d'Hérode Ascalonite. C'est Hérode Agrippa qui fit trancher la tête à saint Jacques le Majeur frère de saint Jean l'Évangéliste, et qui fit mettre en prison saint Pierre.

Archélaüs, ayant été désigné par son père pour lui succéder comme roi des Juifs, s'efforçait naturellement de continuer ce qu'Hérode avait commencé. C'est pourquoi Joseph n'osa retourner en Judée ; et *averti par l'Ange, tandis qu'il dormait*, il vint avec l'Enfant et sa Mère en Galilée, où régnait Hérode Antipas, que son père avait privé, autant qu'il avait pu, de la portion qu'il lui devait dans l'héritage. C'est là que Joseph établit son domicile avec plus de sécurité, et c'était bien *dans la terre d'Israël*, puisque Israël l'habitait. *Joseph alla donc fixer sa demeure dans la ville appelée Nazareth* (Matth. c. 2, v. 23). Ainsi Jésus qui était né à Bethléem, allait être élevé dans le pays même où il avait été conçu. Il y pouvait habiter avec plus de sûreté qu'à Jérusalem et à Bethléem, où régnait Archélaüs. Ce qui fait dire à saint Chrysostôme, (Hom. 9, in Epiph.) : ce ne fut pas seulement la crainte du danger, mais l'amour de son pays, qui fit venir Jésus à Nazareth, afin d'y trouver une demeure plus agréable et plus tranquille. De cette manière, il accomplissait ce que le prophète avait dit de lui : *On l'appellera Nazaréen*. Ici dans le texte latin (*ut adimpleretur*), la conjonction *ut* exprime un effet et non une cause ; car la prophétie n'est pas la cause de l'événement qu'elle annonce, mais l'événement au contraire est la cause de la prophétie qu'il réalise. Or Jésus a été surnommé *Nazaréen*, tant à cause de l'endroit où il a été conçu puis élevé, qu'à cause de l'interprétation mystérieuse de la loi mosaïque, d'après laquelle *Nazaréen* veut dire *saint* ; et en effet dans les divines Écritures le Seigneur est souvent appelé saint. Comme il avait choisi le lieu où il devait prendre naissance, il avait également choisi la ville où il devait passer son adolescence. Le nom qu'on lui donne, tiré de ce séjour, indique qu'il a été nourri dans la sainteté, lui qui est par essence la source de la sainteté ; et parce qu'il est le Saint des Saints, il pourrait être à juste titre appelé le Nazaréen des Nazaréens. Car Nazareth signifie également *fleur des champs*, ou *nouveau rejeton*, ou *sainteté* ; et c'est sur la tige de ce rejeton que s'est élevé, selon l'Écriture, Celui qui est la fleur des champs, le Saint des Saints, le Nazaréen par excellence. Comme Jésus-Christ a été appelé Nazaréen, ses premiers disciples ont été d'abord nommés communément Nazaréens. Mais après que saint Pierre eut établi sa chaire à Antioche, où la langue grecque était vulgaire, on décida qu'ils porteraient le titre de Chrétiens, à cause du nom de Christ donné en grec à Notre-Seigneur. Si Jésus-Christ a voulu être conçu puis élevé à Nazareth, c'est pour nous faire comprendre qu'il fut comme une fleur sans tache dans sa Conception affranchie du péché originel, et dans sa vie exempte du péché actuel. Ce qui fait dire à saint Bernard, que la fleur épanouie sur la tige de Jessé devait croître de préférence dans un pays riche en fleurs. Jésus-Christ, sortant de l'Égypte, venant en Galilée, et habitant à Nazareth, nous montre par cet exemple que, d'après la signification spirituelle de ces différents lieux, nous devons quitter l'état de péché, passer du vice à la vertu, et nous établir dans une floraison continuelle de bonnes œuvres, afin que nous puissions ainsi parvenir à la céleste patrie.

Voilà donc l'Enfant Jésus revenu d'Égypte avec Marie et Joseph. Aussitôt accourent les sœurs de la sainte Vierge, les autres parents et amis qui s'empressent de les visiter et de les saluer. La sainte famille reste alors à Nazareth pour y vivre dans la pauvreté. Joseph y continue son métier de charpentier ; Marie coud et file, et se livre à d'autres travaux qui peuvent lui convenir ; mais elle ne cesse pas de prodiguer à son divin Fils les soins les plus empressés. Car, comme dit saint Anselme (Lib. de excellentia beatæ Mariæ, c. 4), il n'y a point d'homme assez profond pour pénétrer, ni assez éloquent pour exprimer avec quelle sollicitude tendre et active, elle veilla sur son enfance, de quelle attention douce et respectueuse elle entoura son adolescence et sa jeunesse. Souvent, comme elle-même l'a révélé à une âme pieuse, lorsqu'elle reposait et réchauffait son Enfant sur son sein, dans l'excès de son affection maternelle, inclinant sa tête sur celle de son Fils, elle versait des larmes si abondantes que la tête et le visage de Jésus en étaient inondés ; en même temps elle ne se lassait pas de répéter avec amour : O le salut et la joie de mon âme ! Ah ! quel homme entendant parler et voyant agir ainsi cette divine Mère pourrait retenir ses larmes ?

Depuis le retour de Jésus jusqu'à sa douzième année, l'Écriture ne dit plus rien de lui, ni de ses parents. Mais voici ce que rapporte une tradition vraisemblable au moins : il existe encore à Nazareth une petite fontaine, à laquelle Notre-Dame allait quelquefois, et où Jésus enfant puisait souvent de l'eau qu'il portait à Marie pour lui témoigner son affectueuse soumission. Ainsi celui qui donne la nourriture à toute chair vivante mettait ses plus grandes délices à porter de l'eau à sa Mère : il allait aussi dans les champs cueillir les herbes dont elle préparait leurs aliments. Jésus rendait de semblables services à Marie, qui n'avait point d'autre serviteur pour l'aider dans toutes ses nécessités. Il commença de bonne heure à s'exercer dans l'humilité dont plus tard il se faisait gloire plus que de toutes les autres vertus, car il disait : *Apprenez de moi que je suis doux et humble de cœur* (Matth. c. 11, v. 29). Aussi, selon le sentiment de saint Anselme, il n'y a rien de déraisonnable à se figurer Jésus se mêlant parmi les enfants de son âge, assistant Marie dans les travaux de son ménage, et secourant Joseph dans les ouvrages de son métier.

Prière.

O très-doux Jésus, qui, après être né d'une Vierge, vous êtes retiré en Égypte, et qui, après avoir été rappelé de ce pays, êtes revenu dans la terre d'Israël, Seigneur, veuillez aussi me rappeler, moi votre serviteur qui suis éloigné de votre présence dans l'Égypte de cet exil, et qui suis relégué dans la nuit de ce pèlerinage ; retirez mon corps, mon esprit et ma volonté de cette région étrangère et de cette vie ténébreuse du monde ; faites-moi sortir du péché, passer du vice à la vertu, et daignez m'introduire dans la Terre promise du ciel, dès maintenant par la foi, l'espérance et la charité, plus tard en vérité, en réalité et en triomphe. Ainsi soit-il.

CHAPITRE XV

L'ENFANT JÉSUS RESTÉ A JÉRUSALEM EST RETROUVÉ DANS LE TEMPLE

Luc, c. 2, v. 40-52

Cependant, l'Enfant Jésus devenait plus grand et plus fort (Luc, c. 2, v. 40) quant au corps ou à l'extérieur. Et afin qu'on ne pensât point que son âme se perfectionnait à mesure que son corps se développait, l'Évangéliste ajoute aussitôt qu'*il était rempli de sagesse*, c'est-à-dire quant à l'âme ; *de plus la grâce de Dieu était en lui*, quant à l'âme et au corps. C'est l'interprétation donnée par le Vénérable Bède (In cap. 2, Lucæ) qui a dit : « Comme toute la plénitude de la Divinité résidait substantiellement en Jésus-Christ, il était rempli de sagesse dès son enfance ; et sous ce rapport, il n'eut pas besoin de grandir et de se fortifier, lui qui était le Verbe divin, Dieu même ; mais relativement à son humanité, la grâce était en lui ; car Jésus-Christ comme homme a reçu une bien grande grâce, puisque dès qu'il fut homme, il fut parfait, il fut Dieu. » D'après le même Père, saint Jean a dit du Christ en termes identiques qu'*il était plein de grâce et de vérité* (Joan. c. 1, v. 14) ; cette excellence de la Divinité qui est en Jésus-Christ, saint Jean la désigne par le nom de vérité, et saint Luc par celui de sagesse. En effet Jésus-Christ eut la plénitude de toutes les vertus et de tous les dons du Saint-Esprit ; il faut en excepter la foi et l'espérance qui furent en lui remplacées par une science absolue et une possession immuable de la Divinité, en sorte qu'il jouit de la béatitude depuis le premier instant de sa Conception. Ainsi donc, toutes les fois qu'on suppose en Jésus-Christ quelque accroissement et quelque développement ou quelque autre semblable modification, il faut le rapporter exclusivement à son corps : car relativement à l'âme, il eut la perfection complète dès le premier instant de sa Conception ; mais il ne manifesta cette perfection que comme les diverses circonstances l'exigeaient. Jésus, dit saint Bernard (Hom. super missus est), n'était pas encore né, qu'il était homme déjà, par la sagesse et non par l'âge, par l'énergie de l'âme et non par la maturité du corps, par l'intégrité des sens et non par le développement des membres ; car Jésus-Christ n'eut pas moins de science quand il était simplement conçu, que quand il fut né ; lorsqu'il était petit, que lorsqu'il fut grand. Considérez-le prisonnier dans le sein de sa Mère, vagissant dans la crèche, interrogeant les docteurs dans le temple, instruisant plus tard les peuples ; à toutes ces différentes époques, il fut rempli du Saint-Esprit d'une manière également parfaite. Nous reviendrons d'ailleurs sur ces considérations à la fin de ce chapitre.

Les parents de Jésus (Luc, c. 2, v. 41), en observateurs religieux de la loi, *allaient tous les ans à Jérusalem, au jour solennel de la Pâque*, pour entendre la lecture de la loi, participer aux sacrifices, et assister à la solennité ; car ils obéissaient encore à la religion qui était simplement l'ombre de celle dont ils possédaient la réalité. — Remarquons ici que les fêtes légales des Juifs étaient les unes communes et fréquentes, les autres anniversaires. Les fêtes communes et fréquentes étaient au nombre de deux, savoir : le sabbat de chaque semaine, pendant lequel ils s'abstenaient de tout travail, en mémoire du repos que Dieu prit après la création ; la néoménie de chaque mois, fixée au commencement de la nouvelle lune, en l'honneur du Créateur qui a fait toutes les saisons et tous les temps. — Les fêtes anniversaires étaient au nombre de cinq, savoir : 1° celle de Pâque, célébrée le quatorzième jour de la lune du premier mois, en souvenir de la délivrance d'Égypte ; 2° la fête de la Pentecôte, établie cinquante jours après celle de Pâque, parce qu'à cette époque Dieu avait donné la loi aux Israélites sur le mont Sinaï ; 3° la fête des Trompettes, célébrée le premier jour de septembre ; on sonnait alors de la trompette dans des cornes de bélier, en souvenir de ce que, sur le point d'être immolé par son père, Isaac fut délivré par un Ange qui donna l'ordre à Abraham de sacrifier un bélier à la place de son fils ; 4° la fête de la Propitiation, fixée le dixième jour de septembre, parce qu'en ce même jour Moïse était venu annoncer aux Israélites l'apaisement de la colère divine qu'ils avaient excitée, en fondant et adorant un veau d'or ; 5° la fête des Tabernacles ou Scénopégie, établie le quatorzième jour de septembre ; les Juifs alors demeuraient sous des tentes, en souvenir des quarante ans que leurs pères avaient séjourné dans le désert sous des tentes. — Parmi ces cinq fêtes, trois seulement, celles de la Pâque, de la Pentecôte et des Tabernacles, se célébraient avec une très-grande solennité pendant sept jours. A ces trois fêtes, tous les hommes et les garçons montaient à Jérusalem, selon le précepte de la loi, pour se présenter devant le Seigneur ; et ceux qui étaient éloignés pouvaient avec des motifs raisonnables se dispenser d'aller aux fêtes de la Pentecôte et des Tabernacles ; mais on ne pouvait manquer d'assister à celle de Pâque que dans le cas d'infirmité. Toutefois, les femmes n'étaient pas astreintes à cette loi ; beaucoup néanmoins y venaient par dévotion. C'est ainsi que la Bienheureuse Vierge montait tous les ans à Jérusalem pour y accompagner son Enfant, surtout pendant le règne d'Archélaüs. Quoique les parents de Jésus craignissent ce prince, ils allaient cependant à la solennité de la Pâque, parce qu'ils pouvaient facilement passer inaperçus dans la foule immense qui montait à Jérusalem ; mais ils revenaient promptement : ils évitaient ainsi, de scandaliser par leur complète absence de la fête, et de se faire remarquer par un long séjour à la capitale.

Jésus, ayant atteint sa douzième année, monta avec ses parents à Jérusalem pour y assister à la fête établie par la loi (Luc, c. 2, v. 42). En allant à cette solennité, ainsi qu'en restant au temple, Notre-Seigneur nous montre que, dès l'enfance, nous devons nous accoutumer aux offices divins. Quoique tout jeune encore, il supporte les fatigues d'une longue route pour célébrer les fêtes instituées en l'honneur de son Père céleste. Lui, le Maître de la Loi, se soumet humblement à l'observation de la loi, tant qu'elle subsiste encore, afin de nous donner par son humilité le modèle de toute perfection. « Jésus a observé la loi qu'il a donnée, dit le Vénérable Bède, pour nous enseigner à exécuter en tous points tout ce que Dieu commande. Suivons donc la trace de son humanité, dans la conduite de la vie, si nous désirons contempler la gloire de sa divinité. » Pour mettre en pratique cette leçon du Vénérable Bède, nous devons, à l'exemple du Seigneur, accomplir avec exactitude les divins préceptes, et célébrer avec piété les fêtes religieuses, en nous y préparant par les bonnes œuvres. C'est ainsi qu'un bon frère, animé d'une fervente dévotion pour les fêtes de Jésus-Christ et de la sainte Vierge, et pour celle de tous les Saints, se préparait à leur célébration par des jeûnes, des prières et des macérations, et s'appliquait pendant leur solennité à des méditations et à des oraisons relatives à la circonstance. Concluons de là, chrétiens, qu'aux jours de fêtes spécialement, nous devons aller à l'Église, comme à la maison que le Seigneur a choisie, et non pas dans les lieux de spectacle ou de divertissement. Occupons-nous alors de pieux exercices, et non pas de danses et de vanités mondaines. Faisons l'aumône, au lieu de nous rendre coupables de quelque injustice ou usure. Livrons-nous à la pratique des bonnes œuvres, au lieu de nous adonner aux excès de la nourriture et de la boisson : car, si nous n'agissons pas ainsi, le Seigneur nous dira comme aux Juifs, par l'organe d'Isaïe (c. 1, v. 14) : *Mon cœur déteste vos solennités et vos fêtes.*

Jésus étant donc arrivé à l'âge de douze ans, commença à manifester sa sagesse, et à découvrir aux hommes la divinité qu'il tenait de son Père céleste et l'humanité qu'il avait reçue de sa Mère ; car ses douze années figuraient les douze Apôtres qui devaient faire connaître au monde sa double nature divine et humaine. Il commença précisément à faire briller sa perfection à l'âge de douze ans, pour signifier par ce nombre la totalité des élus représentés par l'ensemble des douze tribus, et convertis par le moyen des douze Apôtres. — *La solennité qui durait huit jours étant terminée* (Luc, c. 2, v. 43), les parents de Jésus repartirent, et *lui resta dans Jérusalem* non par accident ou par hasard, non par la négligence ou l'oubli de ses parents, mais parce qu'il le voulait bien et l'avait ainsi déterminé. Il désirait nous montrer le zèle qu'il avait dès son enfance pour les choses spirituelles et divines. Après avoir rendu à ses parents ce qu'il leur devait, en venant dans leur compagnie offrir à Dieu des sacrifices, il voulait rendre aussi à son Père céleste ce qu'il lui devait, en s'occupant de la doctrine spirituelle. — *Ses parents ne s'aperçurent pas* qu'il était demeuré à Jérusalem (Luc, c. 2, v. 44), *parce* qu'ils le croyaient dans la troupe, c'est-à-dire parmi ceux qui les avaient accompagnés. S'il reste secrètement, à leur insu, ce n'est pas sans dessein : s'il avait été obligé de retourner pour leur obéir, il n'aurait pu interroger les docteurs de la loi ; et s'il avait refusé de leur obéir pour rester, il aurait semblé mépriser les auteurs de ses jours. Apprenons de là qu'un fils, dont la présence n'est pas nécessaire pour sustenter son père et sa mère, peut, à leur insu ou sans leur consentement, entrer en religion, passer à un état plus parfait, et se consacrer au service divin, en suivant toutefois les règles de la discrétion. Le Seigneur a dit à ceux qui voudraient les arrêter : *Laissez venir à moi les petits enfants, car le royaume des cieux est pour ceux qui leur ressemblent* (Marc, c. 10, v. 14).

Mais, dira-t-on, comment les parents de Jésus ont-ils pu le laisser, sans le savoir, eux qui l'avaient élevé avec tant de soins ? Nous répondons à cela : chez les Juifs, c'était la coutume qu'en allant aux fêtes, ou en revenant à leurs maisons, les femmes fussent avec les femmes, et les hommes avec les hommes, pour sauvegarder la pureté des mœurs ; et afin que, par leur mutuelle continence, les uns et les autres fussent disposés à célébrer plus religieusement les fêtes légales ; de peur aussi que leur mélange ne prêtât occasion à quelque désordre : mais les enfants pouvaient aller indifféremment avec quelque parent que ce fut. C'est pourquoi Joseph, ne voyant pas Jésus à sa suite, le croyait avec Marie, dans la troupe des femmes, tandis que Marie le croyait avec Joseph, dans la troupe des hommes. — *Après avoir ainsi voyagé pendant une journée*, depuis Jérusalem, sans voir l'Enfant, ils arrivèrent le soir à l'endroit où ils devaient loger. Marie s'apercevant alors que son Jésus n'était pas avec Joseph, comme elle le supposait, fut en proie à la plus vive douleur ; les larmes aux yeux, elle parcourut les maisons avec toute la décence possible, s'enquérant partout de son Fils ; et Joseph, non moins désolé, la suivait en pleurant. Ah ! chrétiens, ne nous lassons point de les accompagner, cherchant Jésus jusqu'à ce que nous l'ayons trouvé. Après avoir inutilement cherché l'objet de leurs désirs, quel repos, pensez-vous, que purent goûter ses parents inquiets, et surtout sa mère qui le chérissait si tendrement? Les personnes de sa connaissance veulent l'encourager et la consoler, mais en vain : la perte qu'elle vient de faire est trop grande. Ah ! contemplons Marie et compatissons à sa poignante douleur ; car depuis sa naissance jusqu'à présent, elle n'a jamais été déchirée par des angoisses aussi violentes. Ne nous troublons donc point quand nous sommes assaillis par la tribulation, puisque le Seigneur n'en a pas même exempté sa Mère. Il permet que ses amis soient éprouvés, afin de leur montrer ainsi qu'ils lui sont chers.

Marie ne trouvant pas Jésus, retourne à son logement; elle s'y livre à la prière et aux gémissements, et passe la nuit entière dans la plus grande amertume. Le lendemain, dès la pointe du jour, Joseph et Marie s'empressent de parcourir les lieux environnants, parce que le retour pouvait s'effectuer par diverses routes : ils interrogent successivement toutes les personnes de leur famille et de leur connaissance, soit parmi les hommes, soit parmi les femmes ; mais toutes les perquisitions sont inutiles, de sorte que la divine Mère, sans aucun espoir et dans la plus vive anxiété, est inconsolable. Considérons attentivement de quelles profondes blessures fut alors affligé le cœur maternel de la bienheureuse Vierge. Que de soupirs, que de sanglots durent s'échapper de sa poitrine oppressée! Ah ! c'est alors qu'elle commença de ressentir cette douleur aiguë que le saint vieillard Siméon lui avait annoncée, en disant : *Un glaive transpercera votre âme* (Luc, c. 2, v. 35). Elle était dans la plus cruelle perplexité d'avoir perdu le trésor que Dieu lui avait confié : elle pouvait justement pousser ce cri lamentable (Genes. c. 37, v. 30) : *Quoi ! l'Enfant ne paraît pas ! et où irai-je donc pour le trouver ?* Quitter son pays, fuir en Égypte avait été pour Marie une grande tribulation ; mais, du moins, elle avait avec elle son Fils bien-aimé ; tandis qu'aujourd'hui elle le perd après l'avoir conduit aux fêtes de Jérusalem. Comprenons par là que souvent l'adversité nous conserve Jésus, au lieu que la prospérité nous l'enlève.

Le troisième jour, ils retournent à Jérusalem en continuant leurs recherches (Luc, c. 2, v. 45). Que ce nouveau voyage causa de fatigues et occasionna de larmes à Marie ! Comme elle put bien répéter ces paroles du Cantique des cantiques (c. 3, v. 2) : *J'ai cherché Celui que mon âme chérit uniquement, je l'ai cherché et je ne l'ai point trouvé* parmi ses parents et ses amis ; *mais je me lèverai, et me transportant d'un lieu à l'autre, je parcourrai les places et les rues de la ville jusqu'à ce que je retrouve Celui que mon âme chérit uniquement.* — Les trois jours écoulés depuis la perte de Jésus, figuraient le nombre de ceux qu'il devait rester après sa mort comme perdu dans le tombeau. Enfin, le quatrième jour au matin, Marie et Joseph *retrouvent Jésus dans le temple* (Luc, c. 2, v. 46). « Par cet événement, dit saint Ambroise (in Luc.), le Seigneur a voulu signifier que trois jours après sa Passion victorieuse, on verrait ressuscité celui que l'on croyait mort, et on le retrouverait revêtu d'une gloire immortelle. » Jésus fut donc rencontré par ses parents dans le temple, dans le lieu consacré au Seigneur. Ce n'est pas au théâtre, ou sur la place publique, ou en quelqu'autre endroit d'amusement qu'il fut trouvé, mais ce fut dans l'endroit destiné à la prière et à l'enseignement de la religion.

Et quoi d'étonnant ! Un enfant ne se plaît-il pas à rester dans la demeure de son père ? Celui donc qui aime à se trouver à l'église comme dans la maison de son Père, prouve qu'il est un enfant de Dieu ; et celui, au contraire, qui aime à se trouver dans un lieu de débauche prouve qu'il est enfant du démon dans la maison duquel il se plaît. Ainsi Jésus-Christ fut trouvé dans le temple, non pas errant çà et là comme les autres enfants, mais, comme source de la sagesse, *assis au milieu des docteurs*, pour être mieux à portée de les entendre tous et de les entretenir. Il se tient modestement assis, et, comme modèle d'humilité, *il les écoute et les interroge* avant que d'enseigner. Celui qui dans le ciel instruit les Anges interroge dans le temple les docteurs ; celui qui dispense la science aux docteurs eux-mêmes veut s'instruire en les interrogeant. Il interrogeait non assurément qu'il eut besoin d'apprendre quelque chose ou d'acquérir quelque connaissance, mais pour nous montrer comment nous devons apprendre les saintes Écritures, et en acquérir l'intelligence ; lorsque nous ne comprenons pas certaines choses, il ne faut pas rougir de consulter les hommes éclairés, comme font beaucoup d'orgueilleux qui préfèrent rester dans l'ignorance ou l'erreur plutôt que de demander des instructions ou des explications. »

Jésus nous fournit encore un exemple d'humilité ; lorsqu'il veut bien écouter avant que d'enseigner, c'est pour montrer que les hommes même savants doivent être plus prompts à recevoir des leçons qu'à en donner ; car celui qui s'empresse de répondre avant que d'écouter fait voir qu'il est insensé. Jésus voulait aussi prouver qu'il était Dieu, par les questions profondes qu'il faisait, et par les sages réponses qu'il donnait aux mêmes hommes, de telle sorte que ses auditeurs en étaient stupéfaits : *tous ceux qui l'entendaient* au rapport de l'Évangéliste (Luc, c. 2, v. 47), *étaient frappés de stupeur*, c'est-à-dire d'un grand étonnement, *à cause de la prudence* avec laquelle il présentait les questions et les réponses, les difficultés et les solutions. Jamais enfant de cet âge n'avait offert un semblable phénomène : aussi l'admiration causée par cette merveille extraordinaire allait jusqu'à la stupeur, tant elle était vive ; car ils étaient extrêmement surpris de voir un enfant écouter avec tant de modestie, interroger avec tant de discrétion et répondre avec tant de sagesse. Lui-même posait les questions, apportait les réponses, et résolvait les difficultés qu'on lui avait alléguées ou qu'il avait proposées lui-même, agissant ainsi à la façon d'un maître très-habile qui inculque son enseignement par une double voie, tantôt sous forme de question et tantôt sous forme de réponse. Ce qui fait dire au Vénérable Bède (in Evangel. Dominicæ infra octav. Epiphaniæ) : « Pour montrer qu'il était homme, Jésus écoutait humblement les docteurs ; et afin de prouver qu'il était Dieu, il leur répondait d'une manière sublime. Aussi, étaient-ils émerveillés de voir et d'entendre cet Enfant phénoménal qui était si petit de corps et d'âge, si grand par ses questions et ses réponses : ils se demandaient avec stupeur, si ce n'était pas un Dieu et non un homme ; car le contraste prodigieux de ce qu'ils entendaient de sublime et de ce qu'ils voyaient de faible, les jetait dans une admiration mêlée d'incertitude. Pour nous, chrétiens, ne soyons pas surpris ni étonnés comme les anciens des Juifs de trouver tant de prudence dans les paroles de Jésus ; mais croyons fermement qu'il est à la fois vrai Dieu et vrai homme, que toute sagesse vient de lui seul, qu'elle a toujours été avec lui et avant tous les temps ; car, nous savons, d'après le Prophète, qu'il nous est né tout petit enfant, sans cesser d'être le Dieu tout-puissant. »

Marie et Joseph voyant Jésus assis dans le temple au lieu des docteurs, *en furent saisis d'admiration* (Luc, c. 2, v. 48), à cause de la nouveauté du fait ; car il n'avait encore rien fait de semblable. Sa Mère, revenue en quelque sorte à la vie, et transportée de joie, rendit à Dieu d'immenses actions de grâces. Dès qu'il aperçut sa Mère, l'Enfant vint à elle ; celle-ci le reçut à bras ouverts, le couvrit de tendres baisers, et considérant sa face auguste, lui dit : *Mon Fils, pourquoi avez-vous agi de la sorte envers nous?* Comme si elle disait : Mon Fils bien-aimé, pourquoi êtes-vous donc resté ici sans nous en avertir ou prévenir ? Comment avez-vous pu causer un si grand chagrin à une mère qui vous a toujours témoigné tant d'affection et de sollicitude ? Je vous en prie, mon Fils, expliquez-moi votre conduite, pour calmer ma douleur. C'est ainsi qu'après trois jours de pénibles recherches, la Vierge partagée maintenant entre la tristesse et la joie, réprimandait doucement Jésus. Joseph, quoique appelé son père, n'osa adresser aucun reproche à Celui qu'il croyait fermement être le Fils même de Dieu. Mais, à cause de la vive tendresse qu'elle ressentait pour son Fils, Marie ne craignit pas de le reprendre ; car l'amour extrême ne connaît aucune mesure. Si Marie parle à Jésus à l'exclusion de Joseph, c'est qu'elle avait été plus douloureusement affectée de la perte précédente. « Marie dont les entrailles maternelles étaient vivement émues, dit saint Grégoire, exprime par des soupirs plaintifs toute l'anxiété qu'elle avait éprouvée, et elle traduit tout ce qu'elle avait sur le cœur par ces quelques mots pleins de confiance et d'abandon, d'humilité et de tendresse : *Mon Fils, pourquoi avez-vous agi de la sorte à notre égard ?* » Saint Anselme ajoute à ce sujet (de Meditatione redemptionis humanæ) : « O âme dévote, quels auraient été vos sentiments, si, de concert avec Marie, vous eussiez cherché Jésus pendant trois jours ? Quelles abondantes larmes vous auriez répandues, si vous aviez entendu Marie châtiant en quelque sorte son Fils par ce doux reproche : *Mon Fils, pourquoi nous avez-vous fait cela ?* On pourrait dire aussi que ces paroles ne sont pas précisément un reproche, mais simplement une plainte affectueuse sur la longue absence de Jésus, puisqu'elle ajoute : *Vous voyez que votre père et moi, nous vous cherchions tout affligés ;* car votre continuelle présence est notre plus douce consolation.

Par l'exemple de Marie et de Joseph, apprenons à nous affliger aussi lorsque nous avons perdu Jésus, c'est-à-dire le salut éternel ; et c'est ce qui nous arrive lorsque nous avons commis quelque péché. Oh ! alors, cherchons-le par les trois jours de la pénitence, c'est-à-dire par la douleur de la contrition, par la confusion de la confession et par le labeur de la satisfaction ; et soyons sûrs que nous le retrouverons. Mais, hélas ! combien de chrétiens sont plus affectés péniblement d'avoir perdu les biens éphémères de ce monde que les biens éternels du salut ! De là ce mot de saint Bernard (lib. de Consideratione ad Pap. Eugenium): « Si un âne tombe, il y a quelqu'un pour le relever ; mais qu'une âme périsse, il n'y a personne pour la secourir. » — La bienheureuse Vierge donne à Joseph le titre de père de Jésus, soit pour éviter la critique des Juifs, soit parce qu'il avait protégé l'éducation de l'Enfant, soit pour indiquer la généalogie du Sauveur. Nous ne lisons nulle part dans l'Évangile que Joseph ait donné des avis à Jésus ; mais il laissait ce soin à Marie, à qui il revenait comme à sa Mère véritable. Si nous voulons trouver Jésus, nous devons le chercher de concert avec Marie et Joseph. Or Joseph, dont le nom signifie *accroissement*, figure les bonnes œuvres dont le nombre doit toujours augmenter. Marie, dont le nom signifie *illuminée*, figure la foi qui est la lumière de notre esprit : ce même nom qui veut dire aussi *Étoile de la mer*, représente la charité qui demeure éternellement, tandis que les autres vertus s'évanouissent avec leurs objets respectifs ; de même que l'étoile de la mer brille encore lorsque les autres astres se couchent. C'est à l'aide de cette société que nous devons chercher Jésus, c'est-à-dire avec la foi accompagnée des bonnes œuvres et d'une charité ardente ; nous le trouverons certainement. Mais si une de ces dispositions manque, nous ne le rencontrerons jamais. Nous devons de plus le chercher avec larmes comme Marie et Joseph qui le cherchaient avec douleur.

Et Jésus leur répondit : Pourquoi me cherchiez-vous ? (Luc, c. 2, v. 49). C'est-à-dire vous ne deviez pas me chercher parmi nos parents et nos amis ; mais bien plutôt dans le temple qui est la maison de mon Père, et dans les exercices où j'étais occupé des choses spirituelles. Par ces paroles, il ne témoigne pas de ressentiment, non ; mais il s'excuse avec humilité en dévoilant des mystères. Il ne blâme pas Marie et Joseph de ce qu'ils le cherchaient comme leur Enfant ; mais il veut, comme pour rectifier la parole de sa Mère, indiquer quel est son véritable Père, et ce qu'il doit avant tout à son Père éternel. *Ne saviez-vous pas, leur dit-il, que je dois être occupé à ce qui regarde le service de mon Père,* savoir, de Dieu même ? En d'autres termes : Ne faut-il pas que je sois dans le temple, tout appliqué aux instructions et aux œuvres qui font connaître mon Père céleste ? Comme s'il disait : Je dois plutôt avoir égard à Celui dont je suis le Fils éternel selon la nature divine, qu'à vous dont je suis le Fils selon la nature humaine, et à Joseph qui n'est que mon père nourricier. Ainsi, ne vous étonnez pas si je vous ai laissés pour mon Père éternel, auquel des liens plus forts me rattachent. Jésus avait plus d'affection pour son Père éternel que pour sa Mère dans le temps et pour son père putatif. Il aimait ses parents auxquels il était très-obéissant, mais il voulait principalement honorer Dieu. — Ceci nous enseigne que la piété envers Dieu doit passer avant la piété à l'égard des parents. Aimez donc Dieu et vos parents, honorez-les et obéissez-leur ; mais en tout donnez à Dieu la préférence. Voici une autre instruction morale : en rectifiant par sa réponse la parole de sa Mère qui l'avait cherché toute inquiète parmi les personnes de sa famille et de sa connaissance, Jésus-Christ nous apprend que les liens de la chair et du sang ne doivent pas nous arrêter, et que ceux qui s'en laissent préoccuper ne peuvent atteindre le terme de la perfection, dont l'amour des parents nous éloigne beaucoup. C'est ce qu'il fait entendre par ces mots : *Pourquoi me cherchiez-vous ?* c'est-à-dire parmi mes proches et mes compatriotes. Puis lorsqu'il ajoute : *Ne saviez-vous pas que je dois m'appliquer au service de mon Père ?* Il nous marque que nous ne devons pas abaisser nos regards vers les choses matérielles et terrestres ; mais les élever au contraire vers les choses spirituelles et célestes. Ce n'est pas tout, il y a là une nouvelle instruction : nous voyons que Jésus, repris par sa Mère d'être resté à Jérusalem s'excuse avec douceur et humilité ; nous le verrons plus tard lui répondre avec une certaine dureté ou sévérité apparente lorsqu'elle le sollicita d'opérer un miracle aux noces de Cana où il avait été invité. Il nous donne en ces deux diverses circonstances l'exemple et la règle de l'humilité, qui doit préférer le reproche à l'éloge, la correction à la louange.

La réponse que Jésus fit à sa Mère dans le temple de Jérusalem, est la première parole que nous connaissons par l'Évangile comme étant sortie de sa bouche, et cette paro parle laquelle il manifesta sa divinité, était si profonde, que Marie et Joseph ne la comprirent pas, comme l'atteste l'Évangile. *Ils ne comprirent point ce qu'il leur disait* de son Père (Luc, c. 2, v. 50). Il voulait leur faire entendre qu'à lui comme à son Père appartenait le soin du temple, des choses spirituelles, et de tout ce qui relève du gouvernement divin, parce que tous deux ont la même majesté, la même gloire, la même opération ; et qu'ils possèdent le même trône, la même demeure, soit matérielle, soit spirituelle. Quoique Marie et Joseph fussent persuadés que Jésus était le Fils de Dieu, ils ne remarquèrent pas ce qu'il leur disait, parce qu'ils n'étaient pas accoutumés à entendre de sa bouche un pareil langage ; et ils ne pénétrèrent pas le secret de la nature divine, parce qu'il ne leur avait jamais parlé de sa divinité. Ou bien peut-être, s'ils comprirent ce qu'il leur disait, ce ne fut pas aussi parfaitement que plus tard. Cependant, sur la demande et la volonté de sa Mère, pour consoler et dédommager ses parents des douleurs qu'il leur avait causées par son absence, *Jésus revint à Nazareth*, (Luc, c. 2, v. 51.), où il avait été conçu et élevé, et d'où lui vient son nom même de *Nazaréen*. Comme il est tout à la fois Dieu et homme, il nous révèle ici sa double nature, en faisant tantôt les actes sublimes de la Divinité, et tantôt les actes communs de la faiblesse humaine. Ainsi, comme homme, il monte à Jérusalem avec ses parents, et comme Dieu, il reste au temple, sans les prévenir ; comme homme, il interroge les docteurs, et comme Dieu il leur répond de telle sorte qu'il les saisit d'admiration ; comme Fils de Dieu, il demeure dans le temple de son Père, et comme Fils de l'homme, il retourne à Nazareth suivant l'ordre de ses parents.

Et là il leur était soumis, dit l'Évangéliste. Voilà la condamnation de notre orgueil, voilà un enseignement pour nous qui refusons toujours de nous assujettir à nos supérieurs ; *car il leur était soumis*, dans cette nature qui le rend inférieur à son Père. Selon la forme d'esclave qu'il avait revêtue, Jésus enfant était même inférieur à ses parents, comme dit saint Augustin (lib. I, B. contra Maximum, c. 18). Ah ! chrétiens, soyez soumis pour Jésus, afin qu'une généreuse obéissance vous ramène à Celui dont vous avait éloignés une lâche insubordination. Jésus-Christ nous présente ici l'exemple et nous montre la règle de l'obéissance et de l'humilité, puisque Lui qui commande à tout le monde, et à qui tout le monde obéit, veut bien obtempérer humblement à ses parents et à leurs ordres. Vous tous qui êtes sujets des autres, ne dédaignez donc pas la sujétion ; car Jésus-Christ a-t-il dédaigné d'être assujetti à tous ceux qui lui étaient préposés ? Mais que ceux qui commandent ne s'enorgueillissent pas ; et qu'en voyant Joseph commander et Jésus obéir, ils comprennent que souvent les gouvernés ont beaucoup plus de mérite que les gouvernants. Cette considération préservera de l'orgueil celui qui est supérieur en dignité, s'il est convaincu que ses subordonnés peuvent lui être supérieurs en bonté. Et remarquez combien fut éminente la dignité de Marie, puisque Celui à qui toute créature est assujettie lui fut assujetti à son tour. « O privilège incomparable ! s'écrie saint Augustin, la sainte Vierge a pour sujet Celui que révèrent et qu'adorent non-seulement les nations humaines, mais encore les phalanges angéliques. » Saint Bernard, (homil. 1, super missus est) commentant cette même parole *et il leur était soumis*: « Admirez, dit-il, deux choses, et voyez celle que vous devez admirer davantage, ou la très-douce condescendance du Fils ou la très-excellente dignité de la Mère. L'une et l'autre sont étonnantes et prodigieuses ; car qu'un Dieu obéisse à une femme, c'est une humilité sans exemple ; et qu'une femme commande à un Dieu, c'est une élévation sans pareille. O homme, ajoute le même saint docteur, apprends donc à obéir ; toi qui n'es que terre, cendre et poussière, apprends à t'abaisser, à t'assujettir, et à rougir de ton orgueil. Quoi ! Dieu s'humilie, et tu veux t'élever ; Dieu se soumet à des mortels, et tu prétends dominer sur les hommes. Est-ce donc que tu présumes l'emporter sur ton Créateur ? Car toutes les fois que tu désires commander aux autres, tu disputes à Dieu la préséance, et alors tu ne conçois pas ce qui véritablement appartient à Dieu. » Ainsi parle saint Bernard. — Voyons maintenant quels sont les devoirs d'un enfant envers ses parents : il leur doit des sentiments d'affection et des témoignages d'honneur : il doit leur fournir les choses nécessaires et leur rendre d'utiles services ; il doit leur parler avec respect et leur obéir avec docilité en tout ce qui est honnête ; il doit excuser les torts qu'ils peuvent avoir, et supporter les peines qu'ils peuvent lui causer.

Mais comment vécut Jésus pendant les trois jours qu'il resta seul à Jérusalem ? Considérez-le se rendant vers une de ces demeures communes qui abritent les pauvres réunis, il y demande d'une manière timide l'hospitalité, et là il loge et mange avec les nécessiteux. Il va mendier aussi de porte en porte avec ses compagnons de misère, comme il l'a fait encore d'autres fois, si nous en croyons une tradition. A cette occasion, saint Bernard demande en s'adressant à Jésus : Seigneur, qui vous a nourri pendant ces trois jours ? Puis se répondant à lui-même, il dit : « afin d'être conforme en tout à notre pauvreté, Seigneur Jésus-Christ, vous vous mêlez à la foule des indigents pour solliciter comme eux, de porte en porte, un faible secours. Ah ! qui me donnera de partager avec Jésus ces morceaux qu'il a recueillis çà et

là, et de me restaurer avec les restes de son modeste repas ? »
Considérez aussi Jésus-Christ au milieu des docteurs. Quelle
physionomie calme ! quelle sagesse elle reflète ! quel respect elle inspire ! Voyez-le qui interroge et qui écoute,
comme s'il ne savait pas tout ce qu'il propose. Il agit ainsi
par humilité, et aussi pour ne pas causer de confusion aux
anciens des Juifs par ses réponses surprenantes.

De ce qui précède, vous pouvez retirer pour vous-mêmes
trois leçons très-importantes : 1° Voulez-vous vous consacrer et vous attacher entièrement à Dieu, ne restez point
parmi vos proches, mais éloignez-vous plutôt. Ainsi Jésus
quitte sa Mère bien-aimée, lorsqu'il veut s'appliquer aux
œuvres de son Père ; puis quand sa Mère le cherche parmi
les personnes de sa famille et de sa connaissance, elle ne l'y
trouve pas. On ne le trouve pas dans la société de ses parents
parce que la chair et le sang ne peuvent le faire connaître.
Saint Bernard dit à ce sujet : « Marie cherche l'Enfant Jésus
parmi ses proches et ses compatriotes, sans l'y trouver. Vous
aussi fuyez vos frères, si vous voulez trouver votre salut.
Oubliez votre peuple et la maison paternelle; suivant l'invitation du Psalmiste, *afin que le roi céleste désire contempler votre beauté spirituelle* (Psal. 24, v. 11 et 12). O bon
Jésus, ajoute le même saint docteur, si Marie ne vous a pas
trouvé parmi vos parents, comment vous trouverais-je parmi
les miens? Comment vous trouverais-je en me livrant à la
joie, lorsque votre Mère n'a pu vous trouver qu'en passant
par la douleur ? » Nous pouvons ajouter à cette réflexion de
saint Bernard, que nous ne trouverons pas non plus Jésus
dans une compagnie nombreuse, ni dans la multitude des
mondains, mais dans le fond de notre cœur, et dans l'intime
de notre âme où est le temple de Dieu. 2° Celui qui vit spirituellement ne doit pas s'étonner s'il ne trouve quelquefois

dans une telle aridité d'esprit qu'il se croit abandonné de Dieu. Marie n'a-t-elle pas également passé par ces phases d'abandon et de détresse? Il ne faut donc pas se laisser abattre ; mais il faut se livrer continuellement aux méditations, aux prières et aux bonnes œuvres ; si de la sorte nous nous empressons de chercher Dieu, nous ne manquerons pas de le retrouver. « Il faut, dit Origène (hom. 18 in Luc), chercher Dieu avec ardeur et avec componction, et non point avec négligence et dissipation, comme font beaucoup de gens qui le cherchent sans le trouver. » « Voulons-nous, dit aussi saint Bernard, ne pas chercher en vain Jésus ? Cherchons-le avec sincérité, ne cherchant pas un autre objet que lui ; cherchons-le avec ferveur, ne cherchant pas un autre objet avec lui ; cherchons-le avec persévérance, ne cherchant pas un autre objet après lui. Il est impossible qu'avec de telles dispositions un homme qui cherche, qui demande et qui frappe, ne trouve pas, ne reçoive pas, et n'obtienne pas ; le ciel et la terre passeraient plutôt que ses vœux ne fussent exaucés, comme l'atteste la Vérité elle-même. » 3° Nous ne devons pas tenir à notre propre sentiment et à notre propre volonté ; car, après avoir dit qu'il devait s'appliquer au service de son Père, le Seigneur Jésus cessa ce qu'il avait commencé, fit ce que sa Mère désirait, partit avec elle et avec son père nourricier, et *il leur était soumis*. Voyez aussi par là quelle obéissance les hommes doivent rendre à Dieu, puisque Dieu lui-même daigne la rendre aux hommes ; car, si, à l'exemple de Jésus-Christ, il faut obéir aux hommes, à plus forte raison faut-il obéir à Dieu. Oui, chrétiens, obéissons donc non-seulement à Dieu, mais encore aux hommes, parce que le Fils de Dieu a obéi non-seulement à son Père céleste, mais aussi à ses parents de la terre.

Et la Mère de Jésus conservait comme précieusement

scellées *au fond de son cœur toutes ces paroles* sublimes qu'elle venait d'entendre, et celles qu'elle entendit plus tard (Luc, c. 2, v. 5). Si elle ne les avait pas conservées, nous ne les posséderions pas, car c'est par son canal sacré que nous les avons reçues. En effet toutes les choses dites et accomplies par Notre-Seigneur, ou relativement à Notre-Seigneur, dont elle eut connaissance, soit qu'elle en eût ou n'en eût pas une intelligence parfaite, elle les renfermait et gardait dans son esprit et sa mémoire pour les méditer et approfondir soigneusement, afin qu'elle pût mieux les comprendre toutes chacune en son temps, et les expliquer suffisamment aux Évangélistes et à ceux qui la consulteraient. Elle en faisait la règle et la loi de toute sa vie, nous apprenant par là que les paroles et les actions de Jésus-Christ doivent être l'objet habituel de nos pieuses réflexions, afin de repousser de notre âme les pensées importunes et fournir à notre prochain d'utiles enseignements. Ainsi, quelqu'un a-t-il besoin d'une instruction salutaire, qu'il recoure à Marie qui garde comme un dépôt sacré le souvenir des paroles et des actions de Jésus-Christ. L'exemple de Marie nous apprend aussi comment nous devons écouter la parole de Dieu ; nous devons la conserver au fond de notre cœur, afin de nous en pénétrer, et ne pas la laisser se dissiper comme un vain son emporté par le souffle du vent.

Et Jésus progressait en sagesse, en âge et en grâce devant Dieu et devant les hommes (Luc, c. 2, v. 52). Ici l'âge est relatif au corps, la sagesse à l'âme, et la grâce au salut du corps et de l'âme. Il progressait en âge, de sorte que son corps se développa peu à peu selon le temps ; ainsi il a passé comme les autres hommes par les diverses phases de l'accroissement, de l'enfance à la puberté, de la puberté à la junesse. De plus, on peut progresser en sagesse et en grâce de deux manières : d'abord quant aux dispositions, en atteignant des degrés plus élevés, et plus considérables ; sous ce rapport, Jésus-Christ n'avait pas à faire de progrès, puisque dès le moment de sa Conception, il fut rempli de sagesse et de grâce. On peut aussi progresser en sagesse et en grâce, quant aux effets, en produisant des actes plus parfaits et plus vertueux ; sous ce rapport, Jésus-Christ a pu faire des progrès ; car à mesure qu'il avançait en âge, il accomplissait des œuvres plus excellentes à l'égard de Dieu et des hommes; c'est pourquoi l'Évangéliste ajoute *qu'il croissait devant Dieu et devant les hommes.* — Suivant une autre interprétation de saint Ambroise (in cap. 2, Luc.) : *Jésus grandissait en sagesse et en grâce* quant à leur manifestation et à leur usage ; parce qu'il les dévoilait et exerçait peu à peu et de plus en plus. Ou bien encore, selon l'explication donnée par saint Grégoire, il progressait dans ceux qui profitaient de sa doctrine et de son exemple, comme on dit d'un maître qu'il progresse dans ses élèves, parce que ses élèves profitent de ses leçons et de ses enseignements.

Et il grandissait ainsi devant Dieu et devant les hommes, c'est-à-dire pour la gloire de Dieu et pour l'utilité des hommes : ou, d'après saint Théophile, parce qu'il était agréable à Dieu d'abord et ensuite aux hommes. Jésus, il est vrai, ne se développait point en lui-même sous le rapport de la sagesse et de la science habituelle et infuse ; car, depuis le premier instant de sa Conception, où il en avait reçu la plénitude, elles ne reçurent en lui aucune augmentation. Mais il se développait en lui-même, sous le rapport de la science ou connaissance expérimentale et sensible, parce que chaque jour il éprouvait de nouvelles sensations et acquérait ainsi de nouvelles perceptions. C'est pourquoi l'Apôtre a dit *qu'il apprit par ses souffrances l'obéissance* (Ep. ad Heb., c. 5, v. 8). Ce n'est pas qu'il apprît quelque chose qu'il ignorât auparavant, puisque ce qu'il apprenait par la pratique extérieure, il le savait déjà par l'inspiration divine. Saint Bernard dit à ce sujet (Serm. 56, in Cantic.): « Voulez-vous avoir compassion de la misère du prochain, ayez d'abord conscience de votre propre misère, afin que d'après vos propres impressions vous puissiez mieux juger des siennes, et afin que vous appreniez par vous-mêmes, comment vous devez secourir les autres. Ainsi, avant de s'anéantir sous la forme d'un esclave, le Fils de Dieu qui n'avait pas ressenti la misère et la sujétion, ne connaissait point par expérience la miséricorde et l'obéissance. Mais après s'être rapetissé jusqu'à cette forme en laquelle il devait souffrir et s'assujettir, il éprouva par sa Passion ce qu'était la misère, et par sa sujétion, ce qu'était l'obéissance. Cette expérience toutefois n'accrut pas sa science, mais du moins elle augmenta notre confiance, parce que Celui dont nous nous étions tant éloignés, s'est rapproché davantage de nous par le sentiment pénible de notre misère. S'il fut resté dans son état d'impassibilité, comment aurions nous osé l'approcher ? Maintenant nous sommes invités à nous présenter avec confiance au trône de grâce, où siège Celui que nous savons avoir supporté nos langueurs, et enduré nos douleurs : aussi nous ne doutons pas qu'il ne compatisse à nos peines par lesquelles il a passé. » Ainsi s'exprime saint Bernard.

Concluons pour notre instruction que, comme Jésus croissait en sagesse, en âge et en grâce, devant Dieu et devant les hommes, et qu'ensuite il a souffert, il est ressuscité, et est ainsi entré dans sa gloire ; de même, nous ses disciples, nous devons croître en vertus, et arriver par les souffrances de la terre aux joies du ciel.

D'après ce qui précède, c'est donc avec raison, qu'on a nommé Nazareth, c'est-à-dire *Fleur*, cette sainte ville chérie de Dieu, où le Verbe prenant notre chair a germé dans le sein d'une Vierge, comme une fleur exquise d'un incomparable parfum. Entre toutes les autres villes, elle a été favorisée d'un étonnant privilége, puisque le Seigneur a voulu commencer en elle l'ouvrage de notre salut, et qu'après y avoir été conçu, il y a été élevé par ses parents auxquels il a daigné se soumettre, lui auquel son Père a soumis toute créature au ciel et sur la terre.

Prière.

Seigneur Jésus-Christ, Fils du Dieu vivant, vous que vos parents affligés ont cherché pendant trois jours et ont enfin trouvé dans le Temple, donnez à un misérable tel que je suis, de vous désirer, qu'en vous désirant je vous cherche, qu'en vous cherchant je vous trouve, qu'en vous trouvant je vous aime, qu'en vous aimant, je répare mes fautes, et qu'après les avoir réparées, je ne les renouvelle pas. Et vous qui donnez à celui qui demande, qui vous montrez à celui qui vous cherche, qui ouvrez à celui qui frappe, ne refusez pas au plus petit de vos serviteurs ce que vous promettez à tous. Vous enfin qui, pour nous donner la règle de l'obéissance, êtes revenu à Nazareth, sur la volonté de vos parents auxquels vous êtes resté soumis, accordez-moi la force de briser ma propre volonté toujours rebelle, afin que je sois soumis à vous et à toute créature humaine pour vous. Ainsi soit-il.

CHAPITRE XVI

CE QUE FIT LE SEIGNEUR JÉSUS DEPUIS L'AGE DE DOUZE ANS JUSQU'AU COMMENCEMENT DE SA TRENTIÈME ANNÉE

Luc, c. 2, v. 51-52

De Jérusalem où il avait fait éclater dans le Temple sa sagesse et sa science, *le Seigneur Jésus revint à Nazareth avec ses parents auxquels il obéissait,* comme nous l'avons dit (Luc, c. 2, v. 51). C'est là qu'il demeura avec eux jusqu'au commencement de sa trentième année : mais, chose étonnante, l'Évangile ne rapporte aucun trait de sa vie, pendant tout ce laps de temps ; nous sommes donc obligés de nous livrer aux conjectures. Dans ce long intervalle, le Seigneur Jésus est-il resté inactif, sans rien faire qui méritât d'être signalé par l'Écriture ou par la tradition ? Car enfin, s'il avait fait quelque acte éclatant, pourquoi ne serait-il pas consigné dans l'Évangile, comme les autres que nous y lisons ? En face de cette réflexion, on est jeté comme dans une espèce de stupéfaction. Peut-être l'Évangile garde le silence à ce sujet, pour apprendre à la jeunesse à ne pas vanter ses actes. Toutefois, si nous examinons attentivement, nous pourrons voir d'une manière claire que de la vie obscure de Jésus-Christ sortent de grandes choses : car tout en elle est marqué au coin du mystère ; son silence et sa retraite sont aujourd'hui merveilleux comme le seront plus tard ses discours et ses actes. Il est en effet croyable, dit saint Grégoire de Nazianze, que Jésus-Christ parvint à l'âge viril sans avoir opéré aucun miracle éclatant et public ; de façon que cette période de sa vie fut en tout semblable à celle des hommes ordinaires. C'est pour cela que Jean-Baptiste dit aux Juifs : *Au milieu de vous, il en est un que vous ne connaissez pas* (Joan., c. 1, v. 26). Aussi saint Luc a résumé toute cette partie de la vie de Jésus-Christ en ces quelques mots : *Il descendit à Nazareth avec ses parents, et il leur était soumis.* D'après saint Thomas (Sum. 3 par. quæst. 43, art. 4), Jésus-Christ, depuis sa naissance jusqu'à son baptême, ne fit aucun miracle ; sa vie était conforme à celle des autres : et sa puissance était ignorée de tous ses contemporains. Mais pourquoi ne fit-il pas alors de miracles ? De peur qu'on ne regardât le mystère de l'Incarnation comme quelque chose de fantastique, si Jésus-Christ se fût conduit autrement que les enfants de son âge : voilà pourquoi il différa de manifester sa science et sa puissance, jusqu'à cette époque de la vie où l'homme est ordinairement dans la plénitude de sa science et dans la force de sa puissance. Telle est la doctrine de saint Thomas (1).

Le souverain Maître qui devait un jour donner des leçons de vertu et des règles de conduite, commença dès sa jeunesse à exercer la vertu et à régler sa conduite, mais d'une manière étonnante, inconnue et inouïe jusqu'alors, c'est-à-dire en se faisant passer aux yeux des autres pour un homme inutile, abject et insensé. Voilà ce que nous pouvons pieusement supposer dans nos méditations, sans que nous osions témérairement l'affirmer comme une vérité. C'est avec cette restriction que je rapporte tous les détails non confirmés par l'autorité de la sainte Écriture, comme je l'ai déclaré dans le Prologue. — Jésus se dérobait donc à la société des hommes, et évitait le tumulte du monde, pour vaquer souvent à l'oraison. Il allait à la synagogue, et y restait longtemps en prière, mais dans l'endroit le moins recherché et le moins apparent. Il retournait à la maison pour y demeurer en la

---

(1) Voir note XLIV à la fin du volume.

compagnie de sa Mère et de son père nourricier qu'il aidait dans leurs travaux. En allant et en revenant, il passait au milieu des hommes, comme s'il n'en avait pas rencontré. Tous ses concitoyens étaient surpris de voir un jeune homme dont l'extérieur charmait, ne rien faire qui méritât une louange spéciale. Ils attendaient l'heure où il ferait des œuvres éclatantes ; car, *lorsqu'il était enfant, il progressait en âge, en sagesse et en grâce, devant Dieu et devant les hommes* (Luc, c. 2, v. 52) : mais lorsque devenu grand, il eut atteint sa vingtième et même sa vingt-cinquième année, et encore au delà, il ne faisait rien qui dénotât un homme puissant et distingué. Aussi on le regardait avec étonnement, on se raillait de lui, et il était communément dédaigné comme un homme sans valeur. N'est-ce pas justement ce qu'il avait prédit de lui-même par la bouche du Psalmiste (Ps. 21, v. 7 et 8) ? *Je suis un vermisseau et non point un homme, l'opprobre du monde et le rebut du peuple ; tous ceux qui me voient, se moquent de moi, et branlent la tête en m'insultant.*

Ainsi, Jésus se rendait vil et abject aux yeux des hommes. Or, croyez-vous que ce soit là peu de chose ? Croyez-vous qu'il n'y ait pas de la grandeur et de la perfection dans cette conduite qui ne lui était point imposée ? Il n'est assurément rien de plus grand et de plus difficile à la fois dans la vie chrétienne. Celui-là paraît avoir atteint le plus haut degré de la vertu qui est parvenu à vaincre et à dominer son esprit et son cœur, à comprimer les mouvements impétueux de sa chair rebelle, de telle façon que, loin de rechercher l'estime et la considération, il ne désire que le mépris et l'abjection. Si vous n'êtes pas arrivé à ce point, pensez que vous n'avez rien fait pour votre perfection : Car en vérité, selon la parole du Seigneur, *nous sommes tous des serviteurs inutiles,* lors même que nous faisons le bien ; et si nous ne sommes pas pénétrés de cet humble sentiment, nous ne sommes point encore dans la vérité, mais nous restons toujours dans la vanité dont nous suivons les voies mensongères. Ainsi, ne nous faisons pas illusion, *parce que,* selon le témoignage de l'Apôtre (Ep. ad Galat. c. 6, v. 3), *celui qui pense être quelque chose n'étant rien, se trompe lui-même.* Parmi tous les moyens et remèdes que vous devez prendre pour votre salut et votre sanctification, il n'en est pas de plus utile et de plus efficace que de vous blâmer et de vous mépriser vous-mêmes. Si quelqu'un le fait à votre égard, il vous rend service, car il vous aide à faire ce que vous devez faire pour être sauvé et devenir saint. Quelqu'un donc vous cause-t-il une injure, ne lui montrez qu'une plus grande affabilité : Avez-vous au contraire insulté quelqu'un, allez lui en demander pardon. Regardez votre adversaire ou votre contradicteur comme un ami et un auxiliaire ; estimez comme un gain et un avantage les torts et les outrages qu'il vous fait, ne cessez d'en remercier Dieu et celui qui en est l'auteur ; car, selon un pieux écrivain, l'homme véritablement humble se réjouit si on le méprise, et s'attriste si on l'honore ; il gémit s'il est dans la prospérité, et s'applaudit s'il est dans l'adversité ; les richesses lui inspirent de la crainte, et les délices lui causent de la peine ; l'abondance fait son tourment, et la pauvreté fait sa gloire ; il dédaigne les louanges éphémères, et se juge indigne de tout honneur ; il déteste l'hypocrisie, il ignore la dissimulation, et il n'aime que la vérité ; il oublie les biens périssables et ne convoite que les biens éternels ; pour lui, le monde n'est rien, le ciel est tout ; il ne présume jamais de lui-même, et ne rapporte jamais à lui-même les vertus ou les grâces qu'il possède ; il n'attribue point ses mérites à ses propres forces, mais il le regarde comme un pur don de la bonté divine. Afin de ne pas tomber dans l'orgueil ou la jactance, il désire rester caché pourvu que le prochain n'en souffre pas quelque détriment. Voilà bien le vrai portrait de l'homme humble. Mais où trouver celui qui en est une fidèle copie ? Si nous pouvons le rencontrer, nous ne manquerons pas de le louer. Saint Bernard dit à ce sujet (Serm. 6, in Cantic.) : « Désirer être loué de son humilité, ce n'est pas de la vertu, c'est de l'ambition ; l'homme vraiment humble veut être réputé vil, et non pas proclamé humble ; il se réjouit d'être méprisé, et met tout son orgueil à mépriser les louanges. »

Maintenant si vous demandez pourquoi le Seigneur vivait ainsi obscurément dans l'humilité, je vous répondrai : Ce n'était pas pour lui une loi, une nécessité ; il voulait seulement nous instruire et nous encourager ; de sorte que si nous ne profitons pas de ses leçons, nous sommes inexcusables. Ne serait-ce pas abominable de voir une chétive créature qui doit être bientôt la pâture des vers, s'élever et s'enorgueillir lorsque le Seigneur tout-puissant a bien voulu s'abaisser et s'anéantir ? Si quelqu'un, alléguant que les Évangélistes ont omis beaucoup de faits remarquables, prétend que Jésus-Christ n'a pu rester si longtemps sans faire quelqu'œuvre importante, afin de ne pas mener une vie inutile, nous pouvons répondre : Était-ce donc peu de chose, n'était-ce pas au contraire une grande chose, de mettre en exercice et de donner en exemple une aussi excellente vertu que l'humilité, base inébranlable de toutes les vertus ? C'est le sentiment de saint Bernard, ainsi que nous le verrons plus bas, vers la fin du chapitre relatif au Baptême de Jésus-Christ. Quoi qu'il en soit, il est pieux et utile de méditer cette considération. Nous y voyons comment le Seigneur *Jésus commença par pratiquer ce qu'il devait ensei-*

gner plus tard (Act. Apost. c. 1, v. 1) : car il fallait qu'il pût dire ensuite : *Apprenez de moi que je suis doux et humble de cœur* (Matth., c. 11, v. 29). Il a donc voulu d'abord pratiquer l'humilité non pas en apparence, mais en vérité, puisqu'il était doux et humble de cœur. Jésus qui ne pouvait feindre et dissimuler, s'est établi dans les sentiments et est descendu dans les profondeurs de l'humilité, de l'abjection ; il s'est annihilé de telle sorte aux yeux de tous, que plus tard, quand il se mit à enseigner des choses divines et à parler d'une manière sublime, à produire des miracles et des œuvres surprenantes, ses concitoyens ne l'appréciaient point et le vilipendaient en disant : *Quel est celui-là ? N'est-ce pas le fils du charpentier* (Marc, c. 6, v. 3) ? Et ils ajoutaient beaucoup d'autres mots de raillerie et de mépris. C'est en ce sens que s'est vérifiée la parole de l'Apôtre (Ep. ad Philipp. c. 2, v. 4) : *Il s'est anéanti lui-même jusqu'à prendre la forme d'un esclave*, non pas seulement la forme d'un esclave quelconque, comme il le fit en s'incarnant, mais encore celle d'un esclave inutile, comme il le fit en menant une vie obscure.

Considérez chaque acte de Jésus-Christ ; en tous éclate l'humilité. Lui-même a créé cette vertu, lorsqu'il a montré comment on pouvait l'acquérir : c'est en nous regardant et en voulant qu'on nous regarde comme quelque chose de vil et d'abject, c'est en produisant toujours des actes conformes à ces sentiments ; car si vous voulez acquérir l'humilité, il faut que vous la fassiez précéder de l'humiliation, et que vous commenciez par exercer des œuvres analogues à cette vertu. C'est ce qu'enseigne saint Bernard (Ep. 87) : « L'humilité, dit-il, à laquelle conduit l'humiliation, est la base de tout l'édifice spirituel. L'humiliation est la route de l'humilité, comme la patience l'est de la paix et comme l'étude l'est de la science. Désirez-vous la vertu d'humilité, suivez courageusement le sentier de l'humiliation ; car si vous fuyez l'humiliation, vous n'atteindrez jamais à l'humilité ; il est donc avantageux pour moi que ma faiblesse soit découverte; il est utile pour moi d'être justement confondu par ceux qui me connaissent, au lieu d'être loué injustement par ceux qui ne me connaissent pas, comme il est souvent arrivé. En effet, c'est un grand danger de recevoir des éloges pour des qualités qu'on reconnaît ne pas posséder en soi-même. Ah plutôt ! qui me donnera d'être humilié devant les hommes, comme je le mérite, pour mes défauts réels, autant qu'il m'a été donné d'être exalté faussement pour des truves que je semblais avoir? S'il pouvait en être ainsi, je m'appliquerais avec raison cette parole du Psalmiste (Ps. 87, v. 16) : *Après avoir été exalté, j'ai été humilié et confondu ;* ou cette autre de David à Michol (II, Reg. c. 6, v. 22) : *Je continuerai mon jeu pour le Seigneur et je deviendrai un jouet pour vous.* Excellent jeu qui indigne Michol, et qui réjouit le Seigneur ! Excellent jeu qui semble ridicule aux hommes, mais qui est très-agréable aux Anges ! Excellent jeu, dis-je, qui nous rend *l'opprobre des grands et le rebut des superbes* (Psal. 122, v. 4) ! C'est de ce jeu saint et innocent que parlait l'Apôtre, en disant (Ep. 1, ad Corin. c. 4, v. 9) : *Nous sommes donnés en spectacle au monde entier, et aux Anges, et aux hommes.* Nous aussi, mes frères, exerçons-nous quelquefois du moins à ce jeu salutaire, à ce divertissement religieux qui nous attirera des railleries et des dérisions, en attendant l'arrivée de Celui qui abaisse les puissants et relève les petits, qui nous consolera, nous glorifiera et nous exaltera pour l'éternité. »

Le même saint Bernard dit encore : Voulez-vous tendre à la perfection, appliquez-vous à l'humilité, de peur qu'en essayant de vous élever au dessus de vous-mêmes, vous ne tombiez au dessous de vous-mêmes, si vous n'êtes pas solidement établis dans la véritable humilité ; car Dieu n'accorde les plus grands dons qu'à ceux qui les méritent par des sentiments humbles. C'est pourquoi Dieu abaisse par la correction celui qu'il veut élever, afin de le rendre digne de sa grâce par l'humilité. Êtes-vous donc en butte aux humiliations, regardez cela comme un bon signe ; c'est une preuve infaillible que la grâce approche de votre âme ; car l'abaissement précède toujours l'exaltation, de même que *la superbe devance la chute* (Prov. c. 16, v. 18). C'est là comme une double loi : *Dieu oppose de la résistance aux orgueilleux et donne la grâce aux humbles* (Jacob., c. 4). Toutefois, c'est peu de chose d'accepter patiemment les humiliations que Dieu nous envoie par lui-même, si nous ne recevons également celles qu'il nous envoie par nos semblables. A ce sujet le saint roi David nous donne un exemple admirable. Un jour il fut maudit par son serviteur ; mais il ne ressentit pas l'injure, parce qu'il avait auparavant senti la grâce. *Fils de Sarvias, dit-il, qu'y a-t-il de commun entre vous et moi* (II Reg., c. 16, v. 10.) ? O homme vraiment selon le cœur de Dieu, qui pensa s'irriter plutôt contre celui qui voulait le venger que contre celui qui venait de l'insulter ! Aussi se repliant sur lui-même, il a pu dire avec une conscience tranquille : *Seigneur, si j'ai rendu le mal pour le mal, je consens à être foulé aux pieds par mes ennemis* (Psal. 7, c. 5). Estimant donc que les outrages lui étaient avantageux, il défendit de chasser l'insolent qui l'outrageait : le serviteur maudissait, et le roi considérait que Dieu le permettait ainsi : les paroles de malédiction frappaient ses oreilles, et les sentiments de bénédiction remplissaient son cœur. *Quel bonheur pour moi, Seigneur, que vous m'avez humilié!* dit-il, *afin d'apprendre vos ordonnances qui procurent la justification* (Psal. 118, v. 71). Vous voyez que l'humilité nous justifie, je dis l'humilité et non pas l'humiliation; car combien sont humiliés, et qui cependant ne sont pas humbles ! Les uns subissent l'humiliation avec rancune, les autres avec résignation, d'autres enfin avec joie : les premiers sont coupables, les seconds sont innocents, et les troisièmes sont justes. Quoique l'innocence soit une partie de la justice, la consommation de la justice ne se trouve que dans l'humilité ; *c'est à ceux qui sont humbles* et non pas simplement à ceux qui sont humiliés *que Dieu donne la grâce.* Or celui-là est véritablement humble qui, de l'humiliation, sait faire sortir l'humilité ; il peut dire à Dieu : *Quel bonheur pour moi, que vous m'ayez humilié!* » Ainsi s'est exprimé saint Bernard.

Le même saint docteur indique cinq moyens pour s'exercer à l'humilité : « 1° estimer l'abaissement à tel point que nous cherchions les occasions d'être méprisés ; 2° aimer l'assujétissement, de telle sorte que nous désirions avoir toujours quelqu'un à respecter et à craindre pour apprendre à briser notre propre volonté; 3° regarder toujours un plus parfait que nous, afin de nous exciter à l'acquisition de la grâce qu'il possède et qui nous manque, oubliant pour cela tout ce que nous avons fait de bien, et ne songeant qu'à ce qui reste à faire de mieux; 4° méditer continuellement notre propre condition, afin d'opposer au premier mouvement d'orgueil cette parole : *Pourquoi t'enorgueillis-tu, boue et poussière* (Eccli, c. 10, v. 9)? 5° Penser que nous sommes vus secrètement de Celui qui voit tout, même les choses les plus cachées. Si un homme qui a fait plusieurs fois à un autre l'aveu d'avoir tenu des discours orgueilleux, est surpris quelque jour par le dépositaire de son aveu en flagrant délit d'orgueil, il est couvert de honte.

De même, si vous vous figurez toujours en présence de Celui qui connaît toutes vos pensées, vous ne pourrez vous défendre d'un sentiment de confusion, lorsque vous serez tentés d'un sentiment d'orgueil. C'est un remède très-efficace, non-seulement contre l'orgueil, mais encore contre tous les défauts, de se représenter toujours sous l'œil de Dieu, et de s'imaginer qu'il considère notre cœur, comme si son unique occupation était d'examiner toutes nos actions et toutes nos dispositions. »

Faites donc tous vos efforts pour acquérir l'humilité, parce que, sans elle, vous ne pouvez faire quelque progrès, ou posséder quelque vertu. « L'humilité, dit encore saint Bernard (Epist.), est si nécessaire aux autres vertus, que sans l'humilité elles ne paraissent plus être des vertus. Ainsi, c'est l'humilité qui mérite d'obtenir la charité ou toute autre vertu, *car Dieu donne sa grâce aux humbles* (Jacob, c. 4, v. 6) : c'est l'humilité qui garde les vertus acquises : car *le Saint-Esprit ne fait sa demeure que dans l'âme humble et paisible* : c'est l'humilité qui développe les vertus conservées ; car d'après saint Paul, (II Corint. c. 12, v. 9), *c'est dans l'infirmité, c'est-à-dire, dans l'humilité, que la vertu se perfectionne.* » De ces principes émis par saint Bernard, nous pouvons tirer les conclusions suivantes. 1° L'humilité nous mérite l'acquisition de la grâce. C'est pourquoi le Psalmiste dit à Dieu (Psal. 103, v. 10) : *Vous faites couler les fontaines dans les vallées*, c'est-à-dire vous prodiguez vos grâces aux humbles ; *les eaux passeront entre les montagnes.* Il y a, en effet, deux sortes d'orgueil qui sont comme deux montagnes, l'un qui vient des choses temporelles et l'autre des choses spirituelles ; et entre ces deux montagnes se trouve la vallée de l'humilité, où coulent les eaux des grâces. 2° L'humilité nous mérite l'augmentation de la grâce ; par conséquent, celui qui veut recevoir de nouvelles grâces, ne doit pas s'enorgueillir, mais au contraire s'humilier. Or, il y a trois marques pour reconnaître que quelqu'un ne s'élève pas à cause des grâces qu'il a reçues : d'abord, si pour ces mêmes grâces ou qualités, il ne désire pas qu'on ait pour lui plus de respect et de déférence ; ensuite, s'il est disposé à endurer, comme ses frères, le mépris, les déplaisirs et les peines ; enfin, s'il regarde comme une chose qu'il mérite, les humiliations qu'il subit. 3° L'humilité nous mérite la conservation de la grâce. Comme la cendre conserve le feu, ainsi cette vertu conserve la grâce qui est un feu spirituel : le feu se conserve aussi en l'alimentant avec du bois ; de même la grâce, si on l'alimente avec les bonnes œuvres : le feu se conserve encore, en l'excitant par le souffle ; ainsi la grâce, si on l'excite par la méditation fervente : le feu se conserve enfin par l'éloignement des causes qui peuvent l'éteindre ; pareillement la grâce, si on évite les occasions et les sociétés mauvaises qui lui sont essentiellement contraires.

Mais, revenons à la contemplation des actes et de la vie du Seigneur Jésus, notre modèle, qui doit ici nous occuper principalement. Figurez-vous donc toujours comme présente cette petite famille, bénie entre toutes, menant une vie d'autant plus élevée qu'elle est plus humble et plus pauvre. L'heureux vieillard Joseph cherchait des ressources dans son métier de charpentier ; Notre-Dame filait et cousait pour avoir un salaire, elle préparait la nourriture de son époux et de son Fils, et accomplissait toutes les nombreuses fonctions domestiques, parce qu'elle n'avait personne à son service. Compatissez donc à cette tendre Mère, obligée de se livrer aux fatigues journalières des travaux manuels. Compatissez au Seigneur Jésus, fidèle à aider Marie en tout ce qu'il peut ; car lui-même a déclaré que *le Fils de l'homme n'était pas venu pour être servi, mais pour servir* (Matth. c. 20, v. 28). Considérez-le donc attentivement, rendant à la maison les services les plus humbles, tandis que Marie et Joseph travaillent pour fournir à leur subsistance. D'après saint Basile (Constitution. monastic, c. 5), Jésus, obéissant à ses parents dès ses premières années, ne dut-il pas supporter toutes les fatigues avec une humble soumission? Car ses parents quoique justes et honnêtes étaient tellement pauvres qu'ils manquaient du nécessaire, puisqu'ils furent réduits à coucher dans une crèche leur Enfant nouveau-né ; ils devaient donc évidemment, pour gagner leur vie, se livrer à des travaux aussi pénibles qu'assidus ; et Jésus qui leur était soumis dut partager leurs travaux, afin de montrer sa parfaite obéissance (1).

Contemplez aussi ces trois augustes personnages assis chaque jour à la même table, qui n'est ni splendide ni exquise, mais simple et frugale ; écoutez leurs mutuels entretiens, après leur modeste repas ; les paroles qu'ils échangent ne sont pas vaines et oiseuses, mais dictées par l'Esprit-Saint et remplies d'une divine sagesse ; ils ne s'occupent pas moins de nourrir leur âme que leur corps. Voyez comment, après avoir pris quelque récréation, ils se tournent pour vaquer à leur prière, chacun vers sa couche, car leur demeure, loin d'être ample, est très-étroite. Figurez-vous dans une même petite chambre trois lits, c'est-à-dire un pour chacun de ces bien-aimés de Dieu ; et considérez le Seigneur qui, après avoir prié longtemps, se repose chaque nuit sur celui qui lui est destiné, et cela pendant plusieurs années, de la façon la plus humble et la plus commune, et d'une

---

(1) Voir note XLV à la fin du volume.

manière uniforme, absolument comme ferait le dernier des pauvres. Vous devriez tous les soirs, en vous unissant à lui, le considérer sur sa couche, et vous reposer humblement et dévotement en lui.

Cependant au sein de ces privations et de ces labeurs, la tendre Marie avait l'âme inondée de joie, parce qu'elle jouissait de la présence d'un Fils incomparable. Ah! s'écrie saint Anselme (de Excellentia B. Mariæ, c. 4), qui pourra comprendre de quelle joie Marie était remplie dans tout son être, lorsqu'elle se voyait logée sous le même toit, assise à la même table, et qu'elle pouvait s'épancher en de suaves conversations, avec Celui qu'elle aimait si ardemment et qu'elle savait être le Créateur et le Maître de toutes choses? Le sentiment admirable et indescriptible d'amour qui dut unir un tel Fils à une telle Mère et une telle Mère à un tel Fils, que ceux-là du moins essaient de le pénétrer qui ont pu concentrer toutes leurs affections sur un seul objet, comme une mère sur un fils, et un fils sur une mère. Mais ne croyez pas qu'aucun amour terrestre puisse être comparable à celui de Marie pour Jésus. Toutefois celui qui a mérité d'obtenir l'intelligence sublime de cet amour, ne pourra, j'en suis convaincu, ne point en ressentir quelque douceur, et s'il en goûte la suavité, il ne manquera pas assurément de participer un jour à la récompense qui lui est réservée.

Vous venez de voir à quel dénûment, à quelle abjection, et à quelle austérité s'est livré pour nous, dans toutes ses actions et pendant de longues années, le Roi des rois et le Seigneur éternel. Qu'ils paraissent donc ceux qui cherchent leurs loisirs et leurs aises, qui désirent les choses superflues et magnifiques, qui poursuivent les objets propres à contenter leur vanité et leur curiosité! Est-ce à l'école de ce Maître, qu'ils ont appris à satisfaire ainsi leurs convoitises? Il nous a tout au contraire enseigné, par sa parole et par son exemple, l'humilité, la pauvreté, le travail et la souffrance. Suivons ce Souverain Seigneur, qui ne veut pas et ne peut pas nous tromper; *et ayant*, comme dit l'Apôtre (Ep. I ad Timot. c. 6, v. 8), *de quoi nous nourrir et de quoi nous vêtir* convenablement, mais sans luxe, *soyons contents*. Adonnons-nous, autant que nous le pouvons, sans cesse et avec ardeur, aux exercices spirituels, et à la pratique des vertus. Par la conduite de Jésus-Christ, apprenez comment vous devez demeurer dans l'humilité, en vous méprisant et désirant que les autres vous méprisent, en vous abaissant par des actes qui paraissent vils et abjects. Ayez toujours devant les yeux vos défauts et vos péchés, dont vous essaierez de concevoir le nombre et la grandeur. Mais fermez les yeux sur les défauts du prochain; si vous ne pouvez éviter de les apercevoir, efforcez-vous du moins de les atténuer et de les excuser; tâchez de porter compassion et secours à ceux qui les ont, n'oubliant jamais que vous seriez plus mauvais qu'ils ne le sont, si le Seigneur Jésus ne vous soutenait par sa grâce. Ne fixez point les regards de votre esprit et de votre corps sur le prochain, afin de vous considérer vous-même en présence de Dieu qui éclaire les abîmes ; car rien n'est plus propre à vous maintenir dans l'humilité, que l'attention sur vous-même. « Je veux, dit saint Bernard (Serm. 30 in Cantic.), que l'âme apprenne avant tout à se connaître elle-même, parce que cette science n'enfle point, mais humilie, et prépare la construction de notre édifice spirituel dont l'humilité est l'unique fondement solide. Il n'est pas de moyen plus efficace et plus prompt pour acquérir l'humilité, que d'examiner ce qu'on est en réalité ; mais il faut pour cela que, sans user de dissimulation et d'artifice, l'âme se mette en face d'elle-même, et que rien ne soit capable de lui ôter cette vue. » « C'est un grand pas vers la béatitude, dit saint Augustin, que la connaissance de sa propre misère. »

— Considérez-vous donc sans cesse et jugez-vous avec impartialité. Dans toutes vos actions, vos paroles et vos pensées, réprimandez-vous, et appliquez-vous continuellement à trouver en vous-même sujet de componction, par la persuasion que vos bonnes œuvres ne sont point exécutées d'une manière parfaite ni avec la ferveur convenable, mais qu'elles sont entachées de nombreuses négligences, de sorte que toute votre justice est horriblement souillée.

De plus, considérez soigneusement et méditez souvent avec effroi que si vous avez quelque disposition pour accomplir le bien et pour recevoir la grâce, et si vous avez quelque zèle pour acquérir les vertus, vous ne les tenez point de vous-même, mais vous les devez à la seule miséricorde de Jésus-Christ, qui, s'il l'eut voulu, eût pu conférer les mêmes faveurs à un pécheur quelconque, et vous laisser plongé dans la boue de votre corruption et dans l'abîme de votre misère. Comment en effet s'attribuera-t-il quelque chose, comme en étant l'auteur, l'homme qui a si souvent expérimenté son impuissance dans les bonnes œuvres de toutes sortes, soit grandes, soit petites ; qui tant de fois a reconnu le néant de sa volonté, et qui, au moment même où il ne le désirait pas, ne le cherchait pas, n'y songeait même pas, s'est senti tout à coup animé surnaturellement d'une ferveur admirable pour exécuter ces œuvres qu'auparavant, malgré tous ses efforts, il ne pouvait accomplir ? Dieu laisse longtemps l'homme réduit à cette impuissance, pour lui apprendre à s'humilier, à ne jamais se glorifier vainement en lui-même, mais à rapporter tout bien au Seigneur, non par un simple effet de l'habitude et du bout des lèvres, mais du fond du cœur, avec un vif sentiment de son incapacité. Songez qu'il n'y a point de pauvre pécheur qui ne servît le Seigneur et ne reconnût ses bienfaits mieux que vous, s'il avait reçu les grâces que vous avez obtenues, non point par vos propres mérites, mais par la pure bonté divine. Voilà pourquoi vous devez juger que vous êtes inférieur à tout homme, et craindre que Jésus-Christ ne vous chasse loin de sa présence, à cause de votre ingratitude. Vous figurant alors que vous êtes couvert des crimes d'autrui, vous pouvez gourmander ainsi votre conscience : cet homme est un homicide ; et moi, malheureux, combien de fois n'ai-je pas tué mon âme ? Celui-ci est un fornicateur et un adultère; et moi, je me rends chaque jour coupable de fornication et d'adultère, en détournant de Dieu mes regards pour céder aux suggestions du démon ; vous pouvez en dire autant des autres péchés que vous remarquez dans vos frères.

Vous devez avoir encore deux autres sentiments par rapport à vous-même. D'abord, regardez-vous comme un corps privé de vie, tombant en pourriture, dévoré par les vers, exhalant une odeur infecte, comme un de ces cadavres dont les hommes ne peuvent supporter la puanteur et la vue horrible. Pensez que si on faisait justice de votre corps, on lui arracherait tous ses sens, on lui couperait tous ses membres qui ont servi à offenser Dieu. Vous devriez être si content de ce dépouillement, que vous ne désiriez jamais rien recouvrer de ce que vous auriez perdu ; vous accepteriez au contraire tous les outrages, toutes les confusions, toutes les diffamations possibles et imaginables avec une joie indicible et avec un visage riant. Ceux qui vous verraient ainsi disposé seraient frappés d'admiration, rentreraient en eux-mêmes, et reconnaîtraient dans cette transformation le doigt même de Dieu. En second lieu, défiez-vous tout à fait de vous-même, de toutes vos vertus, de toute votre vie, afin de vous tourner vers Jésus-Christ, et de vous reposer sur Celui qui s'est rendu le plus pauvre, le plus humble, le plus méprisé de tous jusqu'à mourir pour vous ; restez entre ses bras jusqu'à ce que vous soyez mort à toutes vos passions, et que le divin Crucifié vive dans votre esprit et dans votre cœur. Alors tout transformé, transfiguré, vivifié intérieurement, vous ne considérerez et vous n'entendrez plus que Jésus attaché à la croix, expirant pour vous. A l'exemple de la bienheureuse Vierge Marie, vous serez mort au monde, et vous vivrez de la foi qui vous soutiendra jusqu'à la résurrection, où Dieu remplira votre âme du Saint-Esprit et de cette joie spirituelle réservée aux élus qui soupirent après son avénement.

Si vous profitez des avis que nous venons d'exposer, vous verrez naître en vous cette vertu, la mère et la source de toutes les autres, l'humilité qui ouvre les regards de notre âme à la lumière de Dieu, en purifiant notre cœur de toute vaine pensée. Car, lorsque l'homme se repliant sur sa bassesse, se méprise, se gourmande, se déteste lui-même, sans perdre la vue de son néant, et le sentiment de sa misère, il est si bien occupé de son propre intérieur, que tout autre soin lui semble inutile ; toutes les pensées, paroles ou actions concernant les choses temporelles, il les chasse loin de lui, et les jette dans l'oubli, pour rentrer en lui-même, et approcher ainsi de la justice originelle et de la pureté céleste. Par ce retour sur lui-même, il élargit l'horizon de son âme, et dresse en lui-même comme une échelle mystérieuse pour s'élever à la contemplation des Anges et de Dieu même. Mais pour cela, il faut que l'âme éloigne de ses regards toutes les choses matérielles, comme celui qui veut fixer le soleil matériel doit détourner ses yeux de tous les autres objets extérieurs. Cette contemplation fait naître dans le cœur un désir ardent des biens célestes, et un dédain extrême des biens terrestres : la charité commence alors à s'allumer dans l'âme où elle consume comme un feu dévorant toute la rouille des anciens vices : la vanité n'y trouve plus d'entrée, parce que toutes les pensées, toutes les paroles et toutes les actions sont inspirées par la charité.

— Voulez-vous donc toujours persévérer dans le bien, demeurez toujours dans la crainte de Dieu, et reconnaissant que tout vient de lui, demandez-lui la persévérance. Voulez-vous aussi ne pas pécher, ne jugez pas les autres ; et si vous les voyez faillir en quelque point, ne vous indignez pas contre eux, mais ayez-en compassion, priez pour eux, excusez-les sincèrement autant que vous pourrez, en pensant que ni vous, ni eux, ne pouvez rien si Jésus-Christ ne vous aide de sa grâce, qui n'est pas une récompense de vos mérites, mais un pur effet de sa bienveillance. Cette réflexion vous rendra ferme : car pourquoi en est-il tant qui débutent par une grande mortification et par d'autres exercices, mais ne continuent pas, de façon que leur corps s'énerve et leur ferveur se refroidit ? La vraie cause de ce relâchement réside dans leur orgueil et leur présomption, qui les portent à se confier en eux-mêmes et à se courroucer contre les autres ; ils les jugent et condamnent dans leurs cœurs ; Dieu retire alors sa grâce à ces téméraires qui deviennent plus défectueux que les personnes, objet de leurs censures. En effet, suivant une loi ordinaire, celui qui juge ou condamne sur quelque point son frère, ne tarde pas à tomber, par la permission divine, dans un défaut semblable ou même plus grand. Servez donc le Seigneur avec tremblement, et si quelquefois vous éprouvez quelque mouvement d'orgueil, au souvenir des bienfaits qu'il vous a prodigués, ne manquez pas de vous en réprimander et de vous en punir sévèrement, de crainte qu'un jour le Seigneur, irrité contre vous, ne vous laisse abandonner la voie de la justice, et que vous ne périssiez misérablement. En résumé, suivez le conseil salutaire de saint Anselme qui dit : « Faites bien attention à tous vos actes intérieurs et extérieurs, et voyez à quel résultat chacun d'eux doit aboutir, à quelle fin il tend. Et certes, à moins que vous ne soyez un insensé, vous ferez ce qui doit vous procurer la joie et la félicité, et vous omettrez ce qui vous mériterait les tourments et la tristesse. »

Prière.

O doux Jésus, modèle de la véritable patience et type de l'humilité parfaite, éloignez de moi toutes les pompes de l'orgueil et toutes les convoitises de la vaine gloire, ainsi que toutes les sources de si grands périls et de si grands maux. Qu'étant votre serviteur, je ne possède et je ne montre aucun signe d'une telle peste et d'une semblable perdition, ni dans mes mœurs, ni dans mes discours, ni dans mes actions, ni dans mes pensées qui vous sont toutes présentes. Établissez-moi dans une solide et profonde humilité, afin que je ne donne aucune ouverture aux embûches de mes ennemis ; et faites que je sois si petit à mes propres yeux que je trouve grâce entière aux yeux de votre Majesté. Ainsi soit-il.

CHAPITRE XVII

FONCTION ET VIE DE SAINT JEAN-BAPTISTE

Matth. c. 3, v. 1-13. — Marc c. 1, v. 4-6. — Luc, c. 3, v. 1-13

Omettant tous les actes de l'enfance du Sauveur, excepté ceux que nous avons signalés plus haut, les Évangélistes s'occupent de raconter les faits et les paroles de Jésus-Christ devenu homme parfait et arrivé à la plénitude de l'âge (Matth., c. 3. — Luc, c. 3). Ils rapportent d'abord le baptême que saint Jean lui conféra. C'est pourquoi nous devons parler préalablement de la fonction de saint Jean qui administra et prêcha le baptême de la pénitence.

Cette mission commença *en ces jours-là* (Luc, c. 3, v. 1), c'est-à-dire lorsque Jésus-Christ demeurait encore à Nazareth, ou bien lorsque arrivèrent les événements qui suivent, et c'est en ce dernier sens que l'Église fait dire au début de chaque évangile : *en ce temps-là*, (in illo tempore). *En ces jours donc*, savoir *la quinzième année de Tibère-César*, successeur d'Octave-Auguste, sous lequel Jésus-Christ était né, *Ponce-Pilate était gouverneur de la Judée ; Hérode, tétrarque de la Galilée ; Lysanias, tétrarque de l'Abilène ; et Philippe aussi tétrarque de l'Iturée et du pays de Trachonite.* Le royaume des Juifs, comme nous l'avons dit plus haut, avait été divisé en quatre parties appelées Tétrarchies, dont deux, savoir : la Judée et l'Abylène, échurent à Archélaüs, et les deux autres à Philippe Or, il arriva que Archélaüs fut accusé de tyrannie auprès de l'empereur Auguste qui le déposa et l'exila, en la dixième année de son gouvernement. Depuis ce moment, sa principauté fut partagée en deux parties : la première, la Judée fut administrée au nom des Romains par des procureurs et des officiers, dont le cinquième fut Ponce-Pilate, ainsi nommé de l'île Pontia, où il demeura. Par conséquent il n'était pas prince ordinaire, mais simple vicaire ou délégué; et on l'appelait pour cette raison procureur. Si on lui donne quelquefois le titre de préfet ou président (*præses*), c'est dans le sens de procureur ; car, comme on le voit, il ne fut jamais président ou préfet ; mais, pendant qu'il était procureur de la Judée, Vitellius était préfet de la Syrie dont la Judée faisait partie. Peut-être aussi a-t-on donné le titre de préfet à Pilate, parce qu'il en remplissait quelquefois les fonctions. — La seconde partie de la principauté d'Archélaüs, savoir l'Abylène, fut donnée à Lysanias, sous la dénomination de Tétrarchie. D'après quelques auteurs, ce Lysanias était fils d'Hérode Ascalonite ou l'Ancien, sous lequel Jésus-Christ était né ; mais, d'après Josèphe, il aurait été seulement son neveu et aurait eu pour mère Alexandra, sœur d'Hérode, et pour père Ptolémée du Liban ; cette opinion nous semble plus probable.

L'Évangéliste ajoute qu'*alors Anne et Caïphe étaient princes des prêtres*. Tous deux étaient alliés entr'eux et exerçaient alternativement le pontificat ; Anne était pontife en l'année où Jésus-Christ fut baptisé, et Caïphe en celle où Notre-Seigneur fut crucifié ; dans les trois années qui s'écoulèrent entre ces deux pontificats, il y eut trois pontifes, que l'Évangile ne mentionne point, Ismaël, Éléazar et Simon, et il cite seulement ceux sous lesquels commença la prédication de saint Jean et arriva la mort du Sauveur. L'écrivain sacré détermine d'une manière solennelle l'époque précise de cette prédication, en nommant l'empereur, les pontifes, les gouverneurs et les princes qui commandaient alors, pour montrer l'excellence de Celui que Jean venait annoncer. C'était le Souverain Empereur, le Pontife Suprême, le Seigneur et le Maître de toutes choses.

Alors donc se fit entendre le verbe du Seigneur (Luc, c. 3, v. 2), c'est-à-dire, l'inspiration d'en haut appelée verbe, parce que c'est une parole adressée intérieurement à l'esprit, comme l'attestent ces mots du Psalmiste : *J'écouterai ce que dira le Seigneur Dieu en moi.* (Psal., 84, v. 9), *Ce verbe du Seigneur se fit entendre, dans le désert, à Jean fils de Zacharie* afin de l'engager à donner le baptême de la pénitence, à prêcher l'avénement de Jésus-Christ, et à annoncer le bienfait de la Rédemption. Jean était dans sa trentième année ; âge convenable pour la prédication, parce que l'homme est alors dans toute sa vigueur. Intérieurement inspiré, et divinement éclairé, il entendit le verbe du Seigneur qui parlait par la seule grâce à son esprit. Suivant saint Chrysostôme, ici le verbe de Dieu signifie l'ordre ou le précepte du Seigneur, parce que Jean ne prit point, de son propre mouvement, mais sur un avertissement divin, le ministère qu'il exerça. Lui-même l'a déclaré en ces termes : *Celui qui m'a envoyé pour baptiser dans l'eau, m'a dit : etc.* (Joan., c. 1, v. 33). Pour que le manque d'eau ne le contraignît pas de différer le baptême des Juifs convertis par sa prédication, et aussi pour que ses discours profitassent davantage aux auditeurs, Jean sortit du désert où il avait commencé à proclamer l'obligation de la pénitence ; *et il vint dans la contrée située le long du Jourdain* (Luc, c. 3, v. 3), où l'eau était abondante et la population nombreuse ; *c'est là qu'il administrait et prêchait le baptême de la pénitence pour la rémission des péchés.* Ainsi il donna l'exemple aux prédicateurs d'annoncer la parole divine dans les lieux où elle peut être plus fructueuse, et non pas dans ceux qui peuvent leur être plus agréables.

Saint Jean disposait les hommes à recevoir le Christ par son baptême; aussi le conférait-il seulement aux Juifs, à qui le Christ avait été principalement promis. Il ne baptisait pas les femmes, parce qu'il laissait aux hommes la charge de les instruire : il ne baptisait pas non plus les enfants, parce qu'ils ne pouvaient avoir la connaissance nécessaire du mystère signifié par la cérémonie religieuse. Le baptême du Christ au contraire est donné aux personnes de tout sexe, de toute nation et de tout âge pour la rémission des péchés. Les mots susdits *pour la rémission des péchés* ne se rapportent pas au baptême que saint Jean donnait, mais à la pénitence qui accompagnait ce baptême; car la pénitence seule remettait les péchés. Le baptême de saint Jean était bien vraiment un baptême de pénitence, puisque le saint Précurseur invitait à la pénitence ceux à qui il le conférait, et qu'il le conférait seulement aux adultes disposés à la pénitence. Ainsi, quoique le baptême de saint Jean ne remît pas les péchés, toutefois sa réception était comme une protestation de se soumettre à la pénitence par laquelle les péchés étaient remis. On peut dire que le baptême de saint Jean remettait les péchés, non d'une manière effective, mais d'une manière préparatoire, parce qu'il disposait au baptême de Jésus-Christ qui opère la rémission des péchés. Le premier était donc un baptême de pénitence, parce qu'il exigeait la pénitence des péchés sans toutefois les remettre. Mais le second est un baptême de grâce, parce qu'il produit la grâce pour remettre les péchés par la vertu de Jésus-Christ. « De ces deux baptêmes, dit saint Chrysostôme (Hom. 3 in Marc.), le premier était donné pour la pénitence et le second est donné pour la grâce, le premier conduisait au pardon et le second conduit à la victoire. »

Saint Grégoire de Nazianze distingue cinq sortes de baptêmes (in Sancta lumina) : Le premier est le baptême figuratif dont Moïse baptisa le peuple juif, mais dans l'eau seulement, c'est-à-dire dans la nue qui le guidait et dans la mer où il passa ; le second est le baptême préparatoire que saint Jean administra ; le troisième est le baptême parfait qui a été institué par Jésus-Christ et qui est conféré dans le Saint-Esprit ; le quatrième est le baptême surérogatoire qui se fait dans le sang par le martyre ; il est le plus excellent, parce qu'une fois reçu, il ne peut plus être souillé par de nouveaux péchés ; le cinquième est le baptême qui efface les fautes actuelles dans les larmes du repentir ; il est plus laborieux que les autres. Or saint Jean avait établi un baptême préparatoire qui devait disposer les hommes à recevoir Jésus-Christ; et ce baptême de saint Jean était par rapport au baptême du Christ, ce qu'est relativement à celui-ci le catéchuménat par lequel on instruit dans la foi les futurs baptisés. Le baptême de Jean, dit Remi d'Auxerre, était comme une espèce de catéchuménat ; car, de même que maintenant on catéchise les adultes pour les rendre dignes de recevoir le sacrement de baptême, de même Jean administrait le baptême de la pénitence, afin qu'après l'avoir reçu, les Juifs se rendissent dignes par leur vie pieuse d'approcher du baptême de Jésus-Christ. « C'est donc avec raison, déclare saint Chrysostôme (Hom. 10, in Matth.), qu'après avoir dit que *Jean vint prêcher le baptême de la pénitence*, l'Évangéliste ajoute *pour la rémission des péchés* : c'est comme s'il disait que Jean engageait les Juifs à faire pénitence, pour obtenir ensuite plus facilement e pardon par la foi en Jésus-Christ. Ainsi donc ce baptême n'avait été établi que pour préparer à croire à l'Évangile. » Tel est l'enseignement de saint Chrysostôme. Aussi, Jean baptisait dans le Jourdain qui signifie *descente*, pour marquer que les baptisés devaient descendre de la superbe du vieil homme à l'humilité de la confession et de l'amendement, afin de mériter, par le renoncement à leur vie ancienne, la grâce d'une vie nouvelle en Jésus-Christ. Il était convenable encore que le baptême de saint Jean fut reçu dans le Jourdain ; parce que c'était là comme une protestation de faire pénitence pour s'approcher du royaume des cieux et passer à la terre des vivants, comme les enfants d'Israël arrivèrent à la Terre promise en traversant le Jourdain.

Saint Jean baptisa pour plusieurs raisons : 1° Selon saint Augustin (Serm. 1, de Epiphan.), c'était pour figurer le baptême de Jésus-Christ, et en ce sens le baptême de saint Jean fut un sacrement, c'est-à-dire un signe; 2° Selon saint Chrysostôme (Hom. 10, in Joan.), c'était pour que la cérémonie du baptême attirât un plus grand nombre d'auditeurs auxquels saint Jean pût annoncer Jésus-Christ; 3° Selon saint Grégoire (Hom. 7, in Evang.), afin que le baptême de saint Jean accoutumât les hommes à celui de Jésus-Christ ; 4° D'après le Vénérable Bède (Hom. 3, in Luc.), afin que les hommes, en recevant le baptême de saint Jean, pussent se préparer et s'humilier pour recevoir ensuite celui du Christ; 5° Enfin, d'après le Précurseur lui-même, ce fut pour que le Christ, recevant son baptême, put être manifesté en Israël par la voix du Père Éternel et par le Saint-Esprit. — Saint Jean disait donc, d'abord dans le désert, puis sur le rivage du Jourdain, à ceux qui étaient attirés vers lui par sa vie extraordinaire : *Faites pénitence* (Matth., c. 3, v. 2), c'est-à-dire, que chacun se repente de ses péchés; car le *royaume des cieux approche*, pour celui qui fait pénitence. Remi d'Auxerre remarque que ce mot *le royaume des cieux* peut avoir quatre acceptions différentes; il peut signifier 1° le Christ, comme dans ce passage : *Le royaume de Dieu est au milieu de vous* (Luc, c. 17, v. 21) ; 2° la sainte Écriture, comme dans ces paroles : *Le royaume de Dieu vous sera enlevé pour être donné à un peuple qui en profitera* (Matth., c. 21, v. 43) ; 3° la sainte Église, comme dans ce texte : *Le royaume des cieux peut être comparé à dix vierges* (Matth., c. 25, v. 1); 4° le repos suprême, comme dans ce passage: *Beaucoup viendront de l'Orient et de l'Occident se reposer dans le royaume des cieux* (Matth., c. 8, v. 11). Le royaume des cieux peut avoir ces quatre sens, dans ce que dit ici saint Jean-Baptiste. De plus, la pénitence qu'il recommande de faire, doit avoir plusieurs qualités : elle ne doit pas être tardive, comme celle des damnés ; ni forcée comme celle des malfaiteurs ; ni feinte comme celle des hypocrites ; ni désespérée comme celle des hommes perdus ; mais elle doit être vraie, dit saint Chrysostôme, en sorte qu'elle purifie notre cœur, éclaire notre esprit et prépare notre âme à la réception de Jésus-Christ.

Le premier qui a prêché le royaume des cieux, suivant le témoignage de saint Jérôme (in cap. 3 Matth.), c'est saint Jean-Baptiste, parce que le Précurseur du Seigneur devait être honoré de ce privilége. Saint Pierre Chrysologue dit à ce sujet : « Après la chute d'Adam et les ravages tristement célèbres du déluge, Dieu choisit un grand nombre d'hommes justes, avec lesquels il s'entretint face à face. Puis, après avoir énuméré les principaux patriarches et prophètes de l'Ancien Testament, le même auteur ajoute : Ces personnages n'ont point déclaré que l'homme dût habiter pendant toute l'éternité dans le royaume céleste ; aucun même ne prononce le nom, ne rappelle le souvenir, et ne prophétise la gloire de ce royaume. Bien plus, consultez les hommes élus parmi l'humanité tout entière, depuis le commencement du monde jusqu'à Jean-Baptiste, vous ne trouverez chez eux aucune parole, aucun acte qui révèle les ducteurs du royaume céleste. Arrivez donc à Jean, et écoutez cette parole qui fait tressaillir d'allégresse et de joie, qui nous annonce la miséricorde et la gloire avec l'abondance de la grâce, cette parole que Dieu avait cachée, que l'Ange n'avait pas publiée, que les patriarches et les prophètes avaient ignorée : *Faites pénitence car le royaume de Dieu est proche*. Douce et consolante parole qui proclame en même temps la loi de la pénitence, et le prochain avènement du royaume céleste : il convenait qu'elle tombât la première fois de la bouche de celui qui a jeté les premiers fondements du Nouveau Testament. Depuis Adam jusqu'à Jean, la voix de l'homme ne faisait entendre que des gémissements, parce que le péché était répandu partout et que la pénitence ne paraissait nulle part ; c'étaient là deux sources de larmes abondantes. Jean paraît, et il nous fait connaître le remède à la blessure, la pénitence pour le péché, et le pardon pour l'iniquité. Telle est la première parole qu'il fit retentir au désert : ce fut comme *la voix de la tourterelle qui se fit entendre sur notre terre* (Cantic., c. 2, v. 2). Nous lui avons répondu par un cantique nouveau en l'honneur de Dieu ; et notre bouche a fait éclater l'hymne de la reconnaissance et de la louange, car depuis ce temps la miséricorde a triomphé, le pécheur est épargné, la piété règne, la justice ne veut pas réclamer la vengeance et le Seigneur clément et miséricordieux cherche l'occasion de pardonner au lieu de frapper. » Ainsi parle saint Pierre Chrysologue.

Pour nous montrer l'aptitude de saint Jean à rendre témoignage du Christ (Matth., c. 3, v. 4), l'Évangéliste décrit la sainte vie du Précurseur, en montrant d'abord l'austérité de son costume. Saint Jean portait un cilice ou une tunique grossière faite avec le poil rude des chameaux : il nous apprend ainsi à ne point chercher des habits agréables, si nous voulons réprimer les révoltes de la chair. Il avait, dit saint Jérôme (Hier., in cap. 3, Matth.), un vêtement fait non pas de laine, mais de poil ; ce qui marque que sa vie loin d'être douce, était rigoureuse. Les serviteurs de Dieu, dit saint Chrysostôme (in una ex homil. operis imperf.), doivent porter un vêtement, non pour flatter les yeux ou pour ménager leur chair, mais simplement pour couvrir leur nudité : c'est pourquoi saint Jean n'avait point un habit moelleux ou délicat, mais un lourd et âpre cilice qui chargeait plus le corps qu'il ne le réchauffait, de telle sorte que l'austérité extérieure attestait la vertu intérieure.

L'Évangéliste montre ensuite la continence de saint Jean qui, pour mortifier et dompter sa chair, avait *une ceinture de cuir*, c'est-à-dire une courroie faite avec des peaux sèches et dures, *autour des reins*, qui sont le siège de la luxure; car *il crucifia sa chair avec ses vices et ses convoitises*, comme doivent le faire *tous ceux qui appartiennent à Jésus-Christ* (Ep. ad Galat., c. 5, v. 25). Selon saint Chrysostôme, les Juifs se servaient ordinairement de ceintures de laine; mais saint Jean qui voulait pratiquer la mortification, fit usage d'une ceinture de cuir. Le même auteur nous apprend ailleurs qu'elle était la signification allégorique de cette tunique et de cette ceinture de saint Jean. Le saint Précurseur qui représentait la Loi, était vêtu d'une tunique de poils de chameau, et ne pouvait en avoir une de laine d'agneau, parce que la Loi ne possédait pas Celui dont il est dit (Joan., c. 1, v. 29) : *Voici l'Agneau de Dieu qui efface les péchés du monde. Jean avait une ceinture de cuir sur les reins*, parce que les Juifs ne regardent comme péché que les fautes extérieures. Au contraire, Notre-Seigneur Jésus-Christ que l'Apocalypse nous fait voir, au milieu des sept candélabres, avait une ceinture d'or non sur les reins, mais sur la poitrine. La Loi est ceinte sur les reins, parce qu'elle punit seulement les actes produits au dehors ; mais Jésus-Christ est ceint sur la poitrine, parce que son Évangile tel qu'il est observé principalement par les moines, réprime même les pensées conçues dans l'âme.

L'Évangéliste (Marc, c. 1, v. 6) signale encore l'abstinence et la frugalité de saint Jean qui se nourrissait de certaines herbes appelées en latin *locustæ*, et de miel sauvage, comme faisaient les pauvres en ce pays-là. Or il faut savoir que le mot *locustæ* signifie plusieurs choses différentes, telles que des racines, des herbes et des insectes : souvent il désigne ces insectes ailés appelés sauterelles, parce qu'ils volent en sautant. On les trouve dans le désert de Judée, et les pauvres de cette contrée les font frire dans l'huile pour leur nourriture. Mais il ne paraît pas que saint Jean ait usé de la chair de ces sauterelles, lui qui n'usait pas même de pain : il ne paraît pas non plus qu'il ait mangé quelque friture, lui qui ne mangeait rien de cuit. Il semble plus probable que, par le mot *locustæ*, il faut entendre ici autre chose que des sauterelles. En effet, il y a dans cette contrée une certaine herbe appelée *locusta* ou *langusta*, que l'on dit avoir servi de nourriture à saint Jean-Baptiste. Quant au miel sauvage des abeilles, on le trouve dans les troncs des arbres. Ou bien, selon Raban-Maur, ce sont des feuilles d'arbres blanches et tendres, qui, broyées dans les mains, ont un goût comme celui du miel. On trouve encore dans ces pays le miel provenant de la calamelle ou cannelle, espèce de canne ou de roseau rempli d'un suc très-doux, semblable à du miel (1).

Par ce que nous venons de voir de sa vie au désert, saint Jean nous prouve clairement qu'il considérait comme rien ce monde avec toutes ses douceurs, puisqu'il usait d'un vête-

(1) Voir note XLVI à la fin du volume.

ment si grossier et d'une nourriture si chétive. Il ne prenait que ce qui était absolument nécessaire à sa subsistance. Ceux-là suivent son exemple qui peuvent dire avec saint Paul: (1 Ep. ad Timot., c. 6, v. 8) *Ayant de quoi nous nourrir et nous vêtir, nous sommes contents.* Parce qu'il prêchait la pénitence, saint Jean, comme un bon maître, donnait en sa personne l'exemple et la règle de la vie que devaient mener les pénitents. Il avait la terre pour lit, un antre pour demeure, du poil pour vêtement, du cuir pour ceinture, de l'eau pour boisson, et de l'herbe pour aliment. C'est ainsi qu'il nous a montré non-seulement à mépriser le monde avec ses attraits, mais encore à pleurer les péchés du genre humain tout entier, et qu'il a laissé un exemple très-utile à la postérité. Tout en saint Jean prêchait donc la pénitence ; son nom qui signifiait la grâce de Dieu, son habitation qui était le désert, son habillement qui consistait en un cilice, sa nourriture tirée de l'herbe même, sa parole qui était un enseignement de la pénitence, son baptême un engagement au bien.

Saint Jean doit servir de modèle au prédicateur de l'Évangile. Et d'abord : 1° Relativement à la doctrine ; car, à l'exemple de saint Jean, il doit enseigner la pénitence, ainsi que tout ce qui peut éloigner du péché, et porter à la vertu pour parvenir au royaume céleste. 2° Quant à la continence ; car il est dit que Jean portait une ceinture autour des reins, pour montrer que le prédicateur doit garder la continence ; c'est pourquoi le Seigneur envoyant Jérémie prêcher, lui dit : *Ceins tes reins* (c. 1, v. 17). 3° Quant au genre de vie ; sous le double rapport du vêtement et de la nourriture, Jean donne l'exemple au prédicateur. Celui donc qui prêche et corrige les autres, qui recommande ou ordonne la pénitence, doit faire voir que lui-même pratique la pénitence; son costume doit être sévère et son régime sobre, afin qu'à l'occasion de la nourriture et du vêtement on ne puisse le blâmer et qu'il puisse reprendre les riches. Cette austérité de vie est nécessaire au prédicateur de l'Évangile ; c'est pourquoi l'Apôtre a dit : « *Je châtie mon corps et je le réduis en servitude, de crainte que, après avoir prêché les autres, je ne sois moi-même réprouvé* (Ep. 1, ad Corin., c. 9, v. 27). » Saint Jérôme dit aussi : « Le vêtement, la nourriture et le breuvage de saint Jean montraient l'austérité de la vie que doivent observer les prédicateurs. D'après saint Chrysostôme (Hom. 11, in Matth.), « il fallait que le Précurseur du Seigneur, dont il était aussi le Prophète et l'Apôtre, se consacrât tout entier au Dieu du Ciel, en méprisant toutes les choses du monde. Aussi, est-ce avec raison que le Seigneur lui-même l'appelle un Ange ; car, quoi qu'il fût dans ce monde il menait une vie angélique, n'ayant que dédain pour le monde. Or, si celui qui était si saint, plus pur que le ciel, supérieur aux prophètes, sans égal parmi les hommes, et si familier auprès de Dieu, s'exerçait cependant à supporter les plus durs travaux, et se condamnait à mener une vie rigoureuse, dans la privation et le mépris des jouissances et des richesses temporelles, quelle excuse pourrons-nous alléguer au tribunal suprême, après avoir reçu de Jésus-Christ tant de bienfaits signalés, et après avoir commis tant d'énormes péchés, si nous n'imitons pas en la moindre chose la grande mortification de saint Jean ; si nous nous livrons au contraire à toutes sortes d'excès dans le boire et le manger, nous environnant de parfums ou plutôt nous couvrant d'infection, nous relâchant et nous amollissant dans tout notre être, de manière à préparer une proie facile au démon, et à nous constituer ses esclaves ? » Telles sont les paroles de saint Chrysostôme.

La renommée de saint Jean attira vers lui *les peuples qui accouraient en foule de Jérusalem, de toute la Judée, et de toute la région située le long du Jourdain*(Matth., c. 3, v. 5). *Ils recevaient de lui le baptême dans le Jourdain; confessaient alors leurs péchés* (Luc, c. 3, v. 6), et se disposaient ainsi à recevoir le baptême de Jésus-Christ; car le baptême de saint Jean avait été établi comme une préparation à celui du Christ qui allait venir prochainement; c'est pour cela que saint Jean ne prêchait pas seulement, mais encore baptisait; et, comme par la prédication il annonçait l'approche du Messie, de même par son baptême il accoutumait les hommes à recevoir plus volontiers celui du Christ. Ainsi, le baptême de saint Jean était une protestation de croire en Jésus-Christ qui allait venir, et de s'adonner à la pénitence pour mieux profiter de son avénement. C'est ce que dit saint Paul par ces paroles rapportées dans les Actes des Apôtres : *Jean a donné le baptême de la pénitence au peuple, en recommandant de croire en Celui qui viendrait après lui, c'est-à-dire en Jésus* (Act. Apost., c. 19, v. 4). L'Évangéliste ajoute que les peuples baptisés par Jean *confessaient leurs péchés* qui devaient être effacés par le Messie, car saint Jean ne pouvait opérer cette rémission, mais il annonçait que le Christ ne tarderait pas à le faire. — Mais *voyant beaucoup de Pharisiens et de Sadducéens qui ne* confessaient pas leurs péchés et qui cependant *demandaient son baptême avec la foule,* non par religion véritable, mais par respect humain, d'une manière hypocrite et insidieuse (Matth., c. 3, v. 7. — Luc, c. 3, v. 7), saint Jean leur dit : *Races de vipères,* c'est-à-dire hommes corrompus, issus de pères corrompus, *qui vous a appris,* sans faire pénitence, *à fuir la colère à venir,* et à éluder la sévérité du jugement futur? Personne assurément, à moins que vous ne renonciez à votre malice, en faisant pénitence. Il est vrai que le peuple ignore aujourd'hui votre duplicité, mais vous ne pourrez la cacher au jugement de Dieu qui déroulera les plus profonds replis de votre cœur. Tels étaient les reproches que saint Jean adressait aux Pharisiens et aux Sadducéens, pour les arracher à leur malice et leur faire éviter, par une juste pénitence, la terrible confusion du jugement dernier. En effet, selon saint Grégoire (Hom. 20, in Evang.), cette expression de l'Évangile *la colère à venir* désigne la vengeance suprême de Dieu, à laquelle le pécheur ne pourra se soustraire un jour, s'il ne pousse pas aujourd'hui les gémissements de la pénitence.

Les Pharisiens tirent leur nom de Pharès qui signifie *séparation,* parce qu'ils étaient comme séparés des autres ou plutôt qu'ils s'en étaient séparés eux-mêmes. C'étaient des prêtres juifs qui, pour montrer plus de religion, se distinguaient par leur costume, leur genre de vie et leurs manières. Les Sadducéens tirent leur nom de Sadoch qui signifie *juste,* parce qu'ils se disaient justes. Ils recevaient les cinq livres de Moïse seulement, rejetaient les prophéties, niaient la résurrection et n'admettaient point l'existence des Anges. Les Pharisiens et les Sadducéens étaient regardés comme les principaux personnages et les plus honorables entre les Juifs. Mais saint Jean, les voyant venir à son baptême, les reprenait fortement, et, attaquant leurs vices sans crainte, les appelait *races de vipères;* parce qu'ils avaient reçu de leurs pères le venin de l'hypocrisie et de l'erreur, et qu'en suivant la conduite des méchants, ils portaient envie aux bons qu'ils persécutaient; c'est ainsi qu'ils étaient des fils corrompus, issus de parents corrompus. Selon Remi d'Auxerre, l'Écriture impose souvent des noms aux hommes d'après les actes qu'ils ont imités. Aussi saint Jean appelle les Pharisiens et les Sadducéens *races de vipères,* parce que leur malice ressemble à celle de ces animaux. Comme donc ils avaient grand besoin de pénitence et de correction, Jean les réprimande et les exhorte à déposer leur malice, avant de recevoir son baptême ; c'est pour cela qu'il ajoute : *Faites donc,* dès maintenant et promptement, *de dignes fruits de pénitence* (Luc, c. 3, v. 8), c'est-à-dire une pénitence convenable et efficace par la contrition, la confession et la satisfaction, pour *échapper à la colère à venir;* c'est là le seul moyen de vous y soustraire. En effet, selon saint Chrysostôme (Hom. 11, in Matth.), « il ne suffit pas au pénitent que ses péchés lui soient remis, il doit encore produire de bonnes œuvres, d'après cette maxime du Psalmiste : *Évitez le mal et faites le bien* (Psal. 36, v. 27). C'est ainsi qu'il ne suffit pas, pour guérir une blessure, d'arracher le trait qui l'a faite, il faut de plus appliquer un remède. Et saint Jean ne dit pas *faites* un fruit, mais *des fruits de pénitence,* pour montrer qu'ils doivent être nombreux. A cette remarque de saint Chrysostôme, nous pouvons ajouter que saint Jean ne dit pas simplement *faites* des fruits quelconques, mais *de dignes fruits de pénitence,* c'est-à-dire proportionnés à la faute. «Car plus une faute est grave, dit saint Grégoire (lib. 5, Moralium, c. 47), plus la pénitence doit être grande ; et la pénitence doit chercher dans les bonnes œuvres des profits d'autant plus considérables, que la faute a causé de plus graves dommages à l'âme.»C'est l'enseignement de l'Apocalypse où est rapportée cette sentence : *Plus il a obtenu de gloire et goûté de délices, plus il faut lui infliger de tourments et l'abreuver de tristesse* (Apoc., c. 18, v. 7). Pierre le Chantre de Paris commentant ce texte, dit : « Quelle conduite tenir envers un homme souillé de plusieurs péchés énormes, qui se confesse et se repent d'une manière quelconque, mais qui refuse d'accomplir les œuvres et de produire les fruits d'une pénitence en rapport avec sa culpabilité ? De peur de l'éloigner de la charité, si on lui imposait une lourde pénitence que, par ennui, il ne voudrait pas exécuter, il faut lui en imposer une modérée; parce qu'il vaut mieux le laisser achever son expiation en purgatoire que de l'exposer à une punition éternelle dans l'enfer ; car il n'y a pas de milieu, il faut que l'homme se châtie lui-même ou que Dieu le punisse. Mais que dois-je faire, si le confesseur ne m'enjoint pas un digne fruit de pénitence, c'est-à-dire selon la grandeur de ma faute ? j'y suppléerai moi-même, parce que la grandeur et la nature de la peine doivent se régler sur celles de la faute ; et vous devez vous infliger cette pénitence avec la discrétion qui est nécessaire au pénitent comme au confesseur. » Ainsi parle Pierre le Chantre dans son commentaire sur l'Apocalypse.

Les Juifs se glorifiaient de la noblesse et de la sainteté de leur lignée, parce qu'ils descendaient d'Abraham ; à ce titre, ils présumaient parvenir au salut sans passer par la pénitence, en vertu de la promesse faite à leur père. C'est pourquoi saint Jean ajoute : *Et ne dites pas* verbalement ou mentalement *en vous-mêmes,* par un faux jugement, *nous avons Abraham pour père* (Matth., c. 3, v. 9 — Luc, c. 3, v. 8). Vous reposant sur sa justice comme si elle suffisait pour votre justification, n'allez pas croire que vous pouvez obtenir le salut, sans accomplir de pénitence ; car aucun Saint ne pourra sauver les pécheurs qui ne sont point pénitents. Et cependant, telle est l'illusion de nombreux chrétiens, qui, ayant une dévotion spéciale envers quelque Saint, se persuadent être sauvés par ses mérites, sans faire de bonnes œuvres. Telle est aussi l'illusion de certains religieux, qui se glorifient de l'excellence et de la sainteté de leurs fondateurs et de leurs pères ; mais on peut leur dire : si vous êtes les fils d'Abraham, faites donc les œuvres d'Abraham. Telle est également la folle vanité de quelques misérables qui s'applaudissent de leur naissance illustre. Mais, demande saint Chrysostôme (Hom. 3, Operis imperf.), à quoi sert l'illustration de la naissance à celui qui la souille par l'indignité de sa conduite ? Ou bien, quel tort cause une origine obscure à celui qui se distingue par une vie irréprochable ? Ainsi, voyez l'or qui est trouvé dans la terre, et qui n'est cependant pas de la terre ; aussi choisit-on l'or de préférence à la terre que l'on dédaigne : mieux vaut l'homme d'une basse extraction qui s'élève par ses mérites, que l'homme d'une famille élevée qui se dégrade par ses vices. Mieux vaut que les parents tirent gloire de leur fils que le fils de ses parents. Ne vous glorifiez donc pas, en disant, *nous avons Abraham pour père,* mais rougissez plutôt de vous dire ses fils sans avoir hérité de sa sainteté. L'homme qui ne ressemble pas à son père paraît être un enfant illégitime, de même ceux qui ne correspondent pas à la sainteté de leur race, semblent être déchus de la dignité de cette race. Ce n'est pas sur votre naissance, mais sur l'imitation des vertus de ceux qui vous ont donné le jour, que vous devez établir votre confiance ; ce n'est pas en la chair, mais en la foi que nous devons nous glorifier : car tous ceux qui sont de la postérité d'Abraham, ne sont pas ses fils spirituels, mais ceux-là seuls qui sont ses fidèles imitateurs : la sainteté ne vient pas de la génération naturelle, mais de la grâce divine. Ainsi, les Juifs étaient les enfants d'Abraham selon la chair, mais non pas selon l'esprit, parce qu'ils n'imitaient pas sa foi relativement au Christ ; c'est pourquoi ils perdirent en vérité le titre de descendants d'Abraham.

Les Gentils au contraire qui, à la prédication des Apôtres, reçurent la foi du Christ avec empressement, devinrent par là les fils d'Abraham. C'est ce que veut exprimer le Précurseur, en ajoutant : *Car, je vous déclare que Dieu peut de ces pierres*, c'est-à-dire des Gentils figurés par ces pierres, *susciter des enfants d'Abraham*, c'est-à-dire des imitateurs de la foi d'Abraham. Car celui-là mérite d'être appelé fils d'Abraham, qui le suit dans sa foi et dans ses œuvres. Dieu peut encore changer des pierres en fils d'Abraham, c'est-à-dire convertir des pécheurs endurcis en hommes pieux. Puisse-t-il opérer en moi cette transformation ! D'après certains auteurs, saint Jean, parlant ici des pierres, désigna du doigt et montra aux Juifs les douze pierres que, suivant l'ordre de Josué, les douze chefs des tribus d'Israël prirent au milieu du lit du Jourdain et transportèrent sur le sable du rivage, comme aussi celles qu'ils prirent sur le rivage pour les déposer dans le Jourdain. Les premières figurent l'aridité des Juifs rejetés à cause de leur aveuglement, et les secondes signifient la foi des Gentils admis au baptême : ou bien, celles-ci représentent les Juifs plongés dans l'infidélité, et celles-là les Gentils élevés à la lumière de la foi. C'est avec raison que les Gentils sont désignés par les pierres ; soit parcequ'ils adoraient les idoles faites de pierres ; d'où le Psalmiste a dit : *Que ceux qui façonnent ces idoles leur deviennent semblables* (Psal. 113, v. 8); soit parce qu'ils avaient des cœurs de pierre, insensibles à la connaissance du vrai Dieu. C'est d'eux que surgirent des enfants d'Abraham; car, par leur foi en la race d'Abraham, c'est-à-dire en Jésus-Christ, ils sont devenus les enfants de Celui à la race duquel ils ont adhéré. C'est pourquoi saint Paul dit à ces mêmes

Gentils : *Si vous êtes unis à Jésus-Christ, vous appartenez à la race d'Abraham, vous êtes ses héritiers selon la promesse qui lui a été faite* (Ep. ad Galat., c. 3, v. 29). Les enfants d'Abraham sont donc sortis des pierres, lorsque les Gentils recevant la foi de Jésus-Christ ont été substitués aux Juifs qui perdaient par leur infidélité le titre d'enfants d'Abraham. Par cette déclaration, dit Raban-Maur, le héraut de la vérité, voulant animer les Juifs à produire de dignes fruits de pénitence, les excitait à l'humilité, condition essentielle de la pénitence.

Et comme le docteur de la vérité ne doit pas se contenter d'attaquer hardiment les vices, mais doit encore annoncer les châtiments qu'ils méritent, saint Jean indique la raison, pour laquelle il sollicite les Juifs à faire promptement pénitence ici-bas: *Car*, dit-il, *déjà la cognée* (Luc, c. 3, v. 9), c'est-à-dire la sévérité de la justice divine, *est à la racine de l'arbre*, pour arracher à la vie présente les pécheurs obstinés, et les précipiter dans le feu de l'enfer. On peut dire encore que la cognée mise à la racine de l'arbre, c'est la mort placée près du berceau de l'homme, puisque dès sa naissance l'homme tend vers la mort. En effet, vivre, dit saint Augustin, n'est autre chose que traverser la vie pour arriver à la mort. Car, semblables au bûcheron, la nuit et le jour coupent tour à tour des branches à cet arbre ; plus l'homme a vécu de jours et de nuits, moins il lui en reste à vivre, de sorte qu'il finira nécessairement par tomber. Et certainement il restera du côté où il sera tombé ; parce que, comme dit l'Ecclésiaste (c. 11, v. 3) : *Si l'arbre tombe au midi*, c'est-à-dire du côté du paradis, *ou au nord*, c'est-à-dire du côté de l'enfer, *il restera là même où il tombera*. Or, l'arbre tombe naturellement du côté où ses branches et ses fruits l'inclinent davantage ; de même l'homme tombe du côté où l'ont entraîné plus fortement ses affections et ses actes. Saint Bernard dit à ce sujet (in parvis Sermonibus, Serm. 49) : *Que l'arbre tombe au midi ou au nord, il restera là*. Dans l'Écriture, le midi a le plus souvent une bonne signification, à cause de son vent doux et chaud, tandis que le nord a une mauvaise signification ; *c'est de l'aquilon que vient le mal*, d'après Jérémie, (c. 1, v. 14). Or l'homme est semblable à un arbre ; lorsqu'il sera renversé par la mort, il restera du côté où il sera tombé. Dieu alors vous jugera où il vous trouvera, et vous y demeurerez d'une manière immuable et irrévocable. Avant de tomber, voyez donc de quel côté vous penchez, parce que une fois tombé, vous ne pourrez plus vous relever. Pour savoir de quel côté l'arbre tombera, faites attention à ses branches, et soyez sûr qu'il sera entraîné du côté où ses branches sont plus nombreuses et prépondérantes, si toutefois on le coupe dans ces mêmes conditions. Nos branches, ce sont nos désirs qui s'étendent vers le midi, s'ils sont spirituels, et vers le nord s'ils sont charnels. Le corps placé entre les uns et les autres indique ceux qui sont prépondérants ; car ceux qui prédominent, entraînent le corps à leur suite. » Telles sont les propres paroles de saint Bernard.

Le saint Précurseur ajoute : *Or tout arbre*, c'est-à-dire, sans acception de personnes, tout homme en général, *qui ne porte pas de bons fruits* en cette vie, lors même qu'il n'en produirait pas de mauvais, *sera coupé*, retranché à la mort par une sentence définitive de la société des justes, *et sera jeté dans le feu* inextinguible pour l'éternité sans espoir de rédemption: c'est là précisément la peine du péché. D'après ce texte, il est évident que la seule omission des bonnes œuvres suffit pour damner. Nous avons un exemple de cette vérité dans la parabole du serviteur paresseux ; par où l'on voit que dans le jugement prononcé contre les méchants, les simples omissions seront mentionnées. Il ne suffit donc pas à l'homme d'éviter le mal, il doit encore faire le bien. Dieu ne peut rien voir d'infructueux dans son jardin, dans sa vigne, dans son champ ; de même que dans le paradis terrestre, il n'y avait aucun arbre sans fruits, puisque nos premiers parents reçurent la permission de manger des fruits de tous les arbres, celui de la science du bien et du mal étant excepté. Mais si celui qui ne porte pas de bons fruits doit être jeté au feu, qu'arrivera-t-il à celui qui en a porté de mauvais? Cet arbre dont parle saint Jean, c'est le genre humain ou chaque homme en particulier. Or, parmi ces arbres, il en est qui sont arides et stériles, comme sont les païens et les incrédules. Il en est qui sont verdoyants comme sont les chrétiens; mais parmi ceux-ci, les uns ne portent aucun fruit, ce sont les oisifs et paresseux ; les autres portent des fruits inutiles, sans bonté ni mérite, ce sont les hypocrites ; d'autres portent des fruits non-seulement inutiles, mais mauvais et vénéneux, ce sont les hérétiques, qui par leurs prédications produisent de pernicieux effets. Toutes ces sortes de fruits sont dignes des flammes auxquelles ils sont condamnés. Mais il est d'autres arbres qui portent de bons fruits, ce sont les catholiques dociles à la parole divine. Les racines sont les pensées implantées dans notre âme, elles l'élèvent jusque dans les hauteurs des cieux, ou la plongent jusque dans les abîmes des enfers. Les racines sont encore la volonté bonne ou mauvaise de laquelle procèdent les paroles et les œuvres bonnes et mauvaises comme expressions diverses de cette volonté. « Il faut donc, conclut saint Ambroise (lib. 2, in Luc.), que celui qui le peut fasse des fruits de grâce, que celui qui le doit fasse des fruits de pénitence ; car le Seigneur en présence duquel nous sommes, nous demandera nos fruits, et nous récompensera si nous avons été féconds, ou nous réprouvera, si nous avons été stériles. »

La foule effrayée d'entendre que le supplice du feu était réservé tant pour l'exécution des œuvres mauvaises que pour l'omission des œuvres bonnes, demandait à saint Jean; *Que devons-nous faire* (Luc, c. 3, v. 10), pour ne pas être livrés aux flammes ? Comme s'ils disaient : Nous sommes prêts à amender notre vie, dites-nous ce qu'il faut faire ? Et saint Jean leur répondit : *Que celui qui a deux tuniques*, c'est-à-dire un vêtement de trop, *le donne à celui qui n'en a pas; et que celui qui a quelque nourriture de reste, la donne également à celui qui en manque* (Luc, c. 3, v. 11). Cette règle doit s'appliquer à tout ce que nous avons de superflu, eu égard aux nécessités et convenances de notre condition. Nous apprenons par là, dit saint Basile, que tout ce qui n'est pas indispensable pour notre propre subsistance, doit être donné aux indigents, au nom de Dieu qui nous a accordé tous nos biens. Saint Grégoire dit également (Hom. 20, in Évang.): « Puisqu'il est écrit dans la Loi: *Vous aimerez votre prochain comme vous-même* (Matth., c. 19, v. 19), celui-là n'accomplit pas le précepte qui, voyant son prochain dans la nécessité, ne partage pas avec lui les choses qui lui sont nécessaires ; car il montre ainsi qu'il aime moins son prochain que lui-même. » Il faut ici remarquer qu'avoir deux tuniques, c'est avoir plus que le nécessaire, et quelque chose de superflu ; mais celui qui n'a rien se trouve, ou dans une nécessité extrême, ou dans une nécessité ordinaire qu'il pourra probablement traverser sans péril pour sa vie. Or, si après avoir pris les choses nécessaires pour nous et pour les nôtres, c'est-à dire pour ceux dont une charité plus étroite nous oblige d'avoir un soin plus particulier, il nous reste encore quelque chose, nous devons le donner à celui qui, manquant de tout, est dans une extrême nécessité ; autrement nous lui enlèverions son droit et sa vie ; puisque dans une telle nécessité, tout ce qui reste aux autres lui appartient, tout ce qui leur est superflu lui est dû, autant qu'il en a besoin. Mais, si le prochain ne se trouve pas dans cette nécessité extrême, il n'est pas ordonné rigoureusement, mais seulement conseillé de le secourir. C'est ici que l'on connaît l'homme ; c'est ici que l'on voit dans les petites choses ce qu'il ferait dans les grandes. « En effet, si au temps de la paix, dit saint Grégoire, vous ne donnez pas votre tunique pour Dieu, comment donnerez-vous votre vie pour lui à l'heure de la persécution ? Voulez-vous donc rendre votre charité invincible dans le combat, fortifiez-la par la miséricorde dans le repos, en vous exerçant à donner vos biens pour le Dieu tout-puissant afin de vous sacrifier ensuite vous-même pour lui. »

« La charité, dit saint Augustin (Tract. 5, in Joan.), n'atteint pas à son apogée d'un seul coup, mais elle s'élève par des degrés successifs ; d'abord elle se forme, puis s'alimente ; ensuite elle se fortifie et enfin se perfectionne ; arrivée à la perfection, elle se manifeste par ce cri : *Jésus-Christ est ma vie, et la mort m'est un gain : Je désire être dégagé de mon corps pour être uni à Jésus-Christ* (Ep. ad. Philip. c. 1, v. 24, 23). Cette charité, mes frères, commence par donner notre superflu à l'indigent qui est pressé par la misère ; si vous l'entretenez alors par la parole de Dieu et par l'espérance de la vie future, vous arriverez à cette perfection qui vous disposera à donner votre vie pour vos frères. » Vous qui êtes riches, ne mettez donc pas de négligence à secourir les pauvres ; car c'est pour votre utilité que Dieu les a faits ; il a voulu qu'en ayant pitié d'eux, vous méritiez qu'il ait pitié de vous. N'allez pas croire, dit saint Chrysostôme

(Hom. 16, Operis imp.), que Dieu ait fait les riches pour l'utilité des pauvres, puisqu'il pouvait soulager les pauvres sans l'intermédiaire des riches ; c'est au contraire pour l'utilité des riches, qu'il a fait les pauvres ; parce que sans l'existence des pauvres, les riches, semblables à des arbres stériles, n'eussent porté aucun fruit digne du ciel. »

Ainsi, saint Jean n'impose pas à la foule et aux hommes ignorants qui l'écoutent, des obligations difficiles à remplir, telles que les veilles, les jeûnes, etc.; non, il leur ordonne, pour faire de dignes fruits de pénitence, les œuvres de miséricorde que le Seigneur discutera au jour de son jugement, et dont il dit lui-même ailleurs : *Faites l'aumône, et tout deviendra pur pour vous.* (Luc, c. 11, v. 41.) « L'ordre que l'on doit suivre plus convenablement dans les prédications, dit le Vénérable Bède (In cap. 30, Lucæ), est de suggérer après la pratique de la pénitence, l'exercice de l'aumône, c'est-à-dire les œuvres de miséricorde ; car, celui qui est vraiment pénitent, pour obtenir de Dieu son pardon, s'empresse de porter secours, autant qu'il peut, à son prochain indigent. Mais au contraire Dieu rejettera la prière de celui qui ferme l'oreille pour ne pas entendre le cri du pauvre. Aussi Jean-Baptiste exhortant la foule à faire de dignes fruits de pénitence, pour ne pas être précipitée dans le feu à cause de sa stérilité, ajoute ce conseil salutaire pour ceux qui l'interrogeaient : *Que celui qui a deux tuniques, en donne une à celui qui n'en a point, et que celui qui a de la nourriture la partage avec celui qui en manque* (Grég. hom. 10, in Évang.). Remarquons ici, avec saint Grégoire, combien les œuvres de miséricorde ont une grande valeur, puisqu'elles nous sont commandées préférablement aux autres, pour faire de dignes fruits de pénitence. » C'est avec raison que saint Jean fait mention de la tunique et de la nourriture ; car la tunique étant un vêtement intérieur est plus nécessaire que le manteau, et la nourriture est encore plus nécessaire que la tunique. Ainsi pour faire de dignes fruits de pénitence, nous devons partager avec notre prochain, non-seulement nos biens extérieurs et moins nécessaires, mais encore ceux qui sont les plus nécessaires, comme la nourriture dont nous vivons, et la tunique dont nous nous revêtons. Ceci nous prouve qu'à plus forte raison, celui qui a deux bénéfices doit en céder un à celui qui n'en a pas ; car il ne peut d'ailleurs servir à deux autels en même temps. Par les tuniques, on peut entendre aussi les vertus qui sont comme les vêtements de l'âme ; et celui qui les possède, doit les appliquer au bien du prochain. Par la nourriture également, on peut entendre les saintes Écritures qui sont les aliments de notre âme, et celui qui les possède doit les employer à la nourriture spirituelle du prochain.

Jean vit aussi venir à lui des publicains, (Luc, c. 3. v. 12) c'étaient des hommes qui s'entremettaient dans les affaires publiques, comme ceux qui percevaient les différentes contributions ou qui affermaient les revenus fiscaux ; c'étaient aussi des gens occupés de spéculations commerciales. A la suite des autres pécheurs ils vinrent comme plus grands coupables *demander le baptême à Jean, et lui dirent : Maître, que devons-nous faire,* pour obtenir la vie éternelle ? *Jean leur répondit : N'exigez rien,* dans les droits et les impôts, *au delà de ce qui vous a été ordonné* par les lois et les coutumes approuvées (Luc, c. 3, v. 13). Il leur tint ce langage, parce que ces percepteurs étaient portés à réclamer plus qu'ils ne leur était permis ou commandé, afin de garder pour eux le surplus. Il ne les avertit pas d'abord de distribuer l'aumône aux pauvres ; non, mais de ne point prendre le bien d'autrui : il montre par là qu'il faut éviter tout péché avant de faire quelque bonne œuvre, et par conséquent restituer le bien d'autrui avant d'assister le pauvre de son bien. « Il défend aux publicains d'exercer la fraude, dit le Vénérable Bède, afin que, réprimant leur convoitise pour ravir le bien d'autrui, ils en vinssent jusqu'à partager leur bien avec le prochain. » Ce que saint Jean dit aux publicains, on peut l'appliquer également aux intendants et aux officiers des seigneurs, qui ne doivent rien exiger des vassaux et des sujets au-delà de ce qui a été établi suivant l'ordre de la justice.

Les soldats demandèrent aussi : Et nous, que devons-nous faire pour être sauvés ? Jean leur répondit : N'usez de concussion envers personne (Luc, c. 3, v. 14). Sous prétexte de remplir votre office, n'opprimez pas les pauvres sans défense, ne les violentez pas, ne les effrayez pas, s'ils ne le méritent point. *Ne vous laissez pas aller à la calomnie*, en accusant de faux délits les puissants et les riches, en les traduisant en justice, pour extorquer leur argent et leurs biens, que vous ne pouvez avoir autrement. *Contentez-vous de votre solde,* que vous avez reçue pour la défense de la patrie et de la république, n'exigez point en outre des services, des présents, d'une manière injuste et violente. Le bienheureux Jean faisait ces recommandations aux soldats, car ils sont naturellement portés à réclamer, par fraude ou par force, les biens de ceux à la garde desquels ils sont préposés. Pierre de Blois dit à ce sujet : « aujourd'hui la discipline militaire a complétement disparu. Autrefois le soldat s'engageait, sous la foi du serment, à soutenir le gouvernement du pays, à ne pas déserter le champ de bataille, et à sacrifier sa propre vie à l'intérêt général. De nos jours, il est armé au pied des autels; il professe qu'il est fils de l'Église ; qu'il a reçu son épée pour faire respecter le sacerdoce, pour protéger les pauvres, pour punir les malfaiteurs, et pour délivrer la patrie. Mais hélas! que sa conduite est éloignée de ses promesses! A peine est-il revêtu des insignes militaires, qu'il s'élève contre les oints du Seigneur, qu'il se jette sur le patrimoine du Christ, dépouille et pille les pauvres qui leur sont assujettis, afflige et opprime les malheureux, et en persécutant les autres assouvit ses appétits illicites et ses caprices désordonnés. » Telles sont les justes plaintes de Pierre de Blois.

Oui, autrefois, ceux qui gouvernaient la terre, depuis le simple soldat jusqu'au roi et à l'empereur, ne recherchaient que le bien commun, au lieu de leur avantage particulier, et ils se dévouaient à la défense des pauvres sans appui. Mais hélas! aujourd'hui ils s'inquiètent peu de la chose publique et de l'indigent, ils envahissent les terres et les possessions des autres, afin qu'après avoir expulsé les légitimes propriétaires, ils enrichissent et augmentent leurs propres domaines. Ils laissent pressurer indignement les faibles, bien plus ils les accablent de vexations. Ah! qu'ils craignent d'être repoussés plus tard de la terre des vivants, et d'être exclus éternellement du royaume des cieux, qui appartient aux pauvres. Selon la doctrine de saint Augustin (Serm. 9, de verbis domini), « tous les supérieurs, tous les ecclésiastiques qui exigent plus qu'ils ne le doivent, sont des calomniateurs et des concussionnaires condamnés par la sentence de Jean; car nous sommes tous soldats de Jésus-Christ. » Par les soldats dont il est ici parlé, on peut entendre aussi les prédicateurs qui doivent être armés, selon cette recommandation de l'Apôtre : *Prenez l'armure divine et l'épée spirituelle qui est la parole de Dieu* (Ep. ad Ephes., c. 6, v. 13, et 17). C'est à eux également qu'il est dit: *N'usez de violence envers personne*; en d'autres termes, que vos prédications ne soient pas trop sévères, afin de ne pas pousser vos auditeurs au désespoir. *Ne vous laissez pas aller à la calomnie*, en refusant de prêcher, parce que vous supposez les fidèles indignes d'entendre les pieuses exhortations. *Contentez-vous de vos rétributions*, c'est-à-dire des revenus assignés aux prédicateurs qui ont des propriétés, et faites l'aumône à ceux qui mendient.

O qu'ils seraient heureux les marchands, les publicains et les soldats, s'ils observaient la doctrine de saint Jean ! Mais où est l'homme qui ayant deux tuniques, et même un plus grand nombre, en donne une à celui qui n'en a point? Quel est celui qui exerce le commerce sans commettre d'injustice, et qui n'envahisse pas les biens étrangers confiés à ses soins? Quel est parmi les grands celui qui ne calomnie pas les petits, qui n'use pas de concussion envers les inférieurs, et qui se contente de ses honoraires ? Quel est l'officier qui ne prenne pas au delà de ce qui lui est dû ? Ah ! certes, ceux-là sont bien rares. Remarquez que saint Jean proportionnait ses discours aux dispositions des auditeurs ; il leur recommandait d'accomplir les choses plus faciles pour arriver aux plus difficiles. Lorsque saint Jean parlait ainsi aux publicains et aux soldats, dit saint Chrysostôme (homil. de nativitate Joannis), il voulait bien les conduire à une plus grande perfection ; mais, comme ils n'en étaient pas capables, il se contentait de leur prêcher une doctrine moins relevée, de peur que, s'il leur en eût exposé une plus sublime, ils ne la missent point en pratique et n'en retirassent aucun profit. » Les préceptes que Jean donnait à la foule sont aussi obligatoires pour les publicains, les soldats et pour tout le monde en général. Saint Ambroise dit à ce sujet (lib. 2, in Joan.) : « Jean donne à chacun de ceux qui l'interrogent, une réponse spéciale en harmonie avec son état particulier.

Ainsi, il dit aux publicains de ne rien exiger au delà de ce qu'accorde la loi ; aux militaires de ne point faire de calomnie, ni commettre de concussion. A tous, il enjoint la pratique de la miséricorde, comme la loi commune pour tous les états, nécessaire pour tous les âges, et applicable pour toutes les conditions: il n'y a pas d'exception pour le publicain ou pour le soldat, pour l'habitant des villes ou des campagnes, pour le riche ou pour le pauvre ; tous doivent donner à celui qui n'a pas. Car la miséricorde est la plénitude des vertus ; et par conséquent il est proposé à tous, comme une règle de vertu parfaite, de donner aux indigents la nourriture et le vêtement. Toutefois, cette miséricorde doit garder une mesure proportionnée aux facultés de chacun, en sorte que personne n'est obligé de se priver de tout pour le prochain, mais seulement de partager ses biens avec le pauvre. » Ainsi parle saint Ambroise.

Prière

Bienheureux Jean-Baptiste, Précurseur du Christ et type de la virginité, vous qui non-seulement avez prêché par vos discours, mais encore avez montré par vos exemples la pénitence aux pécheurs, en menant une vie austère pour la nourriture et le vêtement, et en fuyant les attraits séducteurs d'un monde corrompu, je vous en supplie, obtenez-moi, par vos saintes prières, de pratiquer la mortification convenable dans le boire et le manger, dans les pensées, les paroles et les actions ; faites que le Seigneur préserve mon esprit et mon corps de toute souillure et impureté; que, pendant toute la carrière de cette vie temporelle, il m'accorde d'être éloigné de tout péché et de rester fidèle à son service; qu'il me fasse produire de dignes fruits de pénitence, pour mériter le pardon de mes péchés et parvenir à la vie éternelle. Ainsi soit-il.

CHAPITRE XVIII

SAINT JEAN NE VINT PAS DE LUI-MÊME, MAIS FUT ENVOYÉ DE DIEU POUR EXERCER SON MINISTÈRE PUBLIC

Luc, c. 3, v. 2, — Joan. c. 1, v. 6-18.

Saint Jean ne s'arrogea pas de sa propre autorité la fonction de baptiser, mais il fut envoyé de Dieu même pour proclamer la majesté du Christ. En effet saint Luc dit (c. 3, v. 2) : *la parole du Seigneur se fit entendre à Jean fils de Zacharie au désert;* et saint Jean l'Évangéliste confirme cette déclaration, en disant (c. 1, v. 6) : *Un homme nommé Jean fut envoyé par Dieu.* C'était un homme qui vivait comme les autres suivant le dictamen de la droite raison ; mais *il fut envoyé par Dieu*, du désert où il demeurait, pour conférer le baptême au peuple et rendre témoignage au Christ. Il fit preuve en cela d'une parfaite obéissance, puisqu'il ne vint pas de lui-même, de son propre mouvement, mais par la volonté et l'inspiration divines. Le nom qu'il porte convient bien à sa qualité ; car Jean signifie *favorisé de la grâce :* or un tel homme était bien propre à être le Précurseur de Celui qui est l'auteur même de la grâce. *Jean vint donc comme témoin, pour rendre témoignage à la lumière* (Joan., c. 1, v. 7), c'est-à-dire au Christ, *afin que par lui, sur son témoignage, tout le monde crût* en Jésus-Christ. Remarquez ici que l'Évangéliste désigne le Verbe sous les deux expressions différentes de *lucem* et de *lumen* : et c'est justement à dessein ; le mot *lux* exprime la clarté dans toute sa pureté, sans mélange d'aucune autre nature ; le mot *lumen* au contraire exprime la clarté jointe à un autre objet comme est celle de l'air que l'on indique par le mot *lumen* et non par le mot *lux*. C'est pourquoi l'Évangéliste dit de saint Jean *qu'il fut envoyé afin de rendre témoignage à la lumière* désignée par le mot *lumen*, c'est-à-dire au Christ dans lequel le Verbe divin est uni personnellement à la nature humaine.

Comme les Juifs s'étaient imaginé que saint Jean pouvait être le Christ, l'Évangéliste réfute leur fausse opinion, en disant (Joan., c. 1, v. 8) : *Il n'était pas la lumière* (lux), cette véritable lumière par essence qui tire d'elle-même son éclat, et qui seule suffit pour éclairer toutes les intelligences ; il était seulement lumière par participation, empruntant sa clarté à la lumière véritable qui habite des lieux inaccessibles, afin qu'il pût lui rendre témoignage comme au Soleil de justice, comme au Verbe consubstantiel à son Père. Car saint Jean ainsi que les autres Saints reçoit simplement la lumière de sa source première, mais ne produit pas effectivement la lumière par sa propre vertu: Dieu seul, étant la lumière par essence, peut ainsi la communiquer d'une manière efficace et intime, les Saints n'étant la lumière que par participation, ne peuvent qu'en préparer la communication par leurs paroles et leurs exemples. Or cette lumière dont saint Jean rendait témoignage, était de toute éternité la *lumière véritable*, sans altération et sans ombre, par essence et non point par emprunt ; *celle qui communique la lumière de la grâce à tout homme venant en ce monde* ténébreux, et à quiconque est vraiment éclairé. Car, selon saint Augustin (in Enchiridio cap. 103), nul ici-bas n'est éclairé qu'il ne le soit par cette lumière souveraine. Selon saint Chrysostôme (Hom. 7, in Joan.), elle éclaire tout homme, autant qu'il en est capable et digne. Si donc plusieurs ne sont pas éclairés par cette lumière divine, c'est qu'ils se soustraient eux-mêmes à son influence salutaire, et ferment volontairement les yeux à sa clarté, en refusant de la recevoir. Leur aveuglement ne doit pas être attribué à la lumière, mais bien plutôt à leur malice qui met obstacle à leur illumination, et les prive ainsi de la grâce. Par conséquent, celui qui ne se prépare pas à recevoir la grâce avec la lumière est inexcusable.

Le Verbe divin, cette lumière ou cette Sagesse suprême qui a fait le monde, c'est-à-dire l'ensemble des êtres et toute créature, *était dans le monde* (Joan., c. 1, v. 10), dès son origine comme la cause dans son effet ; et son action souveraine brillait dans toutes ses œuvres, parce qu'il les avait créées et qu'il les gouvernait. Dieu en effet est partout par sa puissance qu'il exerce sur tout l'univers, comme un roi domine tout son royaume ; Dieu est partout par sa présence à laquelle rien n'est caché ni inconnu, comme un roi réside dans son propre palais où il voit tout ce qui s'y trouve et tout ce qui s'y passe ; Dieu est partout par son essence, parce que, après avoir donné l'existence à toutes les créatures, il la leur conserve continuellement, et existe en elles, comme un roi demeure en un lieu déterminé auquel son corps est proportionné. *Le monde fut fait par lui*, c'est-à-dire par sa bonté, afin qu'il trouvât des êtres auxquels il pût communiquer ses grâces ; *mais le monde*, c'est-à-dire l'homme qui habite ce monde, *ne l'a pas connu*. Et il a été nécessaire que le Créateur lui-même vînt dans le monde en tant qu'homme pour se faire connaître en personne. Le monde qui ne l'a pas connu, doit s'entendre particulièrement des esclaves et des amateurs du monde, parce que les choses terrestres causent dans leurs cœurs de telles impressions qu'elles les empêchent de connaître les choses divines ; mais les amis de Dieu parvinrent à le connaître même avant qu'il fût présent corporellement comme homme. Quoiqu'il fût déjà présent universellement comme Dieu dans toutes ses créatures, les hommes mondains et grossiers n'étaient point encore parvenus à le connaître. Afin que tous pussent le voir d'une manière sensible, il se revêtit de notre chair, et par l'Incarnation *il vint dans son propre domaine* (Joan., c. 1, v. 11), c'est-à-dire dans le monde qui est sa propriété comme étant sa créature, puisque *tout a été fait par lui* ; ainsi, il se montra dans le monde sous la forme de l'humanité qui était l'ouvrage de sa divinité. Il vint spécialement dans la Judée qui signifie *terre de Dieu*, et se manifesta particulièrement aux Juifs dont il était issu d'après les prophéties, et qu'il avait choisis pour son peuple privilégié. Il prit donc naissance dans la race d'Abraham, lorsqu'en s'incarnant il sortit du Père et vint dans le monde. Il était déjà dans le monde par sa divinité, mais il y vint par son humanité ; car venir ou s'en aller est le propre de l'humanité, tandis qu'être et demeurer est le propre de la Divinité. *Il vint* donc, c'est-à-dire qu'il apparut visiblement ; et il vint non pour lui-même, mais pour nous autres, comme l'Évangéliste l'insinue clairement. Et, parce que le monde ne connaissait pas la grandeur de sa divinité, il apparut dans la bassesse de notre humanité. *Mais les siens*, c'est-à-dire les hommes qu'il avait créés à son image et à sa ressemblance, ne voulurent pas, du moins en grande partie, *le recevoir*, croire en lui, adhérer à lui ; les Juifs qui étaient plus particulièrement *les siens, ne voulurent point le recevoir*, lui donner leur foi et leur amour. De même aujourd'hui les ecclésiastiques qui, entre tous les chrétiens, sont plus spécialement les siens, parce qu'ils forment l'héritage de Dieu, ne le reçoivent point pour la plupart, mais par leurs mœurs dépravées le rejettent au contraire, plus même que les simples laïques.

Expliquons maintenant dans leur sens moral ces mêmes

paroles : *In propria venit.* Dieu vient parmi les siens, lorsqu'il vient dans les cœurs de ceux qui, se renonçant eux-mêmes, se dévouent entièrement à lui afin de ne vivre que pour lui seul. *Et sui eum non receperunt. Et les siens ne l'ont pas reçu* : c'est-à-dire ceux qui sont attachés à eux-mêmes, cherchant leurs propres intérêts et non ceux de Dieu, ne le reçoivent point dans leurs cœurs et le Seigneur refuse de venir en eux. Celui donc qui veut que Dieu vienne en lui, doit être véritablement fils de Dieu. Car le Verbe éternel qui est le propre Fils du Père céleste ne vient que dans son héritage, dans tous ceux qui, étant les vrais enfants de Dieu, croient au nom de Jésus-Christ, le propre Fils du Très-Haut. Hélas ! parmi les siens combien peu ont reçu Jésus-Christ, l'envoyé de Dieu, avec une foi vive soutenue par une ardente charité, croyant et proclamant qu'il est vrai Dieu et vrai homme, et s'attachant à lui de tout leur cœur ! Mais, direz-vous peut-être, quels sont les avantages de cette réception ? Ils sont immenses ; puisque, sans distinction d'état ou de condition, de sexe ou d'âge, sans acception de personnes, *tous ceux généralement qui ont reçu Jésus-Christ par la foi, ont reçu de lui le pouvoir de devenir enfants de Dieu* (Joan., c. 1, v. 12), par la génération du baptême qui confère la grâce d'adoption. Or ceux qui reçoivent Jésus-Christ par la foi sont *ceux qui croient en son nom*, c'est-à-dire en la réalité et la vérité de son nom. Son nom de Christ, *Oint*, marque l'onction qu'il donne comme Dieu et qu'il reçoit comme homme : son nom d'Emmanuel, *signifie Dieu avec nous*. Celui-là donc croit en son nom, qui le croit Dieu et homme ; et il devient ainsi enfant de Dieu ; car l'Apôtre saint Jean a dit : *Quiconque croit que Jésus-Christ est le Fils de Dieu, est lui-même enfant de Dieu* (Epist. I, c. 5, v. 1).

Remarquons aussi que l'Évangile ne dit pas : Il les a rendus enfants de Dieu ; mais : *Il leur a donné le pouvoir de devenir les enfants de Dieu*, et cela pour plusieurs raisons, comme saint Chrysostôme le fait observer (Hem. 7, in Joan.) : C'est pour nous apprendre, premièrement, avec quel soin nous devons toujours conserver sans tache le caractère d'enfant de Dieu, imprimé dans notre âme par le baptême ; secondement, que nul ne peut nous enlever ce privilège, si nous ne consentons pas à le perdre ; troisièmement, que cette faveur est accordée seulement à ceux qui la désirent et qui la recherchent, puisqu'elle est le résultat commun de la grâce divine et de notre libre arbitre ; car si c'est à Dieu de donner la grâce, c'est à l'homme de lui prêter son concours. Cette puissance de devenir enfants de Dieu n'est donc octroyée qu'à ceux qui professent la foi de Jésus-Christ, soit par eux-mêmes, s'ils sont adultes, soit par des intermédiaires, s'ils sont encore trop jeunes ; car cette filiation s'acquiert non par la propagation de la chair, mais par la participation du droit que le propre Fils de Dieu communique à ceux qui lui donnent leur foi. Voilà ce grand fruit produit par l'avènement de Jésus-Christ qui, étant Fils de Dieu par nature, nous a mérité la grâce de devenir enfants de Dieu par adoption. C'est assurément un grand fruit, puisque, comme dit l'Apôtre : *Si nous sommes les enfants de Dieu, nous sommes par là même les héritiers de son royaume et les cohéritiers de son Fils Jésus-Christ* (Ep. ad Rom., c. 8, v. 17). Ainsi paraît la libérale miséricorde de Dieu qui a daigné adopter pour enfants ceux-mêmes qui n'étaient pas dignes d'être ses esclaves. O bienveillance admirable ! s'écrie saint Augustin (tract., 2, in Joan.), Jésus-Christ était Fils unique, mais il n'a pas voulu rester seul ; et il n'a pas craint de nous faire ses héritiers, car son héritage ne s'amoindrit point par le grand nombre de ceux qui le possèdent avec lui.

De crainte qu'on ne prît dans un sens charnel et non dans un sens spirituel cette naissance des enfants de Dieu, l'Évangéliste a bien soin d'indiquer comment nous obtenons cette filiation. Ces enfants de Dieu n'ont pas été formés par le sang, c'est-à-dire par le commerce des deux sexes qu'indique ici le pluriel *ex sanguinibus*; *ni par la volonté de la chair* (Joan., c. 1, v. 13), c'est-à-dire par la concupiscence et la délectation de la femme; *ni par la volonté de l'homme*, c'est-à-dire par la concupiscence et la délectation du mari, *mais ils sont nés de Dieu même*; c'est-à-dire en recevant le sacrement du baptême, ils ont été engendrés d'une manière non pas charnelle, mais spirituelle, comme enfants d'adoption, par le don de la grâce qui les a rendus en quelque sorte *participants de la nature divine*, comme dit saint Pierre (Ep. I, c. 1, v. 4). D'où nous devons tirer cette conséquence morale, que rien d'humain, rien de mondain, rien de créé ne doit occuper notre cœur, puisque nous n'avons reçu la naissance de rien de tout cela, mais de Dieu seul. — L'Évangéliste nous montre ensuite la manière dont le Verbe vint dans le monde. Il n'y vint pas par un transport local comme dans un lieu où il n'était pas auparavant, mais il commença à y être d'une manière nouvelle. Comme un roi qui est par sa seule puissance dans chaque ville de son royaume, commence à y être d'une nouvelle manière, c'est-à-dire par sa présence, lorsqu'il y vient en personne : de même, le Fils de Dieu qui était déjà dans le monde par sa puissance, par sa présence et par son essence, y vint sous un nouveau mode, en s'humiliant par l'Incarnation, en se revêtant de notre mortalité, afin de nous rendre par adoption les enfants de celui dont il est le Fils par nature.

Lorsque l'Évangéliste dit : *Le Verbe s'est fait chair* (Joan. c. 1, v. 14), c'est-à-dire s'est uni à la chair, ou a pris chair, c'est comme s'il disait : le Verbe s'est fait homme, ou a pris notre humanité qu'il a unie à sa personne. Car ici le mot *chair* signifie *l'homme ou l'humanité*, d'après une locution assez fréquente qui consiste à prendre la partie pour le tout. Ainsi, *le Verbe s'est fait chair*, non pas en ce sens qu'il se changea en chair, mais en ce sens qu'il prit une chair vivifiée par une âme raisonnable, pour former de la divinité et de l'humanité une seule et même personne. Les deux natures furent réunies ainsi hypostatiquement sans confusion, sans altération, sans mélange ; l'une ne fut pas changée en l'autre, mais toutes deux furent jointes en la personne de Jésus-Christ, qui est Dieu et homme tout ensemble. Le Verbe n'a donc pas pris la nature humaine en unité de nature, mais en unité de personne. Lors donc que l'Évangéliste dit : *Le Verbe s'est fait chair*, c'est comme s'il disait : Dieu s'est fait homme. Sur ce sujet écoutons saint Augustin (Lib. 15, de Trinit., c. 11.) : Le fils de l'homme est composé d'un corps et d'une âme ; le Fils de Dieu, qui est le Verbe de Dieu, est revêtu de l'humanité comme l'âme est revêtue d'un corps ; or, de même que l'âme revêtue d'un corps ne forme pas deux personnes, mais un seul homme, de même le Verbe revêtu de l'humanité ne forme pas deux personnes, mais un seul Christ. Qu'est-ce que l'homme, sinon une âme raisonnable unie à un corps ? Qu'est-ce que le Christ, sinon le Verbe divin uni à l'humanité ? »

Jésus-Christ étant venu sur la terre pour sauver l'homme tout entier, devait prendre en lui toute la nature humaine. L'homme, en effet, dit saint Chrysostôme (Hom. 10, in Joan.) avait encouru, dans son âme comme dans son corps, la sentence de mort que lui avait attirée le péché de notre premier père ; il était donc nécessaire que Notre-Seigneur prît l'une et l'autre pour les sauver tous les deux. » Si néanmoins l'Évangéliste n'a pas voulu nommer l'homme tout entier, c'est pour montrer l'intime et singulière union du Verbe avec l'humanité ; car cette union est si parfaite que non-seulement le Verbe est homme et que l'homme est Verbe, mais encore que les deux parties constitutives de l'homme, l'âme et le corps étant séparées, le Verbe est chacune de ces parties, et chacune de ces parties est le Verbe. Et quoique l'âme soit plus noble et plus excellente que le corps ou la chair, toutefois l'Évangéliste nomme la chair de préférence à l'âme, afin de nous donner une plus grande certitude de cette union ; car il était plus difficile de croire que le Verbe fût uni à la chair humaine, que de croire qu'il se fût uni à l'âme beaucoup moins indigne de cet honneur incomparable. Dans un but moral l'Évangéliste a mieux aimé nommer la partie la plus méprisable de l'homme, la chair plutôt que l'âme, afin de nous faire mieux comprendre l'ineffable condescendance, le prodigieux abaissement de notre miséricordieux Sauveur. C'était aussi afin de confondre l'orgueil d'un grand nombre qui, parlant de leurs ancêtres, nomment seulement ceux qui ont occupé quelque dignité ou place importante, bien qu'ils soient des parents éloignés, et ne mentionnent point les autres parents plus obscurs, quoiqu'ils soient souvent plus proches. Un auteur donne un plaisant exemple de ceci dans la fable d'un mulet qui, étant interrogé sur son origine, ne manqua pas de répondre qu'il avait pour oncle un cheval de bataille et rougit d'avouer qu'il avait un âne pour père.

Ainsi donc *le Verbe habita dans nous*, c'est-à-dire dans notre nature, d'une manière indissoluble, pour ne plus en être jamais séparé. Toutefois, il ne faut pas entendre que le Verbe habita dans nous comme dans le Christ, de manière à former une seule personne avec chacun de nous, mais simplement de manière à posséder une nature commune avec chacun de nous, savoir la nature humaine en laquelle il *fait sa demeure perpétuelle*. Par ces mots : *et habitavit in nobis*, on peut comprendre aussi qu'il habita parmi nous dans le monde, selon cet oracle du Prophète Baruch : *Il apparut sur la terre, et vécut avec les hommes* (c. 3, v. 38). On peut encore dans un sens moral appliquer ces paroles à l'habitation spirituelle de Dieu qui demeure dans notre âme par sa grâce. Et cette habitation spirituelle résulte de l'habitation charnelle du Verbe, comme l'effet découle de la cause ; car c'est à l'Incarnation du Verbe, que nous devons attribuer l'avantage pour notre âme d'être la demeure de ce même Verbe.

Saint Jean l'Évangéliste ajoute : *Et nous avons vu sa gloire*, c'est-à-dire, nous avons reconnu la majesté glorieuse de la divinité, propre à celui qui est vraiment le Fils unique du Père éternel, ayant avec lui une seule et même substance. Le mot *voir* doit ici s'entendre de deux manières, et de la vue corporelle et de la vue intellectuelle ; car sous ces deux rapports, saint Jean et les autres Apôtres ont eu connaissance du Verbe incarné ; ils l'ont vu corporellement, puisqu'ils ont été les fidèles compagnons de sa vie extérieure, et les témoins de sa puissance surnaturelle qui produisit des œuvres miraculeuses ; ils l'ont vu intellectuellement, lorsque leur intelligence, éclairée par l'expérience sensible, a découvert l'excellence de sa divinité cachée sous le voile de son humanité ; mystère que n'ont point voulu reconnaître les orgueilleux, offusqués par la faiblesse apparente de sa chair visible. Les disciples au contraire reconnurent la gloire du Verbe, dans la sagesse de ses intructions ; car il enseignait comme parlant de sa propre autorité avec un pouvoir souverain ; ils reconnurent également la gloire du Verbe, dans l'opération de ses miracles, lorsqu'ils voyaient les créatures lui obéir sans résistance comme à leur maître et créateur ; ils la reconnurent aussi dans sa Transfiguration, dans sa Passion, dans sa Résurrection, dans son Ascension, et lorsqu'il leur envoya le Saint-Esprit au jour de la Pentecôte.

Aussi l'Évangéliste pour expliquer quelle gloire ils avaient vue, dit que *c'était la propre gloire du Fils unique du Père* non par adoption, mais bien par nature, procédant de son essence et participant à sa substance. *Gloriam quasi unigeniti a Patre.* Dans ce texte, le mot *quasi* n'est pas mis pour signifier la ressemblance ou la comparaison avec la filiation divine, mais plutôt pour exprimer la vérité, la certitude de cette filiation divine du Verbe incarné. Selon saint Chrysostôme, (Hom. II, in Joan.), c'est comme si l'écrivain sacré disait : Nous avons vu sa gloire, telle qu'elle appartenait et convenait au Fils unique du Père éternel. Cette expression *quasi* est aussi une manière de parler que le même saint Docteur explique de la sorte par l'exemple suivant. Si quelqu'un, dit-il, après avoir contemplé la marche triomphale d'un grand roi au milieu d'une cour splendide, essayait de raconter toutes les magnificences dont il a été témoin, ne pouvant dépeindre toute la pompe du brillant cortége ; qu'est-il besoin de tant de paroles ? dirait-il ; je vous dirai tout en deux mots : il marchait comme un roi, avec un appareil digne de la majesté suprême. De même l'Évangéliste, ne pouvant décrire tout ce qu'il avait connu de la gloire du Verbe, le chant des Anges à sa naissance, la joie des bergers à Bethléem, l'adoration des Mages à la crèche, la délivrance des possédés, la guérison des malades, la résurrection des morts, l'accord de toutes les créatures proclamant l'arrivée du Monarque universel, la voix du Père et la descente du Saint-Esprit au baptême de Jésus-Christ, l'Évangéliste, dis-je, ne pouvant rapporter toutes ces merveilles ainsi que les autres témoignages innombrables qui prouvent la grandeur et la puissance du Verbe incarné, renferme tout en ces seuls mots : *Nous avons vu sa gloire, cette gloire telle qu'elle convient au Fils unique du Père éternel*. Jésus-Christ est donc selon sa divinité, le Fils unique de Dieu, puisqu'il est seul engendré du Père, et selon son humanité il est le premier-né en grâce. Aussi l'appelons-nous notre frère et notre Seigneur ; notre frère, en sa qualité de premier-né ; notre Seigneur, comme seul engendré du Père éternel. La connaissance que les Apôtres et les disciples eurent du Verbe incarné, s'étendait à sa nature divine et à sa nature humaine. C'est pourquoi, l'Évangéliste dit relativement à sa divinité : *Et nous avons vu sa gloire, cette gloire digne du Fils unique de Dieu* ; puis relativement à son humanité, il ajoute : *Et nous l'avons vu plein de grâce et de vérité* ; *plein de grâce*, puisqu'il reçut sans mesure tous les dons du Saint-Esprit, et *plein de vérité*, puisqu'il accomplit toutes les promesses faites à la terre. En outre *il est plein de grâce*, pour remettre tous les péchés ; *et plein de vérité*, pour communiquer tous les dogmes ; *il est vraiment rempli et parfait, puisque la plénitude de la divinité habite en Jésus-Christ substantiellement* (Ep. ad. Colos. 2, v. 9).

Remarquons avec admiration que ce commencement de l'Évangile selon saint Jean contient des choses si sublimes, et renferme des mystères si profonds, principalement en ce passage : *Et le Verbe s'est fait chair*, que saint Jean lui-même se déclare indigne et incapable de les expliquer ; aussi nous ne devons pas douter que ces paroles admirables n'aient une grande efficacité. C'est donc une louable coutume de lire cet

Évangile à la fin de la messe (1). Voici quelques exemples du pouvoir surnaturel de ces paroles merveilleuses.

En Aquitaine, vivaient autrefois deux mendiants possédés du démon ; l'un d'eux, jaloux de ce que l'autre avait reçu plus d'aumônes que lui, vint trouver secrètement un prêtre, en lui disant : Si vous faites ce que je vais vous dire, à savoir, si vous récitez à l'oreille de mon compagnon, l'Évangile *in principio erat Verbum,* sans toutefois que je puisse l'entendre, soyez sûr que le démon sera chassé de son corps. Le prêtre comprenant la ruse du malin esprit, lut à haute voix l'Évangile indiqué, et lorsqu'il prononçait ces paroles *Et Verbum caro factum est,* les démons s'enfuirent, et les deux mendiants furent délivrés.

On raconte une autre histoire à ce sujet. Le diable dit un jour à un saint personnage qu'en cet Évangile il y avait certains mots surtout redoutables aux démons. Interrogé quels étaient ces mots, le diable refusa de les indiquer ; puis, comme le saint homme lui citait plusieurs passages, il se contentait de répondre à chacun que ce n'était pas cela. Enfin, interrogé si par hasard ce n'étaient pas ces paroles *Verbum caro factum est,* le diable ne répondit point, mais disparut aussitôt en jetant un cri.

Une autrefois, le diable se présenta à l'abbé d'un monastère, sous la figure d'une belle dame, le sollicitant au péché, parce qu'ils étaient seuls dans le jardin. L'abbé découvrant la malice du père des ténèbres, se signa, en disant : *Verbum caro factum est, et habitavit in nobis,* et aussitôt le démon prit la fuite au milieu d'un bruit épouvantable.

On raconte encore cet autre trait. Un moine entendant lire l'Évangile *in principio erat Verbum,* ne fléchit point

---

(1) Voir note XLVII à la fin du volume.

les genoux et ne donna aucun signe de respect, à ces mots *Et Verbum caro factum est*. Le diable alors lui donna un soufflet, en disant : si on lisait que le Verbe s'est fait démon, nous ne cesserions pas de fléchir les genoux. Tous ces faits nous prouvent avec quelle vénération nous devons lire ou entendre cet Évangile.

Il est donc constant par l'expérience que *nous avons vu le Verbe plein de grâce et de vérité ; car c'est de sa plénitude que tous nous avons reçu grâce pour grâce* (Joan., c. 1, v. 16). Comme si l'Évangéliste disait : c'est de sa plénitude que tous les Apôtres ainsi que tous les fidèles présents et futurs ont reçu, reçoivent et recevront ; nous pouvons donc dire justement que *le Verbe était rempli*. Il faut distinguer ici plusieurs sortes de plénitude : plénitude d'universalité et d'ensemble, comme elle existe dans l'Église qui possède toutes les grâces distribuées à ses divers membres selon leurs dispositions ; plénitude de suffisance, comme elle était en saint Étienne et dans les autres saints, comme elle est encore dans tous les justes qui la possèdent chacun selon sa capacité ; plénitude de prérogative et d'abondance, comme elle fut en la bienheureuse Vierge qui surpassait en grâce tous les saints. En effet, de même que Dieu a réuni dans le soleil toutes les qualités des autres astres, de même aussi il a mis en Marie toutes les vertus des autres saints ; car il ne lui eût pas suffi d'avoir comme les autres la plénitude de suffisance, si elle n'avait eu la plénitude de prérogative et d'abondance qui lui était nécessaire pour épancher et répandre la grâce sur les pécheurs ; Jésus-Christ toutefois est l'auteur de cette grâce en Marie. Enfin une quatrième plénitude est celle de consommation ou d'excellence et de surabondance qui fut en Jésus-Christ, comme le dit ici saint Jean. Le Sauveur en effet n'eut pas seulement cette plénitude que l'on trouve dans les autres, mais il eut encore celle qui rejaillit sur les autres ; car les dons dont il possède la plénitude ont découlé, comme par des canaux et bien au delà de nos mérites, sur nous tous élus qui sommes ses membres et dont il est le Chef. C'est *ainsi que nous avons reçu de lui grâce pour grâce* : la grâce de la réconciliation qui nous procure le salut pour la grâce de la foi qui nous fait croire en lui ; la grâce de la vie éternelle pour la grâce de la justification ; la grâce de la récompense pour la grâce du mérite. Dieu en effet nous a donné la grâce prévenante, afin que par elle nous obtenions la gloire qui est la grâce consommée : en un mot, tout ce qui est ajouté à la grâce prévenante, est tout à fait grâce pour grâce, d'où cet axiome : *tout ce que nous avons de mérite, nous le devons à la grâce prévenante, de sorte que Dieu couronnant les saints ne fait que couronner ses dons.*

Quidquid habes meriti, præventrix gratia donat ;
Nil Deus in nobis, præter sua dona coronat.

Ce qui fait dire à saint Augustin (Tract. 3, in Joan.) : Quelle grâce avons-nous reçue d'abord ? la foi : Elle est appelée grâce, parce qu'elle est donnée gratuitement, et le pécheur reçoit cette première grâce afin que ses péchés soient remis par une nouvelle grâce. *Nous avons reçu grâce pour grâce*, c'est-à-dire, d'après le même saint Docteur, pour cette grâce qui nous fait vivre de la foi, nous devons recevoir une autre grâce qui nous fera vivre dans l'éternité ; car la vie éternelle est la récompense de la foi, de sorte que la foi `anté une grâce, la vie éternelle est par là même grâce pour grâce.

I` est facile de comprendre comment tous nous avons reçu de la plénitude de Jésus-Christ une mesure différente de grâce. En effet, si vous plongez dans une fontaine remplie un vase quelconque, il n'y puisera de l'eau que selon sa capacité ; et s'il en puise peu, ce ne sera pas par le défaut de la source, mais par le défaut du vase. De même, en **Jésus-Christ** qui est la source de vie toujours pleine, nous puisons la grâce selon la capacité de nos cœurs. Or, comme un vase profond et large contient plus d'eau qu'un vase haut et étroit, de même un cœur, abaissé par l'humilité et élargi par la charité, reçoit plus de grâce qu'un cœur, élevé par l'orgueil et rétréci par l'avarice ; en sorte que si nous recevons peu, ce n'est pas la faute de Dieu qui donne, mais la faute de celui qui reçoit ; nous devons donc nous disposer à recevoir par l'humilité et la charité. Rien, dit saint Isidore, n'est plus propre à nous mériter la grâce de Dieu et la bienveillance des hommes que l'humilité jointe à la charité. Cette grâce, dit saint Augustin, n'existait pas sous l'ancienne loi qui menaçait le pécheur, mais ne le délivrait pas ; qui ordonnait, mais ne secourait pas ; qui découvrait les plaies, mais ne les guérissait pas ; car elle préparait seulement la voie au médecin qui devait apporter au monde coupable la grâce et la vérité.

L'Évangéliste, pour montrer de quelle manière la grâce nous a été communiquée, ajoute (Joan., c. 1, v. 17) : *C'est par Moïse que fut donnée la Loi*, comme l'annonce du salut ; *mais c'est par Jésus-Christ*, c'est-à-dire par le Sauveur Oint du Saint-Esprit *que nous sont venues*, autant qu'il était nécessaire et suffisant, *la grâce et la vérité ;* la grâce que nous recevons avec les vertus et les dons par le moyen des sacrements et qui procure le salut des hommes ; la vérité qui consiste dans la réalisation des figures et l'accomplissement des promesses. Cette grâce qui n'était pas donnée, mais simplement promise dans la Loi, dit saint Augustin, c'est la délivrance de la mort temporelle et éternelle par la mort même de notre Rédempteur. « Jésus-Christ, dit saint Chrysostôme (Hom. 13, in Joan.), est venu remplir tout ce qui avait été figuré dans l'Ancien Testament, et qui devait être réalisé dans le Nouveau. Car la Loi donnée par Moïse n'était que la figure de *la vérité qui a été faite par Jésus-Christ.*

Comment cette grâce et cette vérité sont-elles arrivées jusqu'à nous ? L'Évangéliste nous l'apprend, lorsqu'il ajoute : *Personne,* c'est-à-dire aucune créature, *n'a jamais vu Dieu,* en lui-même, d'une manière complète, par la vision dite de compréhension. Or si, comme le dit saint Chrysostôme (Hom. 14, in Joan.), les Anges et les Archanges, les Chérubins et les Séraphins n'ont point vu parfaitement l'essence divine, à plus forte raison aucun mortel ne l'a jamais vue. Tant que nous vivons sur cette terre, dit saint Grégoire (lib. 2, Moral., c. 37), nous pouvons bien voir Dieu sous quelques images, mais nous ne saurions le voir dans sa propre nature ; et l'âme favorisée même d'une grâce intellectuelle ne parvient pas jusqu'à cette vision de l'essence divine. Cependant l'homme spirituel qui vit encore dans cette chair corruptible peut s'élever à la vision de la Sagesse éternelle qui est Dieu même, s'il meurt entièrement à ce monde de manière à n'être plus retenu par quelque affection terrestre. Saint Augustin (lib. 12, in Gen., c. 17), assure également qu'on n'arrive point à cette vision, à moins de mourir absolument à ce monde. Mais celui-là seul qui comprend Dieu parfaitement, d'après l'Évangéliste (Joan., c. 1, v. 18), *c'est le Fils unique de Dieu qui demeure dans son sein,* c'est-à-dire dans la secrète intimité du Père auquel il est consubstantiel et coéternel, comme l'applique saint Chrysostôme. Aussi ce Fils unique de Dieu a révélé à ses fidèles serviteurs ce qu'il a vu, en leur découvrant les profondeurs cachées de la divinité, et en leur manifestant plusieurs mystères tel que celui de la Trinité, que la Loi et les prophètes n'avaient pas clairement exposés. Jésus-Christ est venu enseigner ces grandes vérités aux hommes pour les affermir dans la grâce de la foi, et montrer à tous en sa personne le chemin du salut. Le Fils de Dieu fait homme, dit le Vénérable Bède (in Joan.), nous a enseigné ce que nous devons croire de l'Unité dans la Trinité, de quelle manière nous devons tendre, et par quels actes nous devons arriver à la contemplation de cet ineffable mystère.

Prière

Seigneur Jésus-Christ, Fils du Dieu vivant, lumière véritable qui éclaire tout homme venant en ce monde, je vous adore, moi misérable qui suis enveloppé d'épaisses ténèbres, et je supplie votre miséricorde d'éclairer mon âme, de régler mon esprit, de disposer mes pensées, de contenir mes sens de diriger mes discours et mes actes, de telle sorte que l'auteur de l'iniquité, et l'ami des ténèbres, ne fasse pas de moi sa proie et ne trouve pas en moi son signe, mais, qu'ébloui par l'éclat de la véritable lumière, il s'enfuie loin de moi. Faites que, tendant à vous comme au principe de la lumière, je marche par une voie droite, et que je parvienne à votre gloire éternelle. Ainsi soit-il.

CHAPITRE XIX

SAINT JEAN CONFESSE DEVANT LES JUIFS QU'IL N'EST PAS LE CHRIST, MAIS SON PRÉCURSEUR ET SON MESSAGER.

Matt., c. 3, v. 3-11-12.—Marc, c. 1, v. 7-8 — Luc, c. 3, v. 4-5-13-17.—Joan., c. 1, v. 19-28.

La conception et la naissance merveilleuses de saint Jean, la sainteté et l'austérité de sa vie, la sagesse et l'efficacité de sa prédication, ainsi que la nouveauté de son baptême, portaient communément le peuple Juif à penser que saint Jean était peut-être le Christ promis dans la loi. Les Pharisiens voyant que cette opinion se propageait de plus en plus, se déclarèrent contre Jean, sous prétexte qu'il s'était arrogé la fonction de baptiser, en dehors de la Loi et de la tradition. Néanmoins, comme ils doutaient eux-mêmes s'il n'était pas le Messie, *ils envoyèrent de Jérusalem* vers lui, parce qu'il était issu de la race sacerdotale, *des prêtres et des lévites* versés dans la loi, *pour lui demander qui il était* et pourquoi il baptisait (Joan., c. 1, v. 19). Pourtant, ces Scribes et ces Pharisiens pouvaient bien savoir qu'il n'était pas le Christ, puisque le Sauveur promis devait naître de la tribu de Juda, tandis que saint Jean était sorti de la tribu de Lévi.

A Jean, qui avait été sanctifié dès le sein de sa mère, on pose cette question: *Qui êtes-vous?* A cette occasion, chacun, pour se connaître soi-même, doit s'adresser quatre questions: touchant sa nature, sa personne, sa forme et sa stature. Commencez par vous examiner vous-mêmes sous ces quatre rapports, afin que vous puissiez répondre à Dieu lorsqu'il vous interrogera. A la première question : qui êtes-vous par votre nature? une triple réponse se présente. En effet puisque vous êtes homme, souvenez-vous que par votre corps vous êtes terre, afin d'opposer à l'orgueil les sentiments d'humilité ; que par votre âme, vous êtes esprit, afin de combattre l'avarice par le désir des biens supérieurs; que par votre corps et votre âme réunis, vous êtes créature raisonnable, afin de dompter la luxure par une vie conforme aux règles de la raison. Mais si Dieu vous demandait en ce moment : *Qui êtes-vous ?* Mortel orgueilleux! pourrait-il vous dire, vous avez changé votre nature; vous n'êtes plus cette terre qui doit s'abaisser, mais comme l'air vous cherchez à vous élever ; vous n'êtes plus cet esprit qui doit désirer les choses spirituelles, mais comme la chair vous ne convoitez que les choses terrestres ; vous n'êtes plus cette créature raisonnable qui doit suivre la raison, mais comme la brute vous ne consultez plus que vos appétits grossiers. Lorsqu'un jour vous frapperez à la porte du ciel, en disant : *Seigneur, Seigneur, ouvrez-nous* (Matth., c. 25, v. 11), Dieu vous adressera la seconde question : Qui êtes-vous dans votre personne? peut-être répondrez-vous alors : je suis chrétien. Mais apprenez de saint Ambroise, que c'est un mensonge de se dire disciple du Christ et de ne pas faire les œuvres du Christ. Ou peut-être vous répondrez : je suis l'ami de Jésus-Christ. Mais entendez-le lui-même déclarer : *Vous serez mes amis si vous observez ce que je vous commande* (Joan., c. 15, v. 14). Si donc vous n'êtes ni disciple ni ami du Christ vous recevrez cette terrible réponse: *En vérité, je ne vous connais pas* (Matth., c. 25, v. 12). La troisième question : qui êtes-vous quant à votre forme morale, à votre conduite? s'applique aux mœurs et aux œuvres tant intérieures qu'extérieures. Considérez attentivement si vous avancez ou si vous reculez dans le chemin de la vertu. La quatrième question :

qui êtes-vous quant à votre stature spirituelle ? regarde le degré d'abaissement ou d'élévation. Considérez si vous êtes devenu assez petit par l'humilité, pour que vous puissiez entrer par la porte étroite qui conduit à la vie, et si vous êtes assez grand par la charité, pour que vous méritiez d'obtenir une place honorable dans la céleste Jérusalem.

Interrogé sur ce qu'il était, saint Jean avoua la vérité, bien loin de la nier ; car autrement, c'eût été nier Jésus-Christ qui est la Vérité même. *Il dit donc nettement : Je ne suis pas le Christ* (Joan., c. 1, v. 20). De la sorte, il répondait à la pensée et aux intentions, plutôt qu'à la question et aux paroles de ses interrogateurs : car les Juifs ne demandaient à saint Jean ce qu'il était, que pour savoir s'il était réellement le Christ : et, bien qu'à cet égard leur question ne fût pas expresse, nul doute, selon saint Chrysostôme (hom. 15. in Joan.), que tel ne fut leur dessein, comme d'ailleurs le prouve la réponse de saint Jean lui-même. Il avoua donc n'être pas ce qu'il n'était point effectivement, et ne nia pas ce qu'il était réellement. Ainsi, il avoua n'être pas le Christ, malgré l'opinion publique qui semblait lui attribuer ce titre, mais il ne nia pas qu'il fût son Précurseur ; il avoua n'être pas le souverain juge, mais il ne nia pas qu'il en fût le Hérault ; il avoua n'être pas l'Époux de l'Église, mais il ne nia pas qu'il fût l'ami de l'Époux ; il avoua n'être pas le Verbe, mais il ne nia pas qu'il en fût la Voix. Ainsi, il préféra sagement se renfermer en lui-même pour rester ce qu'il était, plutôt que d'être vainement élevé au dessus de lui-même dans l'estime des hommes. Il aima mieux reconnaître humblement son infériorité, pour rester membre du corps de Jésus-Christ, que d'en être séparé, en usurpant le nom de son chef. Elle est très-digne de nous être proposée pour exemple, cette grande humilité de saint Jean qui, malgré la haute considération et l'autorité supérieure dont il jouissait parmi les Juifs, ne se laissa point enfler d'orgueil, jusqu'au point de s'arroger un nom et un honneur étrangers. Les serviteurs dévoués, dit saint Chrysostôme, bien loin de ravir à leur maître sa gloire, refuseraient de l'accepter, quand même beaucoup la leur offriraient. Qu'il était éloigné de l'humilité de saint Jean, ce Lucifer qui prétendait s'arroger la gloire de la Divinité ! Qu'ils étaient loin de cette humilité, nos premiers parents qui, en mangeant le fruit de l'arbre de la science du bien et du mal, crurent devenir semblables à la Sagesse incréée ! Qu'il sera éloigné de cette humilité, cet Antechrist qui, s'élevant au dessus de toute autorité, se fera rendre un culte divin ! Cependant aujourd'hui encore plusieurs imitent Lucifer; ce sont les tyrans qui veulent gouverner par la violence et la cruauté les ambitieux qui essaient de dominer par l'orgueil et la fraude. Quelques-uns imitent nos premiers parents; ce sont les hérétiques et les faux philosophes qui veulent savoir et raisonner plus qu'ils ne peuvent et qu'ils ne doivent. D'autres enfin figurent l'Antechrist; ce sont les hypocrites qui simulent la sainteté, puis les menteurs et les fourbes qui nient la vérité.

Puisque les Juifs regardaient saint Jean comme le Christ promis par la Loi, ils croyaient évidemment que le temps était arrivé où le Seigneur devait s'incarner, selon l'époque fixée par les prophéties et spécialement par celle de Jacob (Genes., c. 49, v. 10). Mais, par un fatal aveuglement, ces mêmes Juifs qui croyaient que saint Jean était le Messie ou le Christ, s'obstinèrent, malgré le témoignage même de saint Jean, à ne pas croire que Jésus accrédité, approuvé du ciel par tant de vertus et de prodiges fût le Messie ou le Christ. Le peuple Juif qui attendait le Christ, attendait aussi Élie qui devait le précéder, selon les saintes Écritures. C'est pourquoi les envoyés des Pharisiens, voyant que Jean niait être le Christ, lui demandèrent : *Êtes-vous Élie ?* Car ils croyaient le reconnaître à deux signes, l'un qui était la ressemblance extérieure pour l'austérité du vêtement et de la vie, l'autre qui était la similitude de ministère pour annoncer l'avènement du Christ. Mais saint Jean leur répondit : *Je ne suis point Élie.* De même que saint Jean ne fut pas un Ange par sa nature et sa personnalité, mais par son office et sa vie ; de même aussi il nie qu'il fut Élie en corps et en personne, quoique le Christ ait dit ensuite de lui qu'il était Élie par son office et sa vie. En effet si saint Jean n'était pas Élie en personne et en corps, il l'était du moins en esprit et en vertu, parce qu'il le représentait dans toute sa conduite et ses œuvres. Ainsi, Élie doit précéder le second avènement du Seigneur, et Jean précédait le premier : Élie doit être le précurseur du souverain Juge, et saint Jean était le précurseur du Messie : saint Jean, comme Élie, habitait dans le désert, usait de chétifs aliments, et portait de rudes vêtements : Élie déploya tout son zèle en faveur de la vérité, et saint Jean sacrifia sa vie pour la défense de la vérité : Tous les deux reprochèrent aux rois leurs crimes, et tous les deux souffrirent les persécutions des rois. Élie, avant de monter au ciel, ouvrit passage dans le Jourdain à son disciple Élisée ; saint Jean donna le baptême dans le Jourdain à ses nombreux disciples qu'il disposait à monter au ciel.

Saint Jean ayant affirmé n'être pas cet Élie que les Juifs croyaient devoir précéder l'avènement du Messie, les Juifs lui demandèrent : *Êtes-vous Prophète ?* c'est-à-dire ce Prophète dont Moïse avait parlé, car c'était alors une opinion répandue parmi le peuple, qu'avant le Christ devait paraître un grand Prophète extraordinaire, annoncé par Moïse en ces termes : *Le Seigneur suscitera d'entre vos frères un Prophète que vous devrez écouter comme moi-même* (Deuteron., c. 18,

v. 15). Ces paroles qui désignaient véritablement le Christ lui-même, les Juifs les appliquaient faussement à un autre Prophète; c'est pourquoi ils demandèrent à saint Jean s'il était ce Prophète. Saint Jean nia ouvertement être ce Prophète mentionné dans la sainte Écriture, mais il ne nia pas absolument qu'il fût prophète, et prophète précédant le Christ. En effet, si Jésus-Christ dit de saint Jean qu'il était plus que prophète, il s'ensuit évidemment qu'il était prophète, car le plus renferme le moins. Saint Jean, que sa haute réputation pouvait, s'il eût voulu, faire passer pour être le Messie, ne voulut donc cependant passer ni pour le Christ, ni pour Élie, ni pour cet autre Prophète; par cette conduite il reprend l'orgueil de ceux qui se vantent de leur naissance, de leur science, de leurs vertus, de leurs talents, de leurs richesses, et des autres avantages temporels ou spirituels.

Comme les députés insistaient pour savoir ce qu'il disait de lui-même, afin de ne pas retourner sans réponse vers ceux qui les avaient envoyés, saint Jean rendit témoignage de Jésus-Christ, en affirmant qu'il était son Précurseur (Joan., c. 1, v. 21) : *Je suis*, dit-il, non en personne et en corps, mais par office et par similitude, *je suis la Voix* du Verbe, du Christ, *qui crie* par ma bouche *dans le désert :* Préparez le chemin du Seigneur selon la prophétie d'Isaïe. En d'autres termes, je suis celui qui, d'après l'Écriture, doit crier dans le désert de la Judée pour disposer les hommes à l'avènement du Sauveur dans le monde. Ce Précurseur du Christ crie dans le désert, c'est-à-dire dans la Judée qui est abandonnée de Dieu et privée de la grâce, pour la consoler par l'annonce de sa rédemption. Comme la voix de l'homme est l'expression de la pensée ou du verbe intérieur, saint Jean est à bon droit désigné par le mot *voix*, parce qu'il était le Héraut du Verbe divin, c'est-à-dire du Christ qui, selon sa divinité est le Verbe du Père éternel. Saint Jean est donc appelé voix par la même raison que le Christ est appelé Verbe; et de même que la voix précède le verbe ou la parole, de même saint Jean précède le Christ. En effet, de la bouche de celui qui parle s'échappe un son qui retentit à l'oreille, c'est la voix, mais ce n'est pas encore le verbe ou la parole ; car c'est la parole et non simplement la voix qui exprime la pensée, mais la voix manifeste la parole, comme Jean a manifesté le Christ, parce qu'il était envoyé pour cette fin en Israël. La voix également est plus rapprochée de la parole que le son ; car on entend d'abord le son, puis on perçoit que c'est la voix, et on saisit ensuite la parole manifestée par la voix; de même saint Jean est plus rapproché du Christ que les autres Prophètes qui étaient relativement à saint Jean, ce qu'est le son par rapport à la voix ; car ils ne montraient le Christ que dans le lointain, tandis que Jean le faisait voir de près, et comme du doigt en disant : *Voici l'Agneau de Dieu*. C'est donc à juste titre que Jean est appelé le Précurseur du Seigneur, puisqu'il l'a précédé par sa naissance, par son baptême, par sa prédication, par sa mort, et même par le nom qu'il s'est donné en s'appelant *la Voix de Celui qui crie dans le désert*.

Mais qu'est-ce que criait Jean dans le désert ? L'Évangéliste nous l'apprend (Math., c. 3, v. 3. — Luc, c. 3, v. 4) : *Préparez ou disposez le chemin du Seigneur,* par votre fidélité à pratiquer ses commandements, *et rendez droits ses sentiers,* par votre empressement à suivre ses conseils, afin qu'il daigne venir à vous et habiter en vous, lui qui se plaît dans les sentiers droits, dans les chemins unis. Aussi le Psalmiste disait : *Montrez-moi vos voies, Seigneur, et faites-moi connaître vos sentiers* (Ps. 24, v. 4). Par ces paroles : *Préparez la voie du Seigneur,* Jean s'adressait à tous ; mais en ajoutant : *Rendez droits ses sentiers,* il s'adressait spécialement à ceux qui marchent déjà dans le chemin de la vertu. Ces sentiers qui nous conduisent plus directement à notre véritable patrie, se redressent plus parfaitement et s'aplanissent plus aisément dans la solitude, par l'éloignement des choses mondaines et par le mépris des biens temporels, dont les charmes séducteurs pourraient nous égarer sur des hauteurs dangereuses. Mais, hélas ! combien faussent ces sentiers ? Ce sont ceux qui, sous l'apparence de la sainteté et sous l'habit de la religion, se mettent peu en peine de suivre les observances régulières et les conseils évangéliques. — Les voies, étant plus larges, peuvent marquer les actions, au lieu que les sentiers, étant plus cachés, peuvent désigner les intentions du cœur. Ainsi donc, *préparez la voie du Seigneur*, en évitant le mal et en faisant le bien ; *rendez droits ses sentiers*, c'est-à-dire redressez vos intentions, en les dirigeant vers les choses éternelles et les détournant des choses passagères. Si nous voulons réformer nos pensées et nos sentiments, ne courbons pas nos esprits et nos cœurs vers la terre, par l'attachement et l'affection aux biens périssables, mais plutôt élevons-les vers le ciel, par la considération et l'amour des biens célestes. Saint Bernard (24, in Cant.), expliquant ces paroles du Cantique des cantiques (C. c. 1, v. 3.) : *Recti diligunt te*, *les cœurs droits vous chérissent, Seigneur,* dit que les cœurs droits sont ceux qui s'éloignent des objets terrestres, pour s'élever à la contemplation et à la dilection des objets célestes. Chercher et savourer les choses de la terre, c'est, ajoute-t-il, rabaisser et ravaler notre âme ; méditer au contraire et désirer les choses du ciel, c'est la redresser et la relever. Selon le même saint Docteur, la stature droite du corps humain est le modèle de la rectitude qui convient à notre âme : car, quoi de plus inconvenant de porter dans un corps droit un esprit courbé vers la terre ? Et ne serait-ce pas honteux qu'un vase de boue comme notre corps, formé de terre, pût porter ses yeux en haut et contempler librement les cieux, tandis qu'une créature spirituelle comme l'âme, destinée pour le ciel fixerait ses regards en bas, et attacherait ses sens et ses affections à la terre ?

L'Évangéliste ajoute : *Toute vallée sera comblée* (Luc, c. 3, v. 5), c'est-à-dire, le peuple Gentil ou tout homme humble sera rempli de biens spirituels, de la grâce en ce monde et de la gloire dans l'autre ; *et toute montagne et colline sera abaissée*, c'est-à-dire le peuple Juif ou tout homme superbe sera humilié et dépouillé, parce qu'il perdra tout à la fois la grâce et la gloire : *car Dieu résiste aux superbes et favorise les humbles* (Jacob, c. 4, v. 6). De plus : *Quiconque s'exalte sera humilié, et quiconque s'humilie sera exalté* (Luc, c. 14, v. 11. — c. 18, v. 14). Par montagne et colline, il faut entendre ici les différentes classes d'orgueilleux, soit parmi les grands, soit parmi les inférieurs. — Alors, continue saint Jean, *les chemins tortueux deviendront droits*, c'est-à-dire les cœurs des méchants qui étaient détournés de la justice, reviendront à l'équité pour en observer les règles ; *et les chemins raboteux deviendront unis*, c'est-à-dire les esprits irascibles et farouches s'adouciront par l'infusion de la grâce, et les cœurs endurcis contre le Christ s'attendriront (Luc, c. 3, v. 6). *Alors toute chair*, c'est-à-dire tout homme, soit Juif, soit Gentil, *verra* des yeux du corps, en son premier avènement, *le Sauveur venu de Dieu* ou le Christ Fils de Dieu. La race humaine à cette époque était divisée en deux grandes parties, savoir les Juifs et les Gentils ; un bon nombre d'entre les uns et les autres virent Jésus-Christ dans le monde et conversant avec les hommes. On peut encore entendre ces paroles dans le sens de la vue spirituelle, par laquelle tous les hommes convertis à la foi catholique d'entre toutes nations, reconnurent Jésus-Christ comme le Sauveur venu de Dieu. On peut aussi appliquer ces paroles au second avénement de Jésus-Christ, où tous les hommes, tant élus que réprouvés, le verront venir en corps et en âme pour juger les vivants et les morts.

Les envoyés des Juifs, apprenant de saint Jean lui-même qu'il n'était point un des trois grands personnages qu'ils attendaient, lui demandèrent (Joan.,c. 1, v. 25.) : *Pourquoi donc baptisez-vous*, en introduisant un nouveau rit, et en exerçant une fonction étrangère, si vous n'êtes pas le Christ qui doit nous baptiser par sa propre puissance, ni Élie dont le passage à travers le Jourdain figurait le baptême, ni enfin ce Prophète dont la charge est de baptiser, comme on le voit par l'exemple d'Élisée qui commanda le baptême de Naaman ? C'est comme s'ils lui eussent dit : Pourquoi vous arroger cet office de baptiser, puisque, d'après votre propre aveu, vous n'êtes point un des personnages auxquels les saintes Écritures accordent ce pouvoir? Sans doute, saint Jean n'était pas le Christ, mais il était son Précurseur chargé de lui préparer les voies ; il n'était point Élie en personne, mais il en avait la vertu ; il n'était point ce Prophète que les Juifs attendaient faussement, mais il était plus qu'un Prophète ordinaire ; et, sous ce triple rapport, il pouvait baptiser. Et de même que par sa prédication, il préludait à la prédication du Christ : de même aussi par son baptême, il préludait au baptême du Christ, à l'exemple des anciens Prophètes qui annonçaient les événements futurs, non-seulement par leurs discours, mais encore par leurs actes. C'est pourquoi saint Jean répondit aux députés, en rendant de nouveau témoignage au Christ (Joan., c. 1, v. 26) : *Pour moi*, dit-il, *je baptise dans l'eau en signe de pénitence*, mais non dans le Saint-Esprit pour la rémission des péchés ; je vous exhorte au repentir de vos fautes, mais je ne puis vous en absoudre. Je baptise dans l'eau, en lavant vos corps, pour vous préparer au baptême de Celui qui doit vous baptiser dans le Saint-Esprit, en purifiant vos âmes. Comme s'il disait : Ne vous étonnez pas, et ne me traitez pas de présomptueux, si moi, qui ne suis ni le Christ, ni Élie, ni le Prophète extraordinaire, je baptise cependant : mon baptême n'est ni complet ni parfait ; car pour que le baptême ait ces deux qualités, il faut qu'il purifie le corps et l'âme ; le corps est purifié naturellement par l'eau, mais l'âme n'est purifiée que par le Saint-Esprit. Ainsi, quant à moi, je baptise seulement dans l'eau, en signe de la pénitence qui doit purifier vos âmes ; et en lavant le corps de mes mains, j'établis l'usage du baptême pour préparer la voie à un personnage supérieur qui doit venir purifier vos âmes par les grâces du Saint-Esprit.

Écoutons saint Ambroise sur ce sujet : Par ces paroles, *je vous baptise dans l'eau* (lib. 7, in Luc), saint Jean prouva qu'il n'était pas le Christ qui exerce invisiblement son action. En effet, l'homme étant composé de deux substances, d'un corps et d'une âme, les taches du corps sont lavées extérieurement par l'action visible de l'eau ; tandis que les taches de l'âme sont effacées intérieurement par l'opération invisible du Saint-Esprit. C'est pourquoi il y eut un baptême de pénitence, et il y a un baptême de grâce : le premier pour le corps, le second pour le corps et pour l'âme ; car, puisque les péchés sont communs à l'âme et au corps, la purification devait être commune à tous les deux. C'est donc avec raison que saint Jean déclare non point simplement par ses paroles, mais par ses actes, qu'il n'est pas le Christ ; car l'œuvre de l'homme est de faire extérieurement pénitence de ses péchés ; l'action de Dieu est de les effacer intérieurement par la grâce. D'après ces paroles de saint Ambroise, nous pouvons conclure que le baptême de saint Jean était l'ombre et la figure d'un baptême meilleur dont il était l'annonce et la préparation. C'est pourquoi, comme nous lisons aux Actes des Apôtres (c. 9), le baptême de saint Jean était administré au nom de Celui qui devait venir. Néanmoins n'allons pas nous imaginer que le baptême de saint Jean était peu utile aux hommes; car, quoiqu'il ne remît pas les péchés, ceux toutefois qui le recevaient, se reconnaissant pécheurs, comprenaient la nécessité de rechercher le Rédempteur, aussitôt qu'il paraîtrait, afin de pouvoir obtenir leur pardon. Saint Jean baptisait les Juifs, en les lavant extérieurement dans le Jourdain, pour les engager à se purifier intérieurement eux-mêmes par la pénitence, afin de se préparer au baptême du Sauveur qu'ils devaient recevoir ensuite : car le baptême de Jean était une profession de foi dans le Christ futur, et une protestation de produire des œuvres de pénitence pour le recevoir plus dignement. Le baptême de saint Jean était donc utile, puisqu'il disposait au baptême du Sauveur par la réformation des mœurs, et que les baptisés, par l'aveu de leurs fautes, proclamaient l'arrivée prochaine du Libérateur promis.

Saint Jean continue de répondre aux députés des Juifs, en disant : *Vous ignorez Celui qui est au milieu de vous.* Comme s'il disait : Oui, Celui que j'annonce est présent parmi vous, comme le Médiateur entre Dieu et les hommes ; mais vous ne le connaissez pas ; et c'est précisément pour vous preparer à sa connaissance, que je viens vous baptiser dans l'eau. Ces paroles de saint Jean : *Il est au milieu de vous*, peuvent s'appliquer à l'humanité du Christ ; car le Christ, en tant qu'homme, vivait parmi les Juifs avec lesquels il conversait familièrement comme leur frère ; mais les Juifs qui avaient cru à son avènement, ne voulurent pas croire à sa présence parmi eux, quand il fut venu. Les mêmes paroles de Jean peuvent aussi s'appliquer à la divinité du Christ ; puisque, comme Dieu, il est présent partout quoiqu'invisible : il est ainsi au milieu de toutes les créatures, et cependant personne ne le connaît, parce que personne ne le comprend. Remarquons ici que dans l'Évangile, nous voyons souvent Jésus-Christ, choisir de préférence la place du milieu, parce qu'en effet le milieu est la place de l'homme vraiment humble. Aussi Jésus-Christ dit lui-même à ses disciples : *Je suis au milieu de vous comme celui qui doit vous servir.* Le milieu est aussi le lieu de l'égalité, car il est à distance égale de tout ce qui l'environne; comme le centre par rapport à tous les points de la circonférence : c'est en outre le lieu de l'unité, car toutes les extrémités convergent vers le centre comme vers leur point de réunion : c'est encore le lieu de la stabilité, car le centre du monde est fixe du moins par rapport aux autres parties.

Saint Jean continuant de parler du Christ, ajoute : Celui que je vous annonce, étant moi-même son Précurseur, *c'est celui-là qui doit venir après moi, quoiqu'il soit fait avant moi* (c. 1, v. 27). Puisque Jésus-Christ était déjà venu dans le monde, par sa naissance, pourquoi donc saint Jean dit-il qu'il doit venir? C'est qu'il n'était pas encore venu à son baptême ; c'est qu'il ne s'était pas encore manifesté au monde par sa prédication, par ses œuvres merveilleuses et par l'accomplissement mystérieux de notre Rédemption. Il est vrai que saint Jean précéda le Christ par sa nativité et par sa mort, mais non pas dans sa résurrection et son ascension. — *Celui qui doit venir,* c'est-à-dire, celui qui a été annoncé par les prophètes, *viendra après moi,* dit saint Jean. Or, selon Remi d'Auxerre, le Christ vint après saint Jean de cinq manières: par sa naissance, par son baptême, par sa prédication, par sa mort et par sa descente aux enfers. Quant à ces paroles : *Ante me factus est,* elles ne peuvent s'appliquer ni à la divinité du Christ, puisque, comme Dieu, il n'a pas été créé ; ni à son humanité, puisque comme homme, il est postérieur à saint Jean ; par conséquent, elles doivent s'entendre de la grandeur et de la dignité, puisque, sous ce rapport, Jean suit Jésus-Christ comme son maître et marche après lui. Ici le mot *ante, avant* n'indique pas le temps, mais le rang ; il marque la priorité d'honneur et non pas celle de l'âge. Selon saint Chrysostôme, c'est comme si Jean disait : Si je suis venu avant le Sauveur pour prêcher et baptiser, ne me croyez pas pour cela plus grand que lui : il est venu après moi selon le temps, puisqu'il est né plus tard, mais il est avant moi selon la dignité ; car il est infiniment au dessus de moi par son excellence, sa noblesse sa puissance et son autorité. Ne dit-on pas habituellement dans le même sens : jadis un tel était inférieur ou était égal à moi ; maintenant, il est avant moi, il est au-dessus de moi il me précède et me surpasse par ses charges et ses dignités.

Saint Jean donne la raison pour laquelle le Christ l'emporte sur lui, en disant : *Quia prior me erat* ; *c'est parce qu'il était avant moi*. Oui, *s'il est avant moi*, c'est-à-dire s'il m'a été préféré, s'il est devenu mon supérieur en dignité c'est parce qu'il était avant moi dans l'éternité, quoiqu'il me soit postérieur dans le temps ; c'est parce *qu'il était avant moi*, non par son humanité qu'il a reçue de sa Mère dans le temps, mais par sa divinité qu'il a reçue de son Père dans l'éternité ; c'est parce qu'il existait de toute éternité et que j'existe seulement depuis quelque temps. En effet, lui qui, après moi, est né d'une mère sans avoir de père, il a été engendré du Père éternel sans avoir de mère avant toute créature et sans aucun commencement. *Aussi il est plus fort que moi*, car il est le Dieu tout-puissant, tandis que je suis un homme fragile. Il est le souverain Seigneur, je ne suis que son humble serviteur. Il est l'Empereur universel, et je ne suis que son soldat. Jean est fort, dit Raban-Maur, puisqu'il fut jugé digne de posséder le Saint-Esprit; mais combien plus fort est celui qui peut le communiquer aux autres! Celui qui annonce le royaume des cieux est fort, mais combien plus celui qui le donne ! Celui qui baptise en faisant confesser les péchés est fort, mais combien plus celui qui baptise en les remettant lui-même.

Pour montrer l'incomparable excellence du Christ, Jean ajoute : *Je ne suis pas même digne, en me prosternant à ses pieds, de dénouer les cordons de ses souliers*. En d'autres termes : il est tellement au dessus de moi que je ne mérite pas de le servir dans les plus basses fonctions, ni d'être compté parmi ses plus petits serviteurs, car dénouer les souliers est un emploi abject qui convient aux derniers domestiques. Comme le Sauveur ne portait point de souliers, Jean parle évidemment par métaphore, voulant dire tout simplement, d'après une expression commune, qu'il n'était pas digne de lui rendre le moindre office. En effet, quand on veut exprimer sa bassesse, et relever la grandeur d'un autre personnage, on dit vulgairement qu'on n'est pas même digne de toucher ses souliers, ou bien l'on emploie quelqu'autre formule équivalente (1). Ne soyons point surpris d'un tel langage dans la bouche de Jean ; car enfin l'homme, quelque grand qu'il soit, n'est que cendre et poussière, si on le compare à Dieu ; et aucune créature n'est digne de le servir, à moins d'y être appelée par la grâce. — Par ces mêmes paroles, Jean prouve aux Pharisiens qu'il n'avait point usurpé une fonction étrangère, mais qu'il remplissait son propre ministère en qualité de Précurseur. Saint Grégoire (Hom. 7,

(1) Voir note XLVIII à la fin du volume.

in Evang.), donnant l'explication allégorique de ces paroles, dit que par les souliers de Jésus-Christ il faut entendre son humanité; par les pieds, sa divinité; par la courroie qui sert à joindre les souliers aux pieds, l'union de l'âme et du corps avec la divinité; et que ni Jean, ni aucun autre, ne saurait expliquer ou pénétrer cette union mystérieuse et ineffable des deux natures, par laquelle *le Verbe s'est fait chair*, de telle sorte que l'homme est devenu Dieu et que Dieu est devenu homme. C'est pourquoi Isaïe tout étonné s'écrie : *Qui nous racontera sa génération* ? (Isaïe, c. 53, v. 8), comme pour dire : Nul n'en est capable. « Considérons ici, continue le même saint Docteur, quelle est la conduite des Saints pour conserver en eux la vertu d'humilité. Lorsqu'ils connaissent quelque chose d'une manière admirable, ils ont soin de se représenter aussitôt tout ce qu'ils ignorent, afin que considérant leur faiblesse sous certains rapports, ils ne soient point tentés de se glorifier de leur perfection sous d'autres rapports. Il faut donc que plus on s'enrichit de connaissances, plus on s'abaisse par l'humilité, de peur que le vent de l'orgueil ne dissipe en un instant ce que le zèle de la science avait péniblement recueilli. Lorsque vous faites quelques bonnes œuvres, mes frères, rappelez-vous continuellement les mauvaises actions que vous avez faites, et par ce souvenir prudent des fautes passées, vous réprimerez tout sentiment de vaine gloire. Quand vous voyez les autres commettre des fautes, pensez qu'ils ont acquis des mérites que vous ne voyez pas. Souvenez-vous que toutes les bonnes œuvres ne peuvent être agréables à Dieu, si elles ne sont assaisonnées par l'humilité ; car celui qui exerce les vertus sans l'humilité ressemble à celui qui porte de la poussière au vent. »

Jean dit encore du Christ (Luc, c. 3, v. 16) : *Lui-même vous baptisera* non-seulement dans l'eau, *mais dans le Saint-*

Esprit et dans le feu, en vous communiquant la grâce du Saint-Esprit et de la charité, comme Dieu seul peut le faire. En effet, dans le baptême institué par Jésus-Christ nous recevons, avec le don du Saint-Esprit, le feu de la charité, pourvu que nous n'y mettions aucun obstacle et que nous y apportions les dispositions requises. Le baptême de Jean ne procurait pas ces avantages, mais il figurait seulement le baptême de Jésus-Christ, auquel il servait de préparation. Ainsi, dit saint Chrysostôme (lib. 3, Operis imperf.), autre fut le baptême de Jean, autre celui de Notre-Seigneur. Le premier était un signe et un acte de pénitence, le second est un principe de sanctification et de grâce, parce que dans tous ceux qui le reçoivent avec foi, le Saint-Esprit agit comme un feu dévorant pour consumer tous les péchés et détruire toutes les souillures de l'âme et de la chair. Nous sommes baptisés par Jésus-Christ dans le Saint-Esprit, dit le Vénérable Bède (in Luc, c. 3), non-seulement au jour de notre baptême, lorsque nous sommes lavés dans cette fontaine de vie pour la rémission de nos péchés, mais encore chaque jour, lorsque, par la grâce de ce même Esprit nous sommes embrasés d'ardeur pour accomplir ce qui plaît à Dieu. Il y a donc trois sortes de baptême : baptême d'eau dans le fleuve, baptême de flamme dans la pénitence et baptême de sang dans le martyre.

Après avoir rendu témoignage du premier avènement de Jésus-Christ, Jean, pour inspirer la crainte aux Juifs, leur parle aussi du second avènement, lorsqu'à la fin des siècles ce même Jésus-Christ viendra dans toute sa puissance juger tous les hommes. *Le van est dans ses mains* dit-il (Luc, c. 3, v. 17). Le van *(ventilabrum),* ainsi appelé parce qu'il sert à livrer la paille au vent, est un instrument qu'on emploie dans la Palestine pour nettoyer le blé. A l'aide de cet instrument qui est plat et large, on jette en l'air le grain mêlé à la paille ; alors la paille s'envole, et le grain tombe seul. Jean parle ici par métaphore ; par le van, il veut faire comprendre le discernement du souverain Juge, qui par un juste examen distinguera les bons des méchants et les séparera les uns des autres, comme le van sépare le froment de la paille. *Le van est dans sa main,* c'est-à-dire que le jugement est en son pouvoir et dépend de sa volonté ; car *le Père a remis à son Fils toute autorité pour exercer la justice* (Joan., c. 5, v. 27). *Aussi, il nettoiera parfaitement et purifiera* pour toujours *son aire* (Luc, c. 3, v. 17), c'est-à-dire son Église. Maintenant les méchants y sont mêlés avec les bons, comme la paille avec le froment, mais au jour du jugement suprême ils seront séparés les uns des autres. *Alors il rassemblera le froment* qui présentement est dispersé en tous lieux ; c'est-à-dire il réunira les bons et les justes, lesquels, à la manière du froment, sont blancs à l'intérieur par la pureté de leur âme, rouges à l'extérieur par la patience dans les afflictions, graves par leurs mœurs, utiles par leurs discours, et féconds par les nombreuses conversions qu'ils opèrent. *Et il les serrera dans son grenier*, lorsqu'il les transportera tous dans le royaume des cieux. *Quant à la paille,* c'est-à-dire quant aux méchants et aux réprouvés, ces hommes légers par orgueil, pâles par envie, fragiles par colère, desséchés par l'avarice, infructueux par paresse, vils et abjects par la concupiscence charnelle, *il les brûlera dans le feu éternel* de l'enfer au milieu d'affreux tourments. Dès cette vie, sans doute, Dieu purifie son Église, lorsque des membres dépravés et corrompus sont retranchés de sa communion par quelque sentence, à cause de certains péchés publics, ou lorsqu'ils sont enlevés de ce monde par la mort ; mais cette purification sera complète au jugement dernier, lorsque les Anges retrancheront du royaume céleste tous les scandales. Dieu purifie encore l'Église dès à présent, en discernant les mérites sans séparer les personnes, mais plus tard il séparera les personnes, en discernant les mérites. *Jean enseignait au peuple beaucoup d'autres choses dans les exhortations qu'il faisait* (Luc, c. 3, v. 18) ; ce qui montre que des actes et des discours du Précurseur, comme de ceux de Jésus-Christ, un petit nombre seulement est rapporté dans les Évangiles.

Si nous tirons les conséquences morales de ce qui précède, nous apprendrons de saint Jean la manière dont nous devons vivre, prêcher et fructifier. En effet sa vie est austère sous le rapport de la nourriture, du vêtement et de la retraite où il demeure ; sa doctrine est vraie à l'égard de Dieu, de lui-même et du prochain ; ses œuvres sont fructueuses, parce qu'il convertit, baptise et instruit beaucoup de personnes. Il est le modèle des religieux par sa vie, des prédicateurs par sa doctrine, et des prélats par ses actes. Si les prédicateurs lui ressemblaient, on verrait bientôt tout Jérusalem c'est-à-dire les religieux, toute la Judée c'est-à-dire les ecclésiastiques, et toute la contrée voisine c'est-à-dire les laïques accourir en foule confesser leurs péchés, quelque grands et quelque nombreux qu'ils fussent ; et Jésus-Christ viendrait avec eux pour les sanctifier par ses paroles, sa grâce et ses exemples. Pour mieux faire comprendre tout ce qu'il vient de rapporter, l'Évangéliste en détermine le théâtre d'une manière précise, en disant : *Tout ceci se passa au delà du Jourdain en Béthanie, où Jean baptisait* (Joan., c. 1, v. 28). Jean, comme le remarque saint Chrysostôme (Hom. 16, in Joan.), ne prêchait point dans quelque maison particulière ou dans quelque lieu retiré, mais sortant du désert et traversant le Jourdain, il annonçait publiquement le Messie à la multitude qui accourait recevoir son baptême. Il est dit que Jean baptisait en Béthanie qui signifie *maison d'obéissance*, pour montrer d'abord qu'il était venu par obéissance annoncer le Christ qui devait être immolé pour le salut du monde ; puis, pour apprendre aux hommes que s'ils veulent être purifiés de la tache originelle contractée par la désobéissance d'Adam, ils doivent mériter par l'obéissance de la foi le sacrement du baptême ; enfin pour signifier que la vertu d'obéissance convient spécialement aux fidèles baptisés.

Il y a deux petites villes qui portent le nom de Béthanie ; l'une, où Lazare fut ressuscité, est située en deçà du Jourdain, à deux milles de Jérusalem, sur le versant du mont des Oliviers ; l'autre, où Jean baptisait, est située sur le Jourdain, mais du côté opposé à la précédente, à une journée de Jérusalem, dans le partage des deux tribus de Gad et de Manassé, sur les confins qui séparaient les Juifs des Gentils, pour marquer qu'il venait offrir son baptême aux uns et aux autres. C'est avec raison qu'il le donnait au delà du Jourdain, car les Gentils accouraient pour le recevoir en plus grand nombre que les Juifs.

Prière

Bienheureux Jean, Précurseur de Jésus-Christ, héraut du souverain Juge, ami du céleste Époux, voix du Verbe divin, vous qui avez mérité de porter la consolante nouvelle de notre Rédemption, je vous supplie, misérable que je suis, de m'obtenir de Notre-Seigneur Jésus-Christ, par vos très-saintes prières, la grâce d'avoir un cœur purgé de vices et orné de vertus, pour préparer les voies et aplanir les sentiers du Seigneur, d'après vos salutaires avertissements.

Puis, lorsque, au jugement dernier, il viendra nettoyer l'aire de son Église et séparer le froment de la paille, faites qu'ainsi disposé, je mérite d'être compté parmi le bon grain des élus et d'être recueilli comme eux dans l'éternel grenier des cieux. Ainsi soit-il.

CHAPITRE XX

DE LA PÉNITENCE

Comme l'important sujet de la pénitence, laquelle nous ouvre le royaume des cieux et prépare en nous la voie du Seigneur, n'a été qu'effleuré dans les chapitres précédents, nous allons le développer spécialement dans le présent chapitre. La véritable pénitence, que produit l'amour de Dieu et la haine du péché, requiert deux choses principalement : le regret sincère d'avoir péché et la ferme résolution de ne plus pécher dorénavant. Sans ces deux conditions, il n'y a point de vraie pénitence ; en sorte que Dieu ne nous pardonne point nos péchés et que le prêtre ne saurait nous en absoudre. « La véritable pénitence, dit saint Bernard (in Meditationibus), consiste à gémir sans cesse des fautes qu'on a commises, de manière qu'on ne les commette plus à l'avenir ; car celui qui retombe dans les fautes dont il se repent est un hypocrite plutôt qu'un vrai pénitent. Si donc vous voulez être un vrai pénitent, cessez de pécher, et ne veuillez plus pécher, parce que la pénitence souillée par de nouvelles fautes est vaine et dérisoire ». « La pénitence, dit également saint Grégoire (Hom. 34, in Evang.), consiste à pleurer les péchés dont on se sent coupable, et à ne plus s'en rendre coupable pour les pleurer encore ; car celui qui pleure ses péchés de façon qu'il retombe ensuite ne sait pas faire pénitence ou plutôt il feint de la faire ». « Elle est infructueuse, dit aussi saint Augustin (in Soliloq.), la pénitence qui est suivie de nouveaux péchés. A quoi servent les larmes, si les péchés se réitèrent ? A quoi sert de demander pardon à Dieu de l'avoir offensé, si vous recommencez à l'offenser ? O pénitents, s'écrie-t-il, si toutefois vous êtes des pénitents et non des hypocrites, changez de vie, et vous serez réconciliés avec Dieu ! Autrement, vous avez beau joindre les mains et fléchir les genoux, vous vous moquez de Dieu, et vous abusez de sa patience. Si vous êtes pénitents, vous vous repentez ; et si vous ne vous repentez point, vous n'êtes point pénitents. Mais si vous vous repentez, pourquoi faites-vous encore le mal que vous avez déjà fait ? Si vous avez regret vraiment d'avoir fait le mal, ne le faites donc plus ; si vous le faites encore, vous n'êtes pas sincèrement pénitents. »

Le même saint Augustin nous apprend quel doit être l'objet de notre pénitence. « Trois choses principales, dit-il, doivent faire le sujet de la pénitence. D'abord, ce sont les péchés commis avant le baptême ; car, en attendant qu'ils soient effacés dans ce sacrement, l'adulte doit en faire pénitence pour préparer sa régénération. Quiconque en effet jouit de son libre arbitre ne saurait, en approchant des sacrements, commencer une vie nouvelle, s'il ne déteste son ancienne vie. Les enfants seuls qui n'ont pas l'usage de raison sont exempts de faire cette pénitence avant de recevoir le baptême ; néanmoins la foi de ceux qui les présentent leur est utile pour la rémission de la faute originelle, et comme cette tache leur a été communiquée par ceux dont ils sont nés, le pardon leur est transmis par le moyen de ceux qui répondent pour eux au baptême. Tous les autres hommes ne sauraient aller à Jésus-Christ pour commencer à être ce qu'ils n'étaient pas, s'ils ne se repentent d'avoir été ce qu'ils étaient. »

« Le second sujet de la pénitence, continue saint Augustin, ce sont tous les maux de cette vie qui doivent nous exciter continuellement à d'humbles prières. Personne en effet ne peut désirer la vie éternelle, s'il ne méprise cette vie temporelle. Peut-on douter, qu'au milieu même de la prospérité, nous ne devions cependant dédaigner nos biens passagers pour chercher avidement les biens éternels? Qui souhaite ardemment d'arriver à la patrie, s'il ne s'afflige pas de demeurer dans l'exil? Quel homme raisonnable ne gémit pas sur son état présent, si cet état lui est pénible ? D'ailleurs nous sommes exposés à mille fautes qui, prises séparément, peuvent par elles-mêmes, ne pas être mortelles, mais qui, prises toutes collectivement, peuvent le devenir par leurs suites, si on ne leur oppose pas chaque jour le remède de la pénitence. C'est pourquoi celui qui réfléchit sérieusement comprend à quel danger il est exposé, tant qu'il est exilé sur la terre loin du Seigneur. »

« Le troisième sujet de la pénitence, ajoute le même saint Docteur, ce sont les péchés commis contre les préceptes du Décalogue. C'est ici surtout que le pécheur doit exercer contre lui-même une plus grande sévérité, afin qu'étant jugé par lui-même, il ne soit pas jugé par Dieu. Que l'homme élève donc contre lui-même un tribunal au fond de son cœur, où il se cite à comparaître. Que dans ce jugement personnel, la mémoire serve d'accusateur, la conscience de témoin, la crainte d'exécuteur, et que les larmes du pénitent remplacent le sang du coupable. Enfin que la raison prononce la sentence, déclarant le pécheur indigne de participer au corps et au sang de Jésus-Christ; car, celui qui craint d'être retranché du royaume céleste par la sentence définitive du Juge suprême doit être privé du pain eucharistique, d'après la discipline ecclésiastique. C'est ainsi que l'homme doit se juger lui-même; qu'il réforme sa volonté et qu'il convertisse ses mœurs, pendant qu'il le peut encore, de peur que, quand il ne le pourra plus, il ne soit jugé, malgré sa volonté, par le souverain Maître. Mais souvent, le pécheur désespérant de sa guérison, entasse péché sur péché, suivant cet oracle du livre des Proverbes: *Quand le méchant est arrivé au plus profond abîme des péchés, il méprise les remèdes* (Prov. c. 18, v. 3). Quant à vous, ne méprisez pas le remède, ne perdez pas confiance; du fond de l'abîme où vous êtes tombé, criez vers le Seigneur, comme firent les Ninivites qui obtinrent leur pardon ; car, l'humilité avec laquelle ils firent pénitence les sauva des maux dont le prophète les avait menacés. Quelques crimes que vous ayez commis, vous pouvez obtenir grâce, tant que vous êtes en ce monde ; car Dieu vous en aurait déjà retiré, s'il ne voulait pas vous accorder le pardon. Ignorez-vous donc que la patience de Dieu vous conduit à la pénitence ? »

D'après les paroles précédentes de saint Augustin, nous devons chaque jour faire pénitence, non-seulement des fautes graves, mais encore des moindres fautes; car quelque légères qu'elles paraissent, nous ne devons cependant pas les négliger. « En effet il n'est péché si petit qui ne croisse, si on le néglige, dit saint Grégoire (lib. 25 Moralium, c. 13); le péché qui n'est point expié par le repentir nous entraîne dans un autre par son propre poids. » Selon saint Ambroise, le moindre péché commis de propos délibéré est plus lourd que le monde entier. « Ne méprisez donc point les fautes que nous appelons légères, ajoute saint Augustin (lib. de Decem chordis, c. 11 et Tract. 10 in Joan.), car si vous les réunissez et considérez toutes ensemble, elles forment une masse et une multitude qui doit vous épouvanter. C'est ainsi que des gouttes multipliées remplissent les fleuves, et que des grains assemblés composent des monceaux ». Concluons donc que nous ne devons point négliger les petites fautes, mais aussi que nous ne devons point désespérer pour les plus grandes; parce que, suivant le même saint Docteur, aucun péché n'est condamnable, quand il nous déplaît; et aucun n'est pardonnable tant qu'il nous plaît.

Tandis que nous le pouvons, faisons pénitence sans aucun retard, de peur que, surpris par la mort, nous désirions le temps nécessaire pour la faire, sans pouvoir l'obtenir. « Ne différons pas un instant, dit encore saint Augustin (lib. 50 Homiliar., 42 hom.), de remédier au mal, par notre conversion, afin de ne pas perdre par notre délai le temps de la réparation. Car, Dieu, qui a promis le pardon au pécheur repentant, n'a pas promis le lendemain au pécheur impénitent. Si quelque chrétien frappé d'une maladie mortelle qui le conduit au bord de la tombe désire faire pénitence et réclame le sacrement de la réconciliation, nous ne lui refusons point ce qu'il demande, mais nous ne présumons point qu'il soit disposé certainement pour mourir. Car, je vous le dis sans détour, nous sommes assurés du salut de celui seulement qui meurt après avoir bien vécu, ou aussitôt après avoir été baptisé; mais comment être assuré du salut de celui qui attend jusqu'à la dernière heure pour se convertir? Nous pouvons administrer le sacrement de la réconciliation, mais nous ne pouvons donner l'assurance du salut. Je ne dis pas : Il sera damné; mais je ne dis pas non plus : Il sera sauvé. Voulez-vous être délivré d'un pareil doute, vous soustraire à une si terrible incertitude ? Faites pénitence pendant que vous jouissez de la santé, et la dernière heure vous trouvera bien disposé pour recevoir le sacrement de la réconciliation ; alors vous serez tranquille, parce que vous aurez fait pénitence dans le temps où vous auriez pu pécher. Mais si vous attendez pour faire pénitence que vous ne puissiez plus pécher, c'est alors le péché qui vous quitte, et non pas vous qui quittez le péché ; alors de deux choses l'une, ou vous obtiendrez, ou vous n'obtiendrez pas votre pardon ; j'ignore laquelle des deux choses doit vous arriver. Laissez donc l'incertain et prenez le certain, en vous convertissant, pendant que vous le pouvez. »

Comme on le voit, d'après ces paroles que nous rapportons, saint Augustin doute du salut de ceux qui se convertissent seulement à l'extrémité, parce qu'en effet ils semblent alors agir plutôt par crainte de la peine que par amour de la justice, de telle sorte que leur pénitence paraît équivoque. Ne différez donc pas, ou ne feignez pas de faire pénitence, pendant que vous êtes en santé, pour déposer le fardeau du péché le plus tôt possible. « Car quelle folie, s'écrie le même saint Docteur (de Pœnitentiæ utilitate), de vivre dans un état où l'on n'oserait pas mourir ! Celui qui dort avec la conscience d'un péché mortel est plus imprudent que celui qui dormirait au milieu de ses plus grands ennemis. La plupart des hommes se promettent une longue vie, parce qu'ils sont jeunes, robustes et bien constitués ; les insensés ! ils ne savent pas ce qui pourra survenir demain, et ils ne réfléchissent pas que très-peu meurent d'une manière naturelle, mais que beaucoup périssent d'une manière subite et tragique, emportés par des accidents imprévus, par la fièvre, la peste et les maladies ; ils s'imaginent cependant qu'ils mourront dans les meilleures conditions. « Sachez, leur dit Hugues de Saint-Victor, que ni le juste, ni l'impie, ni l'enfant, ni le vieillard, ne quittent cette vie mortelle, que lorsqu'ils sont parvenus à ce point de bonté ou de malice dont ils ne sortiraient jamais, quand même ils vivraient toujours. » Nous pouvons ajouter que beaucoup, hélas ! trompés par l'espoir d'une longue vie, n'arrivent jamais à cette conversion qu'ils se promettaient toujours. Rien ne trompe tant les hommes que la vaine espérance de vivre longtemps, dit saint Chrysostôme (Sermo de pœnitent.). Saint Augustin dit aussi : J'ai vu mourir bien des chrétiens qui attendaient le moment de se convertir (lib. 50 Homiliar., 40 hom.).

Supposé même que l'homme puisse être certain de vivre longtemps, il ne devrait pas attendre la vieillesse pour se convertir ; car alors l'homme, affaibli par l'âge, supporte difficilement les travaux de la pénitence, en sorte qu'il est rare de voir un vieillard renoncer entièrement à ses mauvaises habitudes. Pendant que vous êtes vigoureux et fort, préparez-vous à bien mourir par une véritable contrition, une sincère confession et une satisfaction convenable ; éloignez de vous tout ce qui pourrait vous fermer les portes du ciel, soyez toujours disposé à paraître devant Dieu, comme si vous deviez sortir de ce monde aujourd'hui, demain ou dans le courant de la semaine ; et c'est le parti le plus sage, le plus prudent et le plus sûr. Sans doute, l'homme peut encore faire pénitence, même à l'article de la mort, puisque jusque là il peut commettre le péché, et par conséquent en obtenir le pardon ; car la miséricorde divine est plus grande que la malice humaine ; mais une pénitence si tardive est rarement vraie et fructueuse, parce qu'à ce moment il est difficile que le repentir soit sincère et suffisant pour recevoir le pardon ; car les douleurs et les angoisses qui accablent le mourant affaiblissent son intelligence et sa volonté, et lui enlèvent le souvenir et le sentiment de ses fautes. Si donc on vous enjoint quelque pénitence, ou si vous embrassez volontairement la pénitence, réjouissez-vous et remerciez Dieu qui, dans sa grande miséricorde, a bien voulu vous attendre et qui vous accorde encore un jour pour vous convertir. Hier vous étiez coupable, aujourd'hui soyez justifié. Considérez combien de morts en ce moment seraient heureux d'avoir à leur disposition, pour faire pénitence, cette même heure qui vous est accordée ! Vous les verriez alors courir aux églises, se prosterner devant les autels, et y rester les genoux en terre, ou la face contre terre jusqu'à ce que par leurs gémissements, leurs larmes et leurs prières ils pussent obtenir du Seigneur la rémission complète de toutes leurs fautes. Et vous, ce temps si précieux que Dieu vous laisse encore pour implorer la grâce et mériter la gloire, vous le dissipez dans l'oisiveté, dans la volupté, dans les plaisirs et les amusements de la table et du jeu. Pensez aussi aux damnés qui brûlent dans les feux éternels sans espoir de pardon ; et si l'amour de Dieu ne vous touche pas, au moins que la crainte de la mort, du jugement, de l'enfer et de tous les maux qui doivent en être la suite, vous épouvante. Mais, hélas ! combien de chrétiens n'y réfléchissent pas, et abusant aujourd'hui de la patience de Dieu, en perdant dans de misérables futilités un temps si précieux !

« Aujourd'hui, dit saint Bernard (Serm. de his Verbis Evang. *Ecce nos relinquimus*), les hommes négligent entièrement leur âme pour ne s'occuper que de leur corps, en lui procurant toutes les jouissances. Ils ne craignent pas de pécher, mais d'être châtiés. Ils emploient tous leurs soins, non pas à réformer leur cœur et à pratiquer la vertu, mais à conserver leur santé et même à satisfaire leur convoitise, comme s'ils étaient les disciples d'Hypocrate et d'Épicure. Néanmoins le temps de cette vie est donné pour les âmes et non pour les corps ; ce sont des jours de salut et non de volupté. Le même saint Docteur dit encore : rien de plus précieux que le temps, et pourtant il n'y a rien dont on fasse moins de cas. Les jours du salut s'écoulent sans que personne y prenne garde ; personne ne regrette ces instants qui ne reviendront plus ». Cependant rien en ce monde ne doit nous être plus cher que le temps, parce que dans une heure nous pouvons obtenir le pardon de nos fautes, la grâce de Dieu, la gloire de l'éternité, et mériter plus que ne vaut l'univers entier. Car, il n'y a pas d'instant, si court qu'il soit, pendant lequel on ne puisse acquérir des biens spirituels incomparablement supérieurs à tous les biens terrestres. Pensez aussi qu'un seul jour de pénitence sur cette terre vaut mieux que toute une année de souffrance dans le purgatoire ; c'est pourquoi Dieu nous dit comme au prophète Ézéchiel : *Je vous ai donné un jour pour un an* (c. 4., v. 6). Et pourtant les tourments du purgatoire surpassent tout ce que nous pouvons endurer ici-bas. « Le feu du purgatoire, dit saint Augustin (Serm. 41, de sanctis), est plus cuisant que tous les supplices que l'on peut supporter, voir, ou même imaginer en ce monde ». Ayons donc plus à cœur de bien vivre, que de vivre longtemps ; car, comme le dit Sénèque (Epist. 23), une bonne vie est de beaucoup préférable à une longue vie ; et nous devons mesurer notre existence d'après nos œuvres et non d'après nos années.

La pénitence renferme trois parties essentielles : la contrition du cœur, la confession de bouche, et la satisfaction par les œuvres. Aussi, l'Écriture nous ordonne de *déchirer nos cœurs et non pas nos vêtements* (Joel., c. 2, v. 13,); *de confesser nos péchés les uns aux autres* (Jacob., c. 5, v.

16) *et de faire de dignes fruits de pénitence* (Luc, c. 3. v. 8). Car, comme tout péché, quel qu'il soit, a été commis ou par pensée ou par parole, ou par action ; il est juste qu'il soit réparé par les contraires, c'est-à-dire que le pécheur le déteste de cœur, l'avoue de bouche et l'expie par quelque fait extérieur. Ces trois parties de la pénitence étaient figurées par les trois journées de marche que les Hébreux devaient employer pour venir d'Égypte en la Terre promise, comme Moïse et Aaron le déclarèrent à Pharaon : *Le Dieu des Hébreux*, lui dirent-ils (Exod. c. 5, v. 3), *nous a ordonné d'aller trois journées de chemin dans le désert pour sacrifier au Seigneur notre Dieu, si nous voulons éviter la peste ou le glaive*. La peste ici figure le péché dans cette vie présente et le glaive marque le châtiment dans la vie future. La Vierge Marie pareillement chercha pendant trois jours son divin Fils avant que de le trouver. A son exemple, si vous employez trois jours, c'est-à-dire les trois parties de la pénitence, à chercher Jésus, vous le trouverez et avec lui la vie éternelle. La pénitence avec ses trois degrés était également représentée par l'échelle mystérieuse de Jacob qui s'élevait jusqu'au ciel, et sur le sommet de laquelle le Seigneur paraissait s'appuyer pour trois raisons : d'abord, pour la soutenir fortement ; puis, pour tendre la main à celui qui montait et lui porter secours s'il en avait besoin ; enfin, pour que celui qui montait, s'il était fatigué, pût en regardant le Seigneur, s'abandonner à sa providence ; car Dieu qui est bon ne laisse pas tomber celui qui l'implore.

La première partie de la pénitence est la contrition du cœur. Or, la contrition est la douleur que l'on conçoit volontairement des péchés que l'on a commis ; douleur accompagnée de la résolution de les confesser et de les réparer, car sans cette résolution, on ne peut avoir véritablement la contrition. Pour l'avoir, que le pécheur cite tous ses péchés au tribunal de sa propre conscience, afin que, s'accusant lui-même, il les repasse les uns après les autres dans l'amertume de son âme, et qu'ensuite il les confesse au ministre de Dieu..... « Lorsque brillent les rayons du soleil, dit saint Chrysostôme (Hom. 1, in Joan.), nous découvrons dans les airs d'innombrables atomes que nous ne pourrions apercevoir sans le secours de ses rayons lumineux ; de même l'âme, éclairée par la réflexion sur elle-même, découvre dans son intérieur les moindres défauts que ne pourraient remarquer des pécheurs négligents et irréfléchis. » Si vous me demandez combien de temps doit durer ce regret, ce repentir des péchés commis, je vous répondrai : Lorsque Dieu, dans sa bonté, pardonne au pécheur, il le délivre bien de la coulpe qu'il avait contractée et de la peine éternelle qu'il avait méritée, mais il ne le délivre pas du regret, de la haine, qu'il doit toujours conserver pour ses fautes passées. Aussi, est-il utile que le prêtre impose au pécheur converti une pénitence durable, quelque légère qu'elle soit, afin qu'en l'accomplissant, cet homme se rappelle de temps en temps ses anciens péchés avec un sentiment de contrition.

Il y a deux sortes de contrition perpétuelle, l'une actuelle et l'autre habituelle. Le pécheur n'est point tenu à la première qui n'est pas absolument nécessaire; toutefois il est plus parfait de la posséder. Ainsi, on dit que saint Pierre n'a cessé pendant toute sa vie de pleurer sa faute ; et David disait : *Mon péché est toujours présent à ma pensée* (Psal. 50, v. 5). La seconde contrition perpétuelle, qui est la contrition habituelle, est nécessaire même après que le péché a été complétement pardonné. Saint Augustin (lib. de Vera et falsa pœniten.) parlant de cette dernière, dit : « Que le pécheur pénitent regarde ses expiations comme légères et insuffisantes ; qu'il ne se lasse point, mais plutôt qu'il se console de gémir toujours ; et qu'il gémisse de n'avoir pas toujours gémi ; qu'il s'humilie continuellement en présence de Dieu devant lequel il a péché; et que sa douleur ne finisse qu'avec sa vie. Il faut, dit plus loin le saint Docteur, ou que la pénitence me fasse éprouver des regrets continuels dans cette vie, ou que la punition me fasse souffrir des tourments éternels dans l'autre vie. « En effet, n'est-il pas juste que l'homme se repente pendant toute sa vie d'avoir péché contre Dieu, dont l'existence est éternelle? Mais, hélas ! beaucoup s'affligent de leurs péchés, non point parce qu'ils ont offensé Dieu, mais parce qu'ils ont mérité un châtiment; d'autres même se repentent par la seule considération de la laideur du crime. La parfaite contrition consiste à se repentir de ses péchés, parce qu'ils ont offensé le Dieu de toute sainteté, et à détester l'iniquité par amour de la justice. Plus le pécheur s'empresse d'être ainsi parfaitement contrit, plus Dieu s'empresse de lui remettre ses péchés, en lui remettant, par la communication de la grâce présente, la dette de la peine éternelle. Toutefois, la peine éternelle est commuée en peine temporelle, afin que les péchés actuels commis par la délectation de l'âme, ou même par la volupté du corps, soient expiés par une satisfaction convenable et par une juste amertume ici-bas, pour ne pas être plus rigoureusement châtiés dans l'autre vie ; car aucun mal ne peut rester impuni. Or le pécheur pénitent doit s'affliger de deux choses: du mal qu'il a fait, et qu'il n'aurait pas dû faire; puis du bien qu'il n'a pas fait, mais qu'il aurait dû faire.

La seconde partie de la pénitence est la confession de bouche, par laquelle nous révélons notre maladie intérieure dans l'espoir d'en obtenir la guérison. Il y a deux sortes de confession : la confession mentale qui se fait à Dieu et qui est de droit naturel ; la confession orale qui se fait à l'homme, et qui n'est pas de droit naturel. Avant l'Incarnation du Verbe, la confession mentale faite à Dieu seul. était suffisante, parce que Dieu ne s'était pas encore fait homme ; mais, depuis qu'il s'est fait homme par l'Incarnation, il exige que le pécheur lui fasse sa confession comme à un homme ; toutefois, parce qu'il ne peut être présent partout, au milieu de nous sous sa forme humaine, il a établi des hommes à sa place, pour être ses ministres. Ce furent d'abord saint Pierre et les autres Apôtres, puis les prêtres leurs successeurs, auxquels Jésus-Christ à dit : *Tout ce que vous délierez sur la terre sera délié dans le ciel, et tout ce que vous lierez sur la terre sera lié dans le ciel* (Matth., c. 18, v. 18).

En donnant ainsi à ses ministres le pouvoir de lier et de délier, Notre-Seigneur a voulu nous faire entendre que nous devons nous confesser à eux comme à nos juges ; et c'est ainsi qu'il a implicitement institué la confession, dont les Apôtres proclamèrent ensuite expressément l'obligation. Nous devons nous confesser à l'homme qui représente Jésus-Christ, afin que par cette révélation nos péchés soient cachés au démon. « Les divines Écritures, dit saint Augustin (lib. 50 Homiliar., 12 homil.), nous avertissent en divers endroits que nous devons confesser souvent et humblement nos péchés, non-seulement à Dieu, mais encore aux hommes ses ministres et ses serviteurs. Il est vrai que Dieu peut connaître nos fautes sans que nous les confessions ; mais le démon désire que nous cherchions plutôt à les excuser qu'à les dévoiler, afin d'avoir sujet de nous accuser lui-même devant le tribunal du souverain Juge. C'est pourquoi, Dieu, qui est plein de bonté et de miséricorde, veut au contraire que nous déclarions nos péchés en ce monde, afin que nous ne soyons pas confondus dans l'autre. Aussi, le démon qui connaît toute la vertu de la confession sincère met tout en œuvre pour nous en éloigner ; car de même qu'il a pris tous les moyens pour nous faire tomber dans le mal, de même il fait tous ses efforts pour nous empêcher de rentrer en grâce, ce que nous ne pouvons obtenir sans la confession. » A ces paroles de saint Augustin nous pouvons ajouter que celui qui par ses crimes enfreint la loi et offense la bonté de Dieu est coupable, mais que celui qui refuse d'avouer son infraction et de satisfaire à la justice divine est plus coupable encore. Sans doute, la contrition parfaite remet les péchés qu'on a commis ; néanmoins la confession orale est nécessaire, de telle sorte que nous devons la faire, si nous le pouvons facilement ; mais si nous sommes empêchés de la faire, nous devons nous la proposer ; et dans le cas où elle nous devient impossible, il suffit que nous la désirions et que nous ne la méprisions pas. Par conséquent, la confession est nécessaire même après la contrition, non pas alors comme moyen pour obtenir le pardon, mais comme précepte pour remplir une obligation.

Cette obligation de nous confesser est très-rationnelle ; n'est-il pas juste, en effet, que l'homme qui, en suivant sa propre volonté, s'est éloigné de Dieu ne soit réconcilié avec Dieu qu'en se soumettant humblement à une volonté étrangère ? C'est pourquoi Dieu a établi le prêtre son ministre comme un médecin auquel le pécheur doit découvrir les plaies de son âme, pour en recevoir avec une plus salutaire humilité les remèdes de la satisfaction ; car les sacrements sont des médecines contre les maladies spirituelles. Il faut donc, dit saint Augustin (lib. de vera et falsa Pœnit., c. 15), que le pénitent se soumette entièrement et sans réserve à la disposition du juge, au jugement du prêtre ; que, suivant ses ordonnances, il soit prêt à faire pour recouvrer la vie de l'âme, tout ce qu'il ferait pour éviter la mort du corps.» Cette obligation de se confesser est encore très-utile, pour retenir le pécheur par la honte qu'il devra plus tard éprouver, en avouant ses turpitudes. D'ailleurs, la confession des œuvres mauvaises n'est-elle pas le commencement des bonnes? N'est-ce pas par la confession que le cœur contrit et humilié se fortifie dans le bien? N'a-t-on pas vu souvent des pécheurs qui s'étaient présentés au prêtre, conduits par la crainte seule ou par la coutume générale, s'en retourner pleins de componction et de charité? Plusieurs, il est vrai, ne se convertissent pas pour cela, mais du moins ils en remportent quelques bons sentiments, et quelques règles salutaires qui font germer peu à peu dans leur cœur l'humilité et la charité. Que la honte ne vous détourne point de cette pratique ; car la confusion qu'elle cause constitue précisément la principale partie de la pénitence». « La confession des péchés, dit saint Chrysostôme (Hom. 3, operis imperf.), est la marque d'un bon esprit et le témoignage d'une conscience qui craint Dieu ; cette crainte parfaite finit par enlever toute honte. Cette honte n'empêche de se confesser que celui qui ne redoute pas le jugement de Dieu. Sans doute que rougir de soi-même est une peine grave : mais c'est pour cela même que Dieu nous oblige d'avouer nos péchés au prêtre ; car cette honte devient notre châtiment. « Celui qui ne cherche pas à excuser ses fautes, dit Valère-Maxime, mérite d'en obtenir le pardon. » C'est pourquoi les péchés qui sont confessés ne manquent pas d'être remis, car l'humble aveu qu'on en fait répare l'innocence qu'on avait perdue. « Sans doute, dit saint Augustin (de Pœnitentiæ utilitate), la honte que nous éprouvons en découvrant nos péchés est pénible, mais, si nous la supportons pour l'amour de Jésus-Christ, elle nous rend dignes de miséricorde ; et plus volontiers nous accuserons la turpitude de nos crimes dans l'espérance de les voir effacés, plus nous obtiendrons aisément la grâce de la rémission. Puis il ajoute : Pécheur insensé ! pourquoi rougirais-tu de découvrir à un homme des fautes que tu n'as pas craint de commettre sous les yeux du Seigneur ? Éloigne de toi toute honte ; va te jeter aux pieds du prêtre ; ouvre-lui ton cœur et confesse lui ton péché : la contrition intérieure ne suffit pas, si elle n'est suivie de la confession orale, quand cette confession est possible. Plus loin, le même saint Docteur dit encore : La confession est le salut de nos âmes ; elle anéantit nos vices, rétablit en nous les vertus, chasse de nos cœurs les démons ; bien plus, elle ferme pour nous les abîmes de l'enfer et nous ouvre les portes du ciel. » Saint Grégoire (lib. 12 Moral., c. 14) faisant l'éloge de la confession, s'exprime en ces termes : « Que ceux qui le veulent admirent dans chaque Saint la perfection de la chasteté, l'intégrité de la justice, la tendresse de la charité ; pour moi, je n'admire pas moins la très-humble confession des péchés que tous les actes sublimes des vertus.

Aussi, est-il utile et très-profitable d'accuser de nouveau, et même à plusieurs prêtres, ses péchés déjà confessés ; car bien que cette confession réitérée ne soit point nécessaire pour le salut, elle peut procurer d'immenses avantages ; parce que le pécheur ne sait jamais si, dans sa première confession, il a été suffisamment contrit ; parce que les actes répétés d'humilité et de confusion accroissent le nombre et la grandeur des mérites ; parce que la vertu du sacrement remet toujours quelque partie de la peine temporelle et communique quelque nouvelle grâce. Comme la sentence du prêtre, par la puissance des clefs qui lui est confiée, relâche toujours quelque chose des peines dues aux péchés, celui qui se confesserait assez souvent pourrait être exempt de toute peine. Quelques théologiens, il est vrai, prétendent que la première absolution seule, par la vertu des clefs, remet les péchés confessés, et que les absolutions suivantes n'ont aucun effet, parce qu'elles tombent sur des péchés déjà pardonnés : mais d'autres théologiens, d'après une opinion plus probable, pensent que le pécheur peut toujours se confesser avec un cœur contrit des mêmes péchés, jusqu'à ce que toute la peine du purgatoire soit effacée, et que la porte du ciel soit ouverte pour lui sans retard à la mort. Car, si l'absolution n'agit pas sur les péchés déjà pardonnés, elle agit sur les peines dues à ces mêmes péchés, et s'il ne restait plus aucune peine à remettre, elle produirait alors une augmentation de grâce en vertu de la contrition. Dans ce cas même, le péché n'aurait pas été sans subir de peine ; car ce n'est pas une faible partie de la peine que la douleur de la contrition et l'humiliation de l'aveu qui sont renouvelées dans chaque confession. Rien n'est donc plus avantageux que de se confesser souvent, très-souvent, cent fois, mille fois, si vous voulez, afin d'obtenir l'entière remise de toutes les peines temporelles. Remarquons aussi que la confession générale qui se fait à l'Église avant la messe peut vous purifier des fautes vénielles et même des péchés mortels involontairement oubliés. — Quant au secret de la confession, le confesseur doit être extrêmement réservé pour le garder.... Les plus grands dangers, la mort même, ne doivent pas lui arracher ce secret qu'il ne peut pas même confier à quelqu'un sous le sceau de la confession. Il ne doit pas non plus en dehors de la confession reprocher au pénitent ses fautes, ni lui en extorquer l'aveu après la confession, pour faire usage de cette déclaration.

La troisième partie de la pénitence est la satisfaction par

les œuvres. Cette satisfaction doit être en rapport avec les fautes qu'on a commises, selon cette parole de saint Jean-Baptiste : *Faites de dignes fruits de pénitence* (Luc, c. 3, v. 8). Saint Grégoire, commentant cette parole, dit (Hom. 20, in Evang.):« Saint Jean ne nous recommande pas seulement de faire des fruits, mais de dignes fruits de pénitence. En effet, les fruits des bonnes œuvres ne doivent pas être les mêmes pour celui qui a commis plus de fautes, que pour celui qui en a moins commis ; pour celui qui n'est coupable que d'un seul crime, que pour celui qui est coupable de plusieurs. Par conséquent, la conscience de chacun est obligée de produire, par la pénitence, des œuvres bonnes d'autant plus considérables qu'elle s'est causé par le péché des dommages plus graves. Que le pécheur qui s'est livré à des actes illicites contre la volonté de son Créateur s'abstienne même des choses licites pour satisfaire à la justice de son Dieu, et, pour se punir des jouissances défendues qu'il s'est données, qu'il se prive volontairement de celles mêmes qui lui sont permises. » Saint Bernard dit également (Serm. 66, in Cantic.) : « Si nous voulons nous faire pardonner les actions illicites auxquelles nous nous sommes abandonnés, nous devons nous abstenir maintenant de celles qui nous sont permises.» De là concluons que pour faire de dignes fruits de pénitence, le pécheur doit pratiquer les bonnes œuvres opposées aux péchés dont il s'est rendu coupable.

« La vraie pénitence, dit saint Chrysostôme (Hom. 10, in Matth.), consiste non-seulement à quitter les mauvaises habitudes auxquelles nous étions sujets, mais encore à remplir nos cœurs du fruit des bonnes œuvres, conformément à la doctrine de saint Jean-Baptiste : *Faites de dignes fruits de pénitence*. Or, comment pourrons-nous produire ces fruits, si ce n'est en faisant les œuvres opposées aux péchés commis ? Avez-vous ravi le bien d'autrui ? Commencez à distribuer le vôtre aux pauvres. Vous êtes-vous livré à la fornication ? Privez-vous quelque temps de l'usage légitime du mariage, et tâchez de racheter, par une chasteté de quelques jours, la continence perpétuelle que vous n'avez pas gardée. Avez-vous, par vos paroles ou par vos actions, fait injure au prochain, cherchez à l'en dédommager par de bonnes paroles et de bons offices ; essayez même tantôt par des services, tantôt par des bienfaits, d'apaiser ceux qui vous persécutent. Car, pour guérir une blessure, il ne suffit pas de retirer le trait qui l'a causée, il faut encore appliquer des remèdes pour cicatriser la plaie. Vous êtes-vous adonné aux excès de la table et du vin ? Jeûnez maintenant au pain et à l'eau, et sachez surmonter la faim et la soif qui vous pressent. Avez-vous promené des regards impudiques sur la beauté des femmes étrangères ? Maintenant, devenu plus prudent, ne les regardez plus de peur que vous ne retombiez. En un mot, *évitez le mal et faites le bien* (Psal. 36, v. 27), *cherchez la paix et poursuivez-la sans cesse* (Psal. 33, v. 15), non pas seulement cette paix qui nous unit aux hommes, mais aussi celle qui nous unit à Dieu. C'est avec raison que l'Écriture se sert de cette expression : *poursuivez-la, persequere eam* ; car, hélas ! cette paix, chassée de la terre, est remontée aux cieux ; mais nous pouvons, si nous voulons, la rappeler vers nous ; chassons de nos cœurs tous les obstacles qui peuvent l'en éloigner, comme la colère, l'orgueil et la volupté ; embrassons une vie pure et modeste, la paix alors viendra de nouveau habiter en nous. » Ainsi parle saint Chrysostôme.

La satisfaction doit être accomplie par des œuvres pénales; car les plaies causées par le péché ne peuvent être parfaitement guéries que par les œuvres pénales de la satisfaction qui sont les médecines nécessaires contre le péché. Quoiqu'on ne puisse rien enlever à Dieu, le pécheur néanmoins, autant qu'il est en lui, ravit quelque chose à l'honneur de Dieu. C'est pourquoi, comme la satisfaction est une réparation, une compensation du dommage causé, il faut que le pécheur se dépouille de ce qui lui appartient pour le rendre à Dieu qu'il a offensé. C'est ce qui ne peut avoir lieu que par de bonnes œuvres pour l'honneur de Dieu, et par des œuvres pénales pour le châtiment du pécheur. C'est ainsi que le pénitent satisfait à la justice divine et se préserve de nouvelles fautes et des maux futurs. La satisfaction consiste donc à nous priver de ce qui nous appartient pour le céder à Dieu. Or, nous ne possédons que trois sortes de biens ; les biens de l'âme, les biens du corps et les biens de la fortune ou richesses extérieures. Nous pouvons sacrifier ceux de la fortune par l'aumône, et ceux du corps par le jeûne ; quant à ceux de l'âme, nous ne pouvons y toucher pour les amoindrir, puisque c'est par eux seulement que nous sommes agréables à Dieu ; mais nous devons les soumettre complétement avec notre âme elle-même à sa sainte volonté ; c'est ce qui se fait par la prière. Ces trois genres de satisfaction sont opposés aux trois sources principales de nos péchés ; ainsi, le jeûne, à la concupiscence de la chair ; l'aumône, à la concupiscence des yeux, et la prière, à l'orgueil de la vie. Or, en disant que les fruits de la pénitence doivent être en rapport avec les fautes de chacun, nous voulons combattre ceux qui, après avoir commis de nombreuses fautes, se contentent d'une légère pénitence. Celui-là seul fait de dignes fruits de pénitence qui proportionne la peine au péché, qui se repent d'autant plus qu'il a péché davantage, qui fait servir comme holocauste pour la pénitence tout ce qu'il a fait servir comme instrument à la faute ; qui, après avoir perdu Dieu en aimant le péché, recherche Dieu, en détestant ce même péché et en repassant toutes ses années dans l'amertume de son cœur. Aussi, quand le prêtre n'impose pas au pécheur une pénitence proportionnée, ou quand le pénitent lui-même néglige d'accomplir la pénitence convenable, Dieu ne lui remet pas toutes les peines dues aux péchés, mais seulement la partie correspondante à ses œuvres satisfactoires. « Ne vous faites pas illusion, dit saint Bernard, si la pénitence que l'on vous enjoint ou que vous vous imposerez est trop faible proportionnellement à des fautes graves, vous y suppléerez dans les flammes du purgatoire, parce que Dieu exige de dignes fruits de pénitence. »

La digne pénitence doit moins s'estimer d'après la macération de la chair et la durée de la satisfaction que d'après la contrition du cœur ; car Dieu préfère le regret de l'âme à la longueur du châtiment et la mortification des vices lui plaît davantage que l'abstinence des mets. Aussi, les canons ecclésiastiques laissent-ils à la prudente discrétion du prêtre le soin de déterminer le temps de la pénitence qu'il doit imposer au pécheur ; c'est au confesseur à l'abréger ou à la prolonger selon le degré de ferveur ou de tiédeur qu'il remarque dans le pénitent. La contrition peut même être si intense qu'elle enlève la dette entière de la peine, parce que, comme nous l'avons dit, Dieu aime mieux les sentiments intérieurs que les actes extérieurs. Si donc les actes extérieurs de pénitence peuvent nous obtenir la rémission de la peine ainsi que de la coulpe, les sentiments intérieurs peuvent à plus forte raison produire un semblable effet. Or l'intensité de la contrition peut provenir de deux causes, et d'abord de la charité qui produit le repentir, de manière à mériter non-seulement le pardon de la faute, mais encore la remise de toute la peine. Elle peut provenir aussi de la douleur sensible que la volonté provoque dans la contrition ; et comme cette douleur sensible est une véritable peine pour le pénitent, elle peut devenir assez grande pour effacer en lui et la tache de la coulpe et la dette du châtiment.

Il est vrai que, par lui-même, l'homme ne peut satisfaire pour ses péchés, parce qu'il a contracté envers la justice divine des dettes supérieures à ses forces ; mais il peut satisfaire avec le secours d'autrui. Ainsi, dans son infinie miséricorde, le Seigneur veut bien accepter comme satisfactoires pour le pécheur, d'abord les mérites de Jésus-Christ qui par sa Passion a non-seulement racheté le monde, mais encore satisfait surabondamment pour les pécheurs ; puis les mérites de l'Église entière ; car, selon la doctrine de saint Augustin (lib. 50, hom. 6.), les aumônes et les prières qui se font dans toute l'Église peuvent venir en aide au pécheur qui reconnaît sa faute et implore son pardon. Enfin, le Seigneur accepte comme satisfactoires les propres mérites du pécheur pénitent qui, étant unis à ceux de Jésus-Christ souffrant et à ceux de l'Église entière, composent une rançon plus que suffisante pour acquitter les dettes de la peine. Mais, remarquons avec saint Jérôme (in cap. 6, ad Eph.), que le démon cherche à perdre les pécheurs de deux manières, soit par le découragement, soit par la négligence, en les portant à s'effrayer de la pénitence comme trop difficile, ou bien à se contenter d'une pénitence trop légère. C'est alors que, suivant la maxime du Sage, *il ne faut incliner, ni à droite, ni à gauche* (Prover. c. 4, v. 27).

Voulez-vous vous animer à faire de dignes fruits de pénitence, considérez les malheurs de notre premier père. Si pour un seul péché, Adam fut condamné à mener pendant plus de neuf cents ans une vie misérable sur cette terre, où il était privé de tous les secours et de toutes les consolations qui sont aujourd'hui à notre disposition ; si, pour ce seul péché, il a gémi pendant quatre mille ans dans les ténèbres de l'autre vie, comment seront punies nos transgressions nombreuses et considérables, lorsque nous serons contraints de rendre raison de chacune d'elles au tribunal du souverain Juge qui en comptera la multitude, en pèsera l'énormité, en mesurera l'étendue et la durée ? Par quelles larmes et quelles prières, par quels jeûnes et quelles mortifications ne nous faut-il donc point passer pour expier tant de péchés qui nous ont mérité la mort éternelle ? Considérez encore avec attention ce que vous avez perdu, à quoi vous vous êtes exposé, et quel est celui que vous avez offensé par votre mauvaise conduite. Vous avez perdu l'amitié de Dieu, de la Trinité entière, l'amitié des Anges, des Apôtres, et de tous les Saints de la Cour céleste, la beauté de votre âme et les suffrages de toute l'Église. Vous vous êtes exposé aux plus terribles embûches, aux plus cruels ennemis, à l'état le plus dangereux, au précipice le plus horrible, à la privation de la grâce et à la mort de l'âme. Vous avez offensé Celui qui vous a créé, qui vous a racheté, qui a donné pour vous son sang et sa vie, qui vous a comblé d'innombrables bienfaits et qui vous a promis des récompenses éternelles. Si vous réfléchissiez à tout cela, de quelle douleur ne seriez-vous point pénétré ; quelles larmes de sang ne répandriez-vous pas pour mériter le pardon de vos fautes ? Mais beaucoup de pécheurs ignorent la manière de faire pénitence, aussi il en est peu qui parviennent à la faire convenablement ; car, d'après saint Ambroise (lib. 2, de Pœnitent., c. 10) et saint Grégoire, il est plus facile de trouver des gens qui aient conservé leur innocence que d'en trouver qui fassent une vraie pénitence.

24.

C'est pourquoi, il en est bien peu qui n'aient pas besoin d'être purifiés par les flammes du purgatoire. « Que les autres pensent comme ils voudront, dit saint Bernard, pour moi je n'ai pas encore rencontré un seul pénitent qui fût digne d'entrer au ciel sans passer par les feux du purgatoire. Je m'estimerais heureux si je pouvais, jusqu'au jour du jugement, expier et consumer toutes les souillures de mon âme dans les flammes du purgatoire, afin de me présenter sans tache au tribunal du souverain Juge. » Or, si un homme aussi vertueux, aussi parfait que le fut saint Bernard, a éprouvé de telles craintes, exprimé un tel désir, que peuvent espérer tant de malheureux pécheurs.

Voulez-vous faire une véritable pénitence et obtenir de Dieu une entière rémission de vos fautes, agissez avec prudence et circonspection. Après vous être purifié de tout péché par une sincère confession, suivez le conseil, le précepte de Josué (c. 5) qui défendit aux nouveaux circoncis de quitter le camp, et renfermez-vous en vous-même jusqu'à ce que vous soyez parfaitement guéri ; mangez dans le silence et dans le recueillement le pain de la douleur et de la componction ; arrachez-vous aux divertissements et aux spectacles mondains, aux conversations séculières et à tout ce qui pourrait vous entraîner au mal ; éloignez-vous des personnes, des lieux, des compagnies qui, avant votre conversion, ont pu être pour vous la cause, l'occasion ou le sujet d'un péché ; mortifiez vos sens qui ont été les instruments de vos transgressions. Retiré au fond de votre cœur, fermez-le à toute pensée mauvaise, à tout désir dangereux ; et, dans le plus profond secret, adressez vos humbles supplications à votre Père céleste. Le silence et la retraite conviennent spécialement au pénitent ; et surtout pendant le temps prescrit pour la pénitence, il doit se priver des festins, des spectacles, et de tous les autres amusements, jusqu'à ce que ses blessures spirituelles soient entièrement guéries ; ainsi Josué ne laissait sortir du camp les nouveaux circoncis que quand leur plaie était parfaitement cicatrisée. Contemplez comme votre modèle Marie qui reste assise auprès du Sauveur ; elle arrose de ses larmes, essuie avec ses cheveux les pied de Jésus, jusqu'à ce qu'elle entende de la bouche du divin Maître ces paroles consolantes : *Vos péchés vous sont remis* (Luc, c. 7, v. 48).

Afin de parcourir avec plus d'ardeur la rude voie de la pénitence, considérez la grande figure de saint Jacques le Mineur. Quoiqu'il eût reçu abondamment les dons du Saint-Esprit, qu'il eût été confirmé en grâce, et que la vie éternelle lui fût assurée, il persévéra néanmoins dans la mortification et la pénitence jusqu'à sa mort. Suivant la signification de son nom qui veut dire *supplantateur*, il supplanta véritablement et réprima tout désir charnel, et il acquit tant de mérites que tout le monde lui donnait le titre de *Juste*. On l'appelait aussi avec raison fils d'Alphée, c'est-à-dire de celui qui est *docte*. Aussi, lorsque saint Paul vint à Jérusalem pour conférer avec les autres Apôtres sur quelques points de la foi chrétienne, il alla le visiter. Il est l'auteur d'une épître canonique. Au rapport de saint Chrysostôme (Hom. 5, in Matth.) et d'Hégésippe, historien voisin des temps apostoliques, il était tellement distingué par ses vertus, qu'aussitôt après la Passion du Seigneur, il fut établi premier évêque de Jérusalem, suivant l'ordonnance des Apôtres. Sanctifié dès sa naissance, il ne but jamais ni vin, ni boisson fermentée, il ne mangeait jamais de viande, et se refusait tous les soins du corps : il priait jour et nuit, les genoux en terre, à tel point qu'ils étaient devenus tout calleux, et que la peau s'en était durcie comme celle d'un chameau ; en un mot, il macérait tellement sa chair, et traitait si durement son corps, que tous ses membres, même durant sa vie, étaient devenus insensibles comme s'ils eussent été morts ; et parce qu'il se prosternait en terre pendant de longues oraisons, son front s'était durci comme ses genoux.

Rappelez aussi dans votre mémoire le cilice et la chétive nourriture de saint Jean-Baptiste, les travaux d'un saint Paul, les veilles continuelles de saint Barthélemy, le sac et la cendre de saint Jérôme, les rudes vêtements et les épines d'un saint Benoît, le suaire et les larmes d'un saint Arsène, la colonne et les vers d'un saint Siméon, la nudité et les jeûnes d'une sainte Marie Égyptienne qui vivait seulement de racines ; tous ces différents exemples ne peuvent que stimuler votre émulation pour la pénitence. Voyez aussi le saint roi David descendre de son trône, se revêtir d'un cilice, se couvrir de cendres, se prosterner et s'asseoir sur la terre nue, gémir et pleurer jusqu'à ce que le Seigneur lui fasse dire par son Prophète Nathan (II Reg. c. 12, v. 13) : *Votre péché est pardonné.* Par ses prosternations il nous enseigne la pratique des humiliations ; par les cendres dont il se couvre, il nous insinue la méditation de la mort qui doit réduire en poudre toute la masse du genre humain ; par son cilice qui est tissu de poils, il nous montre le regret des péchés qui doit percer notre âme. Selon saint Grégoire (lib. 35 Moral, c. 2), le cilice marque la componction que nous devons ressentir de nos péchés, et la cendre représente la poussière où doivent aboutir toutes les vanités. Voilà pourquoi le cilice et la cendre sont les deux instruments et signes ordinaires de la pénitence ; car l'un nous rappelle le péché que nous avons commis et l'autre le sort qui nous attend. D'après ces paroles de saint Grégoire, nous apprenons quelles sont les deux principales armes des pénitents; faites-en usage et vous en retirerez de la consolation.

Écoutons maintenant saint Bernard, qui nous dit : « Le vrai pénitent ne perd aucun des instants qui lui sont accordés ; il répare le passé par sa contrition, il utilise le présent par ses bonnes œuvres, il s'empare même de l'avenir par la constante fermeté de son bon propos. » — Concluons. Que le pénitent s'arme de courage, sans se lasser jamais, car *ceux qui sèment dans les larmes moissonneront dans la joie* (Psal. 125, v. 5.); qu'il se console par l'espoir de partager un jour la gloire des martyrs, car, d'après saint Chrysostôme (Serm. de pœnitent.), une vie pénitente est comparable au martyre, et un long combat est plus difficile qu'une prompte mort. Aussi Jésus-Christ proclame le bonheur des pénitents et confirme leur espérance par ses promesses, quand il dit : *heureux ceux qui pleurent, parce qu'ils seront consolés* (Matth., c. 5, v. 5). En effet, le Seigneur saura bien récompenser les tristesses passagères de la pénitence par une éternelle félicité. « O sainte pénitence! s'écrie saint Cyprien! (lib. de Pœnit.), que pourrais-je dire de toi qui n'ait déjà été dit! Tu délies tout ce qui était lié, tu ouvres tout ce qui était fermé pour nous, tu adoucis toutes nos afflictions, tu guéris toutes nos blessures, tu éclaires toutes nos ténèbres, et quand tout semblait désespéré, tu nous ranimes, tu nous rends la vie. »

Prière

Ma vie m'épouvante; car si je l'examine soigneusement, elle me paraît ou coupable et criminelle, ou stérile et infructueuse; et si quelque fruit s'y montre de temps en temps, il n'est qu'apparent, imparfait ou corrompu de quelque manière. Pécheur que je suis ! que me reste-t-il donc à faire, si ce n'est de pleurer sans cesse toute ma vie? Seigneur, je suis sûr que mes péchés méritent la damnation éternelle, je suis plus sûr encore que ma pénitence n'est pas suffisante pour vous rendre une satisfaction convenable, mais aussi je suis très-assuré que votre miséricorde est supérieure à toute offense. Faites-moi donc miséricorde, et pour mes péchés accordez-moi le pardon que j'espère, non pas de mes mérites, mais de votre indulgence, Seigneur mon Dieu. Ainsi soit-il.

NOTES

I

Portrait de Jésus-Christ.

Ce portrait détaillé de Jésus-Christ, que Ludolphe pensait être conservé dans les Annales du peuple romain, est tiré d'une lettre apocryphe adressée au sénat romain par un certain Publius Lentulus, que l'on fait gouverneur de la Judée avant Pilate. « Cette pièce, dit D. Calmet, dans son Dictionnaire de la Bible, se trouve dans plusieurs manuscrits et dans divers imprimés. Mais c'est une pièce absolument fausse, inconnue aux anciens et digne d'un souverain mépris. Publius Lentulus ne fut jamais gouverneur de la Judée; Pilate l'a été tout le temps de la prédication de Jésus-Christ ; or, avant que Jésus-Christ fût allé au baptême de Jean, il n'était nullement célèbre dans la Judée, comme cette lettre le suppose néanmoins. » D'ailleurs, la main d'un faussaire chrétien se trahit assez évidemment par l'affectation qu'il met à décrire les moindres traits de Jésus-Christ; comme aussi par l'application qu'il fait à Jésus-Christ du verset 3 du psaume 44.

D. Calmet. Dissertation sur la beauté de Jésus-Christ au commencement du commentaire sur Isaïe t. 5, pag. 594.
— Recherches historiques sur la personne de Jésus-Christ par un ancien bibliothécaire (M. Peignot). Dijon 1829, pag. 11, 12.
— Fabricius, Codex apocryphus Nov. Test. t. 1, pag. 301, et t. 2, pag. 486, 487.

II

Harmonie ou Concorde des Évangiles.

Avant Ludolphe, très-peu d'auteurs avaient déterminé la suite chronologique de tous les faits et discours rapportés par les quatre Évangélistes. Dès le second siècle, Tatien, disciple de saint Justin, avait composé la première *Concorde ou Harmonie* des quatre Évangélistes, sous le titre de *Diatessaron*, c'est-à-dire *d'après les quatre*. Mais, comme Théodoret l'atteste (Hæres. fab. lib. 1, c. 20), cet auteur en avait retranché les généalogies et les autres passages qui présentent Jésus-Christ comme issu de David, selon la chair ; car la secte des Encratites dont il fut le chef regardait le mariage comme une institution de Satan. Aussi, cet ouvrage appelé l'Évangile de Tatien ou des Encratites fut rangé au nombre des Évangiles apocryphes. —Vers le même temps, saint Théophile, septième évêque d'Antioche après l'apôtre saint Pierre, l'an 168, avait fait aussi une Concorde des Évangiles que saint Jérôme mentionne (De viris illust.). Mais l'illustre Docteur préfère celle que Ammonius, philosophe chrétien d'Alexandrie, maître d'Origène, composa vers le commencement du troisième siècle. — La *Concorde* d'Ammonius servit de base à Eusèbe, évêque de Césarée, pour dresser les dix *Canons évangéliques* qui en sont comme les tables ; car, pour ne point déplacer les textes ni dénaturer les exemplaires des quatre Évangiles canoniques, le célèbre écrivain imagina de réunir en dix tables les chiffres qu'il avait disposés, pour indiquer les passages contenus dans un ou deux, ou trois ou quatre Évangélistes. Il envoya ces *Canons* à Carpien avec une lettre où il en exposait le système. Plus tard, saint Jérôme, les ayant traduits du grec en latin, les adressa au Pape saint Damase, avec une lettre qui en expliquait l'usage. — Afin de concilier entre eux les passages des quatre Évangélistes qui semblaient les plus disparates, saint Augustin écrivit quatre livres intitulés *De consensu Evangelistarum*. — Tels sont les anciens ouvrages qui ont préparé les voies au travail beaucoup plus complet de notre vénérable Père Ludolphe, sur la Vie de Jésus-Christ. A la suite de cet auteur, beaucoup d'autres jusqu'à ces derniers temps ont publié l'Harmonie des saints Évangiles, sous différentes formes et sous divers titres; telle est spécialement l'*Histoire de la vie de Jésus-Christ*, par le P. de Ligny, qui parut à Avignon vers la fin du dernier siècle.

III

Diverses ponctuations et interprétations d'un passage de saint Jean (v. 3 et 4 du chapitre premier de son Évangile.).

Les saints Pères ainsi que les exégètes modernes sont partagés entre eux pour savoir comment il faut ponctuer et lire, et par suite comprendre et expliquer ce passage célèbre de saint Jean : *Sine ipso factum est nihil quod factum est in ipso vita erat.* Beaucoup mettent un point final après *nihil*, de sorte qu'ils lisent comme Ludolphe : *Rien n'a été fait sans lui. Ce qui a été fait était vie en lui.* Cette ponctuation qui a été d'abord la plus commune, a été admise par d'illustres docteurs, soit en Orient, soit en Occident, comme Clément d'Alexandrie, saint Irénée, Tertullien, saint Grégoire de Nazianze, saint Cyrille d'Alexandrie, saint Augustin, saint Ambroise, saint Bède, saint Thomas, etc. Elle est conforme à plusieurs exemplaires de la sainte Bible ou du Nouveau-Testament, soit grecs, soit latins qui sont conserves depuis plus de mille ans, à tous les exemplaires du Missel Romain et du Missel Parisien, soit manuscrits, soit imprimés jusqu'au dix-septième siècle. Les Chartreux l'ont maintenue jusqu'à présent dans leurs livres liturgiques.

Mais, vers le cinquième siècle, les Manichéens, les Ariens et les Macédoniens ayant voulu abuser de cette ponctuation pour autoriser leurs erreurs, la plupart des interprètes catholiques, à l'exemple de saint Chrysostôme, finirent par adopter une ponctuation différente qui écartait tout danger d'une fausse explication. Ainsi, ils ont placé le point final avant *in ipso*, de sorte qu'ils ont lu : *Rien de ce qui a été fait n'a été fait sans lui. En lui était la vie.* Cette ponctuation qui forme un sens très-orthodoxe, est depuis longtemps la plus communément suivie par les Grecs et les Latins, d'accord avec les Syriens et les Arabes. Aussi elle a été introduite dans les éditions modernes de la Vulgate, qui ont été publiées selon l'ordre de Clément VIII.

IV

Serpent tentateur.

Les Pères de l'Église et les interprètes de la Bible ne s'accordent pas à déterminer la nature ou l'espèce du serpent dont se servit le démon pour tenter Ève. D'après plusieurs anciens commentateurs, ce serpent était primitivement un dragon qui marchait droit sur ses pieds, avait une tête intelligente et le dos étincelant comme l'iris de diverses couleurs, au point d'attirer l'attention de la femme. Ludolphe a suivi cette opinion qu'avaient émise saint Basile et Dydime au quatrième siècle, et qu'adoptèrent ensuite saint Bède et saint Bonaventure, Vincent de Beauvais dans son Miroir Historique, Pierre Comestor dans son Histoire Scolastique, et plus tard Denys le Chartreux. Néanmoins, selon le sentiment commun, le serpent qui fut l'organe du démon, a toujours rampé sur le ventre et mangé la terre, soit avant, soit après la chute de la femme. Mais, ce qui en lui était d'abord simplement une habitude de la nature, est devenu ensuite une marque de la malédiction divine qui l'a rendu odieux et abominable. De même la mort qui, en l'homme composé d'éléments contraires, est une conséquence de la nature, est devenue la peine du péché, depuis la faute originelle. De même aussi, l'arc-en-ciel qui est un phénomène de la nature, est devenu, depuis le déluge, un signe du pacte contracté entre Dieu et Noé. — Voyez à ce sujet Cornelius à Lapide. Comment. in Gen. c. 3, v. 1 et 14.

V

Époque de la naissance de Jésus-Christ.

Pour supputer les années écoulées depuis la création du monde jusqu'à la naissance du Sauveur, Ludolphe, comme les autres écrivains du moyen âge, suit le calcul qu'Eusèbe de Césarée avait fait sur la version grecque des Septante. Ce savant *Père de l'histoire ecclésiastique* compte 5199 ans, au lieu que des auteurs onciens et modernes comptent environ 4000 ans, d'après le calcul fait sur le texte hébreu de la Bible. Or, l'Église Romaine ne rejette ni l'une ni l'autre de ces deux chronologies différentes. Ainsi, dans le Martyrologe que Grégoire XIII promulgua, l'an 1584, elle adopte la chronologie des Septante pour déterminer les principaux âges du monde, en la Vigile de Noël. Mais, dans la Vulgate que Clément VIII publia, l'an 1592, elle admet la chronologie de l'hébreu pour fixer l'âge véritable de chaque patriarche, soit avant, soit après le déluge, aux chapitres 5 et 11 de la Genèse.

Néanmoins, dans l'usage que l'Église fait de ces deux chronologies, il faut remarquer cette différence : dans le Martyrologe, elle adopte la chronologie des Septante comme un simple système de dates historiques que les écrivains suivaient encore généralement, à l'époque où le Martyrologe fut promulgué. Dans la Vulgate, elle admet la chronologie de l'hébreu comme partie intégrante de la Version latine que le Concile de Trente a déclarée authentique dans toutes ses parties. Aussi, cette dernière chronologie est la même que les Versions syriaques et arabes ont reproduite ; que les plus illustres Docteurs anciens, saint Jérôme (lib. quæst. hebr. in Genesim,) et saint Augustin (De civit. Dei lib. 15) ont préférée ; que de très-célèbres critiques modernes, comme les dominicains Noël-Alexandre et Lequien, ont défendue solidement, et enfin qui paraît être aujourd'hui la plus communément reçue.

VI

Parents de Marie.

Depuis longtemps, les Églises d'Orient et d'Occident s'accordent à honorer saint Joachim et saint Anne comme le père et la mère de la très-sainte Vierge : ce qui prouve que ses pieux parents portaient réellement ces noms. Les nombreuses Églises qui suivent le rite romain, solennisent la fête de saint Joachim, le dimanche dans l'Octave de l'Assomption, d'après un décret de Clément XII. Elles continuent de célébrer la fête de sainte Anne, le 26 juillet, conformément à la Bulle de Grégoire XIII, l'an 1584. En la même année, ce Souverain Pontife avait confirmé la fête de saint Joachim, pour le 20 mars, selon que Jules II l'avait établie, vers 1510. On la trouve marquée pour le 9 décembre dans un martyrologe imprimé, l'an

1491. Ces fêtes de saint Joachim et de sainte Anne, dont on ne connaît pas l'origine précise, paraissent avoir été introduites en Occident, à la suite des croisades et des pèlerinages en Terre-Sainte qui propagèrent les traditions de l'Orient.

Les religieux Ermites du Mont Carmel qui, au dix-huitième siècle, se répandirent en Europe, contribuèrent beaucoup à y développer la dévotion que leurs prédécesseurs professaient en Palestine pour les pieux parents de leur glorieuse Patronne. Mais, au douzième siècle, les Latins ne célébraient point encore leurs fêtes, du moins communément, ainsi que le suppose saint Bernard écrivant aux chanoines de Lyon (1140). Les Latins cependant vénéraient ces saints personnages longtemps auparavant, puisqu'au commencement du neuvième siècle, saint Léon III faisait peindre leur histoire dans la basilique de saint Paul, à Rome.

Leur culte est beaucoup plus ancien chez les Orientaux. Car, dès l'an 550, Justinien Ier fit bâtir à Constantinople une première église dédiée à sainte Anne, et Justinien II fit élever en cette capitale une seconde église sous le même vocable, au commencement du neuvième siècle. Vers la même époque, saint Jean Damascène fit l'éloge de saint Joachim et de sainte Anne, dans trois discours composés pour la Nativité de Marie. Les mêmes saints personnages sont nommés comme parents de la Bienheureuse Vierge, par Jacques évêque d'Édesse au huitième siècle, par l'auteur de la Chronique d'Alexandrie au septième siècle, par saint Grégoire de Nysse et par saint Épiphane au quatrième siècle.

Les traditions relatives à la sainte Vierge et à saint Joseph ainsi qu'à saint Joachim et à sainte Anne ont été consignées dès les premiers siècles, en des livres qu'ont cités et mentionnés plusieurs Pères, entr'autres saint Épiphane, saint Grégoire de Nysse, saint Jérôme, saint Augustin, et même dès le troisième siècle Origène et Tertullien. Mais, au cinquième siècle, les Papes saint Gélase et saint Innocent ont rejeté ces ouvrages comme apocryphes, à cause de l'abus que les hérétiques en faisaient, et à cause des fables qu'ils y avaient insérées.

VII

Doctrine et fête de l'Immaculée Conception.

Au lieu de répéter, après saint Bernard, que Marie a été purifiée du péché originel et sanctifiée dans le sein de sa mère, Ludolphe aurait dû affirmer, avec l'Église, que Marie a été préservée de la faute originelle et sanctifiée dès le premier instant de sa vie. Mais quand il écrivait, le Saint-Siége n'avait encore rien statué d'une manière officielle à cet égard. Il est vrai que la doctrine de l'Immaculée Conception est insinuée dans l'Écriture, et a toujours été conservée dans la tradition depuis les temps apostoliques ; car nous voyons l'apôtre saint André la proclamer devant le proconsul Égée, et des écrivains nombreux l'attester successivement dans tous les siècles, entr'autres saint Augustin et saint Jean Chrysostôme.

La piété des pasteurs et des fidèles les porta même de bonne heure à célébrer une fête spéciale en l'honneur du glorieux privilége octroyé à l'auguste Mère de Dieu. Cette fête existait déjà depuis un temps immémorial, chez les Orientaux, Grecs, Arméniens, Syriens, Coptes et Abyssiniens ; quand au moyen âge elle commença à s'établir peu à peu en Italie, en Espagne, en Angleterre, en France et en Allemagne. Mais, vers l'an 1140, lorsque la Primatiale des Gaules adopta cette solennité, saint Bernard abbé de Clairvaux écrivit aux chanoines de Lyon sa fameuse lettre 174, dans laquelle il s'élève fortement contre la fête et la doctrine de l'Immaculée Conception. Toutefois, parce qu'il ne prétendait point imposer son sentiment comme un dogme, *il proteste s'en rapporter à l'avis de toute autre personne mieux éclairée et surtout au jugement de l'Église Romaine, à laquelle il appartient de décider pareilles questions.*

L'autorité immense dont jouissait l'illustre Abbé, entraîna beaucoup de théologiens scolastiques à contester la doctrine admise jusqu'alors sans opposition. Les disputes qui, à partir du onzième siècle, ne cessèrent d'agiter les savants sur cette question, déterminèrent les Souverains Pontifes à soutenir et à favoriser de plus en plus la dévotion et la croyance relatives à l'Immaculée Conception. Dans ce but, Sixte IV publia deux Constitutions que ses successeurs ont confirmées jusqu'à ces derniers temps. Ainsi, l'an 1476, par la Bulle *Cum præ excelsa*, il engagea tous les fidèles à célébrer la *Conception admirable de Marie Immaculée*, en leur accordant pour cet effet des indulgences extraordinaires. L'an 1483, par la Bulle *Grave nimis*, il condamna et réprouva comme fausses et erronées les accusations d'hérésie et de péché mortel, qui avaient été lancées contre les partisans de la *Conception Immaculée*.

Non content de maintenir les dispositions prises par Sixte IV, le Concile de Trente, l'an 1545, déclara qu'il *n'entendait pas comprendre en son décret touchant le péché originel la Bienheureuse et Immaculée Vierge Marie, Mère de Dieu*. Sessio 5. Saint Pie V, en promulguant le bréviaire et le missel romains 1568 et 1570, rendit obligatoires pour toute l'Église l'office et la messe de la *Conception* qui étaient auparavant facultatifs. Par un décret de l'Inquisition, 1617, Paul V défendit de nier en public *l'Immaculée Conception*; et son successeur, Grégoire XV, défendit même de la nier en particulier, par un autre décret du même tribunal, 1622.

Pour expliquer les actes de ses prédécesseurs que plusieurs théologiens interprétaient faussement, Alexandre VII donna la Bulle *Sollicitudo*, 8 décembre 1661, à la requête de Philippe IV, roi d'Espagne. Il assura que *l'ancienne et pieuse croyance et solennité de l'Immaculée Conception ont toujours eu pour objet de reconnaître et d'honorer l'âme de la Bienheureuse Vierge Marie, comme ayant été préservée et exemptée de la tache du péché originel, par une prérogative et grâce spéciale de Dieu*. Il soumettait à des peines très-graves tous ceux qui désormais oseraient expliquer en un autre sens les actes apostoliques des Pontifes, ses prédécesseurs. Il protestait cependant que le Saint-Siége n'avait point voulu jusqu'à présent décider la cause, et que lui-même ne voulait point encore la décider.

Quoique ces déclarations authentiques ne fussent pas définitives, elles contribuaient néanmoins à développer la piété commune envers le glorieux privilége de Marie. Aussi, par l'entremise de Louis XIV, la France obtint de Clément IX que la fête de la *Conception* serait célébrée avec Octave dans le royaume, et cette faveur fut étendue bientôt à l'Église universelle par Innocent XII. Mais toutes ces concessions liturgiques ne suffisaient pas pour contenter la dévotion toujours croissante. Car, depuis plus de quatre siècles, les évêques, les ecclésiastiques, les religieux, les rois et les empereurs même ne cessaient de réclamer une définition dogmatique qui pût terminer toutes les discussions.

Enfin, cédant à des sollicitations réitérées, Pie IX, après avoir consulté tous les évêques dispersés et les cardinaux réunis, crut qu'il ne devait plus différer la décision tant désirée. En présence de cinquante-quatre cardinaux, de quarante-deux archevêques et de quatre-vingt-douze évêques ; au milieu d'un concours immense qui remplissait la basilique de saint Pierre, le 8 décembre 1854, il prononça le fameux décret qui fut notifié à toute l'Eglise par la Bulle *Ineffabilis Deus*. Il proclama *qu'elle est révélée de Dieu et qu'elle doit être crue fermement par tous les fidèles, la doctrine suivant laquelle la Bienheureuse Vierge Marie a été préservée et exemptée de toute souillure de la faute originelle, dès le premier instant de sa Conception, par une grâce et prérogative spéciale de Dieu tout-puissant, en vue des mérites de Jésus-Christ, Sauveur du genre humain*. Jusqu'alors les Souverains Pontifes avaient proscrit simplement la manifestation extérieure de l'opinion contraire, qu'ils n'avaient flétrie d'aucune note théologique ; mais Pie IX en proscrivit même le sentiment intérieur, qu il censura comme une hérésie formelle par ce terrible anathème : *Si donc quelqu'un avait la présomption de concevoir un sentiment opposé à notre présente définition, qu'il sache que, condamné par son propre jugement, il a fait naufrage dans la foi, et qu'il est retranché de l'Église.*

VIII

Fête de la Nativité de la très-sainte Vierge.

La fête de la Nativité de la très-sainte Vierge est bien antérieure à celle de sa Conception, du moins en Occident. Vers la fin du quatrième siècle, saint Maurille, disciple du grand saint Martin, l'établit, à la suite d'une révélation, dans le diocèse d'Angers dont il était évêque. Plusieurs savants écrivains, entre autres Du Saussay, évêque de Tulle, dans son *Martyrologe Gallican*, ont admis cette tradition très-ancienne. C'est sans raison suffisante que d'autres érudits lui opposent le témoignage de saint Augustin, contemporain de saint Maurille. Il est vrai que dans divers ouvrages ou sermons, l'illustre évêque d'Hippone ne mentionne jamais que les fêtes de la Nativité de Notre-Seigneur et de saint Jean-Baptiste ; il déclare même, en un passage, que l'Église ne célèbre pas d'autres naissances selon la chair que celles de Jésus-Christ et de son digne

Précurseur. On doit en conclure que la Naissance de la bienheureuse Vierge Marie n'était pas alors communément célébrée, surtout dans les contrées les plus connues du saint Docteur, comme l'Afrique et l Italie ; mais on ne peut en déduire rigoureusement qu'à cette époque, elle n'était célébrée nulle part, pas même dans des pays très-éloignés.

L'Eglise Romaine ne tarda pas ensuite beaucoup à honorer la sainte Naissance de la bienheureuse Vierge Marie ; car on trouve une messe pour cette fête avec des oraisons propres dans les plus anciens Sacramentaires romains qui nous soient parvenus, dans celui de saint Grégoire et dans celui de saint Gélase ou de saint Léon, qui remontent au sixième et au cinquième siècle. Elle était donc instituée à Rome, longtemps avant que saint Sergius premier occupât le Saint-Siége, vers la fin du septième siècle. Dans sa vie publiée par Anastase le bibliothécaire, on lit que la Nativité de la sainte Vierge est une des fêtes où ce Pontife prescrivait d'aller processionnellement de l'église saint Adrien à la basilique sainte Marie Majeure.

Déjà, cette fête existait en Espagne ; car saint Ildefonse, archevêque de Tolède, vers l'an 660, en parle dans son livre sur la perpétuelle Virginité de Marie. *On ne célèbre dans toute l'Église,* dit-il, *aucune autre naissance que celles de Jésus-Christ, de la bienheureuse Vierge et de saint Jean-Baptiste* Cette même fête fut célébrée en Angleterre, dans le huitième siècle au plus tard, puisque le concile de Cloveshoe, l'an 747, enjoignit de célébrer les fêtes conformément au Martyrologe romain. D. Mabillon affirme que saint Boniface, évêque de Mayence, au milieu du huitième siècle, fit mettre la Nativité de la sainte Vierge parmi les autres fêtes de la bienheureuse Marie. Elle ne parait pas cependant avoir été généralement obligatoire dans l'empire franc, à l'époque de Charlemagne ; car, l'an 813, le concile de Mayence ne la compte pas parmi les solennités ecclésiastiques. Mais, l'an 871, Gautier, évêque d'Orléans, la met au rang de celles qu'on doit célébrer avec grande pompe. Saint Pierre Damien, dans le onzième siècle, saint Bernard et saint Fulbert au douzième siècle parlent de la Nativité de Marie comme d'une solennité principale dans toute l'Église. Vers le même temps, l'empereur Emmanuel Commène la compte parmi les fêtes les plus solennelles de l'Église grecque.

Au milieu du treizième siècle, la solennité de cette fête en Occident fut augmentée par l'Octave qui lui fut ajoutée, à l'occasion des difficultés que l'empereur Frédéric II avait suscitées au conclave réuni après la mort de Clément IV. Pour se délivrer des vexations de ce prince, les cardinaux s'obligèrent par vœu à établir une Octave pour la Nativité de Marie, aussitôt qu'un Pape serait élu. Le Saint-Siége était vacant depuis vingt mois, lorsqu'Innocent IV fut élu, l'an 1243, et le nouveau Pontife s'empressa d'accomplir le vœu du Sacré-Collége, en instituant aussitôt l'Octave de la Nativité. Les Occidentaux autrefois ne célébraient pas cette fête tous le même jour, mais depuis longtemps ils se sont conformés à l'usage constant de l'Église Romaine. Le Sacramentaire Grégorien assigne pour cette fête le huitième jour de septembre, qui est en effet le jour anniversaire de la Naissance de Marie, si nous en croyons la Chronique pascale d'Alexandrie, au septième siècle (mensis septembris VIII... nata est Domina nostra Dei Genitrix ex Joachim et Anna). Les Latins s'accordent généralement avec les Grecs pour célébrer en ce même jour la Naissance de Marie ; mais les autres chrétiens d'Orient, spécialement les Coptes, la célèbrent à des jours différents.

IX

Exemption du péché actuel et privilége d'impeccabilité en Marie.

Si saint Bernard n'a pas reconnu que la très-sainte Vierge fut toujours exempte du péché originel, il a du moins admis qu'elle n'a jamais été souillée d'aucun péché actuel. Sur ce point, il a suivi la doctrine que plus tard le concile de Trente a proclamée comme croyance de l'Église, dans le vingt-troisième canon de la sixième session : *Si quis hominem semel justificatum dixerit......, posse in tota vita peccata omnia, etiam venialia vitare, nisi ex speciali Dei privilegio, quemadmodum de Beata Virgine tenet Ecclesia, anathema sit.* Or, la raison de convenance que l'illustre Docteur invoque pour attribuer à la Mère de Dieu le privilége d'une vie entièrement sainte, porte également à lui attribuer le privilége d'une Conception parfaitement pure ; car les règles de l'analogie obligent d'admettre ces deux priviléges comme conséquences d'un même principe, à savoir la Maternité divine.

Reste ensuite à examiner si la Mère de Dieu a reçu le don d'impeccabilité. Cette question est très-controversée parmi les théologiens catholiques, comme le montre Suarez (t. 17, quæst. 27, disput. 4, sect. 4). Les uns affirment que Marie n'a jamais pu pécher, depuis le premier instant de sa vie ; les autres prétendent au contraire que jusqu'au dernier moment de sa vie elle a pu pécher. D'autres, prenant un moyen terme, soutiennent qu'avant de concevoir en son chaste sein le Fils de Dieu, Marie n'était point impeccable, mais qu'elle l'est devenue ensuite, parce que ce privilége était dû à sa dignité de Mère de Dieu. Cependant, comme le fait observer Suarez, si Marie n'avait pas droit à ce privilége avant d'avoir obtenu la dignité de Mère de Dieu, Dieu devait à la perfection de sa sagesse et de sa providence d'accorder cette prérogative d'impeccabilité à la Vierge, qu'il prédestinait à l'honneur de devenir sa Mère.

Le sentiment de Suarez paraît plus probable aux théologiens modernes ; et il est soutenu par le chanoine Muzzarelli, dans son opuscule sur la Dévotion au saint Cœur de Marie. Ainsi donc, disent-ils, la très-sainte Vierge, étant préservée du péché originel et affranchie de la funeste concupiscence, non-seulement n'est point née avec l'inclination naturelle au mal ; mais encore elle a vécu dans une heureuse impuissance de le commettre. Ce n'est pas qu'elle fût impeccable par nature ; ce privilége n'appartient qu'à Jésus-Christ ; mais, sans être impeccable par nature, la très-sainte Vierge l'était par la force et l'éminence de la grâce qui la possédait et remplissait tellement qu'elle faisait toutes ses actions par un mouvement surnaturel, et sous l'influence toujours efficace des secours divins qui la portaient en toutes choses à ce qu'il y avait de plus parfait ; en un mot, elle était impeccable par une suave conduite de la divine Providence, qui éloignait d'elle tout ce qui eût été capable de la solliciter au péché. Cette sorte d'impeccabilité est sans doute bien inférieure à celle de Jésus-Christ ; mais elle suffit pour exclure toute sorte de péché. Aussi, l'Eglise enseigne que Marie n'en a jamais commis aucun, et qu'elle a conservé son âme pure et sans tache jusqu'à la fin de sa vie.

X

Présentation de Marie au Temple.

La tradition nous apprend que la très-sainte Vierge, à peine âgée de trois ans, se consacra publiquement au Seigneur dans le Temple de Jérusalem, où ses pieux parents la conduisirent, en exécution du vœu qu'ils avaient fait, pour obtenir l'heureuse fécondité de leur mariage. Outre la présentation ordinaire des premiers-nés qui était prescrite par la Loi, les parents mus par quelque motif de dévotion, faisaient quelquefois une autre présentation de leurs enfants, pour qu'ils fussent élevés dans l'enceinte du Temple, où ils demeuraient, pendant un temps plus ou moins considérable, attachés au service des prêtres. On voit par divers passages des Livres saints, que, depuis Moïse jusqu'à Jésus-Christ, il y avait autour du Tabernacle ou du Temple des appartements où logeaient les personnes qui s'étaient vouées elles-mêmes, et les enfants qui étaient destinés au service du Lieu Saint (Exod. c. 38, v. 8. — Judic. c. 11, v. 39. — 1 Reg. c. 2, v. 22 — 11 Mac. c. 3, v. 19. — Luc. c. 2, v. 37). C'est ainsi que le jeune Samuel fut consacré à Dieu par sa pieuse mère Anne, et que Joas fut élevé pendant six ans dans le Temple où il était caché. Le second livre des Machabées parle des vierges qui étaient habituellement renfermées dans le Temple; et l'historien juif Josèphe dit que de son temps elles y étaient en assez grand nombre. Plusieurs anciens Pères, rappellent cet usage, entre autres saint Grégoire de Nysse et saint Ambroise. Or, la Présentation de Marie au Temple n'est pas attestée seulement par les livres apocryphes des premiers siècles, mais par plusieurs saints docteurs ou auteurs ecclésiastiques, notamment par saint Grégoire de Nysse, saint Épiphane, saint Jean Damascène, saint Germain de Constantinople, saint André de Crète, etc.. Il fallait que cette tradition fût bien répandue en Orient, au septième siècle, puisqu'on la retrouve dans le Coran et dans les plus anciens auteurs musulmans, avec plusieurs autres traditions chrétiennes, que Mahomet crut devoir conserver, pour attirer plus facilement les chrétiens à son parti.

La fête de la Présentation de Marie était célébrée dans l'Église grecque longtemps avant le neuvième siècle ; c'est ce qui résulte clairement de plusieurs homélies prononcées le jour même de cette fête par Georges de Nicomédie, alors patriarche de Constantinople. Emmanuel Commène qui monta sur le trône impérial, l'an 1145, mentionne cette fête, sous la date du 21 novembre, dans une constitution qui en ordonne l'observation, avec celle de plusieurs autres fêtes alors établies dans l'Église grecque. L'Église latine n'a commencé à la célébrer qu'au quatorzième siècle. Philippe de Maizières, ambassadeur du roi latin de Chypre, ayant sollicité Grégoire XI d'approuver l'office de cette solennité qu'il lui proposait, ce Pontife la fit célébrer d'abord dans la ville d'Avignon, où il résidait ; puis il invita le roi de France, Charles V, à la faire célébrer dans son royaume, le 21 novembre. Ce prince écrivit dans ce but aux professeurs et aux élèves de l'Université de Paris, l'an 1374. L'établissement de cette fête fut ensuite confirmé par plusieurs Souverains Pontifes, spécialement au quinzième siècle par Pie II et Paul II, enfin par Sixte V et Clément VIII qui en rendirent l'office obligatoire pour toute l'Église.

XI

Vœu de Virginité de Marie.

Il est certain, d'après l'Écriture et la Tradition, qu'avant de concevoir en son chaste sein le Verbe incarné, la Bienheureuse Marie avait fait au Seigneur le vœu de Virginité perpétuelle. Le sentiment général des saints Docteurs et des théologiens catholiques à cet égard est fondé sur la réponse de Marie à la déclaration de l'ange Gabriel. Ce messager céleste lui ayant annoncé qu'elle allait devenir mère : *Comment*, dit-elle, *cela pourra-t-il se faire, puisque je ne connais point d'homme?* c'est-à-dire évidemment, puisque j'ai promis de n'en connaître aucun. Car si cette réponse devait avoir un autre sens, elle ne serait pas raisonnable. De ces paroles ainsi entendues, les SS. Pères ont conclu que Marie, en donnant au monde le premier exemple d'un pareil engagement, avait levé sur la terre l'étendard de la Virginité. — Mais parmi les docteurs catholiques, les uns prétendent qu'avant d'épouser saint Joseph, Marie avait fait simplement un vœu conditionnel, d'autres soutiennent qu'elle avait fait un vœu absolu de Virginité. Benoît XIV (*de Festis*) estime qu'elle s'engagea de différentes manières, selon les temps.

Avant son mariage, dit-il, Marie exprima souvent à Dieu, le désir ardent qu'elle éprouvait de faire un vœu absolu de Virginité pour lui être entièrement consacrée ; mais, comme elle voyait qu'un tel engagement n'était pas conforme à la coutume légale, elle ne fit d'abord qu'un vœu conditionnel, en promettant de garder la chasteté parfaite, autant qu'il plairait à Dieu. Le Seigneur lui ayant révélé qu'il agréait ce sacrifice, elle s'empressa de le lui offrir d'une manière irrévocable sans aucune condition, avant même d'épouser saint Joseph.

XII

Notice sur l'Histoire Scolastique.

Citée plusieurs fois par Ludolphe, *l'Histoire Scolastique* est ainsi appelée, parce qu'elle était communément adoptée pour l'enseignement dans les écoles au moyen âge. Elle contient le récit suivi des faits rapportés dans les livres saints de l'Ancien et du Nouveau Testament, dont elle donne diverses explications, tantôt littérales, tantôt allégoriques, en y ajoutant plusieurs traits empruntés aux écrivains juifs ou païens. Cet ouvrage dédié à Guillaume, alors archevêque de Sens et ensuite archevêque de Reims, a été composé avant 1176, par Pierre Comestor qui passait pour l'un des plus habiles docteurs du douzième siècle. Ce personnage célèbre, né en Champagne, fut d'abord doyen de la cathédrale de Troyes, puis chancelier de l'Église de Paris qui lui confia l'école de théologie, l'an 1164. Il la gouverna jusqu'à ce qu'en 1169 il la laissa à Pierre de Poitiers. Sur la fin de ses jours, il se retira en l'abbaye de Saint-Victor de Paris où il fut enseveli, l'an 1178, laissant par son testament tous ses biens aux pauvres et aux églises. Son épitaphe, formée de quatre vers hexamètres, nous apprend qu'il fut surnommé *Comestor*, c'est-à-dire *le Mangeur*, surnom dont on ne connaît pas bien la raison. Il s'était fait une telle réputation par son savoir, surtout dans les matières théologiques, que ses ouvrages furent reçus du public avec un applaudissement presque général. Pendant plus de trois siècles, son *Histoire Scolastique* principalement fut regardée comme ce qu'il y avait de plus parfait en son genre. Aussitôt que l'art typographique fut inventé, on la mit sous presse, et on la réimprima souvent depuis lors.

XII

Mariage de la sainte Vierge.

La difficulté d'expliquer comment la sainte Vierge a pu contracter mariage avec saint Joseph, après avoir consacré au Seigneur sa Virginité, a porté plusieurs auteurs à penser qu'elle n'avait été unie à saint Joseph que par de simples fiançailles. Mais l'enseignement commun ne permet pas de douter qu'ils aient été unis ensemble par un véritable Mariage. L'opinion contraire doit être considérée comme tout au moins téméraire, d'après Benoît XIV, et même comme hérétique, d'après Suarez ; puisque l'Évangile appelle plusieurs fois Joseph l'époux de Marie (*virum*), et Marie l'épouse de Joseph (*conjugem, uxorem*). Et en effet, malgré le vœu de Virginité, rien n'empêche que leur Mariage ne fût véritable, licite, très-convenable et très-saint. Il fut véritable, puisqu'il avait ce qui constitue l'essence du mariage, savoir le consentement des parties et l'union des cœurs. Il fut licite, puisque, comme on le croit avec saint Augustin, la sainte Vierge avait été avertie par une lumière surnaturelle que saint Joseph n'exigerait jamais rien de contraire au vœu qu'elle avait fait. Vraisemblablement, la sainte Vierge aussi révéla à saint Joseph le vœu qu'elle avait fait, et il consentit, ou même il s'engagea à ne pas le contrarier. Enfin, ce Mariage fut très-convenable et très-saint, ainsi que les auteurs le prouvent avec saint Thomas par plusieurs raisons prises, soit du côté de Jésus-Christ, soit du côté de Marie, soit de notre côté ; car il avait pour but de donner à Marie un gardien de son honneur et un témoin de sa chasteté, à Jésus un père nourricier et un tuteur vigilant, à nous-mêmes un modèle de parfaite continence et une preuve de la sainteté du mariage. — Mais pour que le voile du mariage pût écarter tout soupçon injurieux au Fils et à la Mère, il fallait que Joseph et Marie fussent reconnus publiquement pour époux, neuf mois au moins avant la naissance de Jésus-Christ. C'est pourquoi, d'après le sentiment de saint Thomas, que Benoît XIV préfère comme le plus commun et le plus probable, la sainte Vierge avait contracté mariage avant le jour même de l'*Annonciation*, où elle conçut dans son sein le Verbe incarné.

Suivant l'opinion commune, la sainte Vierge était âgée de quatorze ans, lorsqu'elle épousa saint Joseph. — Certains auteurs prétendent que saint Joseph était alors octogénaire ; mais ce sentiment est combattu et rejeté comme invraisemblable par beaucoup d'autres écrivains, notamment saint Épiphane (*de hœresibus*) et Benoît XIV (*de Festis*). Car, si saint Joseph eût été aussi vieux que les peintres le représentent, comment aurait-il pu supporter les fatigues des voyages qu'il dût entreprendre ? Comment la sainte Vierge et son divin Fils eussent-ils pu échapper aux calomnies des Juifs ? D'ailleurs, l'opinion qu'on s'est formée sur la prétendue vieillesse de saint Joseph, vient surtout de ce que plusieurs anciens écrivains ont supposé qu'avant d'épouser la sainte Vierge, il avait eu plusieurs enfants d'un premier mariage. Mais ce sentiment est réfuté avec force par saint Jérôme et rejeté par la plupart des savants théologiens, comme entièrement dénué de preuves, et peu conforme à l'auguste dignité de saint Joseph, qui a été choisi de toute éternité pour contracter une si étroite liaison avec le Verbe incarné et avec sa Mère immaculée. Aussi, Benoît XIV assure que, suivant une pieuse tradition de l'Église, saint Joseph ne contracta jamais aucun mariage avant d'épouser la sainte Vierge. Saint Pierre Damien n'hésite pas à déclarer que la perpétuelle virginité de saint Joseph est la croyance même de l'Église.

L'Église a déterminé dans le Martyrologe le 23 janvier, pour célébrer la fête du Mariage de la très-sainte Vierge. Jean Gerson, chancelier de l'Université de Paris, au commencement du quinzième siècle, a composé pour cette fête un office que le légat du Pape ordonna de réciter dans l'Église de Chartres. Au seizième siècle, Paul III permit aux Frères-Mineurs de réciter un semblable office ; et depuis cette époque, une pareille autorisation a été accordée à plusieurs Églises d'Italie et d'autres pays. Benoît XIII en fit même une obligation pour toutes les Églises de ses États, par un bref de 1725. — Depuis bien des siècles, on conserve à Pérouse l'anneau que saint Joseph, dit-on, avait mis au doigt de la sainte Vierge.

XIV

Glose.

Le premier auteur de la Glose souvent citée par Ludolphe, est le célèbre Walafride Strabon, moine de Fulde, puis abbé de Reichenau au neuvième siècle. La Glose marginale qu'il composa sur la

Bible, fut longtemps accréditée sous le nom de *Glose ordinaire*. C'est un recueil abrégé des explications littérales et mystiques que son maître Raban-Maur, abbé de Fulde, puis archevêque de Mayence, avait tirées des saints Pères, pour former ses commentaires sur l'Écriture sainte. Anselme, évêque de Laon, au douzième siècle, ajouta à la *Glose ordinaire*, une autre *Glose* dite *interlinéaire*; elle fut complétée successivement par plusieurs auteurs, surtout au quatorzième siècle par le franciscain Nicolas de Lyre et au quinzième par Paul, évêque de Burgos, qui étaient deux rabbins convertis.

XV

Tour de Baris.

La tour de Baris avait été bâtie par Hircan Machabée, sur un rocher qui dominait le Temple de Jérusalem. Elle fut la demeure des grands prêtres jusqu'au règne d'Hérode dit le Grand. Ce prince, après y avoir fait des travaux considérables qui la rendaient comme inexpugnable, la fit appeler *forteresse Antonia*, du nom de son ami Marc-Antoine. Pendant leur domination, les Romains y tinrent continuellement une garnison ; car elle était la citadelle du Temple, comme le Temple était la citadelle de la ville (v. Josèphe Antiq., lib. 15, c. 14.— Lieux Saints par Mgr Mislin, 2 vol., p. 411).

XVI

Rapports mystérieux du nombre six *avec les temps de l'Incarnation et de la Rédemption*

Ludolphe, faisant remarquer les rapports mystérieux du nombre *six* avec les temps de l'Incarnation et de la Rédemption, commence par déclarer, à l'exemple des anciens écrivains mystiques, que le nombre *six* est parfait. Car, ce nombre signifie la perfection des œuvres, comme saint Augustin l'explique longuement par rapport aux six jours de la Création (De Civit. Dei, lib. 11, c. 30). Ludolphe dit ensuite que le Sauveur a été conçu dans le sixième âge ; car, à la suite des saints Pères, les historiens ecclésiastiques ont coutume de diviser la durée du monde en six âges. Le premier âge s'étend depuis la création jusqu'au déluge, le second depuis le déluge jusqu'à la vocation d'Abraham, le troisième depuis la vocation d'Abraham jusqu'au règne de David, le quatrième depuis le règne de David jusqu'à la captivité de Juda à Babylone, le cinquième depuis la captivité de Juda jusqu'à l'avènement de Jésus-Christ, le sixième depuis l'avènement de Jésus-Christ jusqu'à la fin du monde. — Ludolphe dit aussi que Jésus-Christ a été conçu dans le sixième millénaire; car les nombreux écrivains qui ont adopté le calcul d'Eusèbe, d'après la version des Septante, comptent 5,200 ans environ depuis la Création jusqu'à Jésus-Christ. Nous avons fait observer précédemment ce qu'il fallait penser de cette chronologie. — Ludolphe ajoute que Jésus-Christ a été conçu dans le sixième mois. C'était, en effet, comme l'ange Gabriel l'avait annoncé à Marie, le sixième mois depuis la Conception miraculeuse du saint Précurseur, qui avait eu lieu le 24 septembre; mais c'était aussi le sixième mois de l'année naturelle ou vulgaire qui, chez les Juifs, comme chez d'autres peuples orientaux, commençait à partir du 22 septembre, à l'équinoxe d'automne, tandis que l'année sacrée commençait à partir de Pâque, vers l'équinoxe du printemps.

XVII

Fête du saint Nom de Marie.

Si nous en croyons une ancienne tradition rapportée par plusieurs auteurs ecclésiastiques, notamment par saint Antonin, archevêque de Florence, le Nom de Marie avait été imposé à la B. Vierge par Dieu lui-même et révélé à ses parents par un messager céleste. Quelle que soit son origine, ce Nom, à cause de sa sainteté et de son efficacité, a toujours inspiré une grande vénération aux fidèles chrétiens, de telle sorte qu'en certains pays, comme autrefois en Espagne et en Pologne, on n'osait le donner à aucune femme, ni à quelque princesse, de crainte d'affaiblir la dignité de ce Nom glorieux. La dévotion des peuples porta l'Église à rendre un culte spécial au Nom de Marie, en instituant une fête particulière en son honneur. Cette fête établie d'abord à Cuenza, en Espagne, avec approbation de Léon X, l'an 1513, fut bientôt adoptée en plusieurs autres Églises. Elle était alors fixée au 22 septembre, pour se conformer à l'opinion de ceux, d'après lesquels les anciens Juifs n'imposaient de nom à une fille que quinze jours après sa naissance. Maintenant, cette fête est célébrée le dimanche dans l'Octave de la Nativité de Marie, depuis que le pape Innocent XI l'a rendue obligatoire par un décret daté de 1683. Ce fut pour remercier la très-sainte Vierge de la victoire insigne que l'armée chrétienne, commandée par le roi de Pologne, Jean Sobieski, avait remportée sur les Turcs, en les forçant de lever le siége de Vienne, le 12 septembre 1683, pendant l'Octave même de la Nativité. Cette victoire arrêta pour toujours les prétentions des infidèles qui menaçaient d'envahir l'Europe.

XVIII

Origine de la Salutation angélique, du Rosaire et de l'Angelus.

La Salutation angélique, telle que les fidèles ont coutume de la réciter depuis longtemps, se compose de plusieurs parties qui ont été successivement réunies. Les paroles de l'ange Gabriel et celles de sainte Élisabeth à Marie, paraissent avoir été réunies d'abord par saint Grégoire le Grand, qui, vers la fin du sixième siècle, en a composé l'offertoire pour la Messe du quatrième dimanche de l'Avent. Cependant, cette première partie de la Salutation angélique ne semble pas avoir été d'un usage commun avant le onzième siècle; car les ordonnances antérieures qui déterminent ce que chaque fidèle doit apprendre et savoir, ne mentionnent que l'Oraison dominicale et le Symbole des Apôtres. Mais, l'an 1096, Eudes de Sully, évêque de Paris, publia un décret par lequel il exhortait le peuple à joindre la Salutation angélique aux formules susdites. Vers le milieu du même siècle, saint Pierre Damien rapporte qu'un certain clerc avait coutume de la réciter chaque jour. Mais rien ne contribua plus à propager la Salutation angélique que l'institution du Rosaire favorisé de nombreuses indulgences par les Souverains Pontifes. Au commencement du treizième siècle, pour combattre l'hérésie des Albigeois, saint Dominique établit ce mode de prière qui consiste à répéter cent cinquante fois la Salutation angélique et quinze fois l'Oraison dominicale, en méditant sur les quinze principaux mystères de Jésus-Christ et de sa divine Mère.

Une autre pieuse pratique ne tarda pas à rendre familière la Salutation angélique. Vers le milieu de ce même siècle, saint Bonaventure, dans un Chapitre général de l'Ordre séraphique, recommanda à ses religieux d'exhorter les fidèles à réciter tous les soirs à genoux, au son de la cloche, trois *Ave Maria*, en l'honneur du mystère de l'Incarnation. Cette dévotion était déjà établie à Saintes au commencement du siècle suivant, lorsque le pape Jean XXII l'approuva, en la favorisant de dix jours d'indulgence. Plusieurs autres Pontifes y attachèrent de nouvelles indulgences, qu'ils permirent de gagner d'abord deux fois par jour, et enfin jusqu'à trois fois par jour. Cette dévotion n'était pratiquée que par quelques personnes, lorsque le Pape Calixte III, effrayé des conquêtes de Mahomet II, la recommanda spécialement, afin d'implorer le secours de Dieu, par la puissante intercession de la sainte Vierge. Peu de temps après, Louis XI ordonna que dans tout son royaume, on sonnât la cloche, le matin, à midi et le soir, pour avertir les fidèles de réciter l'*Angelus*. C'est au pape Benoît XIII qu'on doit les indulgences attachées maintenant à la récitation de l'*Angelus*. Par un bref de 1724, ce Pontife accorda à tous les fidèles cent jours d'indulgence, chaque fois qu'ils réciteront cette prière, à genoux, au son de la cloche, et de plus une indulgence plénière, chaque mois, à tous ceux qui l'auront ainsi récitée au moins une fois par jour, dans le cours du mois.

La première partie de la Salutation angélique se termine par ces paroles de sainte Élisabeth *benedictus fructus ventris tui*, auxquelles le pape Urbain IV fit ajouter *Jesus*. L'invocation *Sancta Maria*, si nous en croyons les cardinaux Baronius et Bona, a été jointe à la Salutation angélique dans le Concile œcuménique d'Éphèse, lorsque, l'an 431, la bienheureuse Vierge Marie y fut proclamée Mère de Dieu, contrairement à l'erreur de Nestorius. Il est certain du moins que cette addition ne devint vulgaire que longtemps après; car on ne la trouve dans aucun ouvrage connu en Occident avant le seizième siècle, comme l'atteste D. Mabillon. Cependant le docteur Grancolas rapporte que, dans l'Eucologe de Sévère patriarche d'Alexandrie, l'an 647, à la fin de son livre *de Ritibus Baptismi*, on lit cette oraison : *Pax tibi, Maria; gratia plena, Dominus tecum, benedicta tu inter mulieres et benedictus fructus qui est in utero, Jesus Christus. Sancta Maria, mater Dei, ora pro nobis, inquam, peccatoribus. Amen.* Cette prière est sans contredit le type de notre *Ave Maria*. Dans les bréviaires des Trinitaires et des Camaldules imprimés l'an 1514, on voit à la suite de la Salutation angélique ces paroles: *Sancta Maria, mater Dei, ora pro nobis peccatoribus. Amen*. Puis, dans le bréviaire franciscain de 1515, on lit l'invocation tout entière que nous récitons aujourd'hui : *Sancta Maria, mater Dei, ora pro nobis peccatoribus, nunc et in hora mortis nostræ. Amen*. On la retrouve ensuite dans le bréviaire cartusien de 1521, puis dans le bréviaire romain autorisé par Paul III, l'an 1535, et enfin dans celui que promulgua saint Pie V, l'an 1567.

XIX

Pourquoi Ludolphe n'a pas admis la doctrine de l'Immaculée Conception.

Comme nous l'avons déjà fait remarquer, on ne peut plus dire que Marie a été purifiée de la tache originelle, mais on doit croire absolument qu'elle en a été préservée dès le premier instant de son existence. Si Ludolphe ne s'exprime pas exactement à ce sujet, c'est que, pendant trente ans, il avait appartenu à l'Ordre des Dominicains, parmi lesquels la doctrine de l'Immaculée Conception comptait ses principaux adversaires. Dans l'Ordre des Chartreux où il passa plus tard, la croyance au glorieux privilége de la Vierge Mère de Dieu avait eu pour interprète principal saint Bruno lui-même. Car, dans le commentaire sur les Psaumes qui lui est attribué communément avec raison, le Bienheureux Patriarche applique à l'admirable Vierge le premier verset du Psaume 101, en disant : *Elle est cette terre sans corruption qui a reçu la bénédiction du Seigneur, et qui n'a subi la contagion d'aucun péché*. Hæc est incorrupta terra illa cui benedixit Dominus ; ab omni propterea peccati contagione libera.

X.

Translation de la sainte Maison de Nazareth.

Ludolphe, parlant des deux églises de Nazareth, répète textuellement sans nommer personne, ce qu'avaient dit saint Jérôme (De locis hebraicis) et le Vénérable Bède (De locis sanctis, c. 16). — De ces passages équivoques, quelques critiques modernes ont voulu conclure qu'au temps de ces écrivains, la Maison de la bienheureuse Vierge Marie n'avait pas été conservée. Mais, si, comme l'attestent ces auteurs, une église existait à Nazareth au lieu même où était la Maison de Marie, il ne s'ensuit pas nécessairement que cette Maison fût alors détruite; elle pouvait bien avoir été changée en église ou même renfermée dans une plus vaste église. Or, c'est précisément ce que nous apprennent l'histoire et la tradition.

On croit en effet que les Apôtres dressèrent un autel et offrirent le saint sacrifice en ce même lieu, où s'était opéré le grand mystère de l'Incarnation. Les premiers chrétiens, sans dénaturer cette demeure, se bornèrent à y ajouter quelques ornements pour la convertir en oratoire, de sorte que ce fut tout à la fois une maison et une église. Après que les persécutions furent apaisées, la digne mère du grand Constantin, sainte Hélène vint à Nazareth pour satisfaire sa dévotion, vers l'an 326 ; et non contente de vénérer l'habitation que la sainte famille avait occupée, elle la fit enfermer dans une église magnifique dont le frontispice portait cette inscription : *C'est ici le sanctuaire où a été jeté le premier fondement du salut des hommes.*

Depuis cette époque jusqu'à la fin du treizième siècle, cet auguste sanctuaire ne cessa d'être fréquenté par de pieux pèlerins. Les plus célèbres sont l'illustre docteur saint Jérôme, les dames romaines sainte Paule et sainte Eustochium, le séraphique saint François d'Assise, et spécialement saint Louis, roi de France qui, le 25 mars 1252, reçut la sainte communion dans l'église de Nazareth, à l'autel même de l'Annonciation. Presqu'aussitôt après que ce monarque fut retourné dans son royaume, les Sarrasins d'Égypte, faisant irruption sur le territoire de la Palestine, renversèrent le superbe temple de Nazareth et laissèrent au milieu des ruines la modeste habitation de Marie. La prise de Ptolémaïde consomma la perte de la chrétienté dans la Terre Sainte, l'an 1291, de sorte que les Lieux saints, exposés au pillage et à la profanation, ne pouvaient être conservés et visités qu'avec de très-grandes difficultés et moyennant d'énormes contributions.

Ce fut au milieu de ces circonstances désastreuses que les Anges enlevèrent aux infidèles la sainte Maison ou plutôt la Chambre sacrée de Marie (Santa Casa). Traversant la Méditerranée, ils la transportèrent sur le bord oriental de la mer Adriatique, près de Tersatz, en Dalmatie, 10 mai 1291. Ensuite, le 10 décembre 1294, ils la transférèrent sur la rive occidentale de l'Adriatique, près de Recanati, dans la Marche d'Ancône, en un bois de lauriers (*lauretum*), d'où elle prit le nom de Lorette. Selon d'autres historiens, elle tira ce nom de la pieuse dame à laquelle ce bois appartenait. Quoi qu'il en soit, l'année suivante 1295, les Anges la transportèrent deux fois encore; d'abord, en dehors de cette forêt sur le terrain de deux frères; puis, sur une colline du voisinage, au milieu de la voie publique, où elle est restée jusqu'à présent l'objet de la vénération universelle.

Avant qu'elle fût déposée sur terre pendant ces diverses translations, plusieurs personnes l'aperçurent venir en l'air entourée d'une lumière extraordinaire. Plusieurs serviteurs de Dieu, comme saint Nicolas de Tolentino, connurent alors par révélation que le mystérieux édifice était celui de Nazareth, où Marie avait pris naissance et avait passé son enfance, où Gabriel l'avait saluée, et où le Verbe s'était incarné. Ils apprirent aussi d'où provenaient les objets religieux, que contenait encore ce premier oratoire dédié par les Apôtres à la Mère de Dieu : l'autel en pierre avait été dressé par saint Pierre pour y célébrer l'auguste sacrifice ; le crucifix sur toile et la statue en cèdre qui représente la sainte Vierge portant Jésus enfant, avaient été faits par saint Luc. Ces révélations furent immédiatement confirmées par de nombreux miracles, et d'abord par la guérison subite d'Alexandre le vertueux pasteur de Tersatz, qui fut délivré d'une maladie mortelle au moment même où la Mère de Dieu lui apparut, pour lui annoncer la dignité incomparable du sanctuaire mystérieux.

Des preuves aussi évidemment surnaturelles de la vérité du fait n'empêchèrent pas les autorités civiles et ecclésiastiques d'employer tous les moyens juridiques, pour constater authentiquement, aux yeux de tout le monde et de la postérité, un événement aussi extraordinaire. Dès la première translation, le gouverneur de Dalmatie, avec l'autorisation de l'empereur Rodolphe Iᵉʳ, envoya quatre personnages distingués pour prendre des informations en Palestine. On leur montra la place qu'avait occupée la sainte Maison à Nazareth ; il en virent les fondements, mais ils n'en virent point les murs ; entre les fondements qui étaient restés en ce lieu et les murs qui avaient été transportés en leur pays, ils trouvèrent une exacte conformité, soit pour les dimensions, soit pour les pierres ; et ils remarquèrent que l'édifice avait disparu à Nazareth le même jour qu'il avait paru près de Tersatz. A leur retour, ils publièrent un rapport officiel de leurs observations, confirmé par un serment solennel. Un pareil témoignage ne fit qu'accroître la dévotion générale. On accourait de tous côtés pour visiter la sainte Maison, à Tersatz, lorsque les pieux habitants eurent la douleur de perdre le précieux trésor qu'ils s'applaudissaient de posséder depuis plus de trois ans.

L'année qui suivit la seconde translation à Lorette, l'évêque de Recanati, selon l'avis du pape Boniface VIII, chargea l'assemblée générale de la province de choisir seize notables, pour aller en Dalmatie et en Palestine examiner tout ce qui concernait la sainte Maison. D'après les renseignements qu'ils allèrent recueillir sur les lieux, les députés s'assurèrent que le sanctuaire nouvellement déposé à Lorette était identiquement le même qu'on avait vu naguère à Tersatz, et qui était venu primitivement de Nazareth. Ils consignèrent le résultat de leur commission en un procès-verbal qui fut inséré dans les archives de Lorette. Ces actes accompagnés d'autres témoignages contemporains ont servi de bases incontestables aux nombreux historiens, qui, depuis cette époque, ont raconté les translations miraculeuses de la sainte Maison.

Les deux premières enquêtes que les autorités de Dalmatie et de la Marche d'Ancône avaient fait exécuter dès l'origine, furent accréditées davantage par la troisième enquête que Clément VII ordonna deux siècles après l'événement. L'an 1530, ce pontife envoya trois de ses principaux camériers pour examiner les lieux et consulter les traditions, d'abord à Lorette, puis en Dalmatie, et à Nazareth. Leurs relations furent en tous points conformes aux précédentes. Ils vérifièrent de nouveau ce fait important qui a été souvent vérifié depuis, et reconnu même au dernier siècle par des observateurs attentifs ; c'est que les murs ne sont point, comme beaucoup l'ont cru au premier aspect, en brique ou terre cuite, mais en pierres rougeâtres et veineuses dont les analogues ne se trouvent point dans la Marche d'Ancône, tandis qu'elles se rencontrent fréquemment dans les carrières et les édifices de Palestine.

Un autre fait non moins frappant a été constaté à différentes époques, particulièrement sous le pontificat de Benoît XIV. L'an 1751, lorsqu'en présence de quatre évêques accompagnés de plusieurs architectes, on fit des fouilles pour restaurer le pavé de la sainte Maison, on reconnut que les murs reposaient, sans fondement et sans appui, sur un sol mouvant et inégal, et alors on remarqua qu'au lieu d'être élevés perpendiculairement, ils étaient légèrement inclinés vers le couchant : il fut ainsi constaté que la sainte Maison se soutient par elle-même depuis plusieurs siècles, contre toutes les règles de l'architecture. Ce miracle perpétuel de conservation ne prouve-t-il pas d'une manière permanente le miracle primitif de la translation, et par conséquent la vérité de la tradition touchant l'origine de cette sainte Maison? Elle est aussi prouvée surnaturellement d'une manière toujours nouvelle par les éclatants prodiges que le Tout-Puissant opère depuis plus de cinq cents ans dans ce sanctuaire vénéré.

Voilà pourquoi, depuis cette époque éloignée, les princes et les peuples ne cessent point d'honorer et d'invoquer Notre-Dame de Lorette, ainsi que le concours des pèlerins et l'affluence des dons le manifestent chaque jour. Voilà pourquoi, depuis Boniface VIII, il n'y a presque pas de Souverain Pontife qui n'ait témoigné sa croyance et sa dévotion par rapport à l'habitation sacrée de Marie, soit en la visitant avec piété, soit en la décorant avec magnificence, soit en la comblant de présents, soit en lui octroyant des prérogatives dans l'ordre spirituel ou temporel. La plupart des Constitutions apostoliques qui accordent de nouveaux privilèges à la Sainte Maison de Lorette, la représentent comme la propre Maison de la très-sainte Vierge, d'après l'ancienne tradition appuyée sur d'innombrables merveilles. C'est ce qu'on remarque surtout dans les Constitutions publiées, sur ce sujet, par les papes Paul II, Jules II, Léon X, Paul III, Pie IV, Sixte V.

Non contents de favoriser la pieuse croyance des fidèles sur la translation miraculeuse de la Sainte Maison, plusieurs Souverains Pontifes, depuis Urbain VIII, l'an 1632, ont expressément autorisé la fête qu'on en célèbre chaque année, le 10 décembre, en certaines Églises. L'an 1669, Clément IX fit insérer dans le Martyrologe romain, pour le 10 décembre, un article ainsi conçu : *Laureti in Piceno ; translatio sacræ domus Dei Genitricis Mariæ, in qua Verbum caro factum est.* L'an 1699, Innocent XII, pour donner plus d'éclat à cette solennité, lui assigna une messe propre avec un office spécial où l'histoire de la Translation est racontée dans la sixième leçon des Matines. On y déclare que la Maison de Lorette est celle même de Nazareth où Marie prit naissance et où le Verbe se fit chair.

A l'imposante autorité des Souverains Pontifes vient se joindre le sentiment presque général des savants catholiques qui ont admis comme certain le fait de cette Translation. Quelques estimables auteurs tels que D. Calmet qui, avant de l'avoir examiné de près, en avaient parlé comme d'un fait suspect et douteux, ont reconnu plus tard qu'il était établi sur des preuves solides et irrécusables. Si donc ce miracle est un des plus extraordinaires dans les Annales de l'Église, il est aussi un des mieux attestés aux yeux de la saine critique. Néanmoins Ludolphe qui écrivait peu de temps après la merveilleuse Translation, semble contredire ce fait contemporain. Car, il dit qu'on voyait à Nazareth l'église de l'Annonciation. Mais le pieux solitaire, séparé du monde et retiré en sa cellule, connaissait peu les changements nouveaux qui étaient survenus en des pays lointains, continuellement exposés aux ravages des Barbares. Car, il est certain, d'après Urbain IV écrivant à saint Louis, l'an 1261, que les Sarrasins venaient de raser la magnifique église de l'*Annonciation*. Si néanmoins Ludolphe parait ignorer la destruction de ce temple bâti par sainte Hélène, il n'est pas étonnant qu'il ignorât la Translation de la sainte Maison contenue dans son enceinte. Plus tard, les fidèles de Palestine, pour se consoler d'avoir perdu la sainte Maison, construisirent une nouvelle église de l'Annonciation où sont contenus les fondements du précieux sanctuaire.

XXI

Fête de l'Annonciation.

L'autorité de l'Église, dit saint Augustin (de Trinit., lib. 4, cap. 5,), garde comme une tradition des temps antérieurs la croyance que Jésus-Christ fut conçu, le 8 des calendes d'avril, le même jour qu'il mourut plus tard. Cette ancienne tradition est confirmée par l'usage constant des Églises orientales qui ont toujours célébré la fête de l'Annonciation, aussi bien que l'Église latine, le 25 mars. L'accord général sur ce point depuis la plus haute antiquité, prouve que les Apôtres eux-mêmes ont fixé à ce jour la célébration de cette solennité ; car, comme le font observer les liturgistes, c'est ici le cas d'appliquer la règle énoncée par saint Augustin (de Baptis. lib. 11, c. 24), *qu'on doit attribuer aux Apôtres la première institution des pratiques observées depuis un temps immémorial dans l'Église universelle.* — On peut même conjecturer avec les Bollandistes que cette fête doit son origine à la vive reconnaissance de la très-sainte Vierge qui ne pouvait manquer de célébrer chaque année, avec une singulière dévotion, la mémoire du grand mystère opéré dans son sein pour le salut du monde. Les Apôtres, témoins de cette pieuse pratique de la divine Mère, crurent devoir s'y conformer, en célébrant eux-mêmes un si précieux anniversaire. Cette fête de l'Annonciation ayant un double objet, d'abord le message de l'Ange à Marie, puis l'Incarnation du Verbe en Marie, semble être une des principales fêtes non-seulement de la sainte Vierge, mais encore de Jésus-Christ. Cependant, comme le font remarquer Suarez (de Vera Relig. l. 2, c. 5,) et Benoit XIV (de festis), d'après le titre ordinaire qu'elle porte et d'après l'office propre qu'on récite dans la liturgie romaine, la fête de l'Annonciation se rapporte particulièrement à la sainte Vierge, tandis que celle de Noël se rapporte spécialement à Jésus-Christ. Car, c'est seulement après que la sainte Vierge eut consenti à devenir Mère de Dieu, que Jésus-Christ daigna devenir Fils de l'homme pour nous racheter. — Cette époque de l'Incarnation est tellement capitale dans l'histoire de l'humanité, comme principe de notre réparation, qu'elle sert de base à l'ère chrétienne, fixée depuis l'an 526, d'après le calcul du moine Denys-le-Petit. Souvent même, au moyen âge, par respect pour la mémoire du Sauveur, on comptait chaque année de grâce, à partir du jour anniversaire de son Incarnation, le 25 mars, ou bien de sa Nativité, le 25 décembre.

XXII

Circonstances de la Visitation de Marie.

Saint Luc, après avoir dit que l'Ange se retira, ne rapporte pas que Marie partit aussitôt, ce jour-là même, mais *en ces jours*, comme pour nous faire entendre, selon la remarque des interprètes, qu'entre la visite de l'Ange et le départ de Marie, il y eut un intervalle où elle demeura dans la contemplation du grand mystère, pour payer à Dieu le tribut de sa vive reconnaissance. Ensuite, elle partit de Nazareth pour aller sur les montagnes de la Judée. Plusieurs auteurs supposent, avec beaucoup de vraisemblance, que Joseph accompagna Marie dans ce long et difficile voyage qu'elle ne pouvait convenablement faire seule ; et que, l'ayant conduite chez Zacharie, il revint à Nazareth continuer ses travaux ordinaires. D'autres, comme Ludolphe, pensent que Marie a pu se faire accompagner, dans son voyage, par quelqu'une de ses parentes ou de ses voisines. Ce qui paraît certain du moins, c'est que saint Joseph n'était pas présent à l'entretien de la sainte Vierge et de sainte Élisabeth, au moment de leur première entrevue ; autrement il n'aurait pas ignoré, depuis ce moment, le mystère de l'Incarnation; et il n'eût pas été aussi étonné que l'Évangile le suppose, en s'apercevant de la grossesse de son épouse. Aussi blâme-t-on les peintres qui représentent saint Joseph comme assistant au colloque des deux saintes femmes.

Comme l'Évangile ne nomme point la ville de Juda où demeuraient Zacharie et Élisabeth, beaucoup de savants auteurs, comme Baronius et Benoît XIV, présument que c'était Hébron, ville sacerdotale, située sur les montagnes, dans la tribu de Juda, à dix lieues environ de Jérusalem. Mais, d'après la tradition constatée sur les lieux mêmes par les voyageurs et géographes de la Palestine, la maison où la sainte Vierge visita sainte Élisabeth était placée près du village que les chrétiens appellent maintenant *saint Jean de la montagne*, à deux lieues environ de Jérusalem. Dans ce village est bâti le couvent des Franciscains, au lieu même où naquit le saint Précurseur (V. Cornelius à Lapide. — Saints Lieux par Mgr Mislin, (t. II, c. 34, p. 118).

XXIII

Fête de la Visitation de Marie.

Le mystère de la Visitation de la B. V. Marie est l'objet d'une fête spéciale, depuis un temps immémorial en Orient, et depuis le treizième siècle en Occident. Elle était établie, l'an 1263, dans l'Ordre de saint François qui avait alors saint Bonaventure pour général. Urbain VI, l'an 1386, et son successeur Boniface IX, l'an 1389, en ordonnèrent la célébration pour obtenir, par l'intercession de la très-sainte Vierge, la cessation du schisme qui désolait alors l'Église partagée entre deux papes compétiteurs. Ce décret ne fut d'abord observé que dans les pays soumis aux papes de Rome ; mai la fête fut généralement célébrée en Italie et en France, depuis que, l'an 1441, le Concile de Bâle en eut fixé la solennité au second jour de juillet, pour assurer à l'Église la protection de Marie contre les invasions des Turcs. Il est vrai que ce Concile n'était plus légitime, à l'époque où il publia ce décret ; mais l'autorité qui lui manquait, fut suppléée dans la suite par celle des Souverains Pontifes qui insérèrent la fête de la Visitation dans le Bréviaire romain. L'office qu'on y récite maintenant a été réformé d'abord sous S. Pie V, puis, sous Clément VIII, vers la fin du seizième siècle. Selon la remarque de Benoit XIV, il eut été peut-être plus naturel de placer la fête de la Visitation dans les jours qui suivent celle de l'Annonciation, mais, comme l'Annonciation tombe ordinairement dans le temps du Carême ou de la Passion, pour ne pas multiplier les solennités à cette époque de pénitence et de deuil, on a préféré renvoyer celle de la Visitation, au mois de juillet, vers la fin des trois mois que la très-sainte Vierge passa chez sa cousine sainte Élisabeth.

XXIV

Fête de saint Jean-Baptiste.

Comme pour accomplir la prédiction de l'ange Gabriel, l'Église ne tarda pas d'honorer par une fête solennelle l'heureuse Naissance du saint Précurseur. Au cinquième siècle, cette fête était déjà généralement établie, d'après une antique tradition, comme saint Augustin l'atteste en plusieurs de ses sermons. Le concile d'Agde, l'an 506, la compte parmi les plus solennelles, après celles de Notre-Seigneur ; et plusieurs anciens sacramentaires nous apprennent qu'on célébrait autrefois trois messes en ce jour, comme on fait encore au jour de Noël. — La vigile de cette solennité n'est guère moins ancienne que la fête elle-même. Durand de Mende assure qu'autrefois on observait un Carême entier avant la Nativité de saint Jean-Baptiste, comme avant celle de Jésus-Christ, parce que cette fête marquait la fin de l'Ancien Testament et le commencement du Nouveau. Le concile de Salgunstadt, l'an 1022, suppose aussi qu'en certains endroits on s'y préparait par un jeûne de plusieurs jours. Depuis longtemps, cette fête est célébrée avec Octave dans presque toute l'Église Dans plusieurs Églises particulières, on a célébré aussi une fête particulière dite *de la Conception de saint Jean-Baptiste*; elle est ainsi désignée, sous la date du 24 septembre, dans plusieurs anciens martyrologes latins; et sous la date du 23 septembre dans le Rituel des Grecs. Mais il est certain qu'on ne prétendait honorer par là que la sanctification de saint Jean dans le sein de sa mère, et non lui attribuer l'exemption du péché originel, privilége que personne n'a jamais attribué qu'à la très-sainte Vierge Mère de Dieu. — L'hymne que l'on chante dans la Liturgie romaine à la Nativité de saint Jean-Baptiste est due à la dévotion de Paul Diacre, secrétaire de Charlemagne et moine du Mont-Cassin. Un jour qu'il devait bénir le cierge pascal, sa voix auparavant sonore devint enrouée; et afin qu'elle lui fût rendue, il composa en l'honneur du saint Précurseur l'hymne célèbre *Ut queant laxis resonare fibris*. La grâce qu'il demandait au début de cette pièce, lui fut accordée comme jadis à Zacharie, par les mérites de saint Jean.

XXV

Conciliation des deux Généalogies de Jésus-Christ.

Les généalogies que saint Matthieu et saint Luc nous ont laissées de Jésus-Christ, présentent des difficultés qui exigent quelques explications pour écarter les objections.

1° Afin de prouver que Jésus-Christ descend de David, pourquoi les deux Évangélistes ne donnent-ils pas directement sa généalogie par Marie, mais par Joseph, puisque Jésus-Christ n'est point le fils propre de Joseph, mais de Marie seulement ?

On répond d'abord que les Juifs, comme plusieurs autres peuples, n'avaient point coutume de tirer les généalogies des enfants par les femmes, mais exclusivement par les hommes. D'ailleurs, décrire la généalogie de Joseph, c'était décrire celle de Marie, parce que tous deux appartenaient à la même famille, de façon qu'ils avaient les mêmes ancêtres. C'est ce que les auteurs catholiques s'accordent à reconnaître et ce que les Juifs eux-mêmes pouvaient facilement constater, soit par les témoignages, soit par les registres publics, à l'époque des Évangélistes. Aussi, saint Matthieu et saint Luc présupposent comme un fait notoire ce qu'une tradition très-ancienne nous rapporte, savoir que Marie, étant fille unique et seule héritière de son père, fut obligée d'épouser son plus proche parent, comme la loi mosaïque le requérait, au livre des Nombres (c. 36, v. 7).

2° Pourquoi les deux Évangélistes ne donnent-ils pas à Jésus-Christ la même généalogie? Saint Matthieu qui écrivait en Palestine pour les Juifs spécialement, a tracé la généalogie de Joseph par Jacob son propre père, ainsi qu'on l'a toujours cru généralement. C'est aussi, comme beaucoup le pensent, la généalogie de Marie par sa propre mère Anne qui était vraisemblablement sœur de Jacob; car Mathan était tout à la fois père de Jacob et d'Anne, si nous en croyons une tradition soutenue par divers auteurs, soit Orientaux, soit Occidentaux, consignée dans le Ménologe des Grecs pour la Nativité de la sainte Vierge, et attestée au troisième siècle par saint Hippolyte, martyr, évêque de Porto (v. Cornelius à Lapide in Luc, c. 3). — Saint Luc qui écrivit dix ans après saint Matthieu pour les Gentils spécialement, traça la généalogie de Joseph par Héli qui était son beau-père, suivant l'opinion communément admise aujourd'hui. C'était par conséquent la généalogie de Marie par son propre père Joachim ou Héli. Car Héli n'est que le diminutif d'Héliachim qui est synonyme de Joachim, comme les hébraïsants le prouvent facilement d'après les étymologies. Aussi, on voit dans la Bible que ces deux derniers noms sont attribués au même roi fils de Josias; le grand-prêtre qui vivait au temps de Manassès est nommé également Helcias, Heliachim et Joachim, comme l'a montré D. Calmet, en sa Dissertation sur les Généalogies de Jésus-Christ. C'est pourquoi, la sainte Vierge est appelée Marie fille d'Héli, d'après la tradition des Juifs que rapporte le Thalmud de Jérusalem; tandis qu'elle est appelée fille de Joachim, d'après la tradition des chrétiens que les Pères ont conservée, que les Églises ont adoptée, et que Mahomet lui-même a constatée dans l'Alcoran. — En rapportant ainsi diverses généalogies de Jésus-Christ, les deux Évangélistes ont voulu montrer que, comme les Prophètes l'avaient annoncé, il était véritablement fils et successeur de David à divers titres et de différents côtés à la fois, tant par son père adoptif et sa propre mère, que par son grand'père et sa grand'mère.

3° Voici les principales différences que l'on remarque dans les deux généalogies de Jésus-Christ. La première généalogie paraît ne comprendre que les pères proprement dits par le sang et la nature, comme l'indique évidemment le terme *genuit* dont saint Matthieu se sert constamment. La seconde peut renfermer au moins quelques pères par alliance ou par adoption ; car l'expression *qui fuit* que saint Luc emploie exclusivement, ne marque pas nécessairement une filiation naturelle ; c'est ce qu'il insinue assez clairement, lorsqu'il dit *Adam qui fuit Dei*. En outre, la première généalogie descend par quarante générations, d'Abraham jusqu'à Jésus-Christ, au lieu que la seconde remonte par soixante-quinze générations, de Jésus-Christ jusqu'à Adam, pour montrer que les promesses faites aux anciens patriarches et à nos premiers parents ont été réalisées en Jésus-Christ. De David à Jésus-Christ, suivant la branche de Salomon, saint Matthieu ne compte que vingt-huit générations, tandis que saint Luc, suivant la branche de Nathan, en énumère quarante et une. Ce nombre différent de générations n'est ni surprenant, ni rare entre deux lignes collatérales qui proviennent de souches si éloignées. Si saint Matthieu a omis les trois générations d'Ochosias, de Joas et d'Amasias, c'est vraisemblablement pour se conformer à l'usage des Juifs qui, à cause de la malédiction prononcée contre la postérité d'Achab, n'avaient point admis dans leurs registres les trois premiers descendants de Joram et d'Athalie, fille d'Achab et de Jézabel ; car suivant la loi de Moïse, la malédiction devait s'étendre jusqu'à la troisième génération. On doit imputer à la négligence des copistes dans la généalogie selon saint Matthieu la disparition du nom de Joakim, fils de Josias et père de Jéchonias : aussi les érudits ont trouvé des manuscrits où cette génération est marquée à sa place. De même, dans la généalogie de saint Luc, les générations de Mathat et de Lévi, mentionnées deux fois en remontant d'Héli à David, doivent être imputées à une autre inattention des copistes. Cette répétition qui n'existait pas au temps de saint Irénée, ne se rencontre pas dans tous les exemplaires. (v. Bible vengée par Du Clot. 1 note sur les Évangélistes).

Dans l'intervalle de dix siècles qui se sont écoulés depuis David jusqu'à Jésus-Christ, les deux branches de Salomon et de Nathan se sont rencontrées deux fois ; d'abord dans le mariage de Salathiel avec la fille de Néri, puis dans celui de Joseph avec la fille d'Héli. Salathiel et Joseph qui avaient également épousé leur proche parente, ont ainsi réuni dans leurs personnes les droits des deux branches de la famille royale de David, et ils les ont transmis à leurs successeurs immédiats et légitimes héritiers Zorobabel et Jésus-Christ.

XXV

Notre-Seigneur ne descend point d'Aaron par sa Mère.

La parenté de la sainte Vierge et de sainte Élisabeth qui était de la race d'Aaron, d'après saint Luc (c. 1, v. 5), a induit quelques Pères anciens, comme saint Hilaire et saint Ambroise, à croire que saint Luc donnait la généalogie sacerdotale de Jésus-Christ, tandis que saint Matthieu décrivait la généalogie royale. Mais cette opinion plus spécieuse que solide est depuis longtemps combattue et abandonnée, comme n'étant point fondée en raison, et n'étant point conforme à l'Écriture. En effet, pour que la sainte Vierge et sainte Élisabeth fussent cousines, il n'était point nécessaire, comme le supposent les auteurs susdits, que le père de Marie fût un prêtre descendant d'Aaron; mais il suffisait que le père d'Élisabeth, prêtre descendant d'Aaron, eût épousé une parente de Marie, appartenant à la famille de David. C'est précisément ce que constate la tradition rapportée précédemment par Ludolphe, d'après laquelle Ismeria, mère d'Élisabeth, était sœur de sainte Anne. Or, comme nous avons vu que sainte Anne, mère de la sainte Vierge était sœur de Jacob, issu de David, il s'ensuit que Ismeria l'était également, de sorte que sainte Élisabeth, appartenant à la race d'Aaron par son père, appartenait aussi à la race de David par sa mère, comme la sainte Vierge.

D'ailleurs, si Jésus-Christ était non pas simplement allié à la race sacerdotale, mais issu de cette même race, saint Paul commentant aux Hébreux le verset quatrième du psaume 109, n'aurait pu dire que Jésus-Christ n'était point prêtre selon l'ordre d'Aaron, mais bien selon l'ordre de Melchisédech (Heb. c. 7, v. 11). Afin de prouver cette assertion, l'Apôtre n'aurait pu ajouter (Ibidem, v. 14): *Il est notoire en effet que Notre-Seigneur est sorti de Juda, tribu à laquelle Moïse n'a jamais attribué le sacerdoce.* De plus, si notre divin Sauveur était descendu d'Aaron par sa Mère, il ne serait pas né selon la chair, du sang et de la race de David, ainsi que saint Paul le répète plusieurs fois dans ses épîtres (Rom. c. 1, v. 3. — II Timot. c. 2, v. 8). Donc, le propre père de la sainte Vierge ou le grand'père de Jésus-Christ n'appartenait point à la race d'Aaron, mais à celle de David.

XXVII

Paix générale et recensement universel à la Naissance de Jésus-Christ.

Lorsque le Sauveur vint au monde, l'univers goûtait une tranquillité extraordinaire qu'il n'avait pas connue depuis bien des siècles ; car Suétone, biographe d'Octave, atteste que depuis la fondation de Rome, jusqu'au temps de César-Auguste, c'est-à-dire, pendant plus de sept siècles, le temple de Janus n'avait été fermé que deux fois à peine, en signe de paix, tandis qu'il fut fermé jusqu'à trois fois, sous l'empire d'Auguste. Tous les peuples alors se soumirent à un même pouvoir politique, pour se soumettre bientôt au royaume spirituel que Jésus-Christ allait établir par toute la terre. Dans ce calme universel, à l'époque où Jésus-Christ naquit, les saints Pères ont reconnu l'accomplissement merveilleux de ce qui avait été prédit par Isaïe (c. 2, v. 4), et par David (ps. 71, v. 7). — Suétone rapporte que César-Auguste profita de ce calme universel, pour ordonner un recensement d'après lequel fut dressée une statistique générale de l'empire romain, en quatre volumes. Aussi, pour constater authentiquement la Naissance de Jésus-Christ, saint Justin, dans la deuxième apologie adressée à Antonin-le-Pieux, l'an 166, renvoie les païens aux registres que l'on conservait, à Rome, du premier dénombrement effectué en Judée par le procureur Cyrinus, qu'il nomme d'accord avec saint Luc. Dans son quatrième livre contre Marcion, l'an 207, Tertullien renvoie également les hérétiques aux archives romaines qui contenaient, dit-il, les tables du recensement opéré sous Auguste, par Saturninus. On prouve en effet, par l'histoire et la numismatique, que Saturninus était gouverneur titulaire de la Syrie, lorsque l'empereur Auguste députa Cyrinus, personnage consulaire, pour commencer en cette province le dénombrement, que Saturninus fut chargé de continuer, au temps du roi Hérode le Grand. Dix ans après la mort d'Hérode, lorsqu'Archélaüs successeur de ce prince eut été exilé en Gaule, Cyrinus lui-même, devenu gouverneur réel de la Syrie, essaya d'opérer un second dénombrement ou plutôt d'achever le précédent recensement que des troubles civils avaient contraint d'interrompre (V. Dr Sepp. Vie de Jésus-Christ. — Ben. XIV. de festis).

XXVIII

Le bœuf et l'âne à la crèche du Sauveur.

C'est une pieuse et constante tradition, dit Benoît XIV, en son Traité des Fêtes, que dans l'étable où le Sauveur naquit, il y avait un bœuf et un âne, bien que l'Évangile n'en parle point. Cette tradition est attestée, dans les quatrième et cinquième siècles, par saint Grégoire de Nazianze et saint Grégoire de Nysse, saint Jérôme, saint Cyrille d'Alexandrie, saint Paulin de Nole; car ils prennent dans le sens littéral deux passages des Prophètes à ce sujet; l'un d'Isaïe (c. 1, v. 3.), *cognovit bos possessorem suum, et asinus præsepe domini sui*; et cet autre d'Habacuc, selon les Septante (c. 3, v. 2.) : *In medio duorum animalium cognosceris*. Il est vrai que beaucoup de saints Pères donnent une explication allégorique de ces textes; mais bien loin d'exclure l'interprétation littérale, ils la présupposent au contraire, quand ils montrent les deux peuples, le Juif et le Gentil, figurés par le bœuf et l'âne, à l'étable de Bethléem. Dans les catacombes et en d'autres lieux, on a trouvé ces deux animaux représentés auprès du Sauveur naissant, par des peintures et des sculptures qui remontent aux premiers siècles. Aussi, l'Église Romaine, suivant cette ancienne et commune tradition, chante à l'office de Noël : *O magnum mysterium, et admirable sacramentum, ut animalia viderent Dominum natum jacentem in præsepio*. Dans l'office de la Circoncision, elle s'écrie remplie d'admiration : *Jacebas inter duo animalia et fulgebas in cœlo*.

XXIX

Origine et antiquité du Gloria in excelsis.

On a nommé *Hymne Angélique*, ce cantique de louange dont les esprits célestes prononcèrent les premières paroles à la Naissance du Sauveur. Des docteurs ecclésiastiques ajoutèrent les autres paroles qui suivent celles-ci, comme l'affirment les Pères assemblés au quatrième concile de Tolède (633). Ces additions paraissent avoir été faites dès les temps apostoliques; car on les trouve à peu près semblables depuis la plus haute antiquité chez les Grecs et les Latins. Le *Gloria in excelsis* est apparemment une de ces hymnes que les premiers chrétiens chantaient en l'honneur de Jésus-Christ vrai Dieu, comme on le voit par la lettre de Pline à l'empereur Trajan et par les témoignages du philosophe Lucien et de l'historien Eusèbe. Vers la fin du second siècle, on se servit de ces mêmes hymnes pour réfuter l'hérésie d'Artémon qui niait la divinité de Jésus-Christ. Le *Gloria in excelsis*, tel que nous l'avons conservé, à quelques variétés près, est contenu tout entier, sous ce titre, *prières du matin*, dans les Constitutions Apostoliques qui remontent certainement aux premiers siècles. Dans le quatrième siècle, saint Athanase recommande aux vierges chrétiennes de réciter cette hymne de grand matin, après avoir dit le psaume *Deus, Deus meus*, et le cantique *Benedicite* que nous disons encore à Laudes. Saint Chrysostôme rapporte également que les ascètes ou les moines avaient coutume de la réciter à l'office du matin. Depuis un temps immémorial, les Latins l'ont aussi récitée à l'office du matin, le dimanche du moins, en beaucoup d'Églises, ainsi que le prouvent plusieurs manuscrits liturgiques très-anciens, où elle est insérée sous ce titre: *Hymne du dimanche à Matines*, c'est-à-dire à Laudes.

A la suite de l'anonyme surnommé le *faux Alcuin*, plusieurs auteurs latins du moyen âge, ainsi que Ludolphe, ont faussement attribué à saint Hilaire de Poitiers cette hymne, comme étant une profession très-claire de la foi en la sainte Trinité, dont il fut le principal champion. Mais, dans le *Liber Pontificalis*, chronique contemporaine de saint Hilaire, on lit que le pape saint Télesphore, vers l'an 130, ordonna de chanter l'hymne angélique en la nuit de Noël, au commencement de la messe. Dans un autre catalogue des Pontifes Romains, on voit que le pape saint Symmaque, vers l'an 500, enjoignit de dire le *Gloria in excelsis* les dimanches et les fêtes. Mais cette règle ne fut généralement appliquée qu'aux messes pontificales, jusqu'au commencement du onzième siècle; car les sacramentaires écrits avant cette époque marquent que les prêtres disent seulement à Pâques le *Gloria in excelsis*. Après certaines réclamations, les prêtres obtinrent la permission de réciter le *Gloria in excelsis* les mêmes jours que les évêques. C'est ce que prouvent le *Micrologue* composé vers 1090, les coutumes de Cluny, rédigées au douzième siècle, par le moine Udalric et les coutumes des Chartreux, écrites par Dom Guigue, vers 1130.

XXX

Coutume de célébrer trois messes, le jour de Noël.

La permission générale accordée à chaque prêtre de célébrer trois messes en un même jour, est depuis longtemps réservée pour la fête de Noël. Dans l'Église romaine, c'était autrefois un usage commun à plusieurs fêtes solennelles, comme le prouve Benoît XIV; il existait spécialement pour la fête de Noël, au temps même de saint Grégoire le Grand, puisque cet illustre Pontife allègue cette raison pour motiver la brièveté de son sermon sur le mystère de la Nativité. On croit communément, sur l'autorité du *Liber pontificalis*, que la coutume de célébrer trois messes, le jour de Noël, a été établie par le pape saint Télesphore, de l'an 128 à 139. Le motif de cette institution n'est pas simplement de satisfaire la dévotion des peuples, mais bien plutôt d'honorer les trois naissances différentes de Jésus-Christ. Les auteurs ne s'accordent pas tous pour déterminer laquelle de ces trois naissances on honore par chacune de ces trois messes. La plupart cependant, avec Benoît XIV, prennent pour règle d'appréciation les différents évangiles qu'on doit lire à ces différentes messes. Ainsi, d'après le sentiment commun, à la messe de minuit où on lit l'évangile *Exiit edictum*, on honore la naissance temporelle de Jésus-Christ, qui s'est accomplie à cette heure même : à la messe de l'aurore, où on lit l'évangile *Pastores loquebantur*, on honore la naissance spirituelle de Jésus-Christ dans l'âme des justes, comme elle s'est opérée dans la personne des bergers : à la messe du jour, où on lit l'évangile *In principio*, on honore la naissance éternelle de Jésus-Christ dans le sein de son Père qui l'engendre dans les splendeurs des cieux.

Cette antique coutume de célébrer ainsi trois messes, le jour de Noël, est passée de l'Église Romaine dans les Églises particulières; car avant que Charlemagne eût introduit en France la liturgie romaine, chaque prêtre y célébrait seulement deux messes; le privilège d'en célébrer trois y fut d'abord restreint aux évêques, puis il s'étendit insensiblement aux prêtres. Quoique les fidèles ne soient obligés par le précepte de l'Église, qu'à entendre une de ces trois messes, l'usage des personnes pieuses est de les entendre toutes les trois, pour honorer les trois naissances de Jésus-Christ. De ces trois naissances, nous devons considérer particulièrement la première comme l'objet de notre reconnaissance, la seconde comme l'objet de nos désirs et la troisième comme l'objet de notre foi sur la terre, en attendant qu'elle soit dans le ciel l'objet de notre éternelle contemplation.

XXXI

Notice sur la Grotte, la Crèche et les Langes du divin Enfant.

Dès les temps apostoliques, les Chrétiens entourèrent d'un respect et d'un culte religieux les objets et les lieux qui avaient été sanctifiés par la présence ou par l'attouchement du Sauveur, et spécialement la Grotte de Bethléem, où il fit entendre ses premiers vagissements, comme l'écrit saint Jérôme à saint Paulin (Epist. 58), *specu ubi quondam Christus vagiit*. Pour éloigner les fidèles de ce sanctuaire vénéré, l'empereur Adrien le dédia aux mystères infâmes d'Adonis, l'an 130. Mais la profanation de cette caverne sacrée n'abolit point la mémoire de l'illustre événement qui s'y était opéré. Car Origène qui vint habiter la Palestine, l'an 213, assure, dans son premier livre contre le sophiste Celse, qu'on montrait à Bethléem la Grotte où Jésus était né, et dans cette Grotte la Crèche où il avait été emmaillotté ; que les païens eux-mêmes, ne pouvant contester un fait aussi notoire, reconnaissaient avec étonnement le lieu célèbre où le Dieu des chrétiens avait daigné prendre naissance. Lorsque les persécutions eurent cessé, sainte Hélène, mère du Grand Constantin, vint en personne à Bethléem, l'an 326, comme le rapporte l'historien Eusèbe (Vita Constant., lib. III, c. 43) ; elle fit démolir le temple et renverser la statue d'Adonis ; puis, à cette même place, elle fit construire une basilique recouverte de lames d'argent et revêtue des marbres les plus rares : la sainte Grotte surtout fut décorée des plus riches ornements. Cette église fut bientôt environnée de plusieurs monastères et hôpitaux pour loger les innombrables pèlerins qui s'y rendaient journellement de toutes les contrées même les plus lointaines : elle fut restaurée, vers l'an 530, par l'empereur Justinien, et depuis ce temps elle a toujours subsisté, quoiqu'elle ait beaucoup souffert des injures du temps et de la guerre.

La Crèche où le divin Enfant a voulu reposer après sa Naissance, n'était pas simplement de brique, comme saint Chrysostôme l'a dit, ni de bois, comme l'a prétendu Baronius. Les savants modernes, d'accord avec D. Calmet et Benoît XIV, reconnaissent qu'elle était taillée ou creusée dans le roc même de la caverne, et que cette première crèche de pierre a été recouverte d'une autre crèche en bois. Celle-ci, avec quelques pierres extraites de la sainte Grotte, fut transportée en la capitale du monde chrétien, à l'époque où le mahométisme envahit la Palestine, l'an 642. Depuis cette époque, la sainte Crèche est toujours vénérée, à Rome, dans la basilique Libérienne de sainte Marie-Majeure, appelée aussi pour cette raison, sainte Marie, *ad Præsepe*. Cette précieuse relique est enchâssée dans un berceau d'argent, où l'on voit l'Enfant Jésus couché sur un lit de paille d'or ; les deux anges qui sont à ses côtés ont été donnés par Philippe III, roi d'Espagne. Afin que saint Jérôme ne fût pas séparé après sa mort de la Crèche dont il avait été le vigilant gardien, pendant les trente-huit dernières années de sa vie, son corps repose dans cette même basilique Libérienne, où il fut apporté de Bethléem, au treizième siècle (Ben. XIV, de Canonizat. P. 2, c. 30, n. 15).

Les Langes dont fut enveloppé Jésus naissant, ont été conservés aussi précieusement. Au cinquième siècle, Juvénal, évêque de Jérusalem, les envoya à l'impératrice Eudoxie. Pour les garder avec honneur, à Constantinople, on érigea une superbe basilique et on institua une fête annuelle, comme l'atteste saint Germain, patriarche de Constantinople, au huitième siècle. L'an 1247, l'empereur Baudoin II donna ces mêmes Langes à saint Louis, roi de France, qui les déposa dans la Sainte-Chapelle de Paris. Ils y ont été religieusement conservés jusqu'à l'époque de la grande Révolution, où ils ont disparu.

XXXII.

Traditions judaïques relativement à Hébron, où Adam fut formé, puis enseveli.

D'après une tradition judaïque que plusieurs auteurs comme Ludolphe rapportent, d'accord avec saint Jérôme (In quæst. hebr.), le corps d'Adam a été façonné par Dieu avec la terre rouge d'un champ appelé *Damascène*, aux environs d'Hébron. En effet, le limon d'où fut tiré le premier homme est désigné dans la Genèse par le mot hébreu *adama*, qui signifie *terre rouge*. Persuadés que cette terre est celle du *champ Damascène*, les Orientaux viennent la chercher avec respect près d'Hébron, pour l'emporter au loin, comme l'atteste Mgr Mislin (Saints-Lieux. t. III, c. 57). On montre aussi dans les environs d'Hébron la vallée dite *des larmes*, où l'on croit qu'Adam pleura la mort d'Abel. En outre, saint Jérôme (in Matth., c. 27) s'appuie sur un passage du livre de Josué pour dire qu'Adam fut enseveli près d'Hébron *Adam vero sepultum juxta Hebron et Arbe in Jesu filii Nave volumine legimus*). Nous lisons en effet au livre de Josué (c. 14, v. 15). *Nomen Hebron ante vocabatur Cariath-Arbe. Adam maximus ibi inter Enacim situs est*. Mais beaucoup d'interprètes traduisent ce passage, en disant : *Hébron s'appelait auparavant ville d'Arbe ; celui-ci fut un homme très-grand parmi les Énacites*. Néanmoins, saint Jérôme, en son *Onomasticon*, à l'article *Arboch*, traduit le nom de Cariath-Arbe, par *ville des quatre*; car, d'après la tradition judaïque, les quatre grands patriarches, Adam, Abraham, Isaac et Jacob ont été ensevelis à Hébron, avec leurs femmes Ève, Sara, Rebecca et Lia : ce qui est certain, d'après la Bible, pour les trois derniers couples et pour le patriarche Joseph (Cornelius à Lapide, in Genes., c. 2, v. 7).

XXXIII

Apparition de la Vierge Mère de Dieu à César-Auguste.

A l'exemple de Ludolphe, Baronius, dans ses Annales ecclésiastiques, rapporte l'apparition merveilleuse de la Vierge Mère de Dieu à l'empereur Auguste, comme une tradition citée par plusieurs auteurs du moyen âge, notamment par les historiens grecs Suidas et Nicéphore, dont le témoignage n'est pas toujours bien sûr. On ajoute qu'à la suite de cette apparition, Auguste fit ériger un autel au Capitole avec cette inscription : *Ara primogeniti Dei*, et que plus tard sur le même lieu Constantin le Grand fit construire en l'honneur de Marie l'église appelée *Ara cœli* (Baron. in Apparatu Annalium. — Ben. XIV, de Canoniz., lib. 3, c. 46).

XXXIV

Fête de Noël

Après les solennités principales de Pâques et de la Pentecôte, celle de Noël occupe, sans contredit, le premier rang. Son importance se manifeste par deux priviléges spéciaux qui la distinguent entre toutes les autres. Le premier que nous avons déjà signalé, est la permission accordée à tous les prêtres de célébrer trois messes, en ce jour, depuis une très-haute antiquité dans l'Église Romaine. Le second privilége est la permission donnée à tous les fidèles d'user d'aliments gras en cette fête, lors même qu'elle tombe un jour d'abstinence. D'après la coutume de l'Église universelle, dit Honorius III, vers l'an 1220, si l'anniversaire de la Nativité de Notre-Seigneur tombe un vendredi, tous ceux qui ne sont pas astreints par un vœu ou par une règle à faire abstinence, peuvent manger de la chair, à cause de l'excellence de la fête, *propter festi excellentiam* (Decret. c. *Explicari* 3, de observ. Jejunii).

La fête de Noël est en outre une des plus anciennes du christianisme. Les Romains avec les Occidentaux depuis les habitants de la Thrace jusqu'à ceux de Cadix, déclare saint Chrysostôme, ont toujours célébré la Naissance du Sauveur, le 25 décembre, comme étant l'anniversaire de cet heureux événement. Ils en étaient assurés d'une manière authentique, ajoute le même saint Docteur, par les tables du recensement que César Auguste avait fait dresser à l'époque précise où naquit Jésus-Christ. Aussi, c'est à ces tables, conservées pendant plusieurs siècles dans les archives romaines, que saint Justin renvoyait les païens, l'an 166, que Tertullien renvoyait les hérétiques, l'an 207, et que saint Chrysostôme renvoyait les chrétiens, l'an 386, pour constater soit le temps, soit le lieu où Notre-Seigneur était venu au monde. C'est pourquoi les Pères latins s'accordent à reconnaître avec saint Ambroise, saint Augustin, saint Jérôme et saint Fulgence, que, d'après une tradition constante, Notre-Seigneur était né le 25 décembre.

Avant le cinquième siècle, les Orientaux étaient très-partagés entr'eux pour savoir quel était le jour anniversaire de la Nativité du Sauveur. Les Églises comprises dans les patriarchats d'Alexandrie et d'Antioche célébraient la mémoire de ce mystère, le 6 janvier, conjointement avec l'Adoration des Mages, sous le titre commun d'Épiphanie ou Théophanie, lorsqu'un décret émané de Rome, vers 376, enjoignit de fêter, le 25 décembre, la Naissance du Sauveur. Cette discipline était admise en Orient avant la fin du quatrième siècle, comme l'attestent saint Grégoire de Nysse, saint Grégoire de Nazianze et saint Chrysostôme. Ce dernier, dans un sermon qu'il prononça la première année de son sacerdoce, 25 décembre 386, à Antioche, s'attache à montrer combien était fondée l'ancienne tradition de l'Église Romaine qu'il connaissait, dit-il, depuis moins de dix ans. Mais il paraît que les Arméniens n'adoptèrent pas l'usage commun des Grecs et des Latins ; car Denys Bar-Salibi, auteur syriaque qui vivait au commencement du quinzième siècle, blâme la coutume particulière des Arméniens qui célèbrent le 6 janvier, la Naissance du Sauveur avec l'Adoration des Mages.

XXXV

Circonstances de la Circoncision de Jésus-Christ.

L'Évangile ne nous donne aucun détail sur les différentes circonstances de la Circoncision du Sauveur, par rapport au lieu, au ministre et à l'instrument de cette cérémonie. Toutefois, on peut conjecturer avec beaucoup de vraisemblance, dit Benoît XIV (De festis), que le divin Enfant fut circoncis à Bethléem, dans l'étable où il était né. Ce sentiment exprimé par saint Épiphane et admis par de nombreux écrivains, est fondé sur l'usage ancien des Juifs qui circoncisaient les enfants dans la demeure même de leurs parents, et non point dans le temple ou dans la synagogue, comme les peintres le supposent dans leurs tableaux.

C'était aussi la coutume que les enfants fussent circoncis non point par les prêtres ou les lévites, mais par le père ou par la mère, ainsi que l'Écriture nous en fournit plusieurs exemples (Genes. c. 17 et c. 21. — Exod. c. 4. — II Mach. c. 6). C'est ce qui donne lieu de penser avec saint Éphrem et saint Bernard que Notre-Seigneur fut circoncis par sa très-sainte Mère ou par saint Joseph. Il convenait que la chair innocente de l'Agneau sans tache ne fût touchée que par des mains virginales et parfaitement pures. — Quoique pour la circoncision la Loi ne prescrivît aucun instrument particulier, et que les Juifs employaient d'ordinaire un couteau de métal, les Livres saints cependant nous apprennent qu'en certaines occasions extraordinaires, les anciens employèrent de préférence un couteau de pierre (Exod. c. 4. — Josué, c. 5). On figurait ainsi d'une manière plus sensible que la circoncision spirituelle devait être opérée par le Christ, *cette pierre vivante dont* parle saint Paul (I Corint. c. 10) : *Petra erat Christus*. C'est pourquoi saint Augustin et saint Bernard pensent que Jésus-Christ a dû être circoncis avec un instrument de pierre.

XXXVI

Fête de la Circoncision de Notre-Seigneur.

La fête de la Circoncision de Notre-Seigneur est antérieure au sixième siècle ; car dans les plus anciens sacramentaires qui nous ont été conservés depuis cette époque, on voit par les oraisons de la messe que le mystère de la Circoncision était spécialement honoré à l'Octave de la Nativité du Sauveur. Aussi, l'an 567, le Concile de Tours déclara renouveler *le statut des anciens Pères qui ordonne de célébrer la messe de la Circoncision, au premier jour de janvier.* — Toutefois, la manière de célébrer cette fête a beaucoup varié. Pendant longtemps, pour détruire la coutume païenne de passer en débauches et en superstitions le premier jour de l'année, en l'honneur du Dieu Janus et de la déesse *Strenia*, l'Église invitait les fidèles à sanctifier ce jour par le jeûne et par la prière, en signe de pénitence et d'expiation ; c'est ce que prouvent les canons des Conciles de Tours l'an 567, d'Auxerre l'an 614, de Tolède l'an 633, de Rome l'an 743. Mais, lorsque les désordres eurent cessé, l'Église supprima le jeûne dans les jours qu'elle consacre à la joie depuis Noël jusqu'à l'Épiphanie. Et pour augmenter l'allégresse de l'Octave de la Nativité, elle joignit à la solennité de la Circoncision la mémoire de la sainte Vierge qui avait eu tant de part à ces deux mystères. C'est pourquoi, pendant plusieurs siècles, on dit en ce même jour deux messes, la première de la sainte Vierge pour honorer sa divine Maternité, la seconde de la Circoncision ; c'est ce que nous apprennent le Microloge au onzième siècle, Beleth docteur de Paris au douzième siècle, et Durand évêque de Mende au treizième siècle, ainsi que plusieurs missels du moyen âge. Maintenant nous ne disons plus ces deux messes en ce même jour; mais les différentes parties de la messe et de l'office se rapportent les unes à Notre-Seigneur et les autres à sa sainte Mère.

XXXVII

Dévotion au saint Nom de Jésus.

Le Nom sacré de Jésus comprend tous les différents noms que les Prophètes avaient employés pour annoncer l'avènement du Rédempteur (Is. c. 7, v. 14. — c. 9, v. 6 ; Zach. c. 9, v. 9). Car, tous ces noms, se rapportant au salut dont le Messie devait être l'auteur, se trouvent contenus dans le Nom seul de Jésus auquel s'appliquent toute la force, la puissance, la cause et la raison de notre salut. C'est pourquoi *le Nom de Jésus* qui réalise toute l'étendue de sa véritable signification, *surpasse tellement tout autre nom* par son incomparable vertu *qu'à ce seul Nom tout genou doit fléchir au ciel, sur la terre et dans les enfers*, comme saint Paul le déclare (Philipp. c. 2). Lui-même le portait gravé si profondément dans son cœur qu'il ne se lasse point de le répéter en ses Épîtres, où on le retrouve plus de deux cents fois. A l'exemple du grand Apôtre, tous les Saints ont témoigné la tendre dévotion dont ils étaient remplis à la seule pensée de ce très-doux Nom.

Pour inspirer de pareils sentiments à tous les fidèles, l'Église a de tout temps encouragé la pieuse coutume de s'incliner avec respect toutes les fois que l'on prononce ou que l'on entend cet adorable Nom. Cette louable pratique a été recommandée surtout par le deuxième Concile œcuménique de Lyon, l'an 1274; et les Souverains-Pontifes l'ont favorisée d'indulgences particulières, entr'autres Sixte V. Ce sont principalement les Frères-Mineurs qui ont contribué à propager et à développer la vénération des peuples chrétiens envers le saint Nom de Jésus. Ainsi, vers le commencement du quinzième siècle, saint Bernardin de Sienne, religieux Observantin, introduisit l'usage de représenter, environné de rayons glorieux, le monogramme IHS formé par les initiales des trois mots *Jesus hominum Salvator*. Quelques personnes blâmèrent comme une nouveauté superstitieuse le culte qu'on rendait à cette sainte image. La cause fut portée devant le pape Martin V, et fut discutée au

Vatican, l'an 1427. Saint Jean de Capistran y défendit avec tant de zèle et de solidité la pratique introduite par son digne confrère que le Siége Apostolique lui donna une approbation solennelle.

Plusieurs Églises ne tardèrent pas ensuite à célébrer une fête spéciale en l'honneur du divin Nom ; car on la trouve instituée en Angleterre avant le schisme du roi Henri VIII, et on la voit encore inscrite sur le calendrier officiel de l'Église Anglicane. Malgré de pressantes sollicitations, le Siége-Apostolique différa quelques temps d'autoriser cette fête désirée ; mais enfin, l'an 1530, Clément VII, permit à tout l'Ordre Franciscain de réciter le 14 janvier l'office qui avait été composé pour cet objet par Bernardin de Bustis. Vers la fin du même siècle, les Chartreux solennisèrent la fête du saint Nom de Jésus, d'abord au 14 janvier, puis au second dimanche après l'Épiphanie, comme on le voit par une ordonnance de leur Chapitre général de 1597. Plusieurs Églises comme celles d'Espagne obtinrent ensuite des Souverains-Pontifes une semblable autorisation. Enfin, à la requête de l'Empereur Charles VI, Innocent XIII rendit obligatoire pour l'Église universelle la fête du saint Nom de Jésus qui fut fixée généralement au second dimanche après l'Épiphanie, par un décret de la Congrégation des Rites, l'an 1721.

XXXVIII

Fête de l'Épiphanie.

Depuis un temps immémorial, l'Église célèbre, le 6 janvier, sous le nom d'Épiphanie, une fête solennelle pour honorer une triple manifestation de la Divinité en Jésus-Christ. Notre-Seigneur en effet s'est manifesté au monde comme Dieu par trois événements principaux, savoir : aux Mages dans l'étable de Bethléem, par l'apparition d'un astre merveilleux ; puis aux Juifs dans la cérémonie de son Baptême par la voix du Père céleste ; ensuite à ses disciples aux noces de Cana par le changement de l'eau en vin. Saint Augustin ajoute que, le 6 janvier, on honorait une quatrième manifestation, la multiplication des pains en faveur de cinq mille hommes ; car, selon le témoignage d'Origène, ce prodige fut accompli ce jour là-même. La Liturgie Ambrosienne et la Mozarabe, ont conservé la mémoire de cette quatrième manifestation ; mais l'Église Romaine s'est toujours bornée à rappeler dans la fête de l'Épiphanie les trois principales manifestations du divin Rédempteur, pour les opposer apparemment aux trois triomphes de l'empereur Auguste, comme le conjecturent des érudits modernes.

Or, de ce que l'Église honore les trois principales manifestations de Notre-Seigneur, le 6 janvier, peut-on conclure qu'elles ont eu lieu ce même jour, quoiqu'à des années différentes ? à la suite de Baronius, de savants écrivains prouvent par des exemples que la conclusion n'est pas rigoureuse. Néanmoins, saint Augustin, saint Maxime, saint Thomas et Suarez ont pensé que Notre-Seigneur avait été adoré par les Mages, le 6 janvier, treize jours après sa naissance ; qu'il avait été baptisé trente ans plus tard, le 6 janvier, et que le 6 janvier de l'année suivante, il avait opéré son premier miracle à Cana. Mais beaucoup n'admettent point ce sentiment, soit par rapport à l'Adoration des Mages, soit par rapport au Baptême du Sauveur, soit par rapport au miracle de Cana. Cependant, il est plus probable que l'Adoration des Mages a eu lieu, le 6 janvier, d'après l'opinion la plus commune. En outre, il est presque certain que le Baptême du Sauveur est également arrivé, le 6 janvier, suivant une tradition presqu'unanime ; car parmi les anciens Pères, saint Épiphane est le seul qui assigne un jour différent, savoir, le 6 novembre. — Mais, d'après d'illustres critiques et interprètes modernes, tels que les cardinaux Baronius et Gotti, d'accord avec Cornelius à Lapide, Tillemont, etc., il n'est pas vraisemblable que le miracle de Cana ait été opéré le 6 janvier, un an après le Baptême de Jésus-Christ. Car, après avoir reçu le baptême, Jésus-Christ n'ayant pas tardé beaucoup à prêcher son Évangile, et à réunir des disciples, il n'est pas croyable qu'il ait différé une année entière à prouver sa mission divine par un premier miracle public. Les susdits auteurs concluent que le Baptême du Sauveur et le miracle de Cana ont bien pu avoir lieu la même année, mais non pas le même jour ; et ils montrent, d'après l'enchaînement chronologique des faits racontés par saint Jean, que le miracle de Cana a dû avoir lieu deux mois environ après le Baptême du Sauveur, c'est-à-dire, vers le commencement de mars et peu avant la célébration de la Pâque. Benoît XIV déclare que ce sentiment lui paraît probable, de sorte qu'on ne peut savoir positivement le jour précis où ce premier miracle s'opéra. De plus, il fait remarquer avec les précédents écrivains que l'Église n'est point contraire à ce sentiment, lorsqu'elle chante dans l'office de l'Épiphanie : *Hodie vinum ex aqua factum est ad nuptias* ; car c'est comme si elle disait : *Hodie ejus rei memoria agitur*.

XXXIX

Circonstances relatives à la venue des Mages.

Pour expliquer comment les Mages ont été appelés au berceau du Sauveur, Ludolphe rapporte une tradition qui est loin d'être authentique, bien que très-ancienne ; car elle est puisée dans le Livre apocryphe de Seth, d'où saint Épiphane l'a tirée et d'où elle est passée dans le Commentaire imparfait sur saint Matthieu. — Les saints Pères et les écrivains ecclésiastiques ont émis diverses opinions sur la nature de l'étoile qui fit connaître aux Mages la Naissance du Sauveur. Parmi ces diverses opinions, la plus vraisemblable est celle qu'ont soutenue saint Chrysostôme, saint Basile, saint Fulgence, saint Thomas, Suarez, D. Calmet et Benoît XIV. Suivant eux, l'astre nouveau qui apparut aux Mages était un météore lumineux produit, non pas dès le commencement du monde et au firmament du ciel, mais pour la circonstance et dans la région moyenne de l'atmosphère, comme autrefois la colonne de feu qui conduisait les Juifs dans le désert. Les Mages, observateurs des astres, furent frappés des qualités merveilleuses que présentait ce météore dans la direction de la Judée, et ils se rappelèrent la prophétie que Balaam, un de leurs prédécesseurs, avait prononcée 1,500 ans auparavant. *Une étoile sortira de Jacob et un Dominateur s'élèvera dans Israël.* La dispersion des Juifs et la traduction des Livres saints avaient contribué à répandre dans l'Orient cette fameuse prédiction avec la persuasion générale alors qu'un grand monarque allait paraître en Judée, comme l'attestent Cicéron, Tacite et Suétone, d'accord avec Josèphe (Tacit., hist. lib. 5, c. 13. — Sueton. Vita Vespas. 4. — Joseph. Bell. lib. III, c. 8, 3, 9 ; lib. IV, c. 10, 7). De plus, éclairés intérieurement par la lumière de la grâce, les Mages n'eurent pas de peine à comprendre la signification de l'étoile, et poussés en même temps par l'inspiration de Dieu, ils prirent la résolution d'aller rendre leurs devoirs au Roi désiré de toutes les nations. C'est pourquoi l'Église leur met dans la bouche ces paroles qu'elle chante dans l'office de l'Épiphanie : *Hoc signum magni Regis, eamus et promamus ei munera.*

Saint Matthieu s'étant contenté de dire que les Mages vinrent d'Orient à Jérusalem, on ne peut savoir précisément de quel pays.

Le sentiment le plus probable est qu'ils vinrent de l'Arabie-heureuse, habitée depuis longtemps par les enfants qu'Abraham eut de Cétura, sa seconde femme, savoir Jecsan qui fut père de Saba, et Madian qui fut père d'Epha. David semble faire allusion à cette circonstance, en disant que le Messie *sera adoré par les rois des Arabes et de Saba et qu'on lui donnera de l'or d'Arabie* (Ps. 71). C'est aussi ce que paraît témoigner Isaïe (c. 60) en disant que *les peuples de Madian et d'Epha viendront sur des dromadaires pour le reconnaître*. En effet, l'or, l'encens et la myrrhe que les Mages offrirent à Jésus-Christ, naissent spécialement en Arabie.—Comme l'Évangéliste ne détermine pas le moment précis où l'étoile commença à paraître, les auteurs sont partagés entr'eux pour savoir si les Mages partirent d'Orient avant ou après le 25 décembre et s'ils arrivèrent à Bethléem le 6 janvier au plus tard. D'après le sentiment commun que professent saint Augustin et saint Thomas, l'étoile commença à paraître en la nuit même où naquit le Sauveur, de sorte que les Mages partirent d'Orient après le 24 décembre, mais cependant arrivèrent à Bethléem pour le 6 janvier. *Entrant dans la maison*, dit saint Matthieu, *ils trouvèrent l'Enfant avec Marie sa Mère*. De ces paroles, plusieurs auteurs, les uns anciens, les autres modernes, ont conclu que les Mages trouvèrent l'Enfant Jésus dans un logement commode où la sainte famille s'était retirée après la Nativité ; mais d'après le sentiment commun, que soutiennent entre autres saint Justin, et saint Jérôme, les Mages rencontrèrent l'Enfant Jésus dans la grotte même où il était né, et c'est ce que chante l'Église dans l'office de l'Épiphanie : *Hodie stella Magos ducit ad præsepium*. Cette tradition est confirmée par les peintures qui sont conservées depuis les premiers siècles dans les catacombes. Si cependant l'Évangéliste se sert du mot *domus*, c'est, comme le fait observer Baronius, pour désigner une habitation quelconque, selon le langage ordinaire des Juifs et des écrivains sacrés (cf. Psal. 103, v. 17).

D'après le sentiment commun des Pères et des théologiens, on ne peut douter que les Mages inspirés du ciel n'aient reconnu la Divinité de Jésus-Christ, et ne lui aient rendu un culte de latrie : c'est dans cette persuasion qu'ils se prosternèrent pour l'adorer comme Dieu, et qu'ils lui offrirent de l'encens comme à Dieu même. La tradition est tellement constante sur ce point que, au témoignage de Benoît XIV, on ne saurait sans une audace téméraire expliquer dans un autre sens les paroles de saint Matthieu. Aussi l'Église professe la croyance générale à cet égard, lorsque, dans l'hymne composée par Sédulius, elle dit touchant les Mages :

Deum fatentur munere; et, dans les oraisons tirées du Sacramentaire Grégorien, elle dit: *Deus, qui hodierna die Unigenitum tuum gentibus, stella duce revelasti... Deus illuminator gentium, illud lumen infunde cordibus nostris, quod trium Magorum mentibus inspirasti D. N. Jesum Christum.* Pour témoigner que leur foi était semblable, qu'ils reconnaissaient également Jésus-Christ comme Dieu, Roi et homme, les trois Mages lui offrirent également de l'or, de l'encens et de la myrrhe, ainsi que le déclarent entr'autres saint Paschase-Ratbert et saint Anselme, Remi d'Auxerre et Denys le Chartreux.

XL.

Détails sur les Mages.

L'Évangile racontant la venue des Mages au berceau du Messie, omet tout ce qui regarde leur personne, leur qualité, leur nombre, leurs noms particuliers. Ces divers détails ont été la matière de traditions historiques et de recherches critiques que nous allons indiquer.

1° Les illustres personnages que Dieu choisit parmi les Gentils pour être les premiers adorateurs du Sauveur naissant, n'étaient pas des magiciens ou devins, comme quelques auteurs l'ont supposé; mais c'étaient des hommes distingués par leurs dignités, leurs talents, leurs connaissances dans les choses divines et humaines, et spécialement dans l'astronomie, comme la plupart le croient avec fondement; car les peuples Orientaux, parmi lesquels ces illustres personnages ont été choisis, donnaient à leurs docteurs, à leurs sages le titre de Mages.

2° De plus la royauté des mages est proclamée par de nombreux écrivains et par des saints Pères, dont plusieurs appartiennent aux quatre premiers siècles; elle est admise par la masse des fidèles et par la plupart des érudits; elle est même reconnue par l'Église qui, depuis un temps immémorial, applique à l'Adoration des Mages, dans la fête de l'Épiphanie, les paroles d'Isaïe c. 60, v. 8, et du Psaume 62, v. 10. Cependant, comme Baronius le fait remarquer, les Mages ont pu être appelés rois, selon l'usage de l'Écriture, qui attribue ce titre à tous les seigneurs indépendants, à tous les princes souverains des plus petits comme des plus grands états.

3° Les Mages, sans compter leur suite, étaient au nombre de trois, si nous en croyons une tradition ancienne attestée par les auteurs ecclésiastiques à la suite de saint Léon, et confirmée par les peintures conservées dans les catacombes de Rome depuis les premiers siècles de l'Église. Elle est proclamée dans cette oraison tirée du Sacramentaire Grégorien : *Deus illuminator gentium... illud lumen infunde cordibus nostris quod trium Magorum mentibus inspirasti, Dominum nostrum Jesum Christum.* Cependant, le Commentaire incomplet sur saint Matthieu compte, d'après le Livre apocryphe de Seth, jusqu'à douze Mages ; mais on peut comprendre dans ce dernier nombre ceux qui ont accompagné les trois principaux chefs ou conducteurs de la troupe entière.

4° Quant aux noms particuliers des Mages, Bollandus assure qu'il n'en est fait aucune mention dans les écrivains grecs ou latins, avant le douzième siècle. Depuis ce temps, on leur a prêté différents noms ; et les plus connus sont ceux de *Gaspar, Balthazar* et *Melchior*, sous lesquels ils sont honorés dans l'Église de Cologne.

5° Les Mages reconduits dans leur pays par la même Providence qui les avait amenés à Bethléem, racontèrent à leurs peuples ce qu'ils avaient vu et entendu des merveilles du Verbe incarné pour le salut des hommes. Le Commentaire incomplet sur saint Matthieu rapporte qu'ils convertirent à la foi chrétienne un grand nombre de personnes avant même la Résurrection de Notre-Seigneur, et que saint Thomas étant venu dans leur pays, ils se joignirent à lui, reçurent le baptême de ses mains et l'assistèrent dans la prédication de l'Évangile.

6° D'après une tradition beaucoup plus récente, les restes sacrés des trois Mages furent d'abord portés à Constantinople où ils furent placés avec pompe dans la basilique de sainte Sophie, sous le règne de Constantin ; puis, dans le sixième siècle, ils furent transférés à Milan, dans l'église que l'évêque saint Eustorge avait fait construire en leur honneur; enfin, l'an 1163, l'empereur Frédéric Barberousse, ayant pris et saccagé Milan, permit à Raynold, son chancelier, alors archevêque de Cologne, de les transporter en cette dernière ville, où depuis ce temps ils ont toujours été vénérés, sous le célèbre dôme de la métropole.

XLI

Fête de la Purification.

Conformément à la prescription du Lévitique qui fixe la purification de la mère au quarantième jour après la naissance du fils, nous célébrons la Purification de la très-sainte Vierge quarante jours après la Naissance de Jésus-Christ, c'est-à-dire le deux février. Selon la remarque de Benoît XIV, l'Église Romaine place cette fête parmi celles de la sainte Vierge, en ne l'appelant pas autrement dans ses livres liturgiques que la *Purification de Marie*. Cet usage est fondé sur ces paroles de saint Luc qui sont comme l'annonce du mystère de ce jour : *Lorsque les jours de sa Purification furent accomplis; postquam impleti sunt dies Purgationis ejus*. Et comme le mot *ejus* pouvait paraître ambigu, l'Église, à laquelle il appartient d'interpréter les Livres saints, fait lire à la messe dans l'évangile de cette fête *Mariæ* au lieu de *ejus*.

Il serait difficile d'assigner avec précision l'époque où cette fête a commencé; il paraît néanmoins qu'elle était établie en Orient avant le cinquième siècle, notamment dans les Églises de Phénicie, de Syrie, de Chypre et d'Égypte. On voit dans la vie du célèbre abbé saint Théodose, que, vers le commencement du cinquième siècle, on avait coutume de célébrer à Jérusalem la solennité *de la Purification*. Plusieurs auteurs, à la suite de Baronius, pensent qu'elle fut établie à Rome, vers la fin du cinquième siècle, par le pape S. Gélase, à l'époque où il abolit les restes honteux de la fête des Lupercales que les païens célébraient au mois de février, en l'honneur du dieu Pan ; mais il y a tout lieu de croire que S. Gélase ne fit qu'augmenter la solennité de la Purification pour détourner plus efficacement le peuple des superstitions païennes. L'an 542, afin d'obtenir la délivrance d'une peste qui désolait plusieurs provinces et dépeupla presqu'entièrement Constantinople, l'empereur Justinien ordonna de célébrer désormais dans tout l'Empire avec une grande pompe la fête de la Purification de la sainte Vierge, qui était déjà célébrée en beaucoup d'Églises. Aussitôt que le décret fut rendu, le fléau cessa dans la capitale, où il enlevait chaque jour cinq mille et même quelquefois dix mille victimes.

L'usage de porter des cierges allumés en cette fête était déjà commun aux Églises d'Orient et d'Occident, dans le septième siècle, comme nous l'apprennent les discours que prononcèrent à cette occasion saint Sophrone, patriarche de Constantinople, vers 630, saint Ildefonse, archevêque de Tolède, et saint Éloi, évêque de Noyon, vers 660. Ces deux derniers auteurs disent que dans cette fête du 2 février, le clergé et le peuple de Rome parcouraient la ville en portant des cierges et chantant des hymnes, à l'honneur de Marie toujours Vierge Mère de Dieu. Et ils déclarent que cette pieuse coutume avait été instituée pour remplacer la cérémonie païenne des Amburbales, dans laquelle on sacrifiait une victime, après l'avoir conduite avec grande pompe, autour de la ville, en tenant des flambeaux à la main. Cette explication est admise par Raban-Maur, Innocent III, Guillaume Durand, Benoit XIV, et plusieurs érudits modernes. Par conséquent, saint Sergius I*er* qui occupait le Siége-Apostolique, à la fin du septième siècle, n'a pas institué la procession de la fête de la Purification, comme quelques-uns le soutiennent ; il l'a seulement réglée, en statuant que cette procession aurait lieu de l'église de saint Adrien à celle de sainte Marie-Majeure, comme il est prouvé par le texte du *Liber pontificalis*.

XLII

Le Temple du Seigneur et l'Eglise de la Présentation à Jérusalem.

Le monument remarquable que Ludolphe décrit ici, d'après les auteurs contemporains des Croisades, est celui que les Musulmans appellent la mosquée *d'El-Sachrah*, c'est-à-dire *de la Roche*, à cause de la fameuse pierre qu'ils y révèrent, sous la coupole placée au centre. On l'appelle aussi la Mosquée d'Omar, parce que, après s'être emparé de Jérusalem, il la fit bâtir sur l'emplacement même de l'ancien Temple. Ses successeurs firent reconstruire, réparer et décorer cet édifice avec la plus grande magnificence. Lorsque Godefroi de Bouillon fut maître de la Ville-Sainte, l'an 1099, il s'empressa de consacrer au culte chrétien ce riche monument qui fut orné de nombreuses inscriptions, et confié aux Chanoines-réguliers de saint Augustin, comme Ludolphe le rapporte ici. L'an 1136, un légat du pape Innocent II fit la dédicace solennelle de cette Église alors appelée *le Temple du Seigneur*. Mais Jérusalem ayant été reprise par les Musulmans, l'an 1187, le sultan Saladin commença par rendre à sa première destination le Temple qu'il fit restaurer avec somptuosité; et depuis cette époque, il fut défendu à tout chrétien d'y pénétrer ou même d'en approcher, sous peine de mort. Mais, depuis quelques années, plusieurs chrétiens ont obtenu la permission d'y entrer.

Sur le mont Moriah, à côté de ce monument octogone, on en voit s'élever un autre rectangulaire qui n'est guère moins remarquable. Les Musulmans l'appellent la mosquée *El-Aksa*, c'est-à-dire *la plus éloignée*, parce qu'elle est la plus septentrionale des trois mosquées les plus saintes de l'islamisme, savoir, celles de la Mecque, de Médine et de Jérusalem. Les Juifs, prétendant que le roi Salomon avait coutume de rendre la justice en ce lieu, l'appellent *Midrasch Salomo, le Palais de Salomon*. Les Chrétiens la nomment *l'Église de la Présentation*; car, comme l'indiquent évidemment les sept nefs formées par quarante colonnes environ, c'est là cette magnifique basilique que l'empereur Justinien fit bâtir, l'an 530, dans la partie méridionale de l'ancien Temple, au lieu même où les parents de Marie avaient présenté au Seigneur leur fille âgée de trois ans. — (Saints-Lieux, par Mgr Mislin, T. 2, c. 27.)

XLIII

Massacre des enfants à Bethléem.

Le nombre des victimes égorgées par Hérode à l'occasion du Messie ne paraît pas s'être élevé à plusieurs mille comme quelques-uns l'ont supposé; car Bethléem, étant la plus petite ville de Juda, ne devait comprendre dans son enceinte et dans son voisinage que quelques mille habitants. Or, comme le fait observer le docteur Sepp, pour un millier d'habitants on ne peut compter plus de quinze à vingt naissances masculines par an. Le nombre des enfants massacrés par Hérode n'a donc pas dû dépasser une centaine.

Si nous en croyons Macrobe, auteur païen, l'empereur Auguste ayant appris qu'Hérode avait fait tuer beaucoup d'enfants à la mamelle sans épargner son propre fils, dit ironiquement : « Il vaudrait mieux être le porc d'Hérode que son fils ». Il faisait ainsi allusion à la loi juive qui défend de tuer aucun porc. L'historien Josèphe, précisant le fait relatif au meurtre du fils d'Hérode, nous apprend que ce tyran fit mourir comme conspirateurs trois de ses fils déjà grands. Ainsi, il fit étrangler à Samarie Alexandre et Aristobule, peu de temps avant le massacre des Innocents, puis Antipater à Jéricho, cinq jours avant qu'il mourût lui-même. Celse, cet ennemi acharné des chrétiens, avait aussi connu par les Juifs le massacre de Bethléem et la fuite en Égypte, comme Origène le rapporte (lib. adversus Celsum, c. 58).

XLIV

Jésus-Christ a-t-il opéré des miracles avant son baptême ?

D'après le sentiment commun des saints Pères, fondé sur le témoignage de saint Jean (c. 2, v. 11), il est certain que Notre-Seigneur Jésus-Christ n'a point opéré de miracles en public avant son baptême. Aussi, dans un Concile de Rome, l'an 494, le pape saint Gélase rejeta comme un ouvrage fabriqué par les hérétiques le Livre intitulé *De infantia Salvatoris*, dans lequel sont racontées les œuvres merveilleuses de Jésus enfant. Néanmoins, selon la remarque de Maldonat, il n'est pas également certain que Notre-Seigneur Jésus-Christ n'ait pas opéré de miracles en particulier avant son baptême. Il a pu en faire pour consoler et pour assister ses parents dans leurs besoins, comme plusieurs l'ont conjecturé. Mais on répond qu'il a aussi bien pu subvenir à toutes leurs nécessités par une providence spéciale, sans miracle proprement dit. Il paraît donc plus probable qu'il n'a opéré absolument aucun miracle avant de commencer sa mission évangélique. Tel est le sentiment de saint Chrysostôme (Hom. 16 et 22 in Evang. Joan.) et de saint Thomas (Bened. XIV. De Beat, et Canoniz., l. 4, part. 1, c. 2, n. 4).

XLV

Jésus artisan.

Quelques écrivains modernes ont supposé que jusqu'à sa trentième année Jésus avait vécu dans une retraite et une solitude profondes, exclusivement appliqué aux prières et aux jeûnes, sans exercer aucun art ou métier. Mais presque tous s'accordent à penser avec les anciens Pères, que s'il a consacré spécialement à l'oraison ou contemplation la majeure partie de sa vie privée, il ne s'est pas cependant abstenu de toute compagnie humaine et de toute relation sociale, mais qu'il a prêté secours à Marie dans ses occupations et à Joseph dans ses travaux. Autrement, ses concitoyens qui le voyaient chaque jour et qui l'observaient de près, n'auraient pas manqué de l'accuser de paresse et de négligence à l'égard de ses parents et de ses affaires. Néanmoins, les habitants de Nazareth qui connaissaient sa conduite et sa famille, disaient plus tard avec étonnement lorsqu'ils furent témoins de ses prédications et de ses miracles : *N'est-ce pas le fils de l'artisan?* (Matth. c. 13, v. 55). *N'est-ce pas l'artisan fils de Marie?* (Marc, c. 6, v. 3).

D'après saint Hilaire et saint Ambroise, il aurait travaillé le fer ; mais, d'après saint Chrysostôme et saint Thomas qui expriment le sentiment commun, il a travaillé le bois. Saint Justin qui, au second siècle, avait recueilli en Palestine les traditions chrétiennes, ne craint pas d'avouer au juif Tryphon que Jésus avait été comme Joseph ouvrier en bois, qu'il avait confectionné des charrues et des jougs, pour nous apprendre à vivre dans la soumission et non point dans l'oisiveté.

Aussi, dans l'Évangile, Notre-Seigneur tire souvent ses comparaisons des instruments qu'il parait avoir fabriqués. *Prenez sur vous mon joug*, dit-il (Matth., c. 11). *Celui qui, après avoir mis la main à la charrue, regarde en arrière, n'est pas propre au royaume de Dieu*, dit-il encore (Luc, c. 9, v. 62). C'est pourquoi Celse le philosophe et Julien l'apostat reprochaient aux Chrétiens d'avoir pour maître un charpentier.

On connaît l'anecdote rapportée par Sozomène dans l'Histoire Tripartite (lib. 6, c. 44). Le rhéteur Libanius, comptant sur une victoire prochaine de l'empereur Julien, demandait à un philosophe chrétien : Que fait à cette heure le fils du charpentier ? Sophiste, repartit celui-ci, le Maître de l'univers que vous appelez le fils du charpentier, prépare en ce moment une bière pour Julien. Et Julien succomba quelques jours après.

XLVI

Nourriture de saint Jean.

L'abstinence et la sobriété de saint Jean-Baptiste étaient tellement extraordinaires que les Pharisiens jaloux de sa réputation et de sa vertu le disaient possédé du démon. Car non-seulement il ne buvait pas de vin, comme l'Ange l'avait prédit, mais encore il ne mangeait point de pain, comme Jésus-Christ l'assure, (saint Luc. c. 7, v. 33). Content de ce que la nature lui fournissait d'elle-même dans le désert, il se nourrissait de ce qui est appelé ακριδες dans le texte grec et *locustæ* dans la Vulgate latine. A l'exemple d'Origène, saint Hilaire, saint Ambroise, saint Augustin, saint Jérôme, et presque tous les commentateurs entendent par ce mot les sauterelles que la Loi mosaïque permettait de manger comme animaux purs (Lévit. c. 11, v. 22). Elles s'abattent comme des nuées dans le désert ou l'on peut facilement les prendre avec les mains. Aussi, elles servent de mets ordinaire au petit peuple, dans plusieurs contrées orientales telles que la Palestine, l'Arabie, l'Éthiopie et la Lybie. Mais tandis que, pour les rendre moins insipides, les pauvres gens les font rôtir au feu ou frire dans l'huile, saint Jean, comme on le présume, les mangeait toutes crues, sans apprêt ni assaisonnement, de sorte qu'il trouvait en ce vil aliment un moyen très-propre de pratiquer la tempérance, la pauvreté et la pénitence.

D'après saint Chrysostôme, saint Isidore de Péluse, Théophylacte et Euthymius, le miel sauvage dont saint Jean se nourrissait aussi, avait le goût amer de celui que les mouches sauvages recueillent sur les plantes des montagnes et qu'elles déposent dans les fentes des rochers ou dans le tronc des arbres. D'après le cardinal Jacques de Vitry, patriarche de Jérusalem au milieu du XIIIe siècle, le miel dont usait saint Jean était le suc de la calamelle que l'on trouvait abondamment à l'époque des Croisades dans l'oasis de Jéricho; mais cette canne à sucre, comme on l'appelle vulgairement, n'a été importée de la Susiane en Palestine, qu'à une époque postérieure à celle où vivait le saint Précurseur (v. les Saints-Lieux, par Mgr Mislin, t. 3, pag. 112).

XLVII

Récitation de l'Évangile selon saint Jean à la fin de la messe.

Le commencement de l'Évangile selon saint Jean est la dernière addition qui ait été faite communément au saint sacrifice. Elle fut introduite par la piété des prêtres et des fidèles qui en ont fait une coutume longtemps avant que l'autorité des prélats ordinaires ou des Souverains-Pontifes en ait fait une obligation. Les peuples ont toujours eu une grande vénération pour cet Évangile. Dès l'an 1022, le concile de Selingstad nous apprend que les laïcs et les femmes surtout avaient dévotion d'entendre tous les jours à la messe l'Évangile de saint Jean. Dans les fondations qu'ils faisaient, les fidèles recommandaient expressément qu'on le dit à la fin de la messe. Dans les grandes actions qui étaient accompagnées du serment, on faisait réciter par le prêtre à la fin de la messe, l'Évangile de saint Jean sur lequel ensuite on prêtait le serment. Aussi Ludolphe constate que la louable coutume de réciter cet Évangile à la fin de la messe existait de son temps, c'est-à-dire, au commencement du quatorzième siècle. Mais, on voit par plusieurs anciens missels, qu'à cette époque, et jusque dans le quinzième siècle, cet usage n'était pas général ni uniforme dans toutes les Églises ; qu'il était facultatif dans les unes et obligatoire dans les autres. Les Statuts des Chartreux, l'an 1368, prescrivent de terminer par l'Évangile de saint Jean la *messe sèche* de la Sainte Vierge que chacun doit réciter en cellule après Prime. On voit aussi par des livres liturgiques imprimés avant le seizième siècle pour l'Église Romaine qu'elle avait adopté l'usage de réciter l'Évangile de saint Jean à la fin de la messe. Cette coutume est devenue une loi pour tous ceux qui se servent du Missel Romain, depuis que saint Pie V a mis l'Évangile de saint Jean parmi tout ce que les prêtres doivent réciter à la messe. (1570) (voir *Explication de la messe par Lebrun.*)

XLVIII

Chaussure de Notre-Seigneur.

Ludolphe supposant que Notre-Seigneur ne portait point de souliers, prend pour une métaphore ces paroles de saint Jean-Baptiste : *Je ne suis pas digne de dénouer ou de porter ses souliers (calceamenta)*. Mais d'autres interprètes, prenant à la lettre ces mêmes paroles, en concluent que Notre-Seigneur portait des souliers : telle paraît être l'opinion de saint Augustin, (serm. 101, c. 6, § 7). Saint Jérôme semble croire que Notre-Seigneur marchait les pieds nus, sans aucune chaussure (Hieron, epist. 22, c. 8). Il est plus probable qu'il allait avec des sandales ; car, quand il envoya les soixante-douze disciples prêcher en Judée, il leur recommanda de ne point porter des souliers mais des sandales. (Matth. c. 10, v. 10, *neque calceamenta* — Marc, c. 6, v. 9, *calceatos sandalis*). Après l'Ascension, les Apôtres suivaient encore cet avis; car l'Ange qui réveilla S. Pierre dans sa prison, lui dit de prendre ses sandales, *sandalia*, d'après le texte grec (Act. c. 12). Aussi les premiers chrétiens imitant de pareils exemples, ne portaient point ordinairement de souliers, mais simplement des sandales, comme nous l'apprennent Lucien, Tertullien et Clément d'Alexandrie. Saint Paschase-Ratbert atteste que de son temps, au neuvième siècle, on conservait à Rome les sandales de Notre-Seigneur (Pasch. Ratbert. in Matth. lib. 6, Biblioth. Patrum t. 14). Cornelius à Lapide dit qu'on lui a montré à Trèves une sandale de saint André (Cornel. in Matth. c. 10, v. 10). Les plus anciennes images que nous ayons de Notre-Seigneur, comme celle de Rome qui a été peinte par saint Luc, nous le représentent avec des sandales.

TABLE DES MATIERES

Préface de la présente édition	1
Prologue de l'auteur	xxix
I. — Génération divine et éternelle du Christ	1
II. — Rédemption du genre humain et Nativité de la Vierge Marie	14
III. — Mariage de la sainte Vierge	30
IV. — Conception de Jean le Précurseur	41
V. — Conception de notre Sauveur	51
VI. — Naissance et Circoncision de Jean	94
VII. — Généalogie du Sauveur	123
VIII. — Doute de Joseph qui veut renvoyer Marie	125
IX. — Naissance du Sauveur	139
X. — Circoncision de Notre-Seigneur	177
XI. — Manifestation de Notre-Seigneur aux trois Mages	191
XII. — Présentation de Jésus-Christ au Temple	220
XIII. — Fuite du Seigneur en Égypte et Massacre des Innocents	261
XIV. — Notre-Seigneur revient d'Égypte et Jean commence sa vie pénitente	281
XV. — L'Enfant Jésus resté à Jérusalem est retrouvé dans le temple	294
XVI. — Ce que fit le Seigneur Jésus depuis l'âge de douze ans jusqu'au commencement de sa trentième année	317
XVII. — Fonction et Vie de Jean-Baptiste	336
XVIII. — Jean ne vint pas de lui-même, mais fut envoyé de Dieu pour exercer son ministère public	365

TABLE DES MATIÈRES

XIX. — Jean confesse devant les Juifs qu'il n'est pas le
Christ, mais seulement son Précurseur et son
Messager 383
XX. — De la Pénitence 403

NOTES

I. — Portrait de Notre-Seigneur Jésus-Christ . . 431
II. — Harmonie et Concorde des Évangiles . . . 432
III. — Diverses ponctuations et interprétations d'un
passage de saint Jean (c. 1, v. 3 et 4). . . 433
IV. — Serpent tentateur 434
V. — Époque de la Naissance du Sauveur 434
VI. — Parents de la B. V. Marie 435
VII. — Doctrine et Fête de l'Immaculée Conception . 437
VIII. — Fête de la Nativité de la B. V. Marie . . 439
IX. — Exemption du péché actuel et privilége d'im-
peccabilité en la B. V. Marie. 441
X. — Présentation de la B. V. Marie dans le Temple
de Jérusalem 443
XI. — Vœu de Virginité de la B. Marie 444
XII. — Histoire Scolastique 445
XIII. — Mariage de la B. V. Marie 446
XIV. — Origine de la Glose 447
XV. — Tour de Baris 448
XVI. — Rapports mystérieux du nombre six avec les
temps de l'Incarnation et de la Rédemption. 448
XVII. — Fête du saint Nom de Marie 449
XVIII. — Origines de la Salutation angélique, du Rosaire
et de l'Angelus 450
XIX. — Pourquoi Ludolphe n'a pas admis l'Immaculée
Conception 452
XX. — Translation de la sainte Maison de Lorette. . 453
XXI. — Fête de l'Annonciation 457
XXII. — Circonstances de la Visitation 458
XXIII. — Fête de la Visitation 459
XXIV. — Fête de saint Jean-Baptiste 460
XXV. — Conciliation des deux Généalogies données l'une
par saint Matthieu et l'autre saint Luc . . 461

TABLE DES MATIÈRES

- XXVI. — Jésus-Christ ne descend point d'Aaron par sa Mère. 464
- XXVII. — Paix générale et recensement universel à la Naissance de Notre-Seigneur Jésus-Christ. 465
- XXVIII. — Le bœuf et l'âne à la Crèche du Sauveur. 466
- XXIX. — Origine du Gloria in excelsis à la Messe 466
- XXX. — Coutume de célébrer trois Messes en la fête de Noël. 468
- XXXI. — Notice sur la Grotte, la Crèche et les Langes du divin Enfant 469
- XXXII. — Traditions judaïques relativement à Hébron. 470
- XXXIII. — Apparition de la Vierge Mère de Dieu à César-Auguste. 471
- XXXIV. — Fête de Noël. 472
- XXXV. — Circonstances de la Circoncision de Notre-Seigneur Jésus-Christ 473
- XXXVI. — Fête de la Circoncision de Notre-Seigneur Jésus-Christ 474
- XXXVII. — Dévotion au saint Nom de Jésus 475
- XXXVIII. — Fête de l'Épiphanie 476
- XXXIX. — Circonstances relatives à la Venue des Mages. 478
- XL. — Détails sur les Mages. 480
- XLI. — Fête de la Purification de la B. V. Marie . 482
- XLII. — Temple du Seigneur et Église de la Présentation à Jérusalem. 483
- XLIII. — Massacre des saints Innocents 484
- XLIV. — Jésus-Christ a-t-il opéré des miracles avant son Baptême ? 485
- XLV. — Jésus artisan. 485
- XLVI. — Nourriture de saint Jean. 487
- XLVII. — Récitation de l'Évangile selon saint Jean à la fin de la Messe 488
- XLVIII. — Chaussure de Notre-Seigneur Jésus-Christ. 489

FIN DE LA TABLE DU PREMIER VOLUME

www.ingramcontent.com/pod-product-compliance
Lightning Source LLC
Chambersburg PA
CBHW070834230426
43667CB00011B/1799